农业循环经济：
模式与途径

叶堂林／编著

吉林出版集团股份有限公司

图书在版编目（CIP）数据

农业循环经济：模式与途径 / 叶堂林编著. -- 长

春：吉林出版集团股份有限公司，2015.12（2024.1重印）

ISBN 978 - 7 - 5534 - 9817 - 1

Ⅰ. ①农… Ⅱ. ①叶… Ⅲ. ①农业资源－资源经济－

研究 Ⅳ. ① F303.4

中国版本图书馆 CIP 数据核字（2016）第 006767 号

农业循环经济：模式与途径

NONGYE XUNHUAN JINGJI：MOSHI YU TUJING

编　　著：叶堂林

责任编辑：杨晓天　张兆金

封面设计：韩枫工作室

出　　版：吉林出版集团股份有限公司

发　　行：吉林出版集团社科图书有限公司

电　　话：0431 - 86012746

印　　刷：三河市佳星印装有限公司

开　　本：710mm×1000mm　　1/16

字　　数：333 千字

印　　张：19.25

版　　次：2016 年 4 月第 1 版

印　　次：2024 年 1 月第 2 次印刷

书　　号：ISBN 978 - 7 - 5534 - 9817 - 1

定　　价：84.00 元

目 录

第1章 农业循环经济的理论基础

长期以来，我国农业经济走的是一条传统的粗放型增长的道路，人口、资源、环境等方面承受的压力越来越大。传统的经济增长方式的增长潜能已逼近其极限，如何寻找一条新的农业经济增长方式、实现农业经济的可持续发展是摆在我们面前的一个重要课题。我国可持续发展只是一个战略方向，具体的实施却面临着巨大的困难，为此，需要我们探索可持续发展战略指导下的具体实践模式。循环经济的提出，为我国农业可持续发展找到了具有应用价值的经济模式，因此发展农业循环经济在我国已成为必然和现实的选择。

1.1 可持续发展理论

人类居住环境的日益恶化，正挑战着人类的繁衍生息。人口激增、环境污染、粮食短缺、能源紧张、资源破坏等问题正困扰着人类的生存，而且这些问题相互影响，使得危机不断加重，给人类社会·造成了巨大的损失，甚至影响到社会经济发展的进程。针对这种不断加重的环境危机，人类开始致力于通过各种各样的方式来缓解这种危机。因而，可持续发展思想就应运而生。目前可持续发展理论已被国际社会广泛理解和认同，越来越多的国家已经开始制定和实施可持续发展战略。

1.1.1 来源及基本思想

1. 可持续发展思想产生的原因

地球生态系统本身具有一定的内在稳定性、处于一种良性可持续的循环发展状态，在一定范围内如合理的使用不会破坏这种状态，即系统能够自动恢复到原有的均衡状态，但如果过分地使用将打破其原有的均衡状态而进入恶性循环状态。自从进入人类文明以来，生活在地球上的人们就以地球资源的可持续产出而赖以生存。早期由于人口少、人们技术水平低、人均占用资源量也少，人们只要获取少量资源就可以得以生存，因而地球生态系统能处于良性和谐的发展状态。但随着人类科技的进步，人们获取资源的能力在不断增强，人均占用资源量也在不断上升，同时由于人们获取资源能力的增强，也导致地球人口数量不断增加，所以人类社会就进入了一个非均衡状态，即科技进步→获取资源能力增强→人口数量增加→需要获取更多资源→科技继续进步→获取资源能力进一步增强→人口数量进一步增加→……最后导致人们对地球资源的野蛮掠夺，地球生态系统的内在稳定性彻底被破坏，人类最终面临着大自然的报复，无法实现可持续发展。总之，科技发展加速了对自然资源的利用，同时也导致人口数量急剧增长，人类对地球资源的索取已经超出了地球本身所能不断提供的限度。人类对树木的砍伐快过林木的生长，草场出现过度放牧，超量开采水资源导致地下水位下降，最终出现河流干涸和土地荒漠化。耕地土壤的流失速度超过了新土壤的形成速度，土地原有肥力在流失，导致人们开始使用化肥，化肥的使用又导致土地污染和盐碱化。同时，人们在江湖、海洋等水域的捕捞也已超出了鱼虾的繁衍能力，导致鱼虾产量减少直至灭绝。近年来人类为了追求自身福利最大化而向大气排放了大量的二氧化碳，其排放量超过了大气的吸收能力。随着大气中二氧化碳浓度的提高，全球的气温也在迅速地升高。这就导致了温室效应。温室效应又导致海平面升高、动植物栖息地的破坏和气候的变化，最终造成了大量物种的灭绝速度加快，其速度远远超过了新物种的进化速度。地球生态系统本身的可持续性产出远远不能满足人类当前生存的需要，因为地球生态系统产出的资源有些是需要经过上亿年，甚至是上百亿年的，而有的资源却是永远不可再生的，这些资源也是人类由于技术的进步而被发现的。因此，我们可以认为，地球生态系统本身的"可持续产出"只是大自然捐给人类的一笔本金中产生出的利息。而我们现在不仅仅花光利息，而且正在消耗大自然给予我们的这笔本金，我们现在是连本带息"消费"，这样的"短视消费"很难实现可持续发展。也就是说，人类对地球生态系统的破坏正在危及人类自身的生存，如何为自己以及自己的子孙后代的生存找到出路，已成为当今有识之士共同关心的问题，即实现可持续发展。而可持续发展最根本的解决思路就是现有资源的循环使用，即循环经济。

2. 可持续发展思想产生的历程

可持续发展（Sustainable Development）是 20 世纪 60 年代以来，由于诸多的环境问题导致了人类面临着空前的发展困境，经过逐步探索直到 20 世纪 80 年代后期才形成的一个新概念。可持续发展概念自提出以来，已越来越得到世界各国政府和社会各界的关注，其基本思想得到了普遍认同，并成为当今国际社会的重要热点问题之一。不仅如此，可持续发展已经是各国政府不得不选择的发展战略。可持续发展是在全球经济、社会和环境面临诸多危机的压力下，人类反思自身生产、生活行为逐渐觉醒和逐步形成的人类发展观。具体发展历程如下：

可持续发展观的起源可追溯到 20 世纪 50—60 年代。工业化对资源和环境造成的压力，使人们对经济增长作为唯一的发展模式提出了质疑。最具代表性的是 1962 年美国生态学家卡尔逊发表了《寂静的春天》一书，她在对工业革命以来所发生的重大公害事件进行分析后，首次提出了保护环境这一严肃的话题。该书警告说：人类一方面在创造高度文明，一方面又在毁灭着已有的文明，生态环境的恶化如不得到及时遏制，人类将生活在幸福的坟墓中。

1972 年 6 月，联合国在瑞典首都斯德哥尔摩召开人类环境会议，来自 113 个政府的 1300 多名代表首次聚集在一起讨论地球环境问题，大会通过了《人类环境宣言》。宣言指出："环境问题大多是由于发展不足造成的，发展中国家政府必须致力于发展，牢记它们的优先任务，保护和改善环境。"这是联合国组织首次把环境问题与发展问题联系起来，第一次明确提出政府要在发展中解决环境问题。它明确地提出"我们应该做些什么，才能保持地球不仅成为现在适合人类生活的场所，而且在将来也适合子孙后代居住"。虽然这个宣言仅偏重于由发展引起的环境问题，没有注重环境和发展的相互关系，但它仍然被认为是人类关于环境和发展问题思考的第一个里程碑，标志着人类对环境问题的觉醒和可持续发展思想的萌生。

"可持续发展"一词作为术语的首次提出是在 1980 年 3 月。1980 年 3 月，联合国向全世界发出"必须研究自然的、社会的、生态的、经济的以及利用自然资源过程中的基本关系，确保全球的可持续发展"的呼吁。同年，由国际自然资源保护同盟等组织发起，多国政府官员参与制定的《世界自然保护策略》一书对可持续发展做出了定义，即"强调人类利用生物圈的管理，使生物圈既能满足当代人的最大持续利益，又能保持其满足后代人需求的潜力"。或者说，可持续发展是"人类在相当长一段时间内，在不破坏资源和环境承载能力的条件下，使自然—经济—社会的复合系统得到协调发展"。该书不仅强调资源保护，而且注重将它与人类发展结合起来，勾画出可持续发展概念的基本轮廓。

1983 年成立了环境与发展委员会（WCED）。该委员会在挪威前首相布伦特兰夫人的领导下，经过 900 多天的工作，于 1987 年向联合国提交了《我们共同的未来》的报告，该报告后来也被称"布伦特兰报告"。报告声称："我们需要一个新的发展途径，一个能持续人类进步的途径，我们寻求的不仅仅是在几个地方，几年内的发展，而是在整个地球遥远将来的发展。"报告明确、具体地指出，这种发展是："既能满足当代人的需要，又不对后代人满足其自身需要的能力构成危害的发展"。这份报告对可持续发展理论的形成起到了关键的作用。报告中明确指出了过去经济发展对环境产生的影响，强调今后人类应走出一条资源环境保护与社会经济发展坚固的可持续发展之路。事隔 11 年，在《世界自然保护大纲》的续篇《保护地球——可持续生存战略》中，对"要发展，又要保护"的思想做了进一步的阐述。

1991 年，国际自然资源保护同盟、联合国环境署和世界野生动物基金会联合发表了《保护地球——可持续生存战略》报告，将可持续发展定义为"在不超出支持它的生态系统的承载能力的情况下改善人类的生活质量"。

1992 年 6 月，联合国环境与发展会议在巴西里约热内卢的召开，是标志着人类有关环境与发展问题思考的第二个里程碑。会上通过的《里约热内卢环境与发展宣言》和《21 世纪议程》，是将可持续发展概念和理论付诸行动的开始；它以可持续发展为中心，加深了人类对环境问题的认识；它把环境问题与经济社会发展有机地结合起来，树立了环境与发展相互协调的观念。首次明确提出了可持续发展方针，并明确了可持续发展的定义：既符合当代人的需求，又不至于损害后代人满足其需要的能力的发展，使可持续发展观深入人心。议程由经济与社会可持续发展、资源保护与管理、加强主要群体的作用、实施手段四部分构成。议程明确指出：可持续发展是当前人类发展的主题，人类要把环境问题同经济、社会发展结合起来，树立环境与发展相协调的新发展观。该次会议也阐述了可持续发展的基本原则和基本条件，标志着可持续发展已跨越思想、观念的理论探讨阶段，而作为一种全新的发展模式得到国际社会的广泛认同，成为人类共同发展的行动纲领和一致追求的实际目标。可持续发展已由理论走向行动，跨世纪的绿色时代或可持续发展时代迈出了实质性的步伐——可持续发展观形成。

在这之后又相继召开了一系列可持续发展的重要会议：1994 年在开罗召开的世界人口与发展大会，它的主题是"人口、持续的经济增长和可持续发展"，明确地提出了"可持续发展问题的中心是人"。1995 年在哥本哈根召开的世界社会发展首脑会议以及在北京召开的世界妇女大会上，强调可持续发展对人类的重要性，制定了该领域可持续发展的全球战略和行动计划。1996 年在伊斯坦布尔召开的世界人类住区会议和在罗马召开的世界粮食会议上，分别讨论了人类住区和世界粮食的可持续发展问题。1997 年 6 月在纽约召开的可持续发展特别会议上，审议里约热内卢会议 5 年以来各国贯彻实施可持续发展战略的情况和存在的问题，提出了今后的发展目标和行动措施。2002 年 8 月，约翰内斯堡可持续发展世界首脑会议再次深化了人类对可持续发展的认识，确认经济发展、社会进步与环境保护相互联系、相互促进，共同构成可持续发展的三大支柱。可持续发展要求人类能动地调控自然经济社会复合系统，使人类在不超越资源与环境承载能力的条件下，促进经济发展，提高生活质量，并保持资源永续利用。

3. 可持续发展的内涵界定

"可持续发展"这一概念一经提出，就得到国际社会的普遍关注，各国政府和理论家纷纷投入时间和精力研究这一问题。经济学家、社会学家、环境学家、伦理学家等也从各自的领域对可持续发展的概念、意义与应用进行了大量的、卓有成效的研究。可持续发展是个新概念，人们对可持续发展的研究和理解的角度不同，对达到可持续发展的途径看法不同：一般来说，经济学家侧重于保持和提高人类的生活水平，生态学家则侧重于生态系统的承载能力。因此关于可持续发展的定义多种多样，得到学者普遍认可的定义是 11 年前布伦特兰提出的可持续发展定义："既满足当代人的需要，又不对后代人满足其需要的能力构成危害的发展。"目前，具有代表性的有以下几种：

（1）经济的可持续发展。认为可持续发展就是指经济的发展。同时也强调这种发展应保持在自然与生态的承载力范围之内，即"在保护自然资源的质量和其所提供服务的前提下，使经济发展的利益增加到最大限度"。如 1985 年爱德华（Edward B. Barbier）在他的《经济、自然资源、不足和发展》著作中，把可持续发展定义为"在保持自然资源的质量和其所提供的服务的前提下，使经济发展的净利益增加到最大限度"。类似地，阿尼尔和戴维认为可持续发展是"今天的资源使用不应减少未来的实际收入"。英国环境经济学家皮尔斯丁认为"当发展能够保证当代人的福利增加的同时，也不会使后代人的福利减少"。世界资源研究所（World Resources Institute，1992—1993）定义可持续发展为"不降低环境质量和不破坏世界自然资源基础的经济发展"（刘培哲，1994；陈述彭，1995）。他们共同的特点是强调经济发展不再以牺牲资源和环境为代价，而是"不降低环境质量和不破坏世界自然资源基础的经济发展"。

（2）生态的可持续发展。生态学家侧重于从自然或生态的角度来认识问题，认为可持续发展是"自然资源及其开发利用之间的平衡"，即"不超越生态环境系统更新能力的发展"，使人类的发展与地球承载能力保持平衡，使人类生存环境得以持续。在1991年德国及生态学联合会和国际生物科学联合会举行的关于可持续发展的专题研讨会上，可持续发展被定义为："保护和加强环境系统的生产和更新能力"。这个定义强调了可持续发展的自然属性。有的国内学者认为，可持续发展的本质是运用生态学原理，增强资源的再生能力，引导技术变革使再生资源替代非再生资源成为可能，制定行之有效的政策，使发展因素的利用趋于合理化。还有的学者认为，可持续发展是"寻求一种最佳的生态系统，以支持生态系统的完整性和人类愿望的实现，使人类的生态环境得以可持续"（陈述彭，1995；赵士洞、王礼茂，1996）。

（3）社会的可持续发展。他们认为可持续发展是社会的持续发展，包括生活质量的提高与改善，即"资源在当代人群之间以及代与代人群之间公平合理的分配"。如莱斯特·R. 布郎认为，可持续发展是人口趋于平稳、经济稳定、政治安定、社会秩序井然的一种社会发展；TakashiOnish 提出，可持续发展就是在环境允许的范围内，现在和将来给社会上所有的人提供充足的生活保障。在1991年的世界保护同盟、联合国环境规划和世界野生生物基金会共同发布的《保护地球——可持续生存战略》中，可持续发展被定义为"在生存与不超出生态系统涵容能力的情况下，改善人类社会的生活品质"，并特别指出可持续发展的最终落脚点是人类社会，即改进人类的生活质量，创造人类美好的生活（刘培哲，1994，1996；赵士洞、王礼茂，1996）。中国一些学者认为，可持续发展是一项复杂的社会系统工程，它的中心问题是提高人的素质，实现人的全面发展。

（4）回归自然的可持续发展。主要理由是，由于可持续发展理论是基于生态环境的恶化而提出的，生态环境的恶化又是由人的活动引起的。因此，认为可持续发展理论是对人类中心主义的否定，也是对主体性原则的否定，人类只能放弃对自然界的改造和控制，即"回归自然"、成为"自然界的普通一员"，才能实现对生态环境的保护和可持续发展。因为任何形式的生产活动都是物化劳动和活动劳动的结合，都存在对资源的消耗，尤其是第一产业和第二产业，而人类赖以生存的自然资源却是有限的，随着生产活动的无限延续，资源稀缺的表现必将越来越突出。特别是现代科学技术的飞速发展，大大提高了经济的增长速率，这也使得人类对资源的消耗速度加快，即便是可再生资源，其再生率也远不及人类对它的消耗率。当今人类面临的环境现实表明，由于无节制的开采，一些稀有资源和不可再生资源面临枯竭，已经造成严重的能源、资源危机。而解决的手段就是让人类"回归自然"、成为"自然界的普通一员"，而不是凌驾于自然之上。

（5）以人为本的可持续发展。即认为"可持续发展是一种以人的发展为中心，以包括自然、经济、社会内的系统整体的全面、协调、持续性发展为宗旨的新的发展观"，即以人为中心的系统发展观（刘长兴，1999）是一种"以人为中心的发展观"，认为"可持续发展的核心是要以人为本"。实际上，可持续发展观不仅不否定人的中心地位和主体性原则，相反是在更全面、更合理的意义上对人的中心地位和主体性原则的一种肯定。人类社会生产力不仅是一种改造自然的能力，而且也是保护自然的能力。改造自然是以人为主体的实践活动，同样，保护自然也是人主体性的体现。它强调人的发展是最终目的，它所追求的是人与自然的和谐、人与人的公平、人与社会的统一，即在发展经济以满足人们日益增长的物质和精神文化的各种需求的同时，又要保护好人类自身及其后代赖以生存和发展的生态环境。

（6）技术的可持续发展。有些学者认为，污染并不是工业活动不可避免的必然结果，而是技术差、效率低、管理不善造成的，关键在于要开发出更好的技术。1989 年，詹姆斯将可持续发展定义为"可持续发展就是转向更清洁、更有效的技术——尽可能接近'零排放'或密闭式工艺方法——尽可能减少能源和其他自然资源的消耗"。也有人认为"可持续发展就是建立极少产生肥料和污染物的工艺和技术系统"。

（7）和谐的可持续发展。不少专家认为，可持续发展是社会、经济与环境的和谐发展。我国在 1995 年召开的"全国资源环境与经济发展研讨会"上，给可持续发展下的定义是："可持续发展的根本点就是经济社会的发展与资源环境相协调，其核心就是生态与经济相协调。"党的十六届四中全会向全党明确提出要不断提高构建社会主义和谐社会的能力，这里的和谐包括人与人和谐、人与自然生态的和谐。

以上可持续发展的内涵界定的侧重角度不同，具有各自的特点。但一般来讲，可持续发展包含 5 个方面的内容：环境与资源的关系，代内公平，代际公平，生活质量与生态因素关系，公共参与。简言之，可持续发展被概括为以人的发展为中心的"生态—经济—社会"三维复合系统的运行轨迹与可持续发展，生态持续是基础，经济持续是条件，技术持续是手段，社会持续是目的。

4. 可持续发展与循环经济的关系

循环经济是可持续发展的真正实现途径。可持续发展的核心就是既发展经济又不牺牲环境，从而实现人与自然的和谐共处。那么什么样的经济发展模式才能真正实现可持续发展呢？事实已证明无论是粗放型还是集约型的经济增长模式都无法使经济社会做到可持续发展，地球环境的日益恶化足以证明这一点。只有循环经济，兼顾了经济增长和环境保护两者的关系，从而使经济社会的可持续发展有了可靠的保证。目前，它已成为未来经济的发展趋势。循环经济体现了可持续发展的理念，真正地实现了经济发展的可持续性。循环经济克服了传统经济发展模式的缺陷，在生产过程中充分考虑了自然的承载力，合理获取能量和原材料，优化高效地利用，并通过再循环尽可能将生产加工过程中和消费过程中产生的废弃物投入生产和消费。它已不再是单纯依靠对生产、消费等环节的末端治理，而是把环境因素考虑到生产要素的组合中，同人力资本和技术进步一样，成为经济增长的内生变量，这样就能确保"经济—社会—自然"系统的良性循环。我们可以看到循环经济是一种经济发展模式，体现了可持续发展的理念。当然社会发展是全方位的，因此必须在各个领域中都实现循环经济，这样才能促进社会的全方面进步。我们可以通过一个等式简明扼要地说明循环经济与可持续发展的关系：循环经济×（基础设施＋农业＋工业＋能源＋消费＋建筑物……）＝可持续发展。

1.1.2　基本原则

作为一种全新的发展理念、发展战略和发展模式，可持续发展是一种全新的人类生存方式，它不但涉及以资源利用和环境保护为主的环境生活领域，而且还涉及作为发展源头的经济生活和社会生活领域，是一种全面的社会进步和社会变革过程。经济的发展将以生态良性循环为基础，同资源环境的承载能力相适应。在发展的具体指标上，不再以单纯的 GDP 作为衡量发展的唯一指标，而是以社会发展的总体状况、经济效益的提高程度、文化教育的普及和提高程度、国民道德修养的提高程度、生态环境结构和功能的发挥状况、人们生活质量的普遍提高程度等方面来对发展进行综合的、全方位的评价。因此，可持续发展的基本原则体现在以下几个方面：

1. 经济发展原则

邓小平指出："发展就是硬道理。"发展是满足人类自身需求的基础和前提，停止发展，人类就难以继续生存，可持续发展就无从谈起。我国是一个发展中国家，解决我国的一切问题要靠发展。可持续发展的前提是发展，关键环节也是发展，途径是可持续。经济增长保证人类的生存与发展，只有当经济增长率达到并保持一定的水平，才有可能不断消除贫困，才能逐步提高人民的生活水平，才有可能提供必要的能力和条件来支持可持续发展。但是，这种增长不是以牺牲环境来取得的增长，而是以保护环境为核心的可持续的经济增长。发展不是不择手段、不讲科学、不讲效益的发展，更不是一年、两年、一代、两代的发展，而是长期的发展，无论发展的数量还是质量，都应以持续发展为目标。

2. 结构优化原则

结构优化原则，指在国民经济和社会发展中，充分注意并及时调整产业结构、所有制结构、地区结构、城乡结构，使之不断趋于合理和有机构成，达到发展的最佳状态。优化结构的原则，重在要求产业结构中的工业、农业、第三产业的比例适当，重点发展第三产业，巩固农业基础，加快工业改组改造和优化升级；地区结构中东部、中部、西部地区，内陆与沿海地区共同发展，缩小差距；城乡结构中重在缩小差别，农村城镇化，城乡一体化。也就是说，在发展的同时我们应不断提高构建和谐社会的能力。

3. 公平性原则

从纵向来看，社会公平性原则的内涵有两个层面，即当代（代内公平）与后代（代际公平）。代内公平指要使每个公民能够被公平合理地对待，都有机会享受社会发展、经济发展、环境利益所带来的好处。这一原则表现在，地球上无论国家制度、种族、居住地有何不同，在发展的机遇上是人人平等的，不同国家、不同地区、不同人群之间也要力求公平。社会公平的第二个层面，是指代际公平，即当代与后代的公平性。代际公平原则就是要保证当代人与后代人具有平等的发展机会，当代人不能为自己的需求和发展而损害人类世世代代满足需要的自然资源和环境条件，它集中表现为资源（包括社会资源、政治资源、自然资源、资金，以及卫生、营养、文化、教育和科技等的人力资源）的合理储存问题。

从横向来看，公平性原则还体现为国际环境公平和国内环境公平。国际环境公平意味着各地区、各国家享有平等的自然资源的使用权利和可持续发展的权利。目前占全球人口25％的发达国家，消耗的能源、钢铁和纸张等占全球消耗总量的80％。因此建立国际环境公平原则必须考虑到满足世界上贫困人口的基本需要；限制发达国家对自然资源的滥用；世界各国对保护地球负有共同的责任但又有所区别，工业发达国家应承担治理环境污染的主要责任；建立公平的国际政治经济和国际贸易关系以及全球共享资源的公平管理原则。同样，一国国内的环境不公平现象同样会加剧环境的恶化，造成生态危机，因而需要建立国内环境公平。在建立国内环境公平的过程中，应该考虑的主要因素包括：消除贫困；自然资源的公平分配；个人和组织环境责任的公平承担；在环境公共政策的制定中重视环境公平和公共资源的公平共享等。

4. 协调发展原则

协调发展原则是可持续发展的灵魂。协调发展原则，指人类的经济和社会发展不能超越资源与环境的承载能力，必须实行经济社会发展与人口、资源、环境相协调，统筹兼顾，有机结合，以实现人类与自然的和谐共存，使经济社会持续、健康进行。资源和环境是人类赖以生存与发展的基础，因此，可持续发展是保护自然资源与生态系统的前提下的发展，人类对自然资源的消耗不能超过它的临界值，也不能损害地球生命的大气、水、土壤、生物等自然系统。同时，人类应根据持续性原则调整自己的生产与生活方式，有节制地消耗资源和环境。可以说协调发展原则是我们通向可持续发展的唯一途径。经济增长目标、社会发展目标与环境保护目标三者之间必须协调统一，即环境与经济协调发展。经济增长速度不能超过自然环境的承载能力，必须以自然资源与环境为基础，同环境承载能力相协调。要考虑环境和资源的价值，把环境价值计入生产成本和产品价格之中，逐步建立资源环境核算体系，改变传统的生产方式和消费方式。人类的经济和社会发展必须维持在资源和环境的承受能力的范围之内，以保证发展的可持续性。人类坚持这一原则，不仅必须约束自己对资源的浪费和对环境的污染行为，而且必须保护和加强资源基地建设，恢复环境质量。这就要求人们在开发和利用自然资源的同时，要补偿从生态系统中索取的资源，使自然生态过程保持完整的秩序和良性循环。

5. 共同性原则

共同性是指普遍性和总体性。人类生活在同一地球上，地球的完整性和人类的相互依存表现了人类根本利益的共同性。生态危机的全球性表现了人类所遇到的历史挑战的共同性。虽然各国历史、文化和发展水平不同，可持续发展的具体目标、政策和步骤不能共同划一，但可持续发展作为全球发展的总目标，所体现的公平性和持续性原则，则是共同的。因此，只有为了共同的利益，对公共资源的调查、开发和管理进行国际合作和达成协议，可持续发展才能实现。

1.1.3　农业可持续发展的内涵

20 世纪中后期，多数国家都在积极探索改造传统农业的有效途径，努力寻找适合本国国情的农业现代化道路，同时，欧、美等先行现代化的国家也在反思常规农业现代化模式的弊端。在这样的背景下，先后出现了"替代农业""有机农业""生态农业""持续农业"等新的概念和实践。这些探索逐步使农业可持续发展的思想日益受到世人关注，并在 20 世纪 80 年代末期反映到一些主要国际组织的文件和报告中。1991 年，粮农组织在荷兰召开的农业与环境会议上通过了《关于农业和农村发展的丹波宣言和行动纲领》。《丹波宣言》将"农业可持续发展"定义为：采取某种使用和保护自然资源基础的方式，以及实行技术变革和体制改革，以确保当代人及其后代对农产品的需求得到不断满足。这种可持续的发展（包括农业、林业和渔业）旨在保护土地、水、动植物遗传资源，并不造成环境退化。这种发展在技术上是适当的，在经济上是能维持下去的，并且是能够为社会接受的。农业是经济再生产与自然再生产的统一，发展农业既要遵循经济规律，也要遵循自然规律。

目前关于农业可持续发展的内涵有多种不同观点，结合我国实际，本书认为农业可持续发展的内涵是：在合理利用和保护自然资源、维护生态环境的同时，实行农业技术的革新，以生产足够的食物与纤维，满足当代人类及其后代对农产品的需求，促进农业的全面发展。以科技和知识化的活劳动投入为主，减少物质资源投入，提高资源利用率和产出率，为农业持续发展创造物质条件，通过合理的投入和系统功能的协调，保证农业可持续发展的持续性和资源的永续利用，促进生态、经济、社会效益的协调发展。认为农业可持续性发展是一种把产量、质量、效益与环境综合起来安排农业生产的农业模式，除主要从经济角度分析研究外，还应从生态经济、资源经济、国土经济、人口经济等方面进行探讨。

农业可持续发展理论是可持续发展理论在农业中的运用，而农业可持续是整个国民经济可持续发展的最重要的基础，因为作为第一产业的农业直接与大自然相接触，其对地球生态系统的破坏是直接的，因而，没有农业的可持续发展就谈不上整个社会的可持续发展，而农业可持续发展强调的是农业的生产方式变革，即强调改变农业耕作方式尽量降低农业对地球生态系统的破坏或将这种破坏控制在地球生态系统能自我恢复的范围之内。农业生产方式变革涉及的层面非常广泛，既有生产、技术、资源、环境、生态、人口、经济技术因素，又有市场、分配、消费、生活、社会以及与之相关政策、法律、法规、管理和人们思想观念等社会、思想因素。农业生产方式变革涉及的产业既有大农业内部的农林牧渔副业的发展和相互关系，又有农村一、二、三产业的发展相互关系；既有生产力方面的问题，又有生产关系、上层建筑方面的问题。

1.2 循环经济理论

1.2.1 起源、内涵及其与传统经济区别

循环经济是在全球人口剧增、资源短缺、环境污染和生态蜕变的严峻形势下，人类深刻认识自然、重新改造自然的产物，是人们遵循自然规律和探索经济发展的客观规律的产物，是对生产和消费活动的高度理性认识的结果。传统经济中，资本在循环，劳动力在循环，科学技术也在循环发展，只有自然资源和环境没有形成循环发展。而循环经济要求在人、自然资源和科学技术等要素构成的大系统中，在生产、消费和科学技术的发展中，充分考虑生态系统，重视人与自然和谐相处，运用生态学规律来利用自然资源和对待环境，实现经济活动生态化。

1. 循环经济的提出

循环经济的思想萌芽可以追溯到环境保护思潮兴起的时代。1966 年，美国经济学家波尔丁（Boulding）提出了"宇宙飞船理论"，从系统论的角度认识人类经济活动，首次提出了"循环经济"一词。"宇宙飞船理论"可以作为循环经济的早期代表，其大致内容是：地球就像在太空中飞行的宇宙飞船，要靠不断消耗自身有限的资源而生存，如果不合理开发资源、破坏环境，就会像宇宙飞船那样走向毁灭。因此，"宇宙飞船经济"要求一种新的发展观：第一，必须实现"增长型"经济向"储备型"经济转变；第二，要改变传统的"消耗型经济"，代之以休养生息的经济；第三，实行福利量的经济，摒弃只着重与生产量的经济；第四，建立既不会使资源枯竭，又不会造成环境污染和生态破坏、能循环使用各种物资的"循环式"经济，以代替过去的"单程式"经济。波尔丁指出，目前人类所实行的经济发展模式是生产投入—资源消耗—产品—废弃物排放，这是一种"单一线性式"的经济发展模式。由于人类对自然资源的消耗率始终高于资源的再生率，因此这一模式最终会导致资源的枯竭，从而引发资源危机。波尔丁认为，人类的生产活动是一个复杂的系统，这个系统是由人、自然环境、技术等要素构成的包含硬件要素和软件要素的复杂系统，人类的生产消费和生活消费都应在这一系统内进行。人类在启动生产活动之初，投入资源，通过生产获得劳动产品，不可避免地会产生废弃物，若不是将废弃物直接排放和堆积，而是将其利用、利用、再利用，那么，人类的经济活动就会呈现出一种循环状态，而这种循环状态就可以保证经济持续发展，他把这种经济运行状态称为循环经济。概括而言，循环经济即指在人、自然资源和科学技术的大系统内，在资源投入、企业生产、产品消费及其废弃的全过程中，把传统的依赖资源消耗的线性增长经济，转变为依靠生态型资源循环来发展的经济。循环是指在一定系统内的运动过程，循环经济的系统是由人、自然资源和科学技术等要素构成的大系统。循环经济的外延是"经济"。在这里，"经济"既指经济活动，也指经济发展模式。经济发展模式是经济活动的表现方式。在经济学中，经济活动常用社会生产和再生产活动来表述，包括生产、交换、流通和消费四个环节，这是循环经济的外延。循环经济观要求人在考虑生产和消费时不再置身于这一大系统之外，而是将自己作为这个大系统的一部分来研究符合客观规律的经济原则，将"退田还湖""退耕还林""退牧还草"等生态系统建设作为维持大系统可持续发展的基础性工作来抓。过去的经济发展模式是

"资源—产品—废物"，是单向的"直线形"产业链条。而循环经济追求的应该是"资源—产品—再生资源"的"圆圈形"产业链，实际上是把资源尽可能地充分有效利用，使经济发展的成本最低、质量最好、效益最高、污染物排放最少，甚至为零。"循环经济"追求的理念是：世界上没有垃圾，只有放错地方的资源。另外一个含义或者目标是构造一种人与自然相和谐、相协调的人居环境。

就在波尔丁提出他的"循环经济说"不久，以麻省理工学院的丹尼、米德为首的发展战略研究小组公布了一个研究报告——《增长的极限》。报告在研究了人口增长、粮食生产、资源消耗和环境污染等因素对人类发展的影响后，得出了"零增长"的悲观结论：地球是有限的，超越地球资源的物质极限会导致灾难性后果，这种后果不能指望科学技术的进步来消除，要摆脱这种危机，只有停止地球上的人口增长和经济发展，即实行"零增长"或"负增长"。不难发现，米德的"悲观结论"与波尔丁的"循环经济"面世的背景和所关注的问题是一致的。

也就是在这个时期，关于人类发展战略、发展模式的各类观点风催云生，学术争鸣十分活跃。如 1971 年联合国教科文组织（UNESCO）的"人与生物圈计划"；1972 年联合国人类环境会议的"人类环境宣言"；1976 年国际劳工组织的"满足基本需求战略"；1987 年世界环境与发展委员会（WCED）的"可持续发展"定义；1988 年联合国粮农组织（FAO）的"可持续发展农业"和随后的"可持续发展林业"，以及后来的"多元发展战略""以人为核心的发展战略""没有破坏的发展战略"等，诸子百家众说纷纭。最终，这些学说催生出经典的"可持续发展"。虽然关于可持续发展的理论，学术界也曾有过热烈的争辩，但现在已基本风平浪静，尘埃落定，许多观点已渐趋同。但在可持续发展观孕育过程中所出现的一种"循环经济"说，却又一次引起学术界的广泛关注。

循环经济从理念到行动的转变应该是在 20 世纪 90 年代。在此之前，世界各国关心的问题是污染物产生之后如何治理以减少其危害，即所谓环境保护的末端治理方式。直到 20 世纪 90 年代，人们才对"污染物的产生是否合理，是否应该从生产和消费源头上防止污染产生"这个根本性问题进行思考。特别是近几年可持续发展战略成为世界潮流，人们提出了一系列诸如"零排放工厂""产品生命周期""为环境而设计"等体现循环经济思想的理念，形成了物质闭环型经济的思路，特别是针对经济活动的三个重要层次形成了物质闭环型经济的三种关键性思路，使循环经济在理论与实践方面有了实质性的发展。

从所依赖的历史过程和背景来看，循环经济概念产生的最主要的目的是解决生态系统与经济社会系统的矛盾。这一矛盾包含两个方面：一方面是资源环境对经济社会发展的瓶颈约束，另一方面是传统经济发展模式对生态环境的破坏性影响。这决定了循环经济的二维定位，即资源环境和经济发展模式。主张循环经济三维定位，实际上是对循环经济概念的泛化，将其等同于可持续发展的"经济发展、社会进步和环境保护"三维概念。

2. 循环经济的产生背景

循环经济的产生有着深刻的社会经济背景，它既是人类对难以为继的传统发展模式反思后的创新，又是社会进步的必然产物；既是废弃物管理战略转变的需要，也是产业链的有机延伸。其产生的背景主要有以下几个方面：一是工业化发展到较高程度后，废弃物中有大量废旧物资可以回收；二是在工业化过程中消耗了大量的自然资源，而全球的资源日益紧缺，客观上要求对废弃物进行再生利用；三是完善的法律体系和较高的公众环保意识为发展循环经济提供了基础条件。从现实看，循环经济是克服现行经济发展模式的弊端，是实现可持续发展的必然选择。认识循环经济的产生背景，对我们加深对循环经济理论的内涵认识，自觉实践循环经济具有积极的意义。

（1）传统线性经济发展模式存在诸多问题。传统经济发展模式是线性的，即"资源—生产—消费—废弃物排放"单向流动型。该模式通过把资源持续不断地变成废物来实现经济增长，忽视了经济结构内部各产业之间的有机联系和共生关系，忽视了社会经济系统与自然生态系统间的物质、能量和信息的传递、迁移、循环等规律，形成高开采、高消耗、高排放、低利用"三高一低"的粗放型经济发展模式。该模式也是与追求利润和财富的强烈欲望相辅相成的，而社会财富的增加和自然资源消耗是同步的。基于对利润和财富的强烈追求，在长期以来形成的环境无价、资源低价、产品高价不合理的价格体系下，商品生产者和经营者不可能主动地提高资源利用率，也不可能自觉地对生产过程产生的废物回收利用。同时被异化的社会生活方式和消费习惯又迎合了这种无限扩大利润与财富生产的发展趋势，最终使人口资源环境的矛盾日益尖锐。结果是资源难以为继，环境不堪重负，经济社会环境都难以持续发展。因此，传统线性经济发展模式导致了社会经济发展和生态环境的矛盾，最终将使人类面临诸多问题。以我国为例，问题具体表现为：

① 人口的问题。世界人口总量近几个世纪来呈现出快速发展的态势，导致人类对自然界的索取越演越烈，资源与环境不堪重负。以我国为例，人口基数大、增长快：我国人口占世界总人口的 22%，即使未来几年人口自然增长率控制在 10‰以下，我国每年净增人口数量仍将保持在 1000 万以上。人口素质令人担忧：我国人口素质低，文盲和半文盲占总人口比例高，人口素质低已严重制约着我国经济和社会的可持续发展。社会老龄化严重：我国社会老龄化问题将日益突出，2000 年，我国 60 岁以上的老龄人口达 1.32 亿，约占总人口的 10%；2020 年将达到 2.3 亿，占总人口的 15%，而北京、上海等城市已经步入老龄化的城市。

② 资源的问题（以我国为例）。

A. 水资源严重短缺，管理欠佳。我国是一个水资源短缺的国家，可利用水资源总量为 2.8 万亿立方米，居世界第 6 位，人均占有量 2340 立方米，仅为世界人均占有量的 1/4，排在世界第 109 位，是世界 13 个贫水国家之一。中国平均每年因旱受灾的耕地面积约 4 亿亩。正常年份全国灌区每年缺水 300 亿立方米，城市缺水 60 亿立方米。正常年份全国城市缺水 60 多亿立方米，667 个设市城市中，约有 400 多个城市缺水，常年供水不足。其中近 150 多个城市严重缺水，日缺水量达 1600 万立方米。其中 32 个人口在 100 万以上的大城市中，有 30 个长期受缺水的困扰。每年受缺水影响的工业生产总值达 2300 亿元。同期，全国年排放废污水总量近 600 亿吨，其中 80% 未经处理直接排入水域。在全国调查评价的 700 多条重要河流中，有近 50% 的河段、90% 以上的城市沿河水域遭到污染。

B. 土地资源有限，城乡争地。21 世纪是中国城市化加速发展的时期，按照专家的预测，到 2010 年，我国的城市化为 40%，2020 年城市化率为 50%～60%。随着城市经济社会和文化的发展，人均用地，特别是居民住宅用地会普遍增加。此外，城市基础设施建设，改善城市生态环境都需要大量土地。

C. 城市人口膨胀，就业压力加重。由于农村剩余劳动力进城、城市职工下岗和扩招后大学生就业，形成城市就业的巨大压力。小城镇本来是吸纳农村过剩劳动力的主要空间，但据调查，一些小城镇已人满为患，就业压力也很重。

③ 生态环境的问题。生态破坏加剧、环境污染日益严重、自然灾害频发，成为未来人类生存的最大危机。

A. 荒漠化在扩展。荒漠化是世界上干旱和半干旱地区面临的严重环境退化问题，荒漠化并不是指原来的沙漠地区的滚滚流沙，而是指由于人为的过度经济活动的影响，生态平衡遭到破坏，使原来不是沙漠的地方出现了类似沙漠景象的变化。据联合国环境规划署估计，每年世界上大约有 600 万公顷的土地沦为沙漠，其中 320 万公顷原为牧草地和 250 万公顷原为旱作农地。

B. 环境污染严重。由于过度和不适当的经济发展以及只顾眼前和局部利益，使整体环境恶化的形势得不到遏制，造成了水土流失严重。我国水土流失面积已占国有总面积的 1/6，荒漠化扩展和自然灾害频发，污染日益加剧。1998 年，全国烟尘排放量 1452 万吨，二氧化硫排放量 2090 万吨，60％以上的城市大气二氧化硫日平均浓度超过国家三级标准，全国酸雨面积占国土面积的 30％左右。全国每年排放固体废弃物 6 亿多吨，累计占地 6 万多公顷。汽车尾气污染愈演愈烈，特别是汽车发展较快的大城市，尾气污染已经上升为大气的主要污染因素。除了水体污染，水质下降，大气污染外，固体物污染也很突出。据建设部提供的数字，全国城市年产垃圾量已达 1.5 亿吨，目前每年还以 8％到 10％的速度递增。全国垃圾堆放总量已高达 70 亿吨，在全国 667 个城市中，有 200 个城市出现垃圾围城的局面。近几年来又出现一些新的环境污染源，如电磁环境污染、视觉环境污染等，包括城市的光污染、白色污染、人工白昼和灯光污染也日益突出。

C. 森林资源减少和覆盖率降低。据历史资料记载：我国黄河中游流域在春秋战国时期，森林覆盖率为 49.2％，而目前已大幅度下降到 10.9％。

④ 生产方式的问题。以我国为例，经济基础薄弱和技术水平低，产业结构不尽合理，经济发展方式仍以"高资本投入、高资源消耗、高污染排放"的粗放型发展模式为主。在"资源—生产—消费—废弃物排放"单向流动的线性经济中，一方面，对资源的利用常常是粗放的和一次性的，造成巨大浪费，导致许多自然资源的短缺与枯竭；另一方面，人们高强度地从地球上提取各种物质和能源，然后又以污染物和废弃物的形式大量地排向大气、水体和土壤，通过把资源持续不断地变成垃圾，产生大量和严重的环境污染，使自然付出越来越大的代价。这一模式下的社会经济活动对物质资源的索取和废物排放，远远超出了生态系统的资源供给能力和环境自净能力，使人与自然的矛盾趋于尖锐化。

(2) 循环经济具有显著的优势。循环经济充分体现科学发展观，是可持续发展战略在经济领域的重要体现。它要求人们必须树立新的自然观、环境观、价值观、以及生产观、消费观，形成"原料—产品—废物"和"废物—再生—

产品"相结合的循环生产模式。其基本目的是实现经济发展高增长，资源消耗低增长，环境污染负增长，不断增强经济社会可持续发展，最有效地利用资源和保护环境。具体来说，具有以下优势：

第一，循环经济可以充分提高资源和能源的利用率，最大限度地减少废弃物排放，有效地保护生态环境。传统经济是一种由"资源—产品—污染排放"所构成的物质单向流动，具有"高开采、低利用、高排放"的特征。在这种经济中，人们以越来越高的强度把地球上的物质和能源开发出来，在生产加工和消费过程中又把污染和废弃物大量排放到环境中去，对资源的利用常常是粗放的、一次性的。这种以把资源持续不断地变成废弃物来实现经济的数量型增长的传统经济，必将导致许多自然资源的短缺与枯竭，并酿成灾难性环境污染的后果。而循环经济则是一种建立在物质不断循环利用基础上的经济发展模式，它要求经济活动按照自然生态系统的模式，组织成为一个"资源—产品—再生资源"的物质反复循环流动的过程，使得整个经济系统以及生产和消费过程基本上不产生或者只产生很少的废弃物，最大限度减少废弃物的末端处理。

第二，循环经济可以实现社会、经济、环境的协调发展。传统经济通过把资源持续不断地变成废弃物来实现经济增长，忽视了经济结构内部各产业间的有机联系和共生关系，没有按照社会经济系统与自然生态系统间的物质、能量和信息的传递、迁移、循环等规律，形成高开采、高消耗、高排放、低利用"三高一低"的线性经济发展模式，导致大量资源浪费，产生严重的环境污染，造成社会经济、人体健康的重大危害。而循环经济以协调人与自然关系为准则，模拟自然生态系统运行方式和规律，实现资源的可持续利用，使经济从数量型增长转变为质量型增长。同时，循环经济还能拉长生产链，推动环保产业和其他新型产业的发展，增加就业机会，促进社会发展。据1997年日本通产省产业结构协会提出的《循环型经济构想》分析，到2010年，发展循环经济将使日本新的环境保护产业创造近37万亿日元产值，提供1400万个就业机会。

第三，循环经济在不同层面上将生产和消费纳入可持续发展的经济系统中。传统的发展方式将物质生产和消费割裂开来，形成"大量生产、大量消费、大量废弃"的恶性循环。而循环经济实践已在三个层面上将生产（包括资源消耗）和消费（包括废弃物排放）这两个重要的环节有机地联系起来：一是企业内部的清洁生产和资源循环利用；二是产业集群中企业间形成生态工业网络；三是区域和整个社会的废弃物回收和再利用体系。

第四，循环经济是可持续发展的具体战略形态。可持续发展目标的实现是建立在经济上的高增长，生活上的高质量，自然资源的低消耗，废弃物的低排放的基础之上的，其核心是如何做到在资源能量消耗降低的同时，提高物质消费水平。科技进步和保护环境等措施也许能缓解发展与环境的矛盾，但不能根本解决这一矛盾。而循环经济强调利用经济规律和生态规律来调控人类社会经济系统，实现人类活动的生态化转向，使之达到与自然生态系统的和谐。它抓住了社会经济活动的前端性因素，强调经济增长与资源投入和污染产出的分离，从而为可持续发展提供了全新的实践模式和切实可行的途径，使可持续发展不再仅仅停留在理念的水平上。

综合而言，循环经济是一种"多赢"经济增长模式，它将经济发展、社会进步和环境保护三大要求纳入统一的框架中，以协调人与自然的关系为准则，实现资源的可持续利用，生态环境的良性循环，经济发展从数量型的增长转变为质量型的增长，实现全面建设小康社会的目标。循环经济倡导的是一种建立在物质不断循环利用基础上的经济发展模式，它要求把经济活动按照自然生态系统的模式组织成一个"资源—产品—再生资源"的多重闭环反馈式循环过程，强调最有效利用资源和保护环境，以最小成本获得最大的经济效益和环境效益，使得整个经济系统以及生产和消费的过程基本上不产生或者只产生很少的废弃物，从根本上消除长期以来环境与发展之间的尖锐冲突。循环经济可以最大限度地节约资源，减少污染排放量，解决长期以来存在的人与自然、经济与环境之间的矛盾，达到经济发展与环境保护的双赢。它追求效益的综合化，不但强调经济效益，还更加注重社会效益和生态环境效益。循环经济不是靠片面消耗大量能源和自然资源来扩大生产规模，提高经济效益，而是通过不断提高资源的利用率和废弃物的再资源化来解决。大多数产品经过消费后都变成了废弃物，再资源化就是要使这些废弃物重新变成可以利用的资源或能源。这一方面提高了资源的利用率，提高了经济效益；另一方面，减少了废弃物的产生量，减轻了环境污染的压力。

（3）循环经济是实现可持续发展的必然选择。传统经济模式是建立在环境支撑的基础之上的，本身又与环境有着不可调和的冲突。伴随着全球人口增加，经济与社会发展对资源、能源的需求不断增长，资源和环境压力还会进一步加大，不可持续的生产和过度消费现象使得社会人口膨胀、资源稀缺、环境恶化、发展受阻，从而使传统的发展模式到了难以为继的地步，急需新的发展模式，因而循环经济发展模式就随之应运而生了。新的发展模式模拟和借鉴生态系统的循环机制，发展循环经济，构筑循环型社会，这是实现可持续发展的必然选择。

目前可持续发展理论已被国际社会广泛理解和认同，越来越多的国家制定和实施了可持续发展战略。而可持续发展目标的实现是建立在经济上的高增长，生活上的高质量，自然资源的低消耗，废弃物的低排放基础上的，这里的核心是如何做到在资源能量消耗降低的同时，提高物质消费水平。科技进步和保护环境等措施也许能缓解发展与环境的矛盾，但不能根本解决这一矛盾。因此可持续发展由理论到实践任重而道远。而循环经济强调利用经济规律和生态规律来调控人类社会经济系统，实现人类活动的生态化转向，使之达到与自然生态系统的和谐。它从社会经济活动的前端性因素入手，强调经济增长与资源投入和污染产出的分离，从而为可持续发展提供了全新的实践模式和切实可行的途径，使可持续发展不再仅仅停留在理念的水平上。

3. 循环经济的内涵

循环经济是一种善待地球的经济发展新模式，它是国际社会推进可持续发展的一种实践模式，它强调最有效利用资源和保护环境，表现为"资源—产品—再生资源"的经济增长方式，做到生产和消费"污染排放最小化、废物资源化和无害化"，以最小成本获得最大的经济效益和环境效益。它要求把经济活动组织成为"自然资源—产品和用品—再生资源"的闭环式流程，所有的原料和能源要能在这个不断进行的经济循环中得到最合理的利用，从而使经济活动对自然环境的影响控制在尽可能小的程度。由于各个国家发展循环经济的背景不同，对于循环经济的内涵理解认识也呈现出多样化，比较典型的有以下几种：

（1）生态学意义上的概念。认为循环经济本质上是一种生态经济。所谓循环经济，就是把清洁生产和废弃物的综合利用融为一体的经济，本质上是一种生态经济，它要求运用生态学规律来指导人类的经济活动。简言之，循环经济是按照生态规律利用自然资源和环境容量，实现经济活动的生态化转向。它是实施可持续发展战略的必然选择和重要保证（《发展循环经济是21世纪的大趋势》，曲格平）。一个比较理想的循环经济系统由四个部分组成，即资源开采者、处理者（制造商）、消费者和废物处理者。循环经济可以为优化人类经济系统各个组成部分之间的关系提供整体性的思路，为工业化以来的传统经济转向可持续发展的经济提供战略性的理论范式，从而根本上消解长期以来资源、环境和发展之间的矛盾和冲突。日本早在 20 世纪 80 年代末 90 年代初就开始探讨经济模式向生态型循环经济转型，1997 年 7 月，日本政府正式提出了"ECO-TOWN"工程。这项工程的宗旨是"堵住废物源头，推进废物利用，靠环境产业振兴区域经济发展，创造资源循环型社会"。

（2）物质运动意义上的概念。从物质流动的方向看，传统工业社会的经济是一种单向流动的线性经济，即"资源—产品—废物"。循环式经济是一场对线性式经济的革命。线性经济的增长，依靠的是高强度地开采和消耗资源，同时高强度地破坏生态环境。线性经济，其内部是一些相互不发生关系的线性物质流的叠加，由此造成出入系统的物质流远远大于内部相互交流的物质流，形成"高开采，低利用，高排放"的经济特征，是造成当代资源环境问题日益恶化的根本原因。而循环经济则要求系统内部以互联的方式进行物质交换，以最大限度地利用进入系统的物质和能量，达到"低开采，高利用，低排放"的结果。由于存在的反馈式、网络状的相互联系，系统内不同行为者之间的物质流远远大于出入系统的物质流；所有的物质和能源要在一种不断的经济循环中，得到合理和持久的利用，从而把经济活动对自然环境的影响降低到尽可能小的程度。日本提出"环之国"的基本动机就是要彻底抛弃 20 世纪的"大量生产、大量消费、大量废弃的社会模式"，谋求建立"以可持续发展为基本理念的简洁、高质量的循环型社会"。彻底改变以"大量生产、大量消费和大量废弃"为特征的线性经济模式，代之以"最优生产、最优消费、最少废弃"的经济发展模式。

（3）环境保护意义上的概念。循环经济是以物质、能量梯次和闭路循环使用为特征的，在环境方面表现为污染低排放，甚至污染零排放。循环经济把清洁生产、资源综合利用、生态设计和可持续消费等融为一体，运用生态学规律来指导人类社会的经济活动，因此本质上是一种生态经济。循环经济的根本任务就是保护日益稀缺的环境资源，提高环境资源的配置效率（《发展循环经济是 21 世纪环境保护的战略选择》，王金南）。

（4）资源再利用意义上的概念。"循环经济"，就是对资源及其废弃物，乃至对"死亡"产品的"遗体进行综合利用的一种生产过程"。这一生产过程的实施，可以实现最大限度地"保护资源、节约资源"的目的。"循环经济"理论，反对一次性消耗资源，提倡资源的重复使用或多次重复使用，提倡对已经达到生命终点的产品实现再生，使其变废弃物为再生资源和再生产品的目的（《白色发泡餐盒还有没有生存空间》，陈之泉）。

总的来说，循环经济作为一种新的发展理念、发展模式和经济形态，其实施具有高度的综合性和广泛的社会性，必须涵盖工业、农业和消费等各种社会活动，是一个三者连接成为整体的庞大的循环圈。应以经济有效、生态效率、环境友好、保护地球、技术跨越、人与自然和谐为宏观调控原则；以减量化、再利用、再循环、再制造、去毒物、可降解、无害化排放等为微观操作原则；以资源的高效利用和循环利用为基本特征的社会生产和再生产运动；循环经济的实质是以尽可能少的资源消耗、尽可能小的环境代价实现人与自然整个系统的最大的发展效益。它改变了传统经济"资源—产品—废弃物"的物质线性（单向）流动方式，是对传统工业化"大量开采、大量消费、大量高废弃"发展模式的根本变革，是长期的可持续生产方式和消费模式，是建设社会主义和谐社会的必然要求。

4. 循环经济的基本特征

循环经济的理念是在全球人口剧增、资源短缺、环境污染和生态蜕变的严峻形势下，人类重新认识自然界、尊重客观规律、探索新经济规律的产物。其主要特征如下：

（1）新的系统观。循环是指在一定系统内的运动过程，循环经济的系统是由人、自然资源和科学技术等要素构成的大系统。循环经济要求人在考虑生产和消费时不再把自身置于这一大系统之外，而是将自己作为这个大系统的一部分来研究符合客观规律的经济原则，将"退田还湖""退耕还林""退牧还草"等生态系统建设作为维持大系统可持续发展的基础工作来抓。

（2）新的经济观。在传统工业经济的各要素中，资本在循环，劳动力在循环，唯独自然资源没有形成循环。循环经济要求运用生态学的规律，而不是仅仅沿用自19世纪以来机械工程学的规律来指导经济生产；不仅要考虑工程承载能力，还要考虑生态承载能力。在生态系统中，经济活动超过资源承载能力的循环是恶性循环，会造成生态系统蜕化；只有在资源承载能力之内的良性循环，才能使生态系统平衡地发展。

（3）新的价值观。循环经济在考虑自然资源时，不再像传统工业经济那样将土地视为"取料场"和"垃圾场"，将河流视为"自来水管"和"下水道"，也不仅仅视其为可利用的资源，而是需要维持良性循环的生态系统；在考虑科学技术时，不仅考虑其对自然的开发能力，而且要充分考虑到它对生态系统的维持和修复能力，使之成为有益于环境的技术；在考虑人自身发展时，不仅考虑人对自然的征服能力，而且更重视人与自然和谐相处的能力，促进人的全面发展。

（4）新的生产观。传统工业经济的生产观念是最大限度地开发自然资源，最大限度地创造社会财富，最大限度地获取利润。而循环经济的生产观念是要充分考虑自然生态系统的承载能力，尽可能地节约自然资源，不断提高自然资源的利用效率，循环使用资源，创造良性的社会财富。在生产过程中，无论是材料选取、产品设计、工艺流程还是废弃物处理，都要求实行清洁生产。要实行 3R 原则：资源利用的减量化原则，即在生产的投入端尽可能少地输入自然资源；产品的再使用原则，即尽可能延长使用周期，并在多种场合使用；废弃物的再循环原则，即最大限度地减少废弃物排放，实现资源再循环，例如对污水处理，并将中水再利用。同时，循环经济还要求尽可能地利用可循环再生的资源替代不可再生资源，如利用太阳能、风能和农家肥，使生产合理地依托在自然生态循环之上；尽可能利用高科技；尽可能以知识投入来替代物质投入，以达到经济、社会与生态的和谐统一，使人类在良好的环境中生产生活，真正全面提高人民生活质量。

（5）新的消费观。循环经济要求走出传统工业经济"拼命生产、拼命消费"的误区，提出物质的适度消费、层次消费，在消费的同时就考虑到废弃物的资源化，建立循环生产和消费的观念。同时，循环经济要求通过税收和行政等手段，限制以不可再生资源为原料的一次性产品的生产与消费，如宾馆的一次性用品、餐馆的一次性餐具和豪华包装等。

以上理念的差异可以由表 1-1 加以总结。

表 1-1 不同经济形态的比较

	农业经济	工业经济	循环经济	知识经济
指导理论	听命于自然的宿命论	征服自然社会财富论	自然资源的节约、保护和循环利用	人、科学技术与自然协调系统平衡论
目标体系	温饱维持社会稳定	高增长、高消费，最大限度地创造社会财富	全面建设小康社会	人、科学技术与自然可持续发展
价值观	节俭、服从	金钱至上、竞争	经济、社会与生态效益的统一，人与自然和谐发展	知识、创造人的全面发展

续表

	农业经济	工业经济	循环经济	知识经济
经济要素	劳力、土地资源、宗教	劳力、土地、资本	劳力、资源、资本、环境、科学技术	劳力、知识（无形资本）、资源、资本、环境、生态
资源状况	农业资源循环与过度垦殖并存，自然资源开发能力低	掠夺性地开发自然资源	逐步提高的资源循环利用	生态系统均衡发展

5. 循环经济的实现形式

循环经济的技术载体就是环境无害化或环境优化技术，同时也包括治理污染的末端技术，主要类型有：

(1) 污染治理技术。指传统意义上的环境工程技术，其特点是不改变生产系统或工艺程序，只是在生产过程的末端通过净化废弃物进行污染控制。

(2) 废物利用技术。即废弃物再利用的技术，这是循环经济的重要技术载体。

(3) 清洁生产技术。清洁生产要包括以下三方面的内容：

一是清洁的能源。清洁的能源有四项内容：常规能源的清洁利用，如采用洁净煤技术、逐步提高液体燃料、天然气的使用比例；可再生能源的利用，如水力资源的利用；新能源的开发，如太阳能、风能的开发和利用；各种节能技术的创新和运用等。

二是清洁的生产过程。清洁的生产过程内容有：尽量少用、不用有毒有害的原料；减少或消除生产过程的各种危险性因素，如高温、高压、强震动等；少废、无废的工艺；高效的设备；物料的再循环；简便、可靠的操作和控制等。

三是清洁的产品。清洁的产品的内容有：产品在使用过程中以及使用后不含对人体健康和生态环境不利的因素；易于回收和再生；合理包装；合理的使用功能和合理的使用寿命；产品报废后易处理、易降解等。

全国人大环境与资源保护委员会前主任委员曲格平在 2000 年 12 月的中华环保世纪行座谈会上指出："清洁生产是实现循环经济的基本形式。"清洁生产与传统的末端治理污染相比，有两个显著特点：

一是清洁生产体现了预防为主的思想。传统的末端治理与生产过程相脱节，即"先污染，后治理"，重在"治"。清洁生产则要求从产品设计开始，到选择原料、工艺流程和设备、废物利用、运行管理等各个环节，通过不断加强管理和技术进步，提高资源利用率，减少乃至消除污染物的产生，重在"防"。

二是清洁生产体现的是集约型的增长方式。传统的末端治理以牺牲环境为代价，建立在大量消耗资源、能源的粗放型增长方式的基础上；清洁生产则是走内涵发展道路，最大限度地提高资源利用率，促进资源的循环利用，实现节能、降耗、减污、增效，从而实现了经济效益与环境效益的协调发展。

1.2.2　基本原则

循环经济是对现代经济学思维和理念的挑战，它进一步揭示了市场经济运行的基本规律。在现代经济学的思维和理念中，人们的根本任务是发展生产力，即人们提高征服自然、改造自然的能力，把人与自然相对立。而循环经济是要善待自然、营造自然，把人与自然相统一，达到人与自然的"双赢"。现代经济学的市场规律是价值规律和供求规律，考虑的是价格、市场、利润和供需等因素，表现为有理性的"经济人"对资源的不可逆的消费和掠夺，其结果是资源的"破坏—修复—破坏"，环境的"污染—治理—污染"。循环经济要求经典经济学将资源环境作为影响经济增长的内生变量来研究，把生态规律放在首位，根据环境的自净能力和资源的再生能力，以"减量化、再利用、资源化"原则来使用资源和环境。因此循环经济的基本原则是：减量化原则，再使用原则，再循环原则，再思考原则。

1. 减量化原则

减量化原则又称为减物质化原则，该原则以不断提高资源生产率和能源利用效率为目标，在经济运行的输入端最大限度地减少对不可再生资源开采和利用，尽可能多地开发利用替代性的可再生资源，减少进入生产和消费过程的物质流和能源流。减量化是循环经济的首要原则，也是最重要的原则。原因在于减量化是针对输入端的，旨在减少进入生产和消费过程中的物质和能源流量，对废弃物的产生是通过预防的方式而不是末端治理的方式来加以避免，因而显得更为重要。而末端治理方式虽然对控制污染起到一定作用，但它存在诸多弊端，如赔偿标准、赔偿群体等都难以确定，而循环经济则是防患于未然，将废物预防作为根本目标，这就需要在生产和消费两个过程中尽可能减少废物的产生。在生产领域通过新工艺减少资源使用量，生产出小型与轻型产品，并能使这些产品在使用过程中节约资源和减少污染排放，在产品包装时只使用必要包装，避免豪华包装。在消费领域，消费者应该有选用包装简单、能多次使用的产品的意识。生产者应通过减少产品原料投入和优化制造工艺来节约资源和减少排放，消费群体应优先选购包装简易、结实耐用的产品。减量化原则要求在生产和生活的全过程中讲求资源的节约和有效利用，用较少的原料和能源投入来达到既定的生产目的或消费目的，进而到从经济活动的源头就注意节约资源和减少污染，最终实现废弃物的减量化，属于源头控制范畴，通过预防的方式避免废弃物的产生。

2. 再使用原则

在生产和消费活动中尽可能多次使用或以多种方式利用各种资源，避免物品过早成为垃圾：

一是在设计和生产时就要考虑延长产品和服务的使用时间；

二是在基本不改变废旧物品物理形态和结构的情况下，继续使用废弃物，如废旧家电的再利用。

再使用原则要求制造产品和包装容器能够以初始的形式被反复使用；要求抵制当今世界一次性用品的泛滥，生产者应该将制品及其包装当作一种日常生活器具来设计，使其像餐具和背包一样的可以被再三使用。所以，"再利用"同时有过程控制和末端控制的含义，目的是延长产品和服务的时间强度。

3. 再循环原则

"再循环"要求生产出来的物品在完成其使用功能后能重新成为可以利用的资源，而不是不可恢复的垃圾，可以认为是通过物理和化学过程，使废弃物转化为新的经济资源，达到废弃物的资源化，并投入生产和消费过程，属末端控制，它把废弃物变为资源以减少最终处理量。在废旧资源领域，我国长期使用两个概念，一个是"综合利用"，一个是"资源化"。按照一般意义上的理解，"综合利用"是一个广义概念，指通过各种方法使废弃物重新变成有使用价值的资源或物品，相当于"3R"原则中的"再利用"和"再循环"；"资源化"相当于"再循环"。

4. 再思考原则

简言之，循环经济是一种以资源的高效利用和循环利用为核心，以"减量化、再利用、再循环、再思考"为原则，以低消耗、低排放和高效利用为基本特征，通过"资源—产品—废弃物—再生资源"的循环过程，以尽可能小的资源消耗和环境成本，获得尽可能大的经济和社会效益，符合可持续发展理念的经济增长模式，以从根本上消解长期以来资源环境与经济发展之间的尖锐矛盾，促进社会经济和资源环境的协调发展，是对"大量生产、大量消费、大量废弃"的传统增长模式的根本变革。其实质是以尽可能少的资源消耗和尽可能小的环境代价实现最大的发展效益，是促进人与自然和谐发展的现实选择，是人类对人与自然关系进行深刻反思的积极成果。

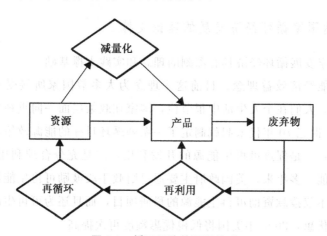

图 1-1　循环经济的运行模式

1.2.3　循环经济的国外研究现状

随着社会的进步，经济发展与环境保护之间的矛盾引起世界各国的普遍关注。为了解决本国经济发展与环境保护之间的矛盾，各国从可持续发展的理念出发，提出了一系列变革传统经济的发展模式与战略，力图通过这些战略规划及具体措施，协调经济与环境之间的关系。循环经济是诸多战略构想中的一种。自 20 世纪 90 年代以来，发达国家把发展循环经济、建立循环型社会，当作实施可持续发展战略的重要途径和实现方式。作为一种可持续发展理念的新型经济发展模式，循环经济成为 21 世纪世界经济发展与环境保护结合的必然战略选择。发达国家是工业化的先行者，他们在充分享受到工业文明的同时，也曾饱受了工业"三废"污染对环境和人身健康的危害。频频发生的震惊世界的许多污染事件以及生态的严重破坏，使人们不得不对传统的发展模式进行反思和总结，努力寻求新的发展模式，可持续发展战略和循环经济的理念应运而生。循环经济模式既能提高经济效益、改善人们生活，又能保护资源、改善环境，维持全球范围的大生态系统的动态平衡，并获得全球的共识。循环经济理念的成型和可持续发展战略的提出已近20年，循环经济提高了发达国家的资源利用率、缓解了资源短缺、减轻了环境污染压力，尤其是应运而生的资源再生产业为各国带来了丰厚的物质利润。据统计，20世纪末发达国家再生资源产业规模为2500亿美元，现已增至6000亿美元，预计2010年可达18000亿美元。

1. 发达国家循环经济发展的理论支撑

发达国家发展循环经济具有深刻的理念和实践支撑基础。

（1）节能经济效益理念。目前这一理念为大多数国家所接受和采纳。例如，在美国，人们在个人生活中很节俭，国家在政策层面一向重视发展循环经济。早在20世纪70年代末起就制定了一系列循环目标的能源政策，其核心内容大致三点：一是促进可再生能源的开发利用，二是充分合理利用现有资源，三是鼓励节能。多年来，美国政府主要通过财政手段鼓励可再生能源的开发和利用。美国不仅拨款资助可再生能源的科研项目，而且还为可再生能源发电项目提供低税优惠，2003年美国将低税优惠额度再次提高。

（2）资源系统循环消费生产理念。日本非常重视建立资源生产和消费领域的循环经济模式，在资源生产和消费领域设计了三种不同程度的循环模式：一是通过企业内部的循环，促进原料和能源的循环选用；二是通过企业之间的循环，组成生态工业链，形成共享资源和互换副产品的产业共生组合；三是通过社会整体循环，大力发展绿色消费市场和资源回收产业，完成循环经济的闭合路。

（3）工业生态系统理念。工业生态系统理念是由美国通用汽车公司研究部任职的福罗什和加劳布劳斯提出的一种新理念，1989年他们在《科学美国人》发表了《可持续发展工业发展战略》一文，提出了生态工业园新概念，要求企业之间产出的各种废弃物要互为消化利用，原则上不再排放到工业园区之外。其实质就是运用循环经济理念指导园区内企业之间物质和能量的循环使用。自

20 世纪 70 年代丹麦卡伦堡"工业共生体"进入自发形成过程之后，美国、日本、加拿大和西欧等发达国家和地区先后建成或正在建设的生态工业园区就有数十个。

(4) 生活垃圾无废物理念。德国采取了避免和再利用废物的一系列相应措施，根据联邦统计局最新数字显示，1993 年产生的全部废物量比 1990 年减少 10%，利用率从 20% 提高到 25%，生产过程中产生的废物减少 20%，利用率达 60.6%（1990 年仅为 45.8%），垃圾的利用率从 13.8% 提高到 29.8%。这种理念本质上要求越来越多的生活垃圾处理要由无害化向减量化和资源化方向过度，要在更广阔的社会范围内或在消费过程中和消费过程后有效地组织物质和能量的循环利用。

2. 发达国家发展循环经济的实践

(1) 发达国家发展循环经济的历程。发达国家的循环经济发展有着不同的历程。具体如下：

① 德国的循环经济发展历程。德国是世界上最早提出发展循环经济，并制定出相关法律的国家，堪称发展循环经济的楷模，不单循环经济系统日臻成熟，循环经济也已成为德国企业和民众心目中义不容辞的社会责任。德国主要通过一系列立法措施及采取废弃物资源化的双元系统模式和双轨制回收系统来推动循环经济的发展。德国的循环经济由垃圾问题而起，重点是"垃圾经济"，并向生产体系（企业）中的资源循环利用延伸。20 世纪 70 年代，随着经济的快速增长，大量生产、大量消费导致垃圾的大量排放，使垃圾的处理问题日益突出。德国在工业和部分生活型污染问题基本得到解决以后，由消费带来的日益增加的垃圾（包括工业和消费领域的废弃物）成为德国面临的最大国内环境问题之一。20 世纪 70 年代末，德国有 5 万个垃圾堆放场，由于管理不善，大部分堆放场受到二次污染，所以 1972 年德国颁布了《废弃物管理法》，将各种废物的收集和处置以法律的形式固定下来。该项法律的颁布改变了西德人的生活习惯，一般生活垃圾，塑料容器以及纸类等开始被分门别类地回收。石油危机后，德国开始从垃圾焚烧中获取电能和热能。到 20 世纪中后期，德国意识到，简单的垃圾末端处理，并不能从根本上解决问题。随着西德公众环保意识的不断提高，1986 年联邦政府制定了"避免产生废物、废物再利用及安全处理原则"，将 1972 年的法案修正改称为《限制废弃物处理法》，对废物的认识从"怎样处理"上升到了"怎样避免产生"的高度。自 20 世纪 80 年代以来，

德国的环保运动号召人们减少、分解和重新利用垃圾。同时厂家又推出周全的计划，将垃圾变成化肥和塑料，从中取回纸、玻璃和铁，只是焚烧一些毫无用处的废物，利用热能来发电，利用泥土之类的东西来填海，从而使各类垃圾的数量都在减少。

循环经济使德国在 GDP 增长两倍的情况下，主要污染物排放减少了近 75%。

德国循环经济理念的导入是在 20 世纪 90 年代初期，首次在 1991 年颁布的《包装废物管理规定》中得以具体体现。根据该规定：餐饮业的商品包装必须由制造者负责回收，在商店购买商品所产生的包装废物必须由销售商回收，运输过程中的包装废物必须由生产商回收，所回收的包装废物必须全部循环利用。1991 年，德国成立了进行资源回收和循环利用的 DSD 有限责任公司，6年间 DSD 公司共循环利用了 2500 万吨包装废物，该公司在 1997 年仅包装废物的回收率就高达 89%，循环利用率高达 86%，相当于从每一个德国公民手中回收废物 73.7 公斤（玻璃 33.3 公斤，废纸及纸箱 17.1 公斤，其他包装废物 23.3 公斤），取得了很好的经济效益。DSD 公司在 1996—1997 年间的业务成绩（见表 1-2）。该公司仅有 357 人，利润却高达近 2 亿马克（营业额 41.7亿马克，处理费用 39.7 亿马克）。

表 1-2　1996—1997 年 DSD 公司的业绩

项　目	1997 年	1996 年
总营业额（亿马克）	41.7	41.4
处理费（亿马克）	40	39
利润（万马克）	19，700	38，520
职工人数（人）	357	343
包装废物的回收量（吨）	5，618，445	5，458，140
包装废物的回收率（%）	89	86
包装废物的循环利用量（吨）	5，446，662	5，322，701
包装废物的循环利用率（%）	86	84

1992 年，德国通过了《限制废车条例》，规定汽车制造商有义务回收废旧车。1994 年颁布了《循环经济与废物清除法》，后经过数次修改，于 1996 年10 月生效。这部法律使世界环境保护运动发生了根本性的转变，即由过去的

末端治理转向源头控制。该法开宗明义，提出"本法律的目的是促进循环经济，保护自然资源，确保废物按有利于环境的方式进行清除"。该法确立了发展循环经济的基本要求，即任何生产过程要首先尽量避免或减少废物的产生，必须对材料或能源进行充分利用。该法规定：德国生产和生活废料的清除必须向循环经济回归，使消费和生产系统在资源消耗和环境污染上降至最低；对于无法避免而产生的废物，包括对生活垃圾如废纸、旧电池、旧汽车的回收再利用，要求尽量采取循环利用的措施，使一个企业的废料成为另一企业的生产原料，以此减少资源消耗和污染。其结果是原料的资源得到了有效的保护，废料少的产品得到了开发，从长期来看，消费和生产系统将被改造成为循环经济。该法还规定了产品制造者在产品生命周期管理过程中的责任，对于某些特定的产品，只有具有明确的回收可能性时，才容许投入市场。该法的生效对废物清除行业起到了明显的推动作用，1996 年该行业营业额 800 亿马克，预计 2005 年营业额将跃升 2000 亿马克左右。德国还根据各个行业的不同情况，制定了促进各行业垃圾再利用的法规，使饮料包装、废铁、矿渣、废汽车、废旧电子商品等都"变废为宝"。同时，为了监督企业发展循环经济和处理垃圾的情况，德国还设立了专门机构，生产企业必须要向监督机构证明其有足够的能力回收废旧产品，才能被允许生产和销售。德国循环经济采取很有特色的双轨制回收系统，该系统是对包装废弃物进行回收利用的非政府组织，其由产品生产厂家、商业企业以及垃圾回收部门联合组成，它接受企业委托，组织收运者对他们的包装废弃物进行回收和分类，然后送至相应的资源再利用厂家进行循环利用，能直接回收利用的包装废弃物则送返制造商。

② 日本的循环经济发展历程。日本是循环经济立法最全面的国家，也是国际上较早建立循环经济法律体系的发达国家之一。其所有的相关法律文件，集中体现为"三个要素、一个目标"，即减少废物，旧物品再使用，资源再利用，最终实现"资源循环型"的社会目标。与德国相似，日本的"循环型社会"也起源于废弃物问题。日本过去的大量生产、大量废弃、大量消费的社会经济模式带来了诸多的环境问题，每年产生大量的废弃物，由于其受到可用土地的限制，填埋场严重不足，因此由生产和消费产生的废弃物就成为日本面临的主要环境问题之一。与德国先在个别领域逐渐建立相关法规最后建立整体性循环经济法不同，日本采用的是自上而下的办法，即先建立综合性的再生利用法，再在此法指导下建立各具体领域的循环经济法律法规。20 世纪 90 年代，日本提出了"环保立国"的口号，并集中制定了废弃物处理、再生资源利用、

包装容器和家用电器循环利用、化学物资管理等一系列法规。1991 年制定的《资源有效利用促进法》，完善了汽车及家电循环利用的判定标准以及事先评估、信息交流等体系。1993 年颁布的《环境基本法》中增加了生活垃圾分类收集和循环利用等内容，并将此作为国民的义务以法律形式固定下来。1994年政府又根据《环境基本法》制定了《环境基本计划》，决定将建设循环型社会作为环境政策的长期目标之一来实施，并把实现低环境负荷的可持续发展经济社会体系作为目标。日本把 2000 年定义为"循环型社会元年"，不仅新制定了基于"生产者责任延伸制度"的《推进形成循环型社会基本法》《建筑材料循环利用法》《食品循环再利用法》《绿色采购法》，还修订了《再生资源利用促进法》并更名为《资源有效利用促进法》；修订了 1970 年制定的《废物处理法》，加强了控制废物产生和不正当处理的措施。2002 年制定了《汽车循环利用法》，在此基础上，又于 2003 年 3 月制定了建设循环型社会的长期指导方针——《推进形成循环型社会基本计划》。在 2000 年前后，日本相继颁布了多项环保法规，大致可分为三个层面：基础层面是一部基本法，即《推进形成循环经济型社会基本法》；第二个层面是综合性的两部法律，《固定废弃物管理和公共清洁法》和《促进资源有效利用法》；第三个层面是根据各种产品的性质制定的五部具体法规，《促进容器与包装分类回收法》《家用电器回收法》《建筑及材料回收法》《食品回收法》及《绿色采购法》。这些法规为日本建立循环经济型社会搭建起了稳固的框架。与德国的《循环经济法和废弃物管理法》相比，日本的《推进基本法》在目标和内容上更为深入和丰富，其宗旨是改变传统社会经济发展模式，建立"循环型社会"。

日本的循环经济（循环型社会）发展战略的目标包括：

A. 以发展循环经济振兴区域经济发展。日本早在 20 世纪 80 年代末 90 年代初就开始探讨经济模式向生态型循环经济的转型，1997 年 7 月日本政府正式提出了"ECO-TOWN"工程。这项工程的宗旨是"堵住废物源头，推进废物利用，靠环境产业振兴区域经济发展，创造资源循环型社会"。

B. 以循环型产品赢得市场，寻求新的增长。随着日本治理环境污染的深入，日本的环保产业创造了新经济增长点。正是由于 70 年代末日本颁布了严格的汽车尾气排放标准，推动了日本汽车产业提高燃油效率、降低尾气超标排入的研究开发，使日本汽车在 80 年代以环保型、经济型的优势，率先抢占了欧美汽车市场。

C. 保持一定的国际竞争力。未来国际竞争的一个重要方面，是资源之争。

日本提出发展循环经济，就是要进一步提高资源能源利用效率；保障经济活动所需的优质生态和环境总量。

D. 彻底改变以"大量生产、大量消费和大量废弃"为特征的线性经济模式，代之以"最优生产、最优消费、最少废弃"的经济发展模式。日本提出"环保立国"的基本动机就是要抛弃 20 世纪的"大量生产、大量消费、大量废弃的社会模式"，谋求建立"以可持续发展为基本理念的简洁、高质量的循环型社会"。

③ 其他国家的循环经济发展历程。欧洲 31 国目前已经稳定了区域人口规模，实现了构建生态经济最重要的基本条件。1994 年 12 月欧盟强制实施《包装和包装废弃物指令》，规定了回收目标。1995 年 4 月，欧盟设立了一个"法规委员会"，职能是依据避免、再使用、回收、再生等规定，分析控制每一个国家包装废弃物处理的资料。哥斯达黎加计划到 2025 年完全采用可再生能源，以取代当前对耗竭性资源的掠夺性开采。由 Shell 公司和 Daimler Chrysler 公司发起领导的产业联盟计划在冰岛建立世界上第一个氢能源经济实体，以树立产业循环经济的概念模式。欧洲许多国家把清洁生产作为一项基本国策，例如：欧共体委员会 1977 年 4 月制定了关于"清洁工艺"的政策。法国、英国、比利时和澳大利亚等发达国家在 20 世纪 90 年代相继颁布和实施了有关废弃物减量化、再利用和安全处置的法律。法国早在 1993 年前曾立法规定 1993 年上市的消费品必须有 50% 的包装进行回收利用，提出 2003 年应有 85% 的包装废弃物得到循环使用。丹麦通过实施《废弃物处理和回收法》（1990 年），2002 年的废弃物再利用率提高到 65%。荷兰提出到 2000 年，废弃物循环使用率达到 60%，奥地利要求对 80% 的回收包装材料进行再循环处理或再利用。

美国目前还没有一部全国性的循环经济法规或资源再生利用法规。美国各州可独立制定州法，其最早的循环经济法可追溯到 20 世纪 70 年代。1976 年，美国制定了《固体废弃物法》，后又经过多次修改，1990 年通过了《污染预防法》，1991 年环保局制定了环保政策优先顺序，即减量→重复利用→循环再生→焚化→掩埋。不过，从 20 世纪 80 年代中期俄勒冈、新泽西、罗德岛等州先后制定促进资源再生循环法规以来，现在已有半数以上的州制定了不同形式的再生循环法规。美国加州于 1989 年通过了《综合废弃物管理法令》，要求在 2000 年以前，实现 50% 废弃物通过资源削减和再循环的方式进行处理，未达到要求的城市将被处以每天 1 万美元的行政罚款。美国 7 个以上的州规定新闻纸的 40%～50% 必须使用由废纸制成的再生材料。在威斯康星州，塑料容器必须使用 10%～25%的再生原料。加州规定玻璃容器必须使用 15%～65%的再生材料，塑料垃圾袋必须使用 30%的再生材料。

（2）发达国家为发展循环经济而制定的各种政策措施。由政府出面制定一系列强有力的政策措施是发达国家促进循环经济发展的一条重要经验。主要有以下四个方面：

① 政府激励政策。美国于 1995 年设立了"总统绿色化学挑战奖"，对那些把绿色化学原理与化学品的设计、制造、使用相结合的突出化学技术进行奖励，充分体现了美国对环境保护方面创新性工业研究成果的重视。重视和支持那些基础性和创新性和对工业界有实用价值的化学工艺新方法，以通过减少资源消耗来实现对污染的防治。英国的 Jerwood-salters 环境奖，2000 年开始颁发，用于资助在绿色化学方面卓有成就的年轻学者。日本的许多城市实行了资源回收奖励制度，对社区、学校集体回收旧报纸、旧包装箱的行为给予一定的奖励，以鼓励社会各界积极回收可再利用的资源；日本大阪利用社会中介组织，对于回收一定数量以上有用物质的农民给予必要奖励，目的是鼓励农民回收有用物质。近年来，欧洲不少城市采取了付费交投包装废物的办法，这是按照"谁污染谁治理"的原则办事，受环境意识和经济利益的双重驱使，许多消费者乐于这样做。

② 税收优惠。日本的"再循环利用设备特别补偿办法"规定：对废纸和废饮料瓶类制品再商品化设备制造业、生态水泥制造设备、废家电再生处理设备除按一般规定给予退税之外，还按商品价格的 25%进行特别退税；对废塑料制品再商品化设备制造业、建筑废物再生处理装置、废木材破碎及再生处理装置，除按一般规定给予退税之外，还按商品价格的 14%进行特别退税；对废纸脱墨处理装置、处理玻璃碎片用的恶夹杂物除去装置、铝再生制造设备、空瓶洗净处理装置等，除实行特别退税外，还可获得 3 年的固定资产税退款。美国亚利桑那州 1999 年颁布的有关法规中，对分期付款购买回收利用再生资源及污染控制型设备的企业可减税（销售税）10%；美国康奈狄克州对前来落户的再生资源加工利用企业除可获得低息风险资本小额商业贷款以外，州企业所得税、设备销售税及财产税也可相应减免。荷兰政府的目标是在 10 年内把全国废物产生量减少 90%，其措施除了提高公民的环境意识外，对产生废物的人和企业都要征税，采用清洁生产或建立污染控制设备的企业，其投资可按 1 年折旧（通常折旧期限为 10 年）。丹麦率先实行了"绿色税"制度，对生产原材料征收材料税以促进少用原生材料、多利用再生资源。德国已经开始征收

生态税，对除风能、太阳能等可再生能源以外的能源都要征收生态税，间接产品也不例外，例如 1 升汽油的价格为 1.7 马克，要再加 6 芬尼的生态税。德国除了征收生态税，还开始征收环境污染税。按照"污染者付费"的原则，向达不到环境标准的农药等生产资料的生产企业，收取环境污染税，即"庇古税"。农业环境污染导致的农产品质量下降、农药残留等问题的根本原因不是因为农民喷施了农药，而是在于生产者的产品不符合一定的标准，所以，"庇古税"的课税主体应该是生产企业而不是农民。

③ 收费政策。日本颁布的《家用电器再利用法》规定：制造商和进口商对制造、进口的家用电器有回收、再商品化的义务，废弃者应该支付废旧家电收集、再商品化等有关的费用，并规定了 4 种废旧家电的处理费，其中每台电冰箱为 4600 日元，每台空调器为 3500 日元，每台洗衣机为 2400 日元。德国居民水费中含有污水治理费，市、镇政府必须向州政府交纳污水治理费，污水治理没达到要求的企业要承担巨额罚款。市用用水每立方米费用为 7.5 马克，其中的 2.5 马克归饮水公司，5 马克给废水公司。废水公司又将所得款项的 1/3 拨给污水处理厂，2/3 拨给污水输管道系统。早在 1992 年，韩国便开始实施"废物预付金制度"，即生产单位依据其产品出库数量，按比例向政府预付一定数量的资金，根据其最终废弃资源的情况，再返回部分预付资金。押金制度以鼓励人们回收一些有必要安全处理的特别重要的材料。在农业生产过程中，可以对农药瓶或包装实行押金制度，即在农民购买农药的时候，支付一定的押金，然后用空瓶或废弃包装物兑换押金。

生活垃圾收费是减少城市生活垃圾数量的最有效措施之一，如对每袋生活垃圾的收费增加 1.5 美元，城市垃圾总量可减少 18%。现在，日本的 3250 个市、区、村中收取生活垃圾处理费的为 2535 个，收取工业废物处理费的为 2833 个，有效改善了日本的生产和生活环境。德国的《包装废物管理条例》颁布以后，从 1991 年到 1995 年，制造商们为了减少处理包装废物所付的费用，纷纷将包装减少到最低限度，全国包装废物的总产生量减少了 12%。

④ 绿色采购制度。各国各级政府应起表率作用，实现政府优先购买，通过采购计划拉动循环经济的需求，并影响社会公众。如优先采购经过生态设计或通过环境标志认证的产品，优先采购经过清洁生产审计或通过 ISO 14001 认证企业的产品；办公用品采购有节能标志的产品，在使用中注意节约、重复使用及废弃后主动回收等。通过干预各级政府的购买行为，促进有再生成分的产品在政府采购中占据优先地位。美国几乎所有的州均有对使用再生材料的产品

实行政府优先购买的相关政策或法规。联邦审计人员有权对各联邦代理机构的再生产品购买进行检查，对未能按规定购买的行为将处以罚金。美国各州也陆续制定了再生资源产品政府优先购买的有关政策法规，通过行政干预各级政府的购买行为，促进政府优先采购再生资源产品，同时规定审计机关有权对政府各部门购买再生产品情况进行检查，对未能按规定购买的行为将处以罚金。日本的《绿色采购法》规定，国家机关必须率先采购环境负荷小的产品。其目的是通过不断扩大对环保产品的需求来提高资源再生企业的知名度，以促进企业扩大生产量、降低成本、降低价格、最终形成资源再生产品的良性循环。现在日本各行政机关纷纷制定了绿色采购方针，有 166 种物品被定为政府优先选择购买物品，其中以 100% 废纸为原料、白色度不足 70% 的复印纸被定为最优先购买物品，到 2001 年，政府特定购买物品的采购比例已达到了 92.6%。

（3）发达国家充分发展社会中介组织和鼓励公众参与来发展循环经济。非营利性中介组织可发挥政府和企业不具备的功能。

① 德国回收中介组织——DSD。这个组织专门组织回收处理包装废弃物，由产品生产厂家、包装物生产厂家、商业企业以及垃圾回收部门联合组成，按自愿原则将相关企业组成网络，将需要回收的包装物打上标记，由 DSD 委托回收企业进行处理。政府除规定回收利用任务指标外，其他按市场机制运行，盈利作为返还或减少第二年的收费。

② 日本的回收情报网络。大阪建立了废品回收情报网络，发行旧货信息报——《大阪资源循环利用》，发布相关资料。组织旧货调剂交易会（如旧自行车、电视、冰箱），为市民提供淘汰旧货的机会，使市民、企业、政府互通信息，调剂余缺，推动垃圾减量运动发展。

③ 加拿大的中介活动。蒙特利尔市政府与全市区组织签订合同，组织志愿者队伍参与垃圾分类收集和维护环境的工作，并聘请社会贤达参与监督和检查。

④ 美国的社区协调中介机构。实行会员制的中介组织代表政府与厂矿企业和社区联系，推行"环保兰星"项目，加强废弃物的回收处理、污染源的治理。

发达国家非常重视运用各种手段和舆论传媒加强对循环经济的社会宣传，以提高市民对实现零排放或低排放社会的意识。如日本大阪市全市美化宣传活动，每年 9 月发动市民开展公共垃圾收集活动，并向 100 万户家庭发放介绍垃圾处理知识和再生利用的宣传小册子，鼓励市民积极参与废旧资源回收和垃圾减量工作。防止过量包装,鼓励绿色购物;尽可能减少垃圾排出量,不浪费食物;对一次性易耗品加强反复使用和多次使用,旧衣服家电家具用品送别人使用、不随意丢弃等。

1.2.4　我国循环经济的内涵、发展历程和基本举措

1. 我国循环经济的内涵界定

根据循环经济的基本特征,本书对我国循环经济的内涵概括为:循环经济是对社会生产和再生产活动中的资源流动方式实施了"减量化、再利用、再循环和无害化"管理调控的,具有较高生态效率的新的经济发展模式。具体讲,就是根据"减量化、再利用、再循环和无害化"原则,以物质流管理方法为基础,依靠科学技术、政策手段和市场机制调控生产和消费活动过程中的资源能源流动方式和效率,将"资源—产品—废物"这一传统的线性物质流动方式改造为"资源—产品—再生资源"的物质循环模式,充分提高生产和再生产活动的生态效率,以最少的资源能源消耗,取得最大的经济产出和最低的污染排放,实现经济、环境和社会效益的统一,形成可持续的生产和消费模式,建成资源节约型和环境友好型社会。

2. 我国循环经济的发展历程和重大举措

我国从 20 世纪 90 年代起引入循环经济理念。此后对于循环经济的理论研究和实践不断深入。1992 年,里约热内卢联合国环境与发展会议《里约宣言》及联合国《21 世纪议程》发表后,我国于 1994 年率先制定了《中国 21 世纪议程》白皮书,明确提出我国必须走经济、社会、人口、资源、环境相互协调的可持续发展之路。1998 年,我国引入德国循环经济概念,确立 3R 原理的中心地位。1999 年,从可持续生产的角度对循环经济发展模式进行整合。2002年,从新兴工业化的角度认识循环经济的发展意义。2003 年,将循环经济纳入以人为本的科学发展观,提出了"五个统筹"的重要思想,建立物质减量化的发展战略。2004 年,提出从不同的空间规模(包括城市、区域、国家层面)大力发展循环经济。

循环经济在我国已经有了多年的发展,并取得了一定的经验。从 1999 年开始,国家环保总局率先从企业、区域、社会三个层面上在全国范围内积极推

进循环经济的理论研究和实践探索。在对我国循环经济战略框架、立法和指标体系等深入研究的基础上，国家环保总局起草了《关于加快发展循环经济的意见》，制定了循环经济省、市和生态工业园区与建设规划技术指南，并于2003年发布了循环经济示范区与生态工业园区的申报、命名和管理规定。近年来，我国在三个层面上进一步展开循环经济的实践探索，并取得了显著成效。在企业层面积极推行清洁生产。我国是国际上公认的清洁生产实行得最好的发展中国家。2002年，我国颁布了《清洁生产促进法》。目前，全国各省区以及大中城市都先后制定了地方清洁生产政策和法规。据统计，我国已在20多个省（区、市）的20多个行业、400多家企业开展了清洁生产审计，建立了20个行业或地方的清洁生产中心，5000多家企业通过了ISO 14000环境认证体系，在工业集中区建立由共生企业群组成的生态工业园区。按照循环经济理念，在企业相对集中的地区或开发区，建立了10个生态工业园区。这些园区都是根据生态学的原理组织生产，使上游企业的"废料"成为下游企业的原材料，尽可能减少污染排放，争取做到"零排放"。如广西贵港国家生态工业园区是由蔗田、制糖、酒精、造纸和热电等企业与环境综合处置配套系统组成的工业循环经济示范区，通过副产品、能源和废弃物的相互交换，形成比较完整的闭合工业生态系统，达到园区资源的最佳配置和利用，并将环境污染减少到最低程度。同时，也极大地提高了制糖行业的经济效益，为制糖业的结构调整和结构性污染治理开辟了一条新路，取得了社会、经济、环境效益的统一。我国在发展生态农业方面，探索并总结了种植业、养殖业、加工业的生态工程的不同模式，在农业产前、产中、产后的不同阶段，逐步形成了循环经济的生产方式。在城市和省区也开展了循环经济试点工作。目前，我国已有辽宁和贵阳等省市开始在区域层面上探索循环经济发展模式。2004年9月26日，我国第一部循环经济领域的法规——《贵阳市建设循环经济生态城市条例》正式颁布，并于11月1日开始实施。辽宁省在老工业基地的产业结构调整中，全面融入循环经济的理念。通过制定和实施循环经济的法律、经济措施体系，建设一批循环型企业、生态工业园区、若干循环型城市和城市再生资源回收及再生产业体系，充分发挥当地的资源优势和技术优势，优化产业结构和产业布局，推动区域经济发展，创造更多的就业机会，促进经济、社会、环境的全面协调发展。

2000年以来，全国已经批准建立了8个生态经济试点省，辽宁省等一些省市已经作为循环经济试点省市得到中央有关部门批准，并进入了规划实施阶段。与此同时，一批发展循环经济的示范试点工程在全国推开。江泽民同志在

2002 年全球环境基金成员国会议上的讲话中明确指出，"只有走以最有效利用资源和保持环境为基础的循环经济之路，可持续发展才能得以实现"。这表明，循环经济的概念已经得到了中国最高决策层的认知，并已经向着实践的层次推进。国家有关部门还组织开展了循环经济与资源节约型社会"十一五规划"和发展战略的研究，编制规划和地方性法规。2004 年我国已组织编制了《节能中长期专项规划》，目前国家发展和改革委员会正在抓紧编制《节水专项规划》《海水利用专项规划》《资源综合利用专项规划》等。2004 年 11 月 6 日，全国人大环资委、国家发改委、科技部等单位在上海召开了中国循环经济发展论坛，并通过了《上海宣言》。《上海宣言》指出，我国要摒弃传统的"大量生产、大量消费、大量废弃"的粗放型增长方式和消费方式，大力发展循环经济，走可持续发展道路。同时，呼吁各级人大和政府加强对循环经济的宏观指导，将评价指标纳入政府政绩考核，扩大循环经济的试点和示范，把试点和示范拓展到生产和消费的各个领域，推动循环经济尽快全面展开，进入大范围实施阶段。当前，发展循环经济已成为全国"十一五规划"的重要指导原则。同时，发展循环经济的专题研究，加快节能、节水、资源综合利用、再生资源回收利用等循环经济发展重点领域专项规划的编制工作也正在推进。我国将加快发展低耗能、低排放的第三产业和高技术产业，用高新技术和先进适用技术改造传统产业，淘汰落后工艺、技术和设备；严格限制高耗能、高耗水、高污染和资源浪费的产业，以及开发区的盲目发展。此外，我国将完善支持循环经济发展的政策，包括加大对循环经济发展的资金支持等。

党的十六大报告指出，全面建设小康社会，我国要走科技含量高、经济效益好、资源消耗低、环境污染少、人力资源优势得到充分发挥的新型工业化道路。而循环经济模式正是新型工业化道路的最高形式。胡锦涛总书记在 2003 年中央人口资源环境工作座谈会上进一步指出："要加快转变经济增长方式，将循环经济的理念贯穿到区域发展、城乡建设和产品生产中，使资源得到最有效的利用。"胡锦涛总书记在 2004 年中央人口资源环境工作座谈会上进一步提出要加强资源管理、提高资源利用效率，保护利用好我国优势矿产资源；环境保护工作要大力推进循环经济，加快推行清洁生产，加大治理污染的力度，加强生态保护和建设工作。温家宝总理提出重点抓好节约利用资源，大力发展循环经济。坚持开发与节约并举，把节约使用资源放在优先位置，建设资源节约型社会；当前，要突出抓好节煤、节电、节油、节水和降低重要原材料消耗工作；要大力推广节能降耗生产技术工艺，开展清洁生产；建立城乡废旧物资和再生资源回收利用系统，提高资源循环利用率和无害化处理率。温家宝总理在2005年政府工作报告中指出"要大力发展循环经济，从资源开采、生产消耗、废弃物利用和社会消费等环节，加快推进资源综合利用和循环利用"。

2004年年初，北京市成立了地区性的循环经济促进会。该会将为全国和首都区域的重大项目做项目研究、方案论证和决策咨询，对国家和北京提出重大资源和经济决策的建议，促进企业节水、节能，提高资源利用效率和效益，推进产业废弃物的综合利用和再生资源的回收利用。2004年9月，国家发改委召开了全国循环经济工作会议，并且发布了《关于加快发展循环经济的指导意见》。2004年11月，中共中央政治局召开会议部署2005年经济工作时提出，要"增强全民节约意识，大力节约能源和重要资源，加快发展循环经济"。这是我国首次把节约资源、发展循环经济放在如此重要的位置。这就意味着我国循环经济将加快发展步伐，并开始走上经济可持续发展、建设节约型社会的道路。

根据国家发改委的规划，到2010年，中国将建立起比较完善的循环经济法律法规体系、政策支持体系、技术创新体系和有效的约束激励机制。国家发改委提出的当前和今后一个时期我国发展循环经济的基本途径和重点有五个方面：一是在资源开采环节，要大力提高资源综合开发和回收利用率。对矿产资源开发要统筹规划，加强共生、伴生矿产资源的综合开发和利用，实现综合勘查、综合开发、综合利用；加强资源开采管理，健全资源勘查开发准入条件，改进资源开发利用方式，实现资源的保护性开发；积极推进矿产资源深加工技术的研发，提高产品附加值，实现矿业的优化与升级；开发并完善适合我国矿产资源特点的采、选、冶炼工艺，提高回采率和综合回收率，降低采矿贫化率，延长矿山寿命。大力推进尾矿、废石的综合利用。二是在资源消耗环节，要大力提高资源利用效率。加强对钢铁、有色、电力、煤炭、石化、化工、建材、纺织、轻工等重点行业的能源、原材料、水等资源消耗管理，实现能量的梯级利用、资源的高效利用和循环利用，努力提高资源的产出效益。电动机、汽车、计算机、家电等机械制造企业，要从产品设计入手，优先采用资源利用率高、污染物产生量少以及有利于产品废弃后回收利用的技术和工艺，尽量采用小型或重量轻、可再生的零部件或材料，提高设备制造技术水平。包装行业要大力压缩无实用性材料消耗。三是在废弃物产生环节，要大力开展资源综合利用。加强对冶金、有色、电力、煤炭、石化、建材、造纸、酿造、印染、皮革等废弃物产生量大、污染重的重点行业的管理，提高废渣、废水、废气的综合利用率。综合利用各种建筑废弃物及秸秆、畜禽粪便等农业废弃物，积极发展生物质能源，推广沼气工程，大力发展生态农业。推动不同行业通过产业链的延伸和耦合，实现废弃物的循环利用。加快城市生活污水再生利用设施建设和垃圾资源化利用。充分发挥建材、钢铁、电力等行业对废弃物的消纳功能，降低废弃物最终处置量。四是在再生资源产生环节，要大力回收和循环利用各种废旧资源。积极推进废钢铁、废有色金属、废纸、废塑料、废旧轮胎、废旧家电及电子产品、废旧纺织品、废旧机电产品、包装废弃物等的回收和循环利用；支持汽车发动机等废旧机电产品再制造；建立垃圾分类收集和分选系统，不断完善再生资源回收、加工、利用体系；在严格控制"洋垃圾"和其他有毒有害废物进口的前提下，充分利用两个市场、两种资源，积极发展资源再生产业的国际贸易。五是在社会消费环节，要大力提倡绿色消费。树立可持续的消费观，提倡健康文明、有利于节约资源和保护环境的生活方式与消费方式；鼓励使用绿色产品，如能效标识产品、节能节水认证产品和环境标志产品等；抵制过度包装等浪费资源的行为；政府机构要发挥带头作用；把节能、节水、节材、节粮、垃圾分类回收、减少一次性用品的使用逐步变成每个公民的自觉行动。

3. 我国循环经济的未来发展措施

（1）加快制定促进循环经济发展的政策、法律法规。借鉴日本等国经验，着手制定绿色消费、资源循环再生利用、以及家用电器、建筑材料、包装物品等行业在资源回收利用方面的法律法规；建立健全各类废物回收制度，明确工业废物和产品包装物由生产企业负责回收，建筑废物由建设和施工单位负责回收，生活垃圾回收主要是政府的责任，排放垃圾的居民和单位要适当缴纳一些费用；制定充分利用废物资源的经济政策，在税收和投资等环节对废物回收采取经济激励措施。

（2）加强政府引导和市场推进作用。在区域经济发展中，继续探索新的循环经济实践模式，积极创建生态省、国家环境保护模范城市、生态市、生态示范区、生态工业园区、绿色村镇和绿色社区。政府有关部门特别是环保部门要认真转变职能，为发展循环经济做好指导和服务工作；继续扩大生态工业园区和循环经济示范区建设试点工作；依法推进企业清洁生产，加强企业清洁生产审核；充分发挥市场机制在推进循环经济中的作用，以经济利益为纽带，使循环经济具体模式中的各个主体形成互补互动、共生共利的关系。

（3）在经济结构战略性调整中大力推进循环经济。在工业经济结构调整中，要以提高资源利用效率为目标，降低单位产值污染物排放强度，优化产业结构，继续淘汰和关闭浪费资源、污染环境的落后工艺、设备和企业，用清洁生产技术改造能耗高、污染重的传统产业，大力发展节能、降耗、减污的高新技术产业；在农业经济结构调整中，要大力发展生态农业和有机农业，建立有机食品和绿色食品基地，大幅度降低农药、化肥使用量。

（4）以绿色消费推动循环经济发展。绿色消费是循环经济发展的内在动力。通过广泛的宣传教育活动，提高公众的环境意识和绿色消费意识；各级政府要积极引导绿色消费，优先采购经过生态设计或通过环境标志认证的产品，以及经过清洁生产审计或通过 ISO 14000 环境管理体系认证的企业的产品，鼓励节约使用和重复利用办公用品；要逐步制定鼓励绿色消费的经济政策。

（5）探索建立绿色国民经济核算制度。在经济核算体系中，要改变过去重经济指标、忽视环境效益的评价方法，开展绿色经济核算，并纳入国家统计体系和干部考核体系。目前，应重点开展环境污染和生态损失及环境保护效益计量方法和技术的研究工作，并进行统计和核算试点。

（6）开发建立循环经济的绿色技术支撑体系。以发展高新技术为基础，开发和建立包括环境工程技术、废物资源化技术、清洁生产技术等在内的"绿色技术"体系。通过采用和推广无害化或低害化新工艺、新技术，降低原材料和能源的消耗，实现投入少、产出高、污染低，尽可能把污染排放和环境损害消除在生产过程之中。

总之，发展循环经济有利于提高经济增长质量，有利于保护环境、节约资源，是走新型工业化道路的具体体现，是转变经济发展模式的现实需要，是一项符合国情、利国利民、前景广阔的事业。

1.2.5　国内外循环经济的典型模式介绍

循环经济不仅得到了发达国家政府的推动，也得到了企业界的积极响应。西方许多企业在微观层次上，运用循环经济的思想，进行了有益的探索，形成了一些良好的运行模式，很值得我们借鉴。目前，国内外已有不少企业对企业内部循环经济进行了探索和试验。比较有代表性的有以下三种模式：

（1）杜邦化学公司模式。这种模式可称之为企业内部的循环经济，其方式是组织厂内各工艺之间的物料循环。他们通过放弃对环境有害化学物质的生产，减少生产中有害废物排放量，回收公司废弃物再加以利用，设计制造灵巧多功能产品等。20 世纪 80 年代末，杜邦公司的研究人员把工厂当作试验新的循环经济理念的实验室，创造性地把循环经济减量化（Reduce）、再使用（Reuse）、再循环（Recycle）的"3R 原则"发展成为与化学工业相结合的"3R 制造法"，以达到少排放甚至零排放的环境保护目标。他们通过放弃使用某些环境有害型的化学物质、减少一些化学物质的使用量以及发明回收本公司产品的新工艺，到 1994 年已经使该公司生产相对于 80 年代末造成的废弃塑料物减少了 25％，空气污染物排放量减少了 70％。同时，他们从废塑料，如废弃的牛奶盒和一次性塑料容器中回收化学物质，开发出了耐用的乙烯材料"维克"等新产品。

（2）卡伦堡生态工业园区模式。这种模式可称之为企业之间的循环经济，其方式是把不同的工厂联结起来，形成共享资源和互换副产品的产业共生组合，使得一家工厂的废气、废热、废水、废渣等成为另一家工厂的原料和能源。丹麦卡伦堡工业园区是目前世界上工业生态系统运行最为典型的代表。这个工业园区的主体企业是电厂、炼油厂、制药厂和石膏板生产厂，其中燃煤电厂位于这个工业生态系统的中心，对热能进行了多级使用，对副产品和废物进行了综合利用。电厂向炼油厂和制药厂供应发电过程中产生的蒸汽，使炼油厂和制药厂获得了生产所需的热能；通过地下管道向卡伦堡全镇居民供热，由此关闭了镇上 3500 座燃烧油渣的炉子，减少了大量的烟尘排放；将除尘脱硫的副产品工业石膏，全部供应附近的一家石膏板生产厂作为原料。同时，还将粉煤灰出售供修路和生产水泥之用。炼油厂和制药厂也进行了综合利用。炼油厂产生的火焰气通过管道供石膏厂用于石膏板生产的干燥，减少了火焰气的排空。一座车间进行酸气脱硫生产的稀硫酸供给附近的一家硫酸厂；炼油厂的脱硫气则供给电厂燃烧。卡伦堡生态工业园还进行了水资源的循环使用。炼油厂的废水经过生物净化处理，通过管道向电厂输送，每年输送电厂 70 万立方米的冷却水。整个工业园区由于进行水的循环使用，每年减少 25％的需水量。以这四个企业为核心的资源循环利用是通过贸易方式利用对方生产过程中产生的废弃物或副产品，作为自己生产中的原料，不仅减少了废物产生量和处理的费用，还产生了很好的经济效益，形成经济发展和环境保护的良性循环。

（3）鲁北化工磷铵—硫酸—水泥联合生产模式。鲁北化工股份有限公司在攻克了磷石膏废渣制硫酸联产水泥技术的基础上，建成了我国第一套磷铵、硫酸、水泥联合生产装置（如图 1-2 所示），用生产磷铵排放的磷石膏废渣制硫酸联产水泥，硫酸返回用于生产磷铵，整个生产过程没有废物排出，资源得到了高效循环利用，形成一个较为完善的生态工业产业链。既有效地解决了磷铵生产废渣堆存占地、污染环境、制约磷复肥工业发展的世界性难题，又开辟了硫酸和水泥生产的新的原料路线，创出了一条经济效益、社会效益、环境效益有机统一，工业生产与环境保护相互协调的可持续发展之路。

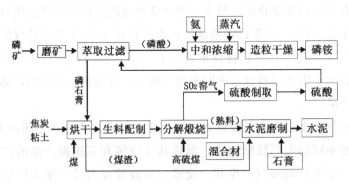

图 1-2　磷铵、硫酸、水泥综合联产

鲁北企业集团的磷石膏废渣制硫酸联产水泥技术，代表了国内外先进水平，符合产业和环保的发展方向，对于解决现代农业发展、磷复肥工业发展与环境保护的矛盾具有深远的意义。该项绿色生态工业技术如在全国推广，每年可节省磷石膏废渣堆场建设费 6000 万元，节省生产 800 万吨水泥的石灰石矿山建设费 21 亿元，节省生产 600 万吨硫酸的硫铁矿矿山建设费 30 亿元，并能避免生产过程中大量的废弃物排放。

1.3　循环型农业理论

1.3.1　基本思想及原则

循环经济运用于农业领域就是建立循环型农业体系，循环经济运用于工业领域就是建立资源节约环保型工业体系，循环经济运用于消费领域就是建立适度消费节约型生活消费体系。可见循环型农业是循环经济思想在农业中的运用，它是运用可持续发展思想和循环经济理论与生态工程学的方法，在保护农业生态环境和充分利用高新技术的基础上，调整和优化农业生态系统内部结构及产业结构，提高农业系统物质能量的多级循环利用，严格控制外部有害物质的投入和农业废弃物的产生，最大限度地减轻环境污染，使农业生产经济活动真正纳入到农业生态系统循环中，实现生态的良性循环与农业的可持续发展。循环型农业体系是按照因地制宜和充分发挥资源优势的原则，在节水、节地和减少能耗的前提下，积极稳妥地调整农业产业结构，形成结构合理的农林牧副渔全面发展的大农业格局，使各行业之间相互依存，相互支持。协调好农业产前、产中、产后之间的关系，使农业向产前、产后延伸，形成"种养加"和"农工贸"配套的农业产业体系。积极发展生态高效农业，减少资源浪费，减少环境污染和农业生态破坏，使农业生态环境、农村经济形成良性循环，综合生产能力和可持续发展能力得到提高，实现农业经济效益、社会效益和生态环境效益的最大化的一种农业生产方式。

把循环经济的基本原则具体化到农业就可以得到循环型农业的基本原则，即减量化、再利用、再循环和再思考等原则。

（1）农业的减量化原则，指为了达到通过减少资源的投入量来预防污染的目的，在农产品生产加工的整个生命周期中减少不可再生资源的投入量和最小化废弃物的产生量。如种植业，可通过使用农家肥来减少化肥的使用量，一方面能提高地力、改良土壤成分，另一方面能减少对农业环境的污染；也可利用专门技术合理利用种植业天敌，如瓢虫、食蚜蝇、螳螂等减少农药喷洒量，诸如此种做法既能节省人力、物力、财力，又能改善整个生态环境。

（2）农业的再利用原则，指农业资源被多次循环利用。如，禽畜养殖冲洗用水等通过合理的规划区域分布，可引灌农田，既能浇水肥田又能减少对环境的污染；又如在水产养殖中，可通过在同一水体养殖不同种类的鱼类资源，因各种鱼的栖息水层不一样，它们对水体营养成分的要求也不同，有的鱼以其他鱼的排泄物为食，能净化水体，而各类鱼的排泄物能肥藕，这样使水体达到自我净化的目的。

（3）农业的再循环原则，指生产和消费中的废弃物可重新变成能利用的资源。农业中比较典型的是秸秆还田，秸秆还田有两种方式：一是直接还田，二是间接还田。间接还田首先把作物秸秆作为饲料养殖家畜，而家畜的粪便又是作物的优质有机肥。值得注意的是，循环经济的基本原则在面向循环经济的生态农业发展中的重要性并不是并列的，循环经济并不是仅仅把废弃物资源化，实际上循环经济的根本目标是要求在经济流程中系统地避免和减少废物，而废物再生利用只是减少废物最终处理量的方法之一。这些原则的顺序应该是减量化、再使用、再循环，即首先通过预防措施减少农业废弃物的产生，随之尽可能多地使用农业的中间产品，然后将农业废弃物资源化，最后将无法再使用、再循环的废弃物焚烧或填埋。

（4）此外，循环型农业的发展还要坚持再思考原则、因地制宜原则、整体性协调原则、生物共存互利原则、相生相克趋利避害原则、最大绿色覆盖原则、最小土壤流失原则、土地资源用养保结合原则、资源合理流动与最佳配置原则、经济结构合理化原则、生态产业链接原则和社会经济效益与生态环境效益"双赢"原则及综合治理原则等。

1.3.2 与常规农业的区别

循环型农业本质上是一种低投入、高循环、高产出、高技术、产业化的新型农业，它具有很多我国生态农业的典型特征，同时广泛吸收了国外可持续农业的思想精华，形成了与现代常规农业的巨大差异。其差异主要表现在以下四个方面：

（1）在理论指导方面，循环型农业借鉴工业生产方式，把清洁生产思想和循环经济理念应用到农业生产和经营中。提倡农业生产全过程和农产品生命周期全过程控制，预防污染的发生，注重农业生产环境的改善和农田生物多样性的保护，并将其看作农业持续稳定发展的基础。农业生产还要求遵循循环经济的基本原则（即减量化 Reduce、再使用 Reuse、再循环 Recycle 等原则）和减少废物优先的原则。

（2）在生产方式方面，循环型农业摒弃了现代常规农业那种高投入、高产出的生产方式，注重高新技术在农业领域的广泛应用，在保持高产的基础上逐步用高新技术投入替代物质的高投入。循环型农业提倡实施农业清洁生产，改善农业生产技术，适度使用环境友好的"绿色"农用化学品，实现环境污染最小化。循环型农业把计算机和信息技术以及转基因、细胞融合、无性繁殖等生物技术运用到农业生产中，不但可以经营和管理农业生产资料、农业技术使用、农产品及再生产品的生产使用、贸易销售、宣传和推广，还可培育出优良的植物品种，大大提高了资源利用率，削减和优化了外部物质的投入量。

（3）在产业合作方面，现代常规农业往往局限于农业系统内部种植结构的调整，忽略与相关产业的耦合。循环型农业延长农业生态产业链，通过废物利用、要素耦合等方式与相关产业形成协同发展的产业网络。循环型农业在不断提高农业产业化水平的基础上，从整体角度构建农业及其相关产业的生态产业体系。重点对农业系统内部产业结构进行调整和优化，通过与农业相关产业进行产品或者废弃物交换而相互衔接，使农业系统的简单食物链与生态产业链相交织构成产业生态网络，实现农业生态系统层次和区域层次的资源多级循环利用及生态的良性循环。

（4）在生产效益方面，现代常规农业用高投入方式换得短期内较高的农业产量，但却为此付出了巨大的生态代价，同时农产品质量难以保证。循环型农业提倡资源的多级循环利用和适度的外部投入，利用高新技术优化农业系统结构，按照"资源→农产品→农业废弃物→再生资源"反馈式流程组织农业生产，实现资源利用最大化，农业产量和农产品质量都会有极大的提高，而农业生产成本会随之降低，经济效益和生态效益明显提高，农业实现真正意义上的可持续发展。

1.3.3　循环型农业的基础——生态农业

循环型农业有两个理论基础，即循环经济和生态农业。

1. 生态农业的提出及其内涵

（1）生态农业的提出。1970 年，美国土壤学家 W. Albreche 提出"生态农业"（Ecological Agriculture）一词。1980 年，英国农学家 M. Worthington 定义生态农业为"生态上能自我维持、低输入，经济上有生命力，在环境、伦理和审美方面可接受的小型农业"。国外生态农业又称自然农业、有机农业和生物农业等，其生产的食品称生态食品、健康食品、自然食品、有机食品等。

各国对生态农业提出了各自的定义。例如，美国农业部的定义是：生态农业是一种完全不用或基本不用人工合成的化肥、农药、动植物生长调节剂和饲料添加剂的生产体系。生态农业在可行范围内尽量依靠作物轮作、秸秆、牲畜粪肥、豆科作物、绿肥、场外有机废料、含有矿物养分的矿石补偿养分，利用生物和人工技术防治病虫草害。

德国对生态农业提出了以下条件：不使用化学合成的除虫剂、除草剂，使用有益天敌或机械除草方法；不使用易溶的化学肥料，而是有机肥或长效肥；利用腐殖质保持土壤肥力；采用轮作或间作等方式种植；不使用化学合成的植物生长调节剂；控制牧场载畜量；动物饲养采用天然饲料；不使用抗生素；不使用转基因技术。另外，德国生态农业协会（AGOEL）还规定其成员企业生产的产品必须 95％ 以上的附加料是生态的，才能被称作生态产品。尽管各国对生态产品的叫法不同，但宗旨和目的是一致的，这就是：在洁净的土地上，用洁净的生产方式生产洁净的食品，提高人们的健康水平，促进农业的可持续发展。

中国生态农业的概念于 1981 年首次提出。它不是西方生态农业的简单引入，只是借用西方生态农业的名词，吸收中国传统农业思想的精华，结合现代农业科学技术而形成的具有中国特色的农业发展模式，具有自己独特的概念和发展过程。随着生态农业实践的发展，中国生态农业理论研究已得到迅速发展，已经走在世界的前列。应当说，真正的、比较完整的生态农业理论与技术是在中国，而不是在西方。然而，对于什么是生态农业，因人们对处于传统农业向现代农业转变时期的生态农业理解不同，给它所下的定义也就不尽相同，现列举几种见解：

生态学家叶谦吉认为，"生态农业就是从系统思想出发，按照生态学原理，经济学原理和生态经济学原理，运用现代科学技术成果和现代管理手段以及传统农业的有效经验建立起来，以期获得较高的经济效益、生态效益和社会效益的现代化的农业发展模式。简单地说，就是遵循生态经济学规律进行经营和管理的集约化农业体系"。

生态农业专家孙鸿良认为："生态农业是运用生态学、生态经济学原理和系统科学的方法，把现代科学技术成就与传统农业技术的精华有机结合，把农业生产、农村经济发展和生态环境治理与保护、资源的培育与高效利用融为一体的具有生态合理性、功能良性循环的新型综合农业体系。"

生态农业专家卞有生认为："中国的生态农业是在总结和吸取了各种农业生产实践的成功经验的基础上，根据生态学和生态经济学的原理，应用现代科学技术方法所建立和发展起来的一种多层次、多结构、多功能的集约经营管理的综合农业生产体系。"

（2）生态农业的内涵。上述几种生态农业概念的认知，是近几年来我国生态经济学界具有代表性的几种观点，它们虽然对生态农业概念的表述有所不同，但就其基本内涵并无本质区别。概括起来，中国生态农业的内涵有以下几个方面：

① 生态农业是对农业生态本质的最充分表述，是生态型集约农业生产体系。它要求人们在发展农业生产过程中，以生态学和生态经济学原理为指导，

尊重生态和经济规律，保护生态，培植资源，防治污染，提供清洁食物和优美环境，把农业发展建立在健全的生态基础之上。

② 生态农业不仅是农业生态本质最充分体现的生态化农业，而且是一种科学的人工生态系统的科学化农业。因此，生态农业的本质是生态化和科学化的有机统一。它要求按照生态经济学原则和系统科学方法，把传统农业技术的精华和现代科学技术有机结合起来，对区域性农业进行整体优化及层层优化设计管理，在保持农业生态经济平衡的条件下，尽可能提高太阳能的利用率、生物能的转化率和废弃物的再循环率，以尽可能少的系统外投入来提高系统内生产力，生产出尽可能多的产品，实现高效的生态良性循环和经济良性循环，获得最佳的经济、生态、社会三大效益有机统一。

③ 生态农业是现代农业发展的优化模式。生态农业的生态化和科学化有机统一的本质，决定了生态农业是以"生态为基础、科技为主导"的新型现代农业。它不是农业发展的一般类型，而是现代农业的优化模式，标志着现代农业发展的一个崭新阶段。

概括地说，中国生态农业是根据我国国情和各地实情，运用现代科学技术与传统农业精华相结合，因地制宜、充分发挥区域资源优势，运用生态经济学原则和系统科学原理对区域农业进行整体设计和全面规划、合理组织农副业生产，实现高产、优质、低耗、高效、持久和稳定提高，是按生态工程原理组装起来的促进生态与经济良性循环的农业使用技术体系，是协调农业和农村全面发展，协调人口、资源、环境关系及解决发展与保护矛盾的系统工程，是一个有序的和能实现社会、经济、生态三大效益高效循环统一的生态经济系统。

2. 生态农业发展的原因

(1) 消费者对安全食品的需求。自20世纪后半叶以来，随着科技的进步和发展，现代食品生产出现了三种区别于以往在自然形态下生产的重要特征：

① 在农业上采用工厂化生产。采用工业化生产意在通过工业的连续生产工艺提高劳动生产率。但是，农业生产过程是种生物学过程。采用工业连续生产工艺要符合不同的生产过程的生物学规律。举例来说，牛羊等草食动物是反刍动物，人类需通过在草地放牧，或在牧草缺乏时，或在某一生长阶段补充干草、精料等饲料来生产动物蛋白食品，而不可以采用违反反刍动物生长规律的方法，即用反刍动物蛋白（肉骨粉等）作为饲料再提供给反刍动物来生产动物蛋白。采用这方法虽然效益提高了，但是，食物生产的安全性受到了破坏。疯

牛病是一种病毒，是牛吃了被绵羊痒病病原因子污染的牛羊等反刍动物蛋白做的肉骨粉所致。虽然第一批反刍动物肉骨粉怎样被感染疯牛病病原因子还不得而知，但越来越多的学者趋于这样的看法，即这种蛋白毒是因为同类吃同类产生的变异而产生的，并逐步积累使其扩大。欧洲的农民在实行肉类工厂化生产时，用牛羊肉骨粉来代替植物蛋白作饲料，一代又一代，周而复始，使疯牛病病毒潜伏越来越多，遂酿成了今日的疯牛病灾难。

② 食品供给的链条越来越长，环节越来越多。一种食品从农场到餐桌，要经过生产、加工、流通等诸多环节，食品的供给体系趋于复杂化和国际化。在如此长的产业链条中，每一个环节都有食品被污染的可能性。1999 年比利时的二恶英事件就是最明显的例子。经调查，比利时的这次二恶英事件，是由生产动物饲料原料的厂家向生产动物饲料的工厂提供含二恶英的原料造成的。这家工厂叫福格拉公司，该公司的某些员工在原本是装废植物油的一些油罐里注入了大量的废机油，在与动物油和废植物油混合加热时产生了二恶英。该公司将含有二恶英的原料提供给油脂加工厂比利时维克斯特公司。该公司在油脂加工后，将 8 万多公斤混有二恶英的动物油脂卖给了 10 家比利时饲料公司、1 家法国公司和 1 家荷兰公司。这些公司把添加了维克斯特公司油脂的饲料卖给了比利时 500 家鸡场、500 家猪场、70 家牛场，从而引起了这次污染事件。

③ 转基因食物出现。20 世纪世界在转基因研究上取得了较大进展。作为世界上转基因产品商品化最发达的国家，美国 1/4 的耕地种植了转基因作物，50 种转基因植物已获批准生产，市场上流通的 60% 的加工食品含转基因成分。2000 年 11 月 7 日，中国科学院、墨西哥科学院、英国皇家科学院、美国科学院以及第三世界科学院等全球七大科学院在华盛顿联合发表白皮书，公开支持转基因技术研究，认为消除全球饥饿贫穷，生物技术责无旁贷。实际上，转基因技术不仅可以提高动植物的产量，而且可以改变其品质，提高产品质量。但是，2000 年反转基因作物势力也有所发展，一些国家的有关人士认为转基因作物制造了"基因污染"。现在，赞成者无法证明生物技术对环境和人类健康无害，反对者也难以证明农业生物技术不安全。

在英国等一些欧盟国家，采用反刍动物肉骨粉等非天然饲料饲喂牛羊造成能传染人克雅氏病的疯牛病蔓延的事件曝光后，人们为疯牛病的肆虐而忧心忡忡；比利时等国家一些畜牧场给畜禽饲喂了含剧毒致癌物质二恶英的配合饲料的事件被证实后，消费者对人工合成饲料产生了不信任感，担心饲料不安全；许多家庭为转基因食物的发展担惊受怕。所有这一切，都使得消费者越来越青睐生态、环保食品。

（2）生态环境保护呼唤生态农业和生态食品的出现。20 世纪 30 年代，瑞士人缪勒发明了 DDT，推动了世界农业植保方式的革命，在这之后的 30 年里使用范围不断扩展，风靡全球，为农业的增产增收做出了重大贡献。进入 20 世纪 70 年代，全球用于对付害虫的农药达 12000 多种。到 20 世纪 90 年代以后，我国每年生产的农药品种约 200 多种，加工制剂 500 多种，原药生产 40 万吨，位居世界第二位，每年使用农药达 3 亿公顷次。农药的大量使用破坏了自然界原来的生态平衡，生物多样性遭受严重威胁。尤其是那些高毒、高残留农药的使用，使粮食、蔬菜、水果和其他农副产品中有毒的成分增多，影响食品安全，并危害人体健康。加上农业生产大量施用化肥，引起湖泊、水库的富营养化和地下水污染，使生态环境受到严重摧残。当人们为层出不穷的农业污染和食品安全问题而烦恼时，也不得不寻求一种可持续的农业生产体系，即生态农业。因此，1972 年国际上一个致力于拯救农业生态环境、促进健康安全食品生产的组织——国际有机农业运动联合会（简称 IFOANI）应运而生。经过近 30 年的努力，现在已有 100 多个国家或地区的 700 多个团体加入了这一组织。

（3）政府的支持。面临着日益严峻的环境和资源问题，世界各国已承诺共同走可持续发展道路。作为第一产业部门的农业采取怎样的行动，以对可持续发展产生重要作用。而生态农业对于保护环境和资源、消除传统农业的负面影响、促进农业可持续发展可起到积极的作用。正是因为这样，美国政府已认识到过度依赖现代商品投入物的常规农业对资源、环境、食品卫生、人体健康造成的危害，现已重视绿色食品生产方式的研究和推广。欧盟国家已开始对化学农药使用进行更加严格的管理，以促进生态食品生产方式替代常规农业生产的发展。澳大利亚联邦政府已于 20 世纪 90 年代中期提出了可持续发展的国家农林渔业战略，并推出了"洁净食品计划"。日本农林水产省已推出"环保型农业"发展计划，并开始制定《绿色食品生产法》。发展中国家也已开始对绿色食品生产进行了研究和探索。一些国家为了加速发展生态农业，对进行生态农业系统转换的农场主提供资金资助。美国一些州政府就是这样做的：艾奥瓦州规定，只有生态农场才有资格获得"环境质量激励项目"；明尼苏达州规定，有机农场用于资格认定的费用，州政府可补助 2/3。

3. 生态农业是农业循环经济的必然要求

农业循环经济就是把循环经济理念应用于农业系统，在农业生产过程中和产品生命周期中减少资源、物质的投入量和减少废物的产生排放量，实现农业经济和生态环境效益"双赢"。

生态农业是指在经济与环境协调发展原则下，总结吸收各种农业生产方式的成功经验，按生态学、生态经济学原理，应用系统工程方法建立和发展起来的农业体系。它要求把粮食生产与多种经济作物生产相结合，把种植业与林、牧、副、渔业相结合，把大农业与第二、三产业发展相结合，利用中国传统农业的精华和现代科学技术，通过人工设计生态工程，协调经济发展与环境之间、资源利用与保护之间的关系，形成生态和经济的良性循环，实现农业的可持续发展。生态农业是运用生态学原理、经济学原理和系统科学方法来组织整个农业生产系统，综合考虑农业生产和农业环境的一种生态合理、良性循环的农业体系，以实现农业的可持续发展，最终达到生态效益、经济效益和社会效益三者的统一。也可以说，生态农业就是要按照生态学原理，建立和管理一个生态上自我维持的低输入、经济上可行的农业生产系统，该系统能在长时间内不对其周围环境造成明显改变的情况下具有最大的生产力。生态农业以保护和改善该系统内的生态动态平衡为总体规划的主导思想，合理地安排生产结构和产品布局，努力提高太阳能的固定率和利用率，促进物质在系统内部的循环利用和多次重复利用，以尽可能减少燃料、肥料、饲料和其他原材料的输入，以求得尽可能多的农、林、牧、副、渔产品及其加工制品的输出，从而获得生产发展、生态环境保护、能源的再生利用、经济效益四者统一的综合性效果。生态农业不仅可以避免石油农业所带来的一切弊端，而且可以有效地发展农业生产，充分合理地利用自然资源，提高农业生产力，使农、林、牧、副、渔等都得到全面的发展。生态农业更强调建立生态平衡和物质循环。主要是利用森林、灌木、牧草、绿萍以及农作物等来增加土壤中有机质的积累，提高土壤微生物的活力，提高土壤肥力，并要求把一切农业废物和厩肥以及城市垃圾和人粪尿等物质都用到农业生产中去，把种植业、畜牧业和农产品加工业结合起来，形成一个物质大循环系统。

根据生态链建立起来的生态农业是高效的生态农业，体现了人类按照客观规律向农业的深度和广度进军，提高资源的利用率，可以解决中国人口多，人均资源少，农民难以致富的矛盾。我国应该大力发展生态农业，改变单一的生产结构。根据"整体，协调，循环再生"的原则进行整体规划，优化农业系统结构，使农林牧副渔各业协调发展，实现立体种养加工方式，调整产业结构，形成一种融种、养、加、产、供、销、商、贸为一体的产业化链条，多业并重，全面发展，多层次综合利用生态系统生产的各种生物产物，大力发展加工业，提高农副产品附加值，这些有利于农业清洁生产和生态农业的发展，为实现循环农业做准备。

可见，生态农业含有循环经济的理念，是当今世界农业发展的总趋势，也是实现农业循环经济和农业的可持续发展的必然要求。我国生态农业有悠久的历史，能为我国发展农业循环经济提供思路。结合现代技术，发展农业循环经济，充分利用农业的可再生资源，可以进一步提高农业综合生产能力，增加农民收入，对改善农村生活环境，实现农业可持续发展，具有重要的意义。生态农业不需要大规模的投资，通过充分利用太阳能和水，促进物质在系统内重复循环利用，实现物质利用的最优化、废弃物产生的最小化，从而推进农业的可持续发展。发展生态农业是一项持久、长期的建设过程，也是实现农业循环经济的最佳模式。最后，国外在发展循环经济和推行循环型社会方面已经取得了很多有益的成果，我国循环型农业的发展也可以有选择地吸收其成功经验，尤其是先进的农业经营管理方法和农业生产技术，结合我国已有的生态农业理论与技术，完全可以形成一整套适合我国国情的发展模式和技术体系。同时，农业生产还要积极与国际标准化接轨，例如 ISO 14000 环境管理体系、国际绿色食品质量标准、国际有机食品 OCIA 质量标准等，这些标准的实施将有助于推动循环型农业向国际化方向发展。

4. 世界生态农业发展趋势

（1）生态农业将会成为 21 世纪世界农业的主导模式。生态农业得到广大消费者、政府和经营企业的一致认可。例如，在德国，现在顾客购买生态牛肉的价格要比购买常规方法生产的牛肉价格至少贵 30%，但消费者认为，由于生产生态牛肉需要付出较多的人力和财力，因此，付这个价格值得。近年来，德国牛肉销售量下降了 50%，但生态牛肉销售量增加了 30%。生态农产品可以解除消费者对食品安全的担心，这是生态农业发展的最大市场动力。西欧是全球最大的生态农产品消费市场，2000 年，生态农产品消费总额达到 95.5 亿美元，其消费额在未来几年里将会保持连年增长。到 2005 年，生态农产品的零售总额将占西欧食品市场的 5%～10%。在政府方面，《欧洲共同农业法》

有专门条款鼓励欧盟范围内的生态农业的发展。欧盟各国也大都制定了鼓励生态农业发展的专门政策。例如，奥地利于 1995 年即实施了支持生态农业发展的特别项目，国家提供专门资金鼓励和帮助农场主向生态农业转变。法国于 1997 年制定并实施了"有机农业发展中期计划"。2001 年，在布鲁塞尔召开的欧盟农业部长会议将帮助养牛农民从现在的集约式经营向粗放式生态饲养转化列为七点建议的主要内容之一。德国农业部长建议欧盟在 10 年内使生态农业产值占整个农业生产的 20％。在经营企业方面，美国有机农业商业联合会主席凯瑟琳·迪马特奥说："有机农产品已不再限于健康食品店，现在它们正不断涌进大型连锁超市。"2000 年春季，英国最大的销售连锁商冰岛公司宣布：该公司将把货架上的所有食品都换成生态农产品，而且价格和原来一样。这个举动随即在整个市场引起连锁反应。生态食品已不再只是一种时髦。正如有专家指出的那样，生态农业有朝一日将会成为世界农业的主流和发展方向。

（2）生产和贸易的相互促进。20 世纪 90 年代以来，各国对食品卫生和质量的监控越来越严，标准也越来越高，尤其是对与农产品生产和贸易有关的环保技术和产品卫生安全标准要求更加严格，食品生产的方式及其对环境的影响日益受到重视，这就要求食品在进入国际市场前由权威机构按照通行的标准加以认证，获得一张"绿色通行证"。目前，国际标准化委员会（1SO）已制定了环境国际标准 ISO 14000，与以前制定的 ISO 9001 一起作为世界贸易标准。所不同的是，后者侧重于企业的产品质量和管理体系，而前者侧重于企业的活动和产品对环境的影响。随着世界经济一体化及贸易自由化，各国在降低关税的同时，与环境、技术相关的非关税壁垒日趋森严。所有这些都促进了生态农业的发展。

（3）各国生态食品的标准及认证体系将进一步统一。现在，国际生态农业和生态农产品的法规与管理体系分为三个层次：一是联合国层次，二是国际非政府组织层次，三是国家层次。联合国层次目前尚属建议性标准。为了指导全球生态食品的发展，消除贸易歧视，今后各国生态食品标准将在以下三个方向迈向国际协调与统一：一是与世界食品法典委员会制定的有关食品标准以及国际质量认证组织、WTO 等制定的有关产品标准趋向协调、统一；二是非政府组织做好地区和国家之间标准的协调；三是地区和国际标准进一步得到互相认可，以削弱和淡化因标准歧视所引起的技术壁垒和贸易争端。

（4）各国生态食品的发展将进一步重视科学技术的研究、应用和推广。生态食品生产技术的研究和探索今后将主要在四个方面展开：一是围绕可持续农业体系的发展，进一步巩固生态农业的理论基础；二是如何保持生态食品生产技术本身的可持续进步；三是以标准的制定和完善为切入点，提高生态食品的生产技术水平；四是加强生物肥料、生物农药、天然饲料及饲料添加剂、动植物生长调节剂等生产资料的研制、开发和推广，以尽快解决生态食品生产过程中的各种技术问题。

（5）我国生态农业的发展现状。我国在 20 世纪 80 年代开始实施生态农业工程，目前各种生态农业试点超过了 2000 个，其规模由村、乡，向县域发展。1994 年由农业部委组织的全国 50 个生态农业试点县建设，其中有八个试点获得联合国环境规划署授予的"全球 500 佳"称号，生态农业成绩显著，既实现了粮食增产，又保护了环境，增强了农业发展的后劲，取得了经济效益和生态效益的双丰收。我国的生态农业把传统的农业精华和现代科技有机地结合起来，既重视农业生态系统建设，实现高产稳产，保证农业效益的提高，又加强对全部土地资源的合理开发利用和建设，按照生态学原理，应用系统工程方法建立和发展起来的农业体系，要求多种经营，发展大农业和第二、三产业。

目前，在我国北方已经形成了以地膜覆盖为重要内容的"旱作农业和塑料大棚＋养猪＋厕所＋沼气"四位一体的生态农业模式，取得了明显的效果。将沼气池、猪舍、蔬菜栽培组装在日光温室中，温室为沼气池、猪舍、蔬菜等提供良好的温湿条件，猪也能为温室提高温度，猪的呼吸和沼气燃烧为蔬菜提供气肥，可使作物增产，蔬菜为猪提供氧气，猪粪尿入沼气池产生沼肥，为作物提供高效有机肥，在一块土地上实现了产气积肥同步，种植养殖并举，建立起生物种群多，食物链结构较长，物质能量循环较快的生态系统，达到了农业清洁生产，农产品无害化，经济效益和生态效益非常可观。

南方的"猪—沼—果"模式，以养殖业为龙头，沼气建设为中心带动粮食、甘蔗、烟叶、果业、渔业等产业，广泛开展农业生物综合利用，利用人畜粪便入池产生的沼气做燃料和照明，利用沼渣和沼液种果、养鱼、喂猪、种菜，多层次利用和开发自然资源，提高经济效益，改善生态环境，增加农民收入。广西恭城瑶族自治县通过推广此种模式带动了种植业和养殖业的发展，生猪出栏量三年翻两番，水果产量三年年均增长 50％，人均水果收入达到1600 元。

我国生态农业建设使农业再次实现了物质和能量的循环流动。国家号召发展生态农业和有机农业加快发展，并且我国的生态农业建设已经取得了巨大成绩，生态农业体现了物质能量的循环流动，是近期我国农业有潜力的发展方向。但是我们必须看到生态农业只是在低层次上实现了物质能量的循环，物质尤其是农业废弃物利用率低，在低层次上开发利用，还必须进一步发展。根据循环经济的四原则，在建设生态农业的同时，推进农业清洁生产工作的顺利开展，开展农业废弃物的综合开发利用。在农业物能实现循环的基础上，依靠科学技术、政策体系等提高农业生产要素的利用率，削减投入量，对农副产品及废弃物进行深加工，挖潜增值，把因此而增加的经济效益留在农业体系内才能最终保证农业的可持续发展，实现由生态农业到循环农业的转变。

第 2 章　农业循环经济的发展概述

2.1　农业循环经济的提出

纵观农业发展的历史，农业生产经过了古代原始农业、近代传统农业。初期是建立在自然生态循环与平衡的基础上，称之为"自然农业"，是以农家肥料为基础的，生产力低下。到二战后进入现代农业阶段。现代农业阶段可分为20 世纪 70 年代以前的"石油农业"时期和 70 年代开始的生态农业时期，即农业循环经济的萌芽阶段。"石油农业"的基本思想是最大限度地向农业生产投入机械能和化学能，以能量的高投入谋求农业的高产出。"石油农业"曾显示出极大的优越性：劳动生产率、单位面积产量得到大幅度提高，病虫害损失减少。但此后出现了一系列严重问题：能源紧张加剧，自然生态被破坏，环境污染严重等。实践证明，传统农业与"石油农业"不是农业可持续发展的必由之路。而生态农业采取了能与自然生态循环相一致的人工生态循环技术体系，既保持了"石油农业"所创造的高效劳动生产率，又能消除"石油农业"存在的弊端。因而除包括种植业、养殖业、农副产品加工业外，还应应用现代技术创建以农副产品废弃物为主要材料的人工生态循环系统，实现了农业的可持续发展。

2.1.1　农业循环经济的提出背景

美国著名的未来学家阿尔温·托夫勒指出，21 世纪是世界农业大变革的时代，将出现全球范围的"第三次浪潮农业"。按照托夫勒的解释，第三次浪潮农业是从工业经济走向知识和信息经济时代背景下，人类利用高科技成果和手段使农业进入产业化发展方式的新农业。虽然托夫勒没有明确提出农业循环经济的概念，但他已经预示了人类未来农业经济发展方向——发展农业循环经济。我们也可以从农业经济发展的历史沿革中看出农业循环经济的提出背景。农业经济发展经历了从渔猎采集文明向农耕文明直到现代化文明的不同历史阶段。美国农业发展经济学家约翰·梅勒把农业的发展过程划分为传统农业、传统农业向现代农业过渡和现代农业的三个不同阶段。

在传统农业阶段，农业技术基本处于停滞状态，农业生产也只能停留在生产初级农产品的水平上。在初级生产循环阶段中，产品直接来源于自然，基本上不产生废物和污染。人类与环境关系的处理模式是人类从自然中获取资源，又不加任何处理地向环境排放废弃物，是一种开放式的生产过程。这个阶段由于手工劳动和技术落后等原因，农业生产过程中土地和劳动力浪费很大，造成传统农业增长缓慢。

在传统农业向现代农业过渡的阶段内，农业依旧被视为效益低下的弱质产业。主要原因有：一是由农业自身的特点决定的。受自然条件影响，边际收益递减规律在农业生产中表现得特别明显。按照边际收益递减理论，当其他生产要素投入量不变、某种生产要素投入量超过特定限度后，其边际产量随其投入量的增加而递减。由于农业生产土地等资源的投入量固定不变，劳动力即使增加再多，农业产量也不会有大的提高。二是由于工业扩张占用了大量资本，农业机械的使用并不充分，所以这个阶段农业发展主要采用以提高土地产出率为重点的化学技术创新。大量的化学产品（化肥等）和农药被使用，致使农业环境的自净能力削弱乃至丧失，农业环境问题日益严重，土地资源的数量和质量危机也越发突出。此阶段的治理模式采用"先污染（发展），后治理"的后端治理模式。其结果是治理成本高，难度加大，农业生态恶化现象难以遏制，经济效益、社会效益和生态效益都无法达到预期目的。

在农业现代化阶段，农场规模趋于扩大，资本供给越来越充裕，采用现代化机械、运用先进生物技术进行农业生产。这个阶段开始体现出循环经济的基本特点：遵循生态学规律，合理利用自然资源和环境容量，在物质不断循环利用的基础上发展经济，使经济系统和谐地纳入到自然生态系统的物质环境过程中，实现农业经济活动的生态化。

农业发展阶段演变也正好可以用要素升级理论加以说明。要素升级是指一国在其经济发展过程中，其促使经济增长的主导要素会随着经济的发展而不断变化，即一国经济会由最初的以劳动为主导要素的发展模式转变为以资本为主导要素的发展模式，再由以资本为主导要素的发展模式转变为以技术为主导要素的发展模式，最后由以技术为主导要素的发展模式转变为以知识为主导要素的发展模式的整个过程。要素升级在现实生活中的表现形式为产业升级，即引领一国经济发展的主导产业会由经济发展最初阶段的劳动密集型产业转变为资本密集型产业，再由资本密集型产业转变为技术密集型产业，最终由技术密集型产业转变为知识密集型产业。所以一国经济发展之初往往是以劳动密集型产业的崛起为代表的，如在我国改革开放之初"三来一补"就是最主要的对外贸易形式，服装业等劳动密集型产业是我国出口创汇的第一大产业；随着经济的继续发展，资本密集型产业慢慢替代了劳动密集型产业成为第一大产业，如20世纪90年代中后期以机电制造为代表的资本密集型产业逐步取代了服装业成为我国出口创汇的第一大产业，我国经济发展的主导要素也由劳动转变为资本，因此伴随着产业升级的同时我国出现了一定程度的劳动力"下岗"或称为劳动力失业；我国经济发展的下一个阶段将是技术密集型产业的兴起并逐渐取代资本密集型产业成为主导产业，在伴随着这次产业升级的同时我国将出现一定程度资本"下岗"或称为"资本过剩"，这也将真正开启我国企业跨国投资的新纪元。要素升级理论提出的原因在于本人认为产业升级的实质在于要素升级，该理论可以比作：在经济发展之前，山区的人们只能沿崎岖的小道徒步行走（象征劳动力），自行车、汽车（象征资本）在该地区毫无用途，人们出行的速度（象征创造财富的能力）缓慢；随着经济的发展，崎岖的山间小道慢慢变成平坦的乡间小道，自行车开始派上用场，人们出行的速度相对于原来就有了很大的提高；再随着经济的发展原来的乡间小道就变成了一般意义上的马路，人们可以使用汽车出行，人们出行的速度相对于原来又有了质的飞跃；然后马路又随之发展变成了飞机场，人们出行可以乘坐飞机（象征一般技术）；随后飞机场又发展成为飞船发射塔，人们可以乘坐宇宙飞船（象征创新技术）等。同样的道理，人们最初使用劳动创造财富，资金尚未转化为资本，无法雇佣他人劳动为自己创造财富，这时货币只能作为一般等价物，对于创造财富毫无作用，如原始社会时期；随着社会发展开始出现借贷，这时人们除了使用自身劳动创造财富外，还可以通过借贷资本来创造财富或用资本雇佣别人劳动为自己创造财富，这时拥有资本者就像骑在自行车上，创造财富速度明显加快；再随着社会经济的发展开始出现技术，该种技术的使用能使创造财富的速度得以极大提高，由于受到专利的保护，这时技术拥有者就可以雇佣别人的资本和劳动为自己创造财富，这时就像开着汽车，不仅自己时速加快而且可以承载一定数量的人，即帮助别人加快创造财富速度；再随着社会经济发展这时开始出现创新技术，创新技术是一个平台，它可以衍生出众多一般技术，而且大部分行业都离不开这种创新技术，如蒸汽机、电、计算机及互联网的出现等都属于此类，这时就像开火车或飞机，该技术拥有者不仅自己时速加快而且可以载更多数量的人，即帮助很多其他人加快创造财富速度（有时可以使整个国家暴富），这时哪个国家拥有当时最新的创新技术，其发展速度就最快，如工业革命时期由于英国首先发明蒸汽机导致当时的英国社会经济进步最快，当今美国由于首先拥有新经济（即知识经济、信息经济和网络经济）导致其社会经济发展最快等。就当前水平来看，平均一个美国居民一个月所赚的钱要比我国一个居民整整一年赚的钱还多得多，而根本原因在于这两个国家处于经济发展不同阶段所导致的主导要素不一致所引起的。要想实现创新技术的突破，关键在于知识的积累，因为创新是知识密集型产品，而农业循环经济是知识密集型的产物。

最后，从农业经济发展的经历来看农业循环经济的产生。农业经济发展经历了崇拜自然、征服自然和协调自然的三个阶段或三个转变过程。首先，每一次转变都是以提高农业生产效率为目标，都是统筹人与自然的和谐发展，实现农业生产高效率的自我循环，并在农业内部实现资源利用最大化、环境污染最小化的集约型经营和内涵性增长，达到稀缺资源在更高效率层面上有效配置的目的。这与循环经济的资源化原则相一致。资源化原则要求人类尽可能地通过对完成其使用功能后的"废物"进行再加工，使其变成可以利用的资源，再次进入市场或生产过程，以减少垃圾的产生。其次，现代农业经济发展的基本原则强调从生产数量优先到生产质量优先的转变，从粗放型生产到集约型生产的转变，这与循环经济的减量化原则相统一。循环经济的减量化优先原则是用较少的原料和能源投入，达到既定的生产目的和消费目的，特别强调从经济活动的源头节约资源和减少污染，将避免废物产生和节省资源消耗确定为优先发展目标。再次，农业机械化、自动化等技术的出现实际上解决了循环经济要解决的一个关键问题，即人与资源的和谐关系。循环经济着眼于提高人类的生活质量，为大量人力资源的就业开辟出更多的就业岗位和空间，有利于社会的稳定和发展，推动社会从传统模式到生态模式的转变。可见，农业经济发展的最终目标与循环经济的最终目标是一致的，都是希望借助于对生态系统和生物圈的认识，特别是产业内和产业间的代谢循环研究，找到能使经济体系与生物系统正常运行相匹配的途径，实现理想的循环经济系统。

2.1.2　我国农业循环经济发展的必然性分析

1. 我国传统农业发展的阶段划分

从 1978 年改革开放以来，我国农业大体上经历了三个发展阶段：

第一阶段，从 1978 年到 1988 年前后，由安徽小岗村开始，以土地承包到户为重点的农村改革，大大释放了农村生产力，初步解决了大部分农民的最基本的温饱问题。这一阶段我国农业的产业化整体上仍处于极低的水平，绝大多数地方和农户都仍然是一家一户自给自足式的生产经营格局，部分发达地带的农村已通过创办乡镇企业，走上了致富的道路，并为整个农业的产业化起到探路的先锋作用。

第二阶段，从 1988 年前后至 2004 年前后，这是我国农民在自主、自发的基础上开始摸索产业化的问题。寿光市三元朱村冬暖式大棚蔬菜的发明是一个重要的标志，它在解决蔬菜冬季生产的同时，探索出蔬菜产业化批量生产的新路径，从而开创了"寿光模式"。相应地，全国各地开始不断地进行了农业产业化的各种尝试，并有了一定的成就，市场上出现了一批在农业产业化方面做得较好的龙头企业，中国农产品开始在国际市场上不断开疆拓土。这一时期是循环农业理论的酝酿发展期。

第三阶段，以 2003 年十六届三中全会为标志，新一届党中央对"三农"问题高度重视，已连续出台了三份有关"三农"问题的"一号文件"。在科学发展观、建设社会主义新农村、构建和谐社会、实现全面小康路线的指引下，循环经济、绿色生态农业、创意产业和新三大产业划分等理论先后应运而生，标志"大农业"理论框架基本完成。同时我国农业的发展面临诸多新的形势，既存在良好的发展机遇，也面对巨大的挑战。我们归纳农业发展新形势表现在以下几个方面：加入 WTO 后农业生产的国际环境变化；农业产业结构调整的力度不断加大；农业产业化进程越来越快、涉及领域越来越宽泛；农业生产增长方式发生巨大改变；农业经营方式向适应市场经济条件的方向转化；农业循环经济与区域经济、特色经济的协调发展；农产品安全问题令人担忧，食品安全地位提高；农业生产环境条件急需优化；农副产品资源利用率低；农业生产用水导致水资源短缺问题日益突出；农业耕地面积不断减少，农业生产方式仍然以粗放式经营为主等。

2. 我国传统农业发展面临的问题

20多年来，中国农业发展取得了举世瞩目的成就。但是，由于中国农业的整体水平不高，科技含量和农民环保意识较低，特别是长期以来农业生产还相当粗放，带来的资源短缺、生态破坏和环境污染问题日益明显。

（1）农业用水问题突出。一是农业用水量大。在我国水资源利用中，农业是用水大户，占总用水量的70.4%，农业灌溉用水又是农业的主要用水对象，其比例一直保持在农业用水量的90%以上，全国2/3以上的农产品由灌溉地生产，农业季节性、地区性干旱突出。由于地下水超采，区域地下水漏斗面积相当大，随着水资源向非农业转移，农业缺水日益严重，每年农业用水缺300亿立方米，直接导致粮食减产700亿～800亿公斤。由于农业灌溉和工业发展对水资源超额开采，导致河流断流、土地沙化、地面下沉、海水倒灌等一系列环境问题。二是水资源利用率低、浪费严重。农业灌溉水有效利用系数全国平均为0.45，渠系利用系数只有0.4～0.6，约有一半的水被浪费。有些地区水量损失高达60%～80%，而一些地区灌溉用水过量，水资源利用不仅效率低且不经济，并且可能导致不利的环境影响。三是水污染严重。2000年全国七大流域地表水有机污染普遍，各流域干流有57.7%断面满足三类水质要求，21.6%断面为四类水质，6.9%断面为五类水质。主要湖泊富营养化问题突出。农业使用未经处理的污水造成农田土壤和农作物污染，致使一些农产品不能食用，造成严重的经济损失。水不仅是人类生存和发展的根本，而且也是农业生产发展的最基本要素，推行农业循环经济是节约农业用水的重要措施和手段。

（2）农业生产要素的过量使用问题严重。农业生产要素的投入已成为水污染和环境污染的重要原因。我国农业生产中过量使用化肥和农药相当普遍，它已成为中国水环境和大气环境污染的重要原因之一。一是农药在防治病虫害过程中的过量使用。据统计，我国在水稻生产中农药过量使用约占40%，在棉花生产中过量使用约占50%。农药的过量使用不仅污染了水体、土壤及大气环境等，而且导致农产品有害残留物超标，严重影响了农产品经济效益。二是长期滥施或者偏施化肥。中国有不到世界1/10的耕地，但在氮肥的使用量上却占世界的1/3。过量施肥和施用农药不仅降低了我国农产品的国际竞争力，而且增加了农产品的生产成本，降低了农民的收益（农田净收益减少10%～30%）。三是地膜覆盖回收率低。地膜覆盖能提高农作物的产量，但是由于回收工作不利，土壤中平均地膜残存率为20%，残留的地膜降低了土壤的渗透功能，减少了土壤的含水量，降低了耕地的抗旱能力，给农业生产和生态环境带来了不利影响。

（3）农产品安全问题令人担忧。目前，农业生产中生产要素的过量投入不仅影响了土壤、水体和大气的环境质量，还带来农产品的安全问题。抽检广州市主要农贸市场蔬菜发现：有 3 成样本的铅含量超过食品卫生标准，最高检出值 0.71 毫克/公斤，超标 2.5 倍；近 2 成样本的镉含量超标，最高值 0.23 毫克/公斤，超标 3.6 倍；农药残留超标率达 67.1%，其中国家规定禁用的甲胺磷、呋喃丹检出率分别为 34.2% 和 43.4%。目前，我国农产品出口受到了发达国家"绿色贸易壁垒"严重限制，2004 年绿色食品出口额仅为 2000 万美元，为日本的 40%，美国的 1.6%。农产品的品质不仅关系到食品安全、居民的生活和健康问题，还关系到农产品在国际市场中的竞争地位。

（4）农业产业化水平不高，农副产品资源利用率较低。农业产业化是农业社会化服务体系的重要组成部分，是提高农业产出效益的新型经营机制。但就我国农业产业化水平来说，还处于初级阶段。具体表现为农户参与产业化程度较低，产业化组织整体竞争力不强，农业产业化的带动效应、全国辐射效应还没有充分发挥出来，尤其是农业产后的副产品利用率低。以植物纤维为例，我国每年有 5 亿吨左右的秸秆，1000 万吨的米糠，1000 万吨的玉米芯，2000 万吨的稻壳，这些农业的副产品不仅开发利用率低，而且往往造成环境污染。相反，发达国家往往从环保和经济效益出发，对农业副产品进行综合开发，从而把农业副产品转化为饲料或者高附加值产品。

（5）农业耕地面积不断减少，农业生产方式仍然以粗放式经营为主。目前，全国人均耕地不到 0.067 公顷的有 7 个省（市、区），其中 666 个县人均耕地低于 FAO 确定的 0.045 公顷的警戒线。人多地少，是我国基本的国情。我国农业生产方式仍停留在粗放式经营模式上，主要表现在：一是农业生产的主要动力仍然以人力和畜力为主；二是农业科技体系不完善；三是经营方式仍以家庭为单位，缺乏规模化经营；四是自然灾害对农业生产的影响较大。据有关资料分析，发达国家科技在农业生产增长中的贡献率为 60%～80%，而我国不到 40%。因而，我国要克服农业生产中人口多、耕地少的现实矛盾，就必须使农业生产由粗放式经营向集约式经营转变。

（6）农业生态环境严重恶化。

① 水土流失严重。与其他发展中国家相比，中国的水土流失十分严重。全国水土流失面积 367 平方公里，严重区域主要分布在黄土高原和云贵高原以

及东部的一些丘陵山地。严重的水土流失造成土地退化、生产力降低，乃至基岩裸露，不断破坏着生态环境系统，威胁着人民的生命财产安全，蚕食着人类赖以生存的农业的发展空间。全国 3/4 以上的贫困县都集中在水土流失严重地区。

② 土地沙漠化。全国土地沙漠化面积有 7455 平方公里，由于人口的增加以及人类活动的影响，中国的沙漠化土地仍在逐年增长，且发展速度有加快的趋势。

③ 草原超载过牧及滥垦。我国拥有 392 平方公里的草地，约占全国面积的 40%。然而长期以来，在人为因素的影响下，天然草地被当作宜农荒地开垦，面积不断减少；草地超载过牧，不堪重负；草地生态环境的日趋恶化已带来严重后果。

④ 农田工业"三废"污染及酸雨危害。全国大型工矿企业和农村工业均不同程度地存在"三废"污染，并且近年来酸雨危害呈逐年加重趋势。

⑤ 耕地面积锐减。随着城市化进程的不断加快及基础设施建设的高涨，全国人均耕地日益减少。

⑥ 地下水位不断下降。由于工业与农业过度开采地下水，地下水位不断下降。

⑦ 农业投肥失衡导致水体水质变化或污染。农业高产区和城市郊区特别是菜区因投肥结构和投肥量失衡已经开始造成地表和地下水硝酸盐含量的增加，导致污染。

⑧ 大量滥施农药不仅增加了病害虫的抗性和农产品的残留物，严重影响农产品质量和人民健康，而且增加了出口贸易的难度。

⑨ 城市郊区大型畜牧业的发展，使大量粪便对地下水的污染不断扩大，已经严重威胁着城市郊区的环境保护和可持续发展。

⑩ "石化"危害。我国石灰岩地区主要分布在云南、贵州、广西和四川、湖南等地，这些"石化"地区，面积虽然比沙漠和黄土高原小，但居住的人口最为稠密，危害更大。

3. 农业循环经济的内涵界定

所谓农业循环经济是指以科学发展观为指导，把循环经济理念运用于农业经济发展系统中，充分利用当今高科技成果和手段，降低农业生产过程中的资源、物资的投入量和废物的排放量，形成农业的种养加、农科教、产供销、农工贸一体化的自我积累、自我发展的良性循环体系。农业循环经济包括四个层次：

（1）农产品生产层次中推行清洁生产，全程防控污染，使污染排放最小化。

（2）农业产业内部层次物能相互交换，互利互惠，废弃物排放最小化。如种植业的立体种植、养殖业的立体养殖等都有很多典型模式。

（3）农业产业间的层次相互交换废弃物，使废弃物得以资源化利用。如种养结合的稻田养鱼，稻田为鱼提供了较好的生长环境，鱼吃杂草、害虫，鱼粪肥田，减少了水稻化肥农药使用量，控制了农业面源污染，保护了生态环境，增加了经济效益。

（4）农产品消费过程中和消费过程后层次的物质和能量的循环。如粮食作物可供人食用，也可饲养家畜，家畜肉还可供人食用，人畜粪便可肥田。

农业循环经济产业链（体系）是由生态种植业、生态林业、生态渔业、生态牧业及其延伸的生态型农产品生产加工业、农产品贸易与服务业、农产品消费领域之间，通过废物交换、循环利用、要素耦合和产业生态链等方式形成呈网状的相互依存、密切联系、协同作用的生态产业体系（链网）。各产业部门之间，在质上为相互依存、相互制约的关系，在量上是按一定比例组成的有机体。如以蔗田种植业系统、制糖加工业系统、酒精酿造业系统、造纸业系统、热电联产系统、环境综合处理系统为框架，通过盘活、优化、提升、扩张等步骤，建设生态产业（制糖）链，各系统内分别与产品产出，各系统之间通过中间产品而后废弃物的相互交换而互相衔接，从而形成一个比较完善和闭合的循环产业网络，其资源得到最佳配置、废弃物得到有效利用、环境污染减少到最低水平。

农业循环经济支撑技术包括：

（1）农业清洁生产理念与生态技术体系。

（2）生命周期理论及要素升级技术。

（3）农业生态管理理念与生态管理技术体系。

（4）农业产业生态链原理与技术体系。

（5）农业发展循环经济的相关法规、优惠政策和保障体系的建立。

4. 农业循环经济的优势分析

（1）发展农业循环经济是农业发展观念、发展模式上的一场革命，是转变农业经济增长方式，实现可持续发展的紧迫需要。在传统农业向现代市场农业转变进程中，农业经济增长方式正面临着从粗放经营到集约经营、从不可持续到发展农业循环经济。农业要实现持续发展，很重要的是资源的可持续利用，农业循环经济的兴起将有效地解决这一难题，能以最小的成本获得最大的经济效益和生态效益，也为资金、技术在耕地上的集约利用创造了有利条件。

（2）发展农业循环经济是以人为本、全面建设小康社会的重要举措。党的十六大在提出未来经济增长目标的同时，明确提出了生态环境保护目标，要求"可持续发展能力不断增强，生态环境得到改善，资源利用效率显著提高，促进人与自然的和谐，推动整个社会走上生产发展、生活富裕、生态良好的文明发展道路"。发展农业循环经济，能够有效地保持耕地，节约资源，遏制生态环境恶化，实现人与自然和谐共存，提高城乡生态环境质量和居民生活质量，有助于人们延年益寿。

（3）农业发展循环经济更具有以下优势：

① 农业与自然生态环境紧密相连、水乳交融，有密不可分的"先天条件"，使农业经济系统更易于和谐地纳入到自然生态系统的物质循环的过程中，建立循环经济发展模式。

② 农业与人类自身消费更贴近，人类处于食物链网的最顶端，是自然的一部分，参与整个系统的物质循环与能量交换，这为循环经济要求从根本上协调人类与自然的关系、促进人类可持续发展，提供了更为直接的实现途径。

③ 农业的产业构成特点更易于发展循环经济。农业产业系统是种植业系统、林业系统、渔业系统、牧业系统及其延伸的农产品生产加工系统、农产品贸易与服务业系统、农产品消费系统之间相互依存、密切联系、协同作用的耦合体。农业产业部门间的"天然联系"、农业产业结构的整体性特征，正是循环经济所要建立和强化的，是建立农业生态产业链的基础，也正是农业产业结构的整体性特征，决定着必须推行农业产业协调发展。

5. 我国发展农业循环经济的必然性

（1）从农业发展战略上看：

① 农业走循环经济之路符合我国可持续发展的要求。发展循环经济实施资源战略，具有和谐性、高效性和可持续性，促进资源永续利用，保障我国农业经济安全。

② 循环经济理念要求人类不能单一地追求经济指标而不考虑生态环境。

过去我们关注经济增长主要是考虑不包含环境等因素的 GDP 指标，而非绿色 GDP 指标。描述地区差距和城乡差距主要以人均货币收入的高低为指标，对贫困与生态环境的关系关注得不够。发展循环经济，对我们科学认识经济发展规律有着十分重要的作用。

③ 发展循环经济是提高我国农产品在全球市场竞争力的有效途径。加入 WTO 对我国农业的冲击和挑战较大，如何利用循环经济的理论指导我国农业的发展，突破发达国家的"绿色壁垒"限制，是关系我国经济持续发展的重大问题。

④ 发展循环经济是我国合理地调整农业产业结构，增加农民收入、缩小城乡差别、解决"三农"问题的重大战略措施。农民由于政治权力和经济权力的缺失与弱化，在工业化社会完全处于弱势地位，诸多权力受到严重侵犯，由工业化造成的生态环境破坏和污染导致农村新的贫困。解决这些问题的根本出路是发展经济，从可持续发展的角度来看，发展以循环经济为中心的农业可持续发展模式，才是解决"三农"问题现实可行的途径。

⑤ 从战略的高度重视农业资源循环利用和农业环境保护，遏制传统的末端治理方式的延续，提高资源生产率。

(2) 从农产品的需求角度看：基于循环经济的发展观，市场和消费者对于农产品的需求不断变化，消费者对有机农产品的需求大量增加，尤其重视农产品的食品安全和保鲜等问题。现有的需求观念实际上代表着循环经济的质量发展观。作为一种新的经济理念，循环经济强调经济增长并不意味着生产和消费更多的产品，而是着眼于提高用于消费的商品和提供的服务质量，以延长产品使用寿命周期，提高产品的价值，从而使经济发展实现从数量型增长到质量型增长的转变。循环经济不仅提供了先进思想观念及科学技术手段，更重要的是它包含环境保护与可持续发展相结合的质量意识。

(3) 从农产品的供给角度看：目前，我国的农产品市场状况并不理想。我们从农产品进出口的变化可以看到存在的问题。从 1997—2003 年，我国是粮食净出口国。2003 年我国还出口了 2000 多万吨粮食，但 2004 年在粮食有所增加的情况下，我国反而要进口 800 万吨粮食，成为净进口国。这说明我国的粮食消耗量跟不上市场的需求，许多粮食产品缺乏市场的竞争力。我国粮食质量差的主要原因除了受生态恶化、资源浪费等因素影响之外，与农民对现代化的生产经营方式并不完全了解和掌握有直接关系。为此，我们必须大力发展农业循环经济，加大无公害农产品的生产力度，促进农业结构调整，提高我国农产品的市场竞争力。

总之，要使我国农业经济得到高效率的发展，必须按照循环经济的理念和模式。不但强调在技术层面发展农业的循环经济，而且要将制度、体制、管理、文化等因素通盘考虑，注重农业经济的创新和变革。

6. 我国推行农业循环经济的可行性

循环经济理念的产生和发展是人类对人与自然关系深刻反思的结果。传统的经济发展模式"资源—产品—污染排放"的单向线性生产，将会导致人与自然之间的尖锐矛盾，突出表现为资源危机、生存危机。而循环经济要求实现人与自然之间的和谐发展。就农业生产本身而言，它是自然生态系统的组成部分，推行农业循环经济模式具有天然的可行性。

(1) 农业与自然生态环境紧密相连。农业生产必须具有自然生态系统提供的水、土、大气和阳光等资源，其严格意义上是自然生态系统的子系统，离开了自然生态大系统就会成为"无源之水""无本之木"。农业与自然生态环境紧密相连、水乳交融，二者密不可分的"先天条件"，使农业经济系统更易于和谐地纳入到自然生态系统的物质循环的过程中，建立循环经济发展模式。

(2) 农业与人类自身消费更贴近。农业是人类赖以生存的根本，是人类与自然之间和谐发展的直接体现。推行农业循环经济是协调人类与自然关系，促进人类可持续发展的最佳途径。人类处于食物链网的最顶端，是自然的一部分，通过农业生产实现人类与自然之间的物质循环与能量转换，这为循环经济要求从根本上协调人类与自然的关系、促进人类可持续发展提供了更为直接的实现途径。

(3) 农业的产业构成特点更易于发展循环经济。农业产业系统是种植业、林业、渔业、牧业及其延伸的农产品生产加工业、农产品贸易与服务业、农产品消费之间相互依存、密切联系、协同作用、共同发展的耦合体。合理的农业产业结构具有综合性、多样性、系统性等特点，具体体现在：充分合理利用农业自然资源劳动力资源、资金资源、农业产业协调发展；有效的市场需求应变能力以及取得最佳的经济、社会、生态综合效益。而农业产业部门间的"天然联系"、农业产业结构的整体性特征，正是循环经济所要建立和强化的，是建立农业生态产业链的基础，也正是农业产业结构的整体性特征决定着必须推行农业产业协调发展。

(4) 我国自古以农立国，具有发展农业循环经济的良好基础。一方面，历史上农业生产遗留下来许多优良传统和生产经验，其中很多思想与循环型农业的特征相似。20 世纪 80 年代以来，我国大力进行生态农业建设，并由试点村、乡、农村牧场发展到试点县，既推动了生态农业理论的发展，也形成了我国多样的生态农业模式和技术体系。传统农业和生态农业在我国的发展，为循环型农业的实施奠定了良好的实践基础，同时提供了丰富的理论及技术指导。另一方面，发展循环经济和建立循环型农业已成为实现可持续发展的重要途径和实现方式，而农业研究的重点也正转向清洁生产概念在农业中的应用以及减少有害物质的排放，这些研究对于推动循环型农业在我国的发展极为有利。此外，循环型农业的发展必然会加速农业产业化进程，使我国农村劳动力资源丰富的优势得以发挥。

2.2　农业循环经济的国内外发展现状

2.2.1　农业循环经济的国外发展现状

发达国家发展农业循环经济十分重视保护农业生态环境和实现农业资源高效利用，主要依靠科技手段和工业提供的装备，如节水灌溉（喷、滴灌等）设备，精量播种机械，精量施药机械，提高肥料利用率的技术与装备，少污染、高效低毒农药施药技术与装备，农业保护性耕作（少耕、免耕）机械，秸秆综合利用装备，有机肥、缓释肥等施肥机械等。

德国是发展循环经济较早、水平较高的国家，要求在农业生产中不使用化学合成的除虫剂、除草剂，而使用有益天敌或机械的除草方法；不使用易溶的化学肥料，而是有机肥或长效肥；利用腐殖质保持土壤肥力；采用轮作或间作等方式种植；不使用化学合成的植物生长调节剂；控制牧场载畜量；动物饲养采用天然饲料；不使用抗生素、不使用转基因技术。

日本循环农家肥中心利用现代技术把家畜粪便、稻壳和发酵菌类混合在一起，并配上除臭装置，用制成的农家肥取代化肥，不仅具有环保意义，而且还生产出绿色食品。

阿根廷素有"南美粮仓"的美名，在农业生产中打破"种地必先耕地"的传统，广泛应用"免耕直播法"。这种"不耕而种"看似原始的生产方式在今天越来越体现出增产、环保、降低成本的众多好处。美国、巴西、加拿大等许多国家也都在推广免耕种植，全世界至少有 6000 万公顷的土地实施免耕直播。

发达国家在农业灌溉中十分注意节水，水的有效利用系数达到 0.8。美国在 20 世纪 50 年代就开始普遍推广农业节水灌溉，目前整个灌溉面积中已有一半采用喷灌和滴灌（喷灌、滴灌往往与农作物施肥、使用农药相结合），另一半多数也采用了沟灌、涌流灌、畦灌等节水措施。在没有灌溉措施的农场，也普遍采用土地平整、轮作制、免耕法等节水保水措施。

以色列是干旱缺水国家，人均水资源只有 300 立方米，因此在农业生产中十分重视开发节水技术，成为世界上节水灌溉最先进的国家。现在以色列 55％ 的耕地面积已实现了节水灌溉，节水灌溉技术在其农业现代化中发挥了极其重要的作用。农业灌溉已经由明渠输水变为管道输水，由自流灌溉变为压力灌溉，由粗放的传统灌溉变为现代化的自动控制灌溉，按照作物的需水要求进行适时、适量灌溉。压力灌溉由电脑控制，根据植物需求，先将化肥溶入水，把水通过塑料管直接送到作物最需要水的根部，水肥灌溉，一气呵成，大大提高了水的利用率，减小了化肥对作物和环境的污染，实现了农业灌溉领域的一场革命。由于农业节水技术先进，以色列建国 50 多年来，农业灌溉用水从 8000 吨/公顷下降到 5000 吨/公顷，可耕地面积增加了近 180 万公顷。

2.2.2 我国农业循环经济发展现状

循环农业是在农业可持续发展进程中逐步发展形成的新型农业方式，是我国农业现代化的必然选择。我国幅员辽阔，跨越众多经纬度和海拔高度带，农业生态经济区划类型多种多样，因此我国在 20 多年的生态农业研究和实践中开发了丰富多彩的循环农业模式类型。但由于我国工业化水平低，经济技术落后，没有条件大规模推广先进的科技手段和工业提供的设备，主要是传统农业间作、套种和立体种养的农艺措施与现代科技相结合发展，重点是节地、节水和农业废弃物再利用。

1. 我国农业循环经济模式的探索

我国各地因地制宜，探索出了许多方式：珠江三角洲有 400 多年历史的种桑—养蚕—养猪—养鱼良性循环的"桑蚕塘鱼"，是我国传统农业循环经济的典范。经济发达而又资源短缺的上海发展农业循环经济，在保护基本农田的同时，有计划地开垦滩涂资源，在路旁、河畔、渠边和宅前屋后的空地种树，提高土地利用率；蔬菜排灌、滴灌、暗灌等节水灌溉设施的建设面积已达 10 万亩；正在研究并已小面积试种的旱稻，其耗水量能节约 50％左右；蔬菜的老叶、边皮根茎等废弃物，经过加工发酵后作肥还田；畜禽粪便也正被加工成有机肥料，全市已建成处理鲜粪、加工有机肥料的有机肥厂 28 家；2004 年全市有机肥的推广使用面积达 10 万亩，2006 年将达到 60 万亩。山东实施以玉米收获和秸秆综合利用为重点的农机化创新示范工程，探索出秸秆还田、青贮、颗粒饲料加工等机械化秸秆综合利用技术，全省有 60 万农民常年或季节性从事秸秆综合利用，每年增收 9 亿多元。浙江省余姚市成功试验了"无水层灌溉水稻技术"，在水稻生长期间进行定期浇灌、少灌，实行薄水层、无水层栽培，让水稻"少吃多餐"，正好够"饱"。此种技术不仅使用水量比传统漫灌减少2/3，而且还可使水稻亩产量增加近 5％，解决了传统漫灌蓄水水层厚，不利于水稻根系充分吸收氧气，影响水稻成长，导致化肥和水流失的问题。

2003 年 1 月，从在井冈山召开的全国农业生态环境与可再生能源建设工作会议上获知，农业部科技教育司主持编审的《中国生态农业十大模式》已经进入最后修改阶段，我国生态农业 10 大类 34 小类的模式和配套技术即将推出。这次推出的 10 大类模式分别是：

(1) 北方"四位一体"的生态模式；

(2) 南方"猪—沼—果"生态模式；

(3) 平原农林牧复合生态模式；

(4) 草地生态恢复与持续利用模式；

(5) 生态种植模式；

(6) 生态畜牧业生产模式；

(7) 生态渔业模式；

(8) 丘陵山区流域综合治理利用型生态农业模式；

(9) 设施生态农业模式；

(10) 观光生态农业模式。

据介绍，这些模式和技术是从 370 份方案中归类、集中和总结提炼出来的，代表了当前发展阶段的主流模式，具有技术成熟、效果明显、推广价值较高的特点，对循环农业发展具有指导和示范的作用。

2. 主要农业循环经济模式介绍

（1）"四位一体"的生态模式。我国北方地区的气候特点比较适合发展"四位一体"农业模式。发展"四位一体"农业模式有利于满足当地市场的需求，避免大规模从东部地区调运蔬菜；有利于增加农民收入，1公顷节能日光温室蔬菜收入可达15万元以上，相当于露地作物生产的几十倍；有利于安排农村劳动力，变冬闲为冬忙，提高土地生产力。设施农业的发展可采取"四位一体"的循环模式，它是一种庭院经济与生态农业相结合的新的生产模式，按照生态经济学、系统工程学的原理，以土地资源为基础，以太阳能为动力，以沼气为纽带，种植业和养殖业相结合，通过生物质能转换技术，在农户的土地上，在全封闭的状态下，将沼气池、猪禽舍、厕所和日光温室等组合在一起，所以称为"四位一体"模式。这种模式是在塑料大棚内建沼气池、养猪，猪粪尿入池发酵生产沼气，沼气用作照明、炊事、取暖等，沼渣、沼液作蔬菜的有机肥料或猪饲料添加剂，猪的呼吸、有机物发酵及沼气燃烧还可为蔬菜提供二氧化碳气肥，促进光合作用。这种模式实现了种植业（蔬菜）和养殖业（猪或鸡）的有机结合，是一种能流、物流良性循环，资源高效利用，综合效益明显的循环农业模式。它的主要形式是在日光温室的一侧，建成一个地下沼气池，其上建一个猪舍和一个厕所，形成一个封闭状态下的能源生态系统。主要技术特点：一是圈舍的温度在冬天提高了3℃～5℃，为猪禽提供了适宜的生存条件，使猪的生长期从10～12个月减少到5～6个月。由于饲养量的增加，又为沼气池提供了充足的原料。二是猪舍下的沼气池由于得到了太阳能而增温，解决了北方地区在寒冷冬季的产气技术难题。三是猪呼出大量的二氧化碳，使日光温室内的二氧化碳浓度提高了4～5倍，大大改善了温室内蔬菜等农作物的生长条件，蔬菜产量增加，质量明显提高，成为一类绿色无污染的农产品。这种模式的推广，使冬季平均每户收入增加4000～5000元。

（2）南方"猪—沼—果"生态模式。这种模式是利用山地、农田、水面、庭院等资源，采用"沼气池、猪舍、厕所"三结合工程，围绕主导产业，因地制宜开展"三沼"（沼气、沼渣、沼液）综合利用，达到对农业资源的高效利用和生态环境建设、提高农产品质量、增加农民收入等效果。

（3）平原农林牧复合生态模式。这种模式是指借助接口或资源利用在时空上的互补性所形成的两个或两个以上产业的生产模式。主要包括以下几种具体模式；粮饲—猪—沼—肥生产模式；林果—粮经立体生产模式；林果—畜禽复合生产模式。这种模式可以进一步挖掘农林、农牧、林牧不同产业之间相互促进、协调发展的能力，可以充分利用自然资源和农牧业的产物，对于改善生态环境，减轻自然灾害有重要作用。

（4）生态种植模式。生态种植模式是指根据生态学和生态经济学管理，利用当地现有资源，综合利用现代农业科学技术，在保护和改善生态环境的前提下，进行高效的粮食、蔬菜等农产品的生产。在生态环境保护和资源高效利用的前提下，开发无公害农产品、有机食品和其他生态类食品成为今后种植业的一个发展重点。具体模式主要有："间套轮"种植模式、旱作节水农业生产模式和无公害农产品生产模式。其中，"间套轮"种植模式是指在耕作上利用生物共存、互惠原理，采用间作套种和轮作倒茬的模式。这种模式可以充分利用空间和地力提高产量，还可以调剂用工、用水和用肥等矛盾，增强抗击自然灾害的能力。旱作节水农业生产模式是通过工程、生物、农艺、化学和管理技术的集成，提高自然降水利用率，消除或缓解水资源严重匮乏地区的生态环境压力、提高经济效益。无公害农产品生产模式就是在农产品生产过程中，注重农业生产方式与生态环境相协调，推广农作物清洁生产和无公害生产的专用技术，生产无公害农产品，对于提高农业生产的经济效益，形成农业生产的良性循环具有重要意义。

（5）生态畜牧业生产模式。这种模式是利用生态学、生态经济学、系统工程和清洁生产思想、理论和方法进行畜牧业生产的过程，达到保护环境、资源永续利用的目的，同时生产优质的畜产品。具体模式主要有：综合生态养殖场生产模式，规模化养殖场生产模式。前者有相应规模的饲料粮（草）生产基地和畜禽粪便消纳场所，后者缺乏相应规模的饲料粮（草）生产基地和畜禽粪便消纳场所。

（6）生态渔业模式。这种模式是遵循生态学原理，采用现代生物技术和工程技术，按生态规律进行生产，保持和改善生产区域的生态平衡，保证水体不受污染，保持各种水生生物种群的动态平衡和食物链的合理结构，确保水生物、水资源的永续利用。生态渔业综合养殖模式主要有：基塘渔业模式和"以渔改碱"模式。这种模式可以充分利用土地资源，提高资源的利用率，创造出比单一的养殖或种植更高的经济效益。

（7）丘陵山区流域综合治理利用型生态农业模式。其主要模式是丘陵山区"猪—沼—果（茶）"的生态模式，利用山地资源，发展无公害水果和有机茶生产，采用"沼气池、猪舍、厕所"三结合工程，围绕主导产业，因地制宜开展"三沼"（沼气、沼渣、沼液）综合利用，沼液和沼渣主要用于果园、茶山施肥，沼气供农户日常烧饭点灯，达到农业废弃物资源化利用和生态环境建设。

（8）设施生态农业模式。这种模式是在设施工程的基础上以有机肥料代替或部分代替化学肥料、以生物防治和物理防治措施为主要手段进行病虫害防治、以动植物共生互补良性循环实现系统高效生产等生态农业技术，来实现设施环境下的无害化生产和生态系统的可持续发展，最终达到改善设施生态系统的环境、减少连作障碍和农药化肥残留、实现农业持续高效发展的目的。其典型模式主要有：设施清洁栽培模式，设施种养结合生态模式，设施立体生态栽培模式。

（9）观光生态农业模式。这种模式是以旅游为载体，以生态价值观为导向的经营模式。在交通发达的城市郊区或旅游区附近，根据自身特点，以市场需求为导向，以农业高新技术产业化开发为中心，以农产品加工为突破口，以旅游观光服务为手段，在提升传统产业的同时，培植名贵瓜、果、菜、花卉和特种畜、禽、鱼以及第三产业等新型产业，进行农业观光园建设，是目前城市郊区和旅游区生态农业建设的重点。

3. 我国农业循环经济的实现方式

发展农业循环经济的实现方式就是在农、林、牧、渔、加中将两个或两个以上产业进行耦合，在农业内部形成完备的功能组合，实现物质的多级利用和能量的高效转化。根据我国自然资源、生产技术和社会需要，发展农业循环经济，有以下几种实现方式。

（1）农林立体结构循环方式。我国有许多农村是土地呈平地、山坡立体型结构的山区半山区，在这些地区可以把林、农、药、菌等物种通过合理组合，在坡顶种树，高坡栽果，平坡种草，在水土保持的同时发展林果、药材、野生菌生产及牛、羊养殖，平坝耕地以种粮为主，建立起充分利用空间、太阳能和土地资源的农业立体结构，形成良好的生态环境。

（2）生态家园循环方式。在家庭承包责任制下，我国农业生产以户为单元，往往每户都兼营畜牧养殖业和水产养殖业，可以把家庭种植业、畜牧业和水产业紧密连接起来，形成生态养分在户内的循环利用。这是农村家庭较为经济、适用的农业循环经济的实现方式。其循环过程如图 2-1 所示。

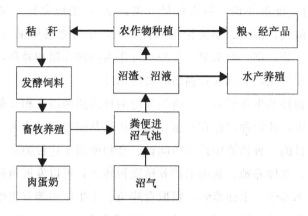

图 2-1　生态家园循环过程

从农作物种植中得到的粮、经产品，副产品秸秆经过青贮和氨化发酵制成饲料，用饲料养畜得到肉蛋奶等畜产品。畜粪可制沼气，副产品沼渣、沼液又作为有机肥料用于农作物种植，也可作为鱼饲料养鱼。在循环中，农产得到天然、无公害的优质农、畜、水产品，同时还得到沼气作为燃料。整个循环基本没有废弃物产生，实现了经济效益和生态效益"双赢"。

（3）食用菌种植循环方式。我国食用菌虽然目前生产规模较小，但种植食用菌是一种较好的农业循环经济的实现方式。食用菌味美可口、营养丰富，能防癌和抗衰老，具有食用和疗效作用，是国际公认的健康食品，发展前景十分广阔。发展食用菌产业，也是提高农作物秸秆转化利用率和饲料价值的有效途径。而且食用菌生产属劳动密集型产业，可以吸纳大量劳动力。我国应重视发展食用菌种植。其循环方式如图 2-2 所示。

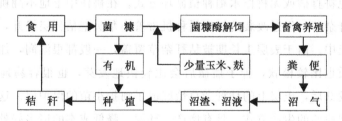

图 2-2　食用菌种植循环过程

利用农作物秸秆栽培食用菌，副产品菌糠既可返田肥地，又可作为畜禽的优质饲料。用麦秸、稻草等农作物秸秆形成的菌糠，不仅畜禽适口性好，而且还含有畜禽生长所需的各种营养物质。

（4）农林牧渔结合循环方式。水资源丰富的地区，可以猪—沼—鱼—果

（菜、草）结合，池塘养鱼，塘边种果（菜、草），平地养猪，猪厩边建沼气池。用猪粪制沼气，沼渣、沼液作为饲料养鱼，作为肥料种果（菜、草），塘泥也作为种果（菜、草）的基肥，菜和草又作为饲料养猪和养鱼，由此实现物质与能量的相互转化，形成综合利用的良性循环。

（5）生物物种共生互利方式。该类型把两种或两种以上相互促进的物种组合在一个系统内，使物种间存在互惠互利，达到共同增产，改善生态环境，实现良性循环的目的。种植业中传统的间种、套种就属于这种类型。

鱼鸭结合，立体养殖。我国水产养殖面积较大，可以发展鱼鸭结合，立体养殖，即：水下养鱼，水面养鸭，鸭取食病鱼、水生昆虫等有害生物，消除对鱼类生长的不利影响。鸭粪落入水中，因鸭粪含有蛋白质、矿物质和维生素，小部分腐屑可直接被鱼摄食，大部分经游离分解，被水体吸收，促进浮游生物生长，增加鱼类的天然食料。鸭群在水面游动，一定程度上还会增加水中溶氧密度，改善水体环境。鱼鸭立体养殖，如以放养鲢、鳙等肥水鱼为主，可使鱼增产15％～25％，达到鱼、鸭双增产的目的，并解决了鸭粪对环境污染的问题。

稻田养鱼（鸭）。在水资源条件较好的地区，如沿岸有大量的水田、水淹田，可以结合湖滨生态建设，发展稻田养鱼（鸭）。稻鱼结合，鱼能采食田里的杂草和害虫，做到稻鱼共生互利。"稻鸭共作"可以利用肉用鸭旺盛的杂食性吃掉田里的杂草和害虫，鸭粪可肥田，可减少农田化肥和农药的施用；鸭不间断地活动，刺激水稻生长产生中耕浑水效应；而稻田为鸭提供生活、休息的场所，以及充足的水和丰富的食物。同样，水生蔬菜也可与鱼鸭共生互利。

（6）免耕直播或无耕作水稻种植循环方式。在耕作中土地不翻耕地表又盖着一层秸秆杂草，经过改装的轻型播种机带着小犁头把秸秆层拨开，把种子播撒到表层土中。由于表层土长期被秸秆杂草覆盖，一般都很湿润，加上微生物丰富，土质也比较松软，种子播撒后会比较快地发芽，也很容易地把根扎下去。种子发芽后，土层上的秸秆杂草恰好成了呵护小苗的保护层。这种"不耕而种"看似原始的生产方式，具有增产、环保、降低成本的诸多好处。历茬秸秆的有机覆盖层既提供了肥力，又有助于保护土壤和保墒，随着秸秆残留物形成的有机覆盖层越积越厚，土壤质量会越来越好，农作物产量也会逐年提高。免耕法使得土壤微生物达到平衡水平，并由这些微生物承担起"耕作任务"，例如，身体柔软的蚯蚓不仅能使土壤变得疏松，它的粪便使土壤肥沃，而且它们钻来钻去的小洞还能帮助存水。免耕法将农作物秸秆留在田间，自然形成一个很好的保护层，保持了土壤水分，减少甚至不再进行人工灌溉。

（7）生态卫生旱厕循环方式。在广大农村推广经实践证明非常适合于我国地区的生态卫生旱厕，把粪便进行无害化处理后还田，解决粪便对环境的污染。

（8）节水农业循环方式。在水资源供需矛盾较突出的地区，应大力发展渠道防渗和喷灌、滴灌等农业节水技术，提高水资源利用率。水资源较缺乏的山区应侧重发展耐旱的农作物。

（9）其他农业循环经济实现方式。将种植业、养殖业、加工业有机结合起来，组成一个多级利用和循环的生态系统。

① 生物物种交换利用。发掘传统农业中的轮作、套种及其他循环经济的做法，进行推广应用。

② 秸秆发酵还田。在农田废弃物较多的种植业主要生产区，应用生物菌剂处理废弃物，发酵分解秸秆，改良土壤结构，减少农田氮、磷肥的施用量。这是解决农业废弃秸秆和增加土壤有机质、培肥地力的有效方法，此法对生物菌剂有较高的要求。我国自 20 世纪 90 年代以来启动秸秆还田工程，已经开发出一系列的生物菌剂。

③ 秸秆气化。在种植业比较发达、秸秆较丰富的地区，可利用设备把秸秆直接气化，供农户用火，同时还可产生复混肥用于种植业。

④ 粪便发酵还田。在农牧结合的地区，可以把畜禽粪便和配料按规定的比例混合，利用高温或生物手段发酵，成为有机肥还田。

2.3　农业循环经济的意义

2.3.1　发展农业循环经济的重要性和紧迫性分析

1. 发展农业循环经济的重要性分析

（1）发展农业循环经济是建设循环型社会的关键和基础。在全面发展循环经济、建设循环型社会中，农业循环经济起着关键性和基础性的作用。农业循环经济的基础性作用还表现在农业不仅是一个产业部门，而且还有保护自然、稳定生态、实现人和自然和谐相处等机能，是"多功能"的产业。农业与自然生态环境紧密相连、水乳交融、密不可分。农业与人类的关系最贴近，人类处于食物链的顶端，是自然的一部分，参与整个系统的物质循环与能量转换，这为循环经济要求从根本上协调人类与自然的关系、促进人类可持续发展提供了更为直接的实现途径。

(2) 发展农业循环经济是推进农业现代化进程和提高农业经济增长质量的重要途径。发展农业循环经济是以科技的发展为先决条件的，需要引入工业部门提供的先进的农业生产要素和技术装备，以推动施肥、节水、植保、耕作技术等一系列革命，转变农业生产方式，加速农业现代化进程。发展农业循环经济可以使粪便和农作物秸秆的利用成为循环过程的重要链条，粪便和农作物秸秆经过深度加工，由直接利用为主向作为原料加工利用为主转变，农业产业链条被延伸、拉长，实现资源的有效利用，降低生产成本，转变农业增长方式。发展农业循环经济可以把处于循环链上重要环节的产业发展壮大起来，实现农业产业结构的优化升级。发展农业循环经济中的沼气利用、秸秆气化，能够为农民提供清洁的能源，有利于转变农民的生活方式。

(3) 发展农业循环经济是农产品参与国内外市场竞争的前提。目前，我国在农业生产中使用化肥和农药还较为普遍，农产品中化肥和农药的残留量往往超过发达国家的标准，使我国农产品出口难过检疫关，成为制约我国农产品扩大出口、参与国际市场竞争的主要因素之一。而在国内，随着生活水平的提高，人们更加重视农产品的质量和安全性。发展农业循环经济，将利用有机肥料替代化肥，采取农艺措施和农业设施控制害虫生长，创造无化肥和无农药污染的农业生产环境，有利于农产品质量的提高和绿色农产品生产，提高农产品在国内外市场的竞争力。

(4) 发展农业循环经济是改善生态环境，加快农村全面建设小康社会的保障。农业生产使用的化肥和农药残留在土壤里，对土壤造成污染；而且，经雨水冲刷，土壤中的化肥、农药还会流入河道，污染水体。农作物秸秆没有得到充分的利用，成为废弃物，被随意堆放或焚烧，对环境、水源和大气造成污染，并影响农业景观，还为病虫害提供滋生环境。人畜粪便收集利用较少，多数排入河道，造成水体污染。

可见，发展农业循环经济，一方面可以提高农业资源的综合利用率，促进增长方式的转变；另一方面，可以改善农村生存环境，建设卫生、文明、健康、富裕的小康社会。

2. 发展农业循环经济的紧迫性分析

农业是经济循环的源头，实施循环经济必须从农业的源头入手，并把具体实施方案纳入到农村各部门的经营战略中去。发展循环经济是我国推进农业可持续发展战略的需要。提升农业经济效率是发展循环经济的基础，农业科学发展的实践需要循环经济理念的指导。我国农业虽然取得了巨大成就，但由于我国农业发展的基础比较薄弱，制约了农业可持续发展。现代常规农业所面临的问题有待于运用循环经济原理与方法来解决。随着循环经济理念的普遍认同和推广，应积极发展生态农业，实现农业循环经济就显得相当紧迫。原因在于：

（1）山区、农牧区等生态脆弱地区正在经受严重的生态破坏，生态破坏的地域面积在不断增加，生态破坏的速度在加快。全国水土流失面积占国土面积的 38%；全国每年新增沙化土地面积 1.56 万平方公里。由于生态破坏，近几年来，我国农业灾害发生日趋频繁，成灾面积呈上升趋势。在农业主产区，农业发展自身带来的农业资源使用不合理等问题，造成了比较严重的生态失衡、环境退化等生态破坏后果。我国农药、化肥用量在总体上接近或已超过某些发达国家的水平，但我国氮素利用率只有 35%。化肥和农药的大量流失，危害地表和地下水水质，化肥的大量使用还导致土壤中有机质含量大减，土地退化严重。随着乡镇企业蓬勃兴起，造成外源污染加剧，目前全国受三废污染的农田面积达 10 万平方公里，约 5% 的农田受到影响，年直接损失达 125 亿元。再由于高产品种及栽培技术的推广，单一化种植和物种遗传异质性的削弱，使农业系统不稳定，削弱了对自然灾害的抗逆能力；高产品种抗病力差，要求肥力高，需要投入大量化肥和农药，致使土壤次生盐渍化以及水体污染、生态环境恶化、生物种群减少。

（2）农副产品等资源利用率低，农业经济效益不显著。以植物纤维为例，我国每年有 5 亿吨左右的秸秆，1000 万吨的米糠，1000 万吨玉米芯，2000 万吨稻壳，这些资源不仅开发利用的比例极低，而且造成环境污染。发达国家从环保和经济效益两个方面考虑，对加工原料进行综合利用，把副产品转化成饲料或高附加值的产品。如美国 ADM 公司利用废弃柑橘果籽榨取 32% 食油和 44% 蛋白质，利用葡萄皮渣提取葡萄红色素等。美国 ADM 公司在农产品加工方面具有较强的综合生产能力，实现了完全清洁生产。我国农产品加工落后，潜在的经济效益没有得到发挥。

（3）我国现阶段农业的可持续发展是跨越式的农业向工业化转变的过程，

中国农业和农村发展中面临的诸多问题亟待解决。生态农业建设虽然部分地缓解了农村经济发展与环境保护之间的矛盾，但生态农业只是在低层次上实现了物质能量的循环，废弃物利用率较低，忽视部门之间的产业耦合与农产品质量，发展极不彻底，诸多弊端已经显现出来，而有机农业对于环境的要求较高，在我国发展速度十分缓慢，因此，农业发展方式的改革与升级已成为必然。循环型农业广泛吸收国内外可持续农业的成功经验，把农业经济活动与自然生态循环融为一体，注重农业清洁生产和废弃物综合利用，通过物质能量的多级循环利用达到节约资源与减轻污染的目的，促使农业生态系统和经济系统逐渐向良性循环方向转变。由于农业生产方式与生产环境的改善，农业成本大幅度下降而生产力显著提高，农民收入稳步增长，同时农村剩余劳动力得以充分利用。由此可以看出，循环型农业是一种生态效益、社会效益与经济效益并重的新型农业，有利于解决目前我国农业和农村发展中出现的诸多问题，是农业可持续发展的必然选择。在这个过程中，要重视农业发展与循环经济的一致性，只有农业发展走上良性循环之路，才能保证整个国民经济走向良性循环，才能实现整个社会的和谐与发展。

（4）经济一体化和绿色壁垒国际背景迫切要求发展循环经济。经济一体化给发达国家提供了把污染严重的产业转移到发展中国家的机会。同时又把环境和生态保护作为与发展中国家进行贸易谈判的令牌，迫使发展中国家在对外贸易中做出更大让步。发达国家近年来设置的贸易壁垒正从关税型转向环保型，表现为掌握核心生产技术后，再提高行业进入门槛，甚至从生产的源头入手就开始实施产品控制。比如某些发达国家对我国出口的农产品提出苛刻的无公害绿色标准，过高的绿色门槛阻挡了我国农产品出口的良好势头。为了参与经济一体化，打破贸易壁垒，我们必须发展循环经济。

（5）农业推行循环经济是整个国民经济社会体系全面发展循环经济、建立循环社会的关键性的基础环节。专家预测，如果我国要实现2020年GDP翻两番的经济发展目标，又要保持现有的环境质量，资源利用率就必须提高4～5倍；如果想进一步改善环境质量，资源利用率就必须提高8～10倍，这只能通过推行循环经济来实现。没有农业的循环经济就不可能建成整个社会的循环经济，更谈不上建立循环社会。农业可持续发展迫切需要追赶发展循环经济的时代大潮。农业可持续发展的研究与实践一直是全面实施可持续发展战略的重要组成部分，需要与整个社会经济的可持续发展相衔接、连成一体。因此发展循环经济有利于推动农业可持续发展，使农业融入时代发展大潮。

2.3.2　发展农业循环经济的意义

农业循环经济已逐渐成为当今世界农业发展的一股潮流和趋势，是 21 世纪农业发展战略的选择。在西方国家，循环经济已经成为趋势和潮流，有的国家甚至以立法的方式加以推进。在我国加入 WTO 后，市场的国际化要求我们在考虑经济效益的同时，还要重视社会效益和生态效益。我们只有顺应世界经济发展潮流，发展循环经济，才能立于不败之地。

1. 循环经济拉动农业经济的发展

循环经济模式可以使农业生产的各个环节之间建立互补的共生关系，疏通废弃物向原材料转变的反向物流渠道。这是单个企业内部的循环，企业之间循环，可以在更大的范围内形成"废弃物—原料—废弃物—原料……原料"的链条，建立起多层次、多元化、多形式的物流通道，使整个社会系统的内部联系更加密切，运转更加协调，步入良性循环。由于废弃物在循环中变成了可利用的原料，一方面，提高了相关企业的经济效益；另一方面，循环经济通过延长企业内部或企业外部的循环链条，促进了产业链的延伸，扩大了生产规模，也增加了就业，缓解了农村富余劳动力就业问题。

2. 循环经济促进农村城镇化

循环经济的发展必然带动农村产业化和产业集群的发展。循环经济的发展过程同时也是产业集中的过程，具有开放功能的循环经济会通过产业链的延伸和循环范围的拓展，将越来越多的关联企业吸纳进来，而参与的企业越多，最终废弃物的种类和数量就会越少，最终污染物的平均处理成本也越低，生产效率也就越高，从而促进了产业在社区内的集中。这就为相关企业带来生产成本优势和区域营销优势，也构筑了信息共享的平台，以经济利益为驱动力，引导农村工业区域集聚，形成新的农村城镇，或扩大城镇容量，推动农村城镇化的发展。

3. 循环经济联结农业产业链

以农业产业化龙头企业为依托，着力探索龙头企业联基地带农户的方式，推进标准化基地建设，建立龙头企业和农户的利益联结机制，培育壮大特色优势产业，争取早日实现农业产业化的目标，全面提升农业产业化整体水平。

4. 循环经济促进农业环保问题的解决

系统结构决定功能，通过以环状的循环经济模式替代传统经济的线性模式，以改变经济系统的结构，进而达到改变农业经济系统功能的目的。如果按自然生态系统的循环来安排社会生产活动的循环经济，一方面可以充分发挥与利用自然界的生态生产力，为社会生产发展提供新的源泉；另一方面，又可以减轻经济发展对环境的压力。

第3章　循环经济理论在农业中的应用点

3.1　农业循环经济的理论目标和物质基础

农业循环经济是将工业循环经济的基本思想应用于农业生产过程和服务中，以物质能量梯次和闭路循环使用为特征，把农业清洁生产、资源综合利用、生态设计和可持续消费等融为一体，运用生态学规律来指导农业生产活动，在环境方面表现为污染低排放甚至零排放。

3.1.1　农业循环经济的理论目标

1. 减少自然资源消耗

循环经济是高效利用资源的经济模式。循环经济通过构建物质和能量的循环流动的通道，减少浪费，提高资源使用效率，同时加快能量转换的速效。例如：以玉米的种植为起点，形成了多环节的循环，如玉米（青贮）→养羊→排泄物沼气→有机肥料→回到玉米种植。减量化原则的运用，可以从根本上减少自然资源，尤其是不可再生资源在农业生产过程中的消耗。

2. 减少废弃物的产生

发展循环经济是实现环境与发展双赢的现实途径，农业环保问题是只能通过发展农业循环经济来解决的。系统结构决定功能，通过以环状的循环经济模式替代传统经济的线性模式，以改变经济系统的结构，进而达到改变农业经济系统功能的目的。如果按自然生态系统的循环来安排社会生产活动的循环经济，一方面可以充分发挥与利用自然界的生态生产力，为社会生产发展提供新的源泉；另一方面，又可以减轻经济发展对环境的压力。

3. 废物的资源化

将不可避免的废弃物再次变成可以利用的资源，重新投入到农业生产过程中去，即废物的资源化。因此，农业循环经济的核心目标是在农业整个经济流程中系统地避免和减少废物，从而实现农业的可持续发展。

3.1.2　我国农业循环经济的物质基础

1. 沼气利用

沼气利用是指人粪便经沼气池发酵后，产生的沼气、沼液、沼渣按食物链关系作为下一级生产活动的原料、肥料、饲料、添加剂和能源等进行再利用。

2. 秸秆利用

作物秸秆和其他农业废弃物一样，本是一种资源，但若不合理利用，不仅浪费资源，还可能成为一种巨大的污染源危害人类环境。若利用得当，就能变废为宝，转化为优良的饲料、肥料、能源和多种有益的产品，兼收经济、环境和社会效益。

随着农业生产力的发展，化肥、农药、石油能源等的高投入，部分地区作物秸秆的传统利用方式已转变为堆积在田头、路边或作为废弃物付之一炬，这不仅浪费自然资源，而且妨碍交通，污染环境，甚至引起火灾等后果。近20年来不少地区秸秆还田的数量相对减少，全国平均约有20%～30%直接还田，而多数秸秆被烧掉，损失了大量氮素。据全国土壤普查数据表明，秸秆不还田的地区，土壤有机质普遍下降。近几年来，随着生态农业的推广，在秸秆利用上有所改善。利用秸秆饲养牲畜，特别是养牛，既促进农业生产良性循环，又改善了我国肉类结构。

按地区农业经济和能源实际情况，因地制宜进行秸秆还田。大中城市郊区经济发达，能源充足，在满足工业和养殖业所需的秸秆外应全部还田，增强土壤肥力，促进农业的良性循环。经济较发达地区能源基本能满足供应，大部分秸秆还田，剩余部分做饲料、燃料、工业原料或纺织原料。经济不发达地区，能源短缺，仍需用较大部分秸秆作燃料。对于我国这样一个人口众多、人均资源贫乏的农业大国,研究与推广作物秸秆的能源化利用对于保护环境、发展经济具有重大的现实意义。

3.2　农业循环经济的技术支撑

在经济全球化、世界科技突飞猛进的今天,以生物技术、信息技术、自动化控制技术等为代表的高新技术正在促使世界农业发生巨大的变化,并成为支撑各国生态农业发展的技术平台和提高农业竞争力的关键所在,它们为生态农业的实现提供了足够的技术支持,并积极推动技术的进一步发展,通过技术在农业的广泛应用,加快生态农业建设的步伐,实现农业资源的可持续利用,提高农业的整体效益。在我国,发展循环经济是加速我国农业现代化进程,促进经济可持续发展的重要保障和必然要求。

3.2.1　农业技术的历史变迁

迄今为止,人类的农业生产经营活动大体上可以划分为三个阶段:即原始农业、传统农业、现代农业,不同农业发展阶段有着不同的农业技术。

1. 原始农业技术阶段

从农业成为人类生活主要来源起,到铁农具、牛耕开始使用之前为原始农业时期,大约持续了六七千年。原始农业时期的农业技术尚处于萌芽状态,主要有以下技术:

(1) 动植物驯化技术。农业是从驯化动植物开始的,没有动植物的驯化也就没有原始农业的产生。动植物的驯化是在生物过程和人工选择过程中交错进行的,生物过程为动植物的驯化提供了机会,人工选择则为动植物的驯化确定了方向。原始农业的动植物驯化技术主要从三个方面来体现:一是进行选择性驯养和种植。二是控制性的动物和植物培育。三是动植物品种的形成。

(2) 土地利用与耕作技术。早期到处都是森林,原始农民砍烧植被,种植作物,种一年或几年后就放弃掉,再去开垦新的土地,这就是生荒制。经过反复的开垦,已没有多少生荒地可开垦,于是,在土地种几年后地力下降后,则进行撂荒,过几年再去开辟经过撂荒后而恢复了地力的土地,这就是熟荒制。

（3）工具制造技术。工具的制作、使用、改进、发明是人类技术进步和生产力水平提高的标志。原始农业所用工具很简单，制作很粗糙，主要是以石制工具为主，另外还有一些木制工具和骨制工具，它们分别是：石斧、锄、镰、石磨盘、石磨棒、石犁等。

2. 传统农业技术阶段

传统农业是指开始于石器时代末期和铁器时代初期，西方国家从古希腊到古罗马，中国从春秋战国到秦汉基本上是它的奠基时期；随后的1000多年是它的发展时期。传统农业技术主要包括：

（1）农业工具的变迁。传统农业最明显的标志是铁器工具的使用。铁制工具中影响最大的是铁犁，铁犁和牛的配合使用，为传统农业的发展奠定了基础。其他如铁锄、铁铲、铁锹、铁耙、铁叉、镰刀、斧头、桦犁等铁制农具也先后产生。

（2）土地利用与培肥技术。在传统农业时代，随着人口的增加，需要不断地开垦农业可利用的土地，扩大耕地面积，以增加农产品产量。除开发沃土外，人类还掌握了通过排水开垦低凹湿地，通过修梯田开垦丘陵山地，通过筑堰开渠引水改造沙地和开垦草原以及利用盐碱地的技术。

（3）作物栽培与耕作技术。作物栽培主要包括选种、引种、植物保护以及因地制宜等技术。耕作技术指对土地如何进行耕作的技术。

（4）畜牧养殖技术。动物养殖是传统农业的两大部门之一。养殖除畜禽外，还有养兔、养蜂、养鱼、养蚕以及饲养蜗牛等。家畜的饲养管理采用放牧和舍饲两种方式，二者的结合使饲料生产得到发展，除圈地育草外，还种植混合谷粒、羽扇豆等饲料作物和广泛利用橡实、葡萄酒渣、树叶和农作物秸秆，开创了充分利用青饲料、精料和优质干草的家畜催肥技术。

（5）园艺技术的变迁。西方国家的园艺技术发展很早，希腊很早已有橄榄园，公元前2世纪葡萄和橄榄种植成为意大利农业的重要门类。为适应人口增加对蔬菜和果品的需求，中国在汉代园艺有了显著发展，司马相如《上林赋》中记载的果树有卢桔、黄柑、橙及新增加的枇杷、杨梅、葡萄、荔枝等20多种。

（6）农田水利技术。是为防治干旱、渍、涝和盐碱灾害，对农田实施灌溉、排水等人工措施的总称。

3. 现代常规农业（石油农业）的技术阶段

现代常规农业是在传统农业的基础上发展起来的，主要指的是以投入为基础的农业，基本上是以发达国家为代表。它的萌芽期大约在 17—18 世纪，成熟期大约在 20 世纪 60 年代。该阶段的创新技术主要有：

（1）理论技术。农业科学技术的发展是在基础科学不断向农业科学渗透中形成的，特别是化学、生物学，地学和农业科学的关系更为密切。围绕动植物生产形成了三大类农业技术领域，分别是农业经济管理技术、农业机械工程技术、农业生态技术。其中农业生态技术又包括农业生物技术和农业环境技术。

（2）应用技术。现代常规农业中使用的生产手段是在现代科学技术的基础上，由现代工业企业生产出来的大型的、复杂的农业机器，我们把这些生产手段称为现代技术手段。现代常规农业应用技术主要包括四个方面的内容，即农业机械技术、化学技术、水利技术和电气技术。

① 农业机械技术。作为农业社会生产力水平重要标志的农业生产工具是生产手段中最重要的因素，在现代农业中主要体现为农业机械技术的使用。种植业中广泛使用拖拉机、耕耘机、联合收割机、摘棉机以及选种、施肥、灌溉等机械和设备；养殖业、林业等部门也开始使用各种复杂的设备和机具，如挤奶器、剪毛机、孵化器及各种喂饲设备、自动引水器和清除粪便的机械。另外汽车、飞机等现代运输工具和电话、传真等现代通信手段也在农业中开始使用。

② 农业化学技术。农业化学技术主要是指与化肥、农药、生长添加剂等化学制品有关的技术，主要以提高单位产量为目标。以农业化学为基础，结合生物学，迅速发展起来的诸如微生物学、病理学、昆虫学、农药学、土壤学、肥料学、动植物生理学、遗传学、育种学、动物营养学、生态学等门类众多的学科，为农业化学技术的产生、应用铺平了道路。

③ 品种优良化技术。从动植物的繁育便开始了遗传育种的研究，为品种优良化打下了基础。植物的有性繁殖是由格鲁（N. Grew）在 1676 年提出的。在达尔文进化论的启发下，孟德尔（G. J. Mendel）于 1857 年用豌豆做实验，发表了《植物杂交的试验》，在寻找遗传因子方面迈出了决定性一步。克罗尔伊德（J. G. Koelveuter）用烟草做实验，第一次获得了杂交种。随后，俄国的米丘林从植物与环境统一的原理出发，提出了关于动摇遗传性、定向培养、远缘杂交、无性杂交和驯化等改变植物遗传性的方法。在基础理论的推动下，纯

系育种法、杂交育种法被广泛地应用于动植物的品种繁育，培育出了大量的优良品种。

（3）管理技术。现代常规农业的技术，除了物化在生产上的应用技术外，在科技体制改革、技术的组织管理等方面也有了长足的进步，主要包括技术法规、技术专利、技术推广及社会化、技术市场、政府的技术决策等许多软技术。

4. 农业可持续发展技术的阶段

农业可持续发展技术是多方面学者经过长期探索和酝酿而产生的。它是人类对技术变迁深刻反思、不断觉醒的产物，是实施农业可持续发展战略的内在要求，也是调整人类与自然关系在认识上的新飞跃。

（1）发达国家农业可持续发展技术的产生与形成。农业发展技术上的变革之风早在 20 世纪 50 年代就已刮起。当时少数有识之士已开始意识到，人类因为错误地对待自然资源和环境，滥用技术，从而导致自然的报复：如过量施用化肥影响到土壤微生物生存环境和自然肥力、盲目喷洒农药毒杀土壤微生物和害虫的天敌等。具体进程大体是：70 年代重点放在免耕、少耕和水土保持耕作方面，并取得了一定进展，但效果相当有限。因此，从 70 年代末起，研究方向开始转向以降低投入，使土壤肥力再生，保护环境和生产出健康高产食品为中心的新项目。其工作主要分为三个方面：

① 传统性的园艺研究。其宗旨在于帮助家庭园艺者得到最大限度的高产，并着眼于长期的土壤"健康性"的改善。主要作物是蔬菜、草本植物、花卉和果树。主要研究内容包括通过豆科覆盖作物和堆肥改善土壤肥力、集约化园艺技术、害虫有机防治等。

② 农艺及农作制度的研究。重点研究如何变常规农业为"再生农业"，以最大限度地增加农民的资源和尽可能地减少投入。主要内容包括禾谷与豆科作物间套种及豆科混作、覆盖栽培、控制杂草、氮素再循环等，并开始考虑包括畜牧业进入农作制度的试验内容。

③ 新作物的开发研究。认为将来成功的"再生农业"主要应建立在多年生作物（包括果树、园艺作物）之上。从此以后出现了"有机农业技术""生物动力农业技术""自然农法技术""生态农业技术""低投入农业技术"等诸多探索学派，标志着对现行农业技术改革必要性的广泛认同。

对农业可持续发展的思考，一方面来自于对全球问题的理性思考和整个经济的增长方式变革的反思。在 R. 卡尔逊的划时代著作以及罗马俱乐部一系列报告问世之后，全球环保问题最先引起了各国政府和科学家的高度重视。首先认识到如果不从改变经济增长的方式着手，即改善结构、提高资源利用效率，以及充分考虑环境问题的跨国和全球性合作，企图孤立地去解决环境保护问题是不可能的。从而产生了从更高、更广、更深层次上来研究解决人口、资源、环境和食物安全这些互相密切关联问题的要求。20 世纪 80 年代初，面对这种错综复杂的形势，促使联合国下决心出面关心这些问题，成立了布伦特兰夫人领导的世界环境与发展委员会（WCED）。该委员会经过周密调查后认定，粮食的安全保障供应正经受六个方面越来越严峻的挑战，倘若不改变现有的三种农业技术模式（"工业化农业""绿色革命农业""资源贫乏型农业"），农业的可持续发展和食物的保障将是不可能的。这个委员会在 1987 年 3 月向联合国提交报告《我们共同的未来》中指出：挑战来自对食物需求的急剧增加，商品能源供应存在的极限（要想使发展中国家到 2050 年都达到目前发达国家的水平，世界一次性能源产量需增 5 倍），以及过分使用商品能源连带产生的"温室效应"及酸雨两大问题；发展中国家的农民缺少农业及农业以外的充分就业，因而收入低、购买力弱；发生在发展中国家由于人口的巨大压力以及缺乏环境意识，产生对资源和环境的短期行为；对农业科研、推广投入不足以及缺乏适用于资源贫乏的小农的提高生产率的技术，以及在土地所有、社会分配和国际贸易地位的不公正性。所有这六个方面的挑战都要求现行农业技术模式和农业（村）政策实行变革。按照"可持续的发展"原则指导这类变革。《我们共同的未来》还在扉页显著位置标示："经济学要同生态学联姻"，明确了"可持续发展"的理论基础和指导思想是生态学。

对农业可持续发展的思考，另一方面则来自对全球农业具有重要影响力的联合国粮农组织（FAO）态度和观点的变化。早在 20 世纪 70 年代就针对"粮食危机"提出了"世界粮食安全"概念，1991 年在荷兰召开农业和环境为主题的讨论会，发表了"关于可持续农业和农村发展的登博斯宣言和行动纲领"。宣言指出："到 2025 年，世界将必须多供养 32 亿人口，而其依赖的自然资源已受到非持续性农业生产方法和因人类其他活动而造成的环境问题的严重威胁"。这次会议的重大贡献之一，在于突出强调了必须同时实现的三个基本目标：即粮食安全、根除贫困以及自然资源和环境的维护。

在全球可持续发展的大背景下，在全球粮食安全、根除贫困以及节约自然资源和环境保护大目标必须同时实现的条件下，要求农业技术变革朝着优质、高产、低成本、无公害、无污染、无残留的方向发展。其中重点是无公害技术观、无污染技术观和无残留技术观的形成。而农业循环经济就是农业可持续发展的最好战略。

（2）农业可持续发展技术的基本特征。在实现农业可持续发展的过程中，作为支撑农业可持续发展技术，除具有农业技术的一般特征外，还有自己独有的特征：

① 高效性。指农业可持续发展技术能够在资源开发与转换过程中取得较好的效率和最佳的综合效益。它是以尽可能少的输入、多的输出，形成的较高物质、能量、信息转换效率的技术。农业可持续发展技术的高效性是量与质、高效率与高效益的辩证统一。具体体现在技术的优质、高产、抗病、抗虫、低成本、无公害之中。

② 生态持续性。农业生产需要有自然力的协同，作为农业可持续发展技术必须服从自然生态发展的规律、维护生态平衡、与自然环境保持协调发展。从一定意义上说，农业可持续发展技术是一种无公害技术、清洁技术、环保技术。它不仅不能因为自身的存在而破坏周围的农业生态环境的平衡，而且还能自我克服自身对环境的不利影响，化害为利，实现与自然界的良性循环和持续协调发展。

③ 区域性。这是因为不同地区自然条件有着明显的差异性，作物和畜禽对自然条件和生态环境有较大的依赖性和选择性，因而农业可持续发展技术总是由一定区域的农业生态条件、社会条件综合选择的结果，使得农业可持续发展技术具有明显的区域性。区域性要求我们在技术开发和技术引进过程中，要做到因地制宜，合理利用本地的自然资源，发挥地区自然技术优势。

④ 时效性。当今的农业科技革命发展迅速，农业可持续发展技术只能在一定时间内存在并随科学发展的社会需要和自然条件的变化而变化，有一定的时效性。这就要求我们在农业可持续发展技术开发和引进时，不能只看短期效益，而应从长远观点出发选择起点高又能在较长时间内使用的技术，避免短期行为。

⑤ 社会性。在"人类—技术—自然"大系统中，农业可持续发展技术不仅要适应农业自然环境的要求，而且还要适应人类社会发展的需要。农业可持续发展技术必须服从人类社会的发展规律，适应和满足人的生理、心理和精神等方面的需要。

⑥ 综合性。农业可持续发展技术的应用、扩散、推广及该技术的产业化

和社会化，需要农业科研部门、农业教育部门、技术推广部门、农业高新技术企业、技术监督及监测部门、农用物资工业部门以及农业行政部门的共同参与配合，方能取得更大成效。

（3）种植业可持续发展的技术模式。总结我国种植业可持续发展技术的实践，主要有以下几种典型模式：

① 高效创汇型种植模式。这类技术模式的特点，一是以高技术为依托，追求产品优质高效，走国际市场创汇目标；二是种植结构中产业化技术比重大，走生产、贮藏加工、销售一体化；三是资金集约化技术充足，农业现代化水平高。"集团（公司）＋农户"模式已有明显发展，农民收入水平高，种植业比较效益好。

② 城郊地区商品型种植模式。该模式特点：一是依仗紧靠城市的经济优势和先进的科技水平，实现规模经营，劳动生产率高；二是保证一定的粮食面积，大力发展蔬菜、瓜果等经济作物，农产品商品率高；三是生产条件好，设施农业发展快，属高投入高产出型种植业；四是农民素质高，农村二、三产业发达，种植业的比较效益仍低，劳动力转移多。

③ 平原农区粮食高产型种植模式。该模式的特点：一是单产水平相当高，大面积实现"吨粮"，当地的气候土壤条件对种植业适宜；二是肥水条件、良种、良法、良制的综合配套技术水平较高，充分开发当地气候产量潜力；三是种植制度多以高产大田作物和多熟制为主。在加强农田基本建设及强化科技服务体系的基础上，推行一整套的品种优化、水肥合理调控、规范化栽培技术等，使粮食大面积高产。

④ 一般农区粮经半商品型种植模式。这种模式在我国具有普遍性，其特点为：一是种植结构以粮食作物为主，有一定比例的经济作物，产量水平中等偏上；二是商品率一般在 40％～50％左右；三是物质投入水平与全国平均水平接近或稍高，技术水平一般，生产条件已有一定基础，现代化程度相对较低；四是农村二、三产业不够发达，大量劳动力集中在种植业，剩余劳力较多，缺乏配套的生产服务体系和市场体系。

⑤ 丘陵地区立体种植高效型种植模式。该模式特点：一是通过间作、套作及复种方式，充分利用农田空间和时间，达到高产高效，其形式种类繁多，如南方的稻—萍—鱼、蔗—菜—菇等，北方的粮林果蔬菜间套作等；二是产值高、效益好；三是资源利用效率高，但规模有限，技术性强，对人力物力需求也大；四是受市场和价格因素影响强烈，效益不够稳定。如四川武胜县的稻田

鱼—稻—菜—笋立体种养模式，每公顷产稻谷 7500 公斤、成鱼 3000 多公斤、绿萍 2.25 万公斤、笋 1500 公斤、产值 3 万～6 万多元，比普通稻田高 10 倍。

⑥ 山区林果为主生态治理型种植模式。该模式特点：一是山区的气候土壤条件较差，水土流失等生态问题严重，通过发展林业控制和改善环境；二是依靠山区自身资源条件，积极发展经济林，种植各种果树，提高经济收入；三是粮食生产发展困难，多数处于传统农作方式，商品率极低，甚至不能维持温饱，主要靠一些农业工程措施提高生产力；四是逐步由零散的小片种植向规模化的生产基地发展。

⑦ 西北旱区粮草轮作农牧型种植模式。该模式特点：一是干旱缺水，灾害频繁，农田和草地的生产力都低，虽人均耕地较多，但广种薄收现象普遍；二是农民收入低，农村经济相当落后，种植业技术落后；三是生态脆弱、土壤侵蚀、草场退化现象严重；四是推行粮草轮作和退耕还草与发展畜牧业相结合效果较好。

3.2.2　农业循环经济的技术范式

循环经济的发展必须依靠制度创新与技术革命。一般地说，技术是主体人智能的物化，可理解为人类实现其目的活动的手段，它是人类实践活动乃至生活方式的基础，是提高人类活动效率的基本途径。在技术使用过程中，技术系统的功能可外化为对技术使用者、技术对象及其相关事物的作用，从而引起一系列的复杂变化，这就是技术效果。技术效果根据性质可划分为正效应和负效应等多种具体形态，而循环经济需要的技术是综合考虑技术系统对环境影响和资源效率的新型技术，其目标是使得技术系统在使用过程中能够像自然界整个生态系统循环一样，对环境的影响（副作用）最小，资源效率最高。

循环经济通过生产模式转换，在技术应用上，不再以单一生产过程和单一产品的最优化为目标，而以整个生产过程的综合和多种产品产出的最优化为目标。循环经济放弃短期的表面物质追求，旨在系统地使产业经济的总体资源增值，通过科技创新和制度创新来推动可持续发展。它要求以生态标准和生产力标准来评估其效益。实际上，循环经济是把经济发展建立在借鉴自然生态规律的基础上，改变传统技术生产的"资源消耗—产品—废物排放"的线性、非循环模式为生态化技术经济生产的"资源消耗—产品—资源再生"的循环经济模式。在整个经济系统中实行资源的综合利用，强调在源头上避免废物产生（低排放甚至零排放），实现经济、环境及社会进步的"共赢"。这对科技发展提出了新的方向和强大需求，它要求大力发展高附加值、少污染排放的高新技术，要求大力发展废旧物资的综合回收与适用处理的生态技术。为此，我们必须对传统的科技观作出全新的价值选择，进行生态化科技创新，大力发挥高新科技的生态功能，建立、完善可持续发展的科技支撑体系。生态化科技创新追求人与自然的和谐，在保护和改善生态环境的同时，最有效地利用资源，最大限度地减少污染物排放，提升经济运行的质量和效益并使生态环境得到有效的保护。循环经济模式作为一种全新的发展理念不是以现代人的利益为唯一的利益，而是既满足现代人的需要又有益于生态平衡以维护子孙后代的利益，因而发展循环经济被认为是实施可持续发展战略最重要和最现实的选择。它着眼于提升人类的生活质量，通过科技创新和制度创新推进科技范式的生态化转向，推动经济从粗放型到集约型转变，最终实现传统工业文明向生态工业文明转变。正是在此意义上，循环经济范式的建立实质上是一种科技范式的革命。下面从如何循环的角度出发，介绍几种农业经济的循环模式：

（1）食用菌栽培法。按照食用农产品安全、优质、卫生的标准，以工厂化就地生产的形式，将水稻秸秆作为菌菇生产的主要原料，通过生物处理和培育生产出菌菇农产品，这一生产过程既产出了优质的农产品，同时使农作物秸秆在传统处置上被农民随意焚烧的现象得到了有效遏制，又使菌菇生产原有的原料经过生物腐化后变成了有机质的肥料，返回施用到农田中。这一方法的应用，既为社会解决了农村富余劳动力的就业问题，增加了市场农产品种类，又解决了秸秆焚烧带来的环境污染，还提高了农民的收入。若将 100 亩的水稻秸秆应用于菌菇生产中，可产出菌菇 2.5 吨，产值近 3 万元。

（2）过腹还田法。将田野中的青草采集后，用于奶牛的主要饲料，经过腹消化、形成畜粪，再处置还田作为农业生产的有机肥料。这样，就解决了奶牛的饲料来源，减少传统生产上依赖大田种植青玉米或其他饲料的使用量。一头奶牛每年需耗用青饲料近 11 吨，产出的牛奶产值有 1 万元。

（3）沼气利用法。将农田杂草、畜禽粪便集中堆放在一个大的容器内，使其高效腐化，产生气体可作燃气使用，经腐化后的废料，是农业生产的有机质肥料。这种方法，可解决农田废弃物即时还田农作物不易吸收的矛盾，同时为工矿、企业及居民提供必需的生产与生活燃气。

（4）立体种养法。在规模化农业生产的棚架作业区域内，适量的养殖禽类或水产品，通过禽类吃虫和田野内可食性生物来补充饲料，产出的禽粪直接用于作物生长的有机肥料，既能起到生物防治病虫害的作用，又能提高土地利用率，同时为市场提供可口美味的食用农产品。如种植 180 亩葡萄、提子，葡萄架下每年放养"园林鸡" 4 万多只（鸡粪是作物生长的肥料），4 万多只"园林鸡"销售收入超过 80 万元，在市场上将会供不应求。

（5）农作物杂渣就地处置还田法。在蔬菜生产中，产品上市时，有大量的作物残渣进入垃圾堆场或随意被抛置在田间路边，由此加大了环卫单位的垃圾收集清运负担和引发环境污染等问题。如果将这些作物残渣通过种植人员在田间整理后，统一收集集中沤成有机肥料，这样既省时省工，节约成本，又可减少污染源。

（6）秸秆直接还田法。改变传统秸秆处置就地焚烧的做法，代之以发挥农业机械的优势，将秸秆还田处置，再辅以绿肥播种和生物处置，这样既减少了污染，又改善了土壤结构，增加了土地肥力。

（7）再生利用法。稻麦秸秆要彻底根除焚烧的陋习，关键是要给秸秆找出路，使秸秆得到综合利用。在丹麦，已有 130 家秸秆发电厂，农民出售秸秆后还能免费得到炉灰予以肥田；用稻麦秸秆制造的新型轻质墙体材料，具有防火、防潮、防蛀、隔音、轻质、高强度等优点；已有工厂使用秸秆作燃料的锅炉解决厂内的供气供热问题，同时与传统的燃煤锅炉相比，还可节约燃料费用。

（8）水生态连接法。按照人与自然和谐相处的理念，目前农村地区的河道由于水系不畅，生态退化，淤泥沉积而造成了水质差、有害浮萍泛滥。如采用水生养殖和河道植被并举的方法，可解决这个问题：即在河道内适当种植亲水植物，形成深水、浅水、河畔、河岸的生物链，又在河中放养各层面的鱼类，形成鱼吃草，大鱼吃小鱼，小鱼吃虾米，虾米吃泥巴的生物循环链，从而有效地改善水质，同时也可减少有害水草的生长和繁殖。

（9）化肥、化学农药减施法。按照生态农业、绿色农业的要求，加强对化肥、化学农药的减施力度。化学农药、化肥在施用过程中挥发较大，大致有五成左右，在施用过程中，通过空气挥发、水土流失的方式滞留在空气和水土环境当中，这既降低了化肥、农药的施用效果，同时也造成了环境污染。积极使用生物农药和有机肥料是解决这一问题的重要途径。

（10）精准农业法。依据信息技术支持建立现代化农事操作技术与管理系统，根据农作物生长特点、土壤性状及气候变异等因素，调节对农作物的投入，以最少的或最节省的投入达到同等或更高的收入，这样可以高效地利用各类农业资源，取得较好的经济效益和环境效益。

总之，农业循环经济是一项集经济、技术和社会于一体的系统工程，它建立了一套基本的技术实践规范和操作准则，从微观到宏观有不同的层次，我们要以各种有效的途径将农业经济与环境协调发展作为农业循环经济的发展目标，多层次地利用，达到控制环境污染，实现生态和经济的双重效益。其技术战略的宗旨是在传统工业经济的线性技术范式的基础上，增加微观领域的反馈机制和宏观领域的技术系统的最优化选择（在产业系统化的基础上进行最优化的技术选择），而贯穿在其中的技术特征表现为资源消费的减量化、再使用、再循环和对技术系统的重组（即 4R 原则）。从科学范式角度看，循环经济是基于技术范式革命基础上的一种新经济发展模式，其技术主体要求在传统工业经济的线性技术范式基础上增加反馈机制。其技术特征表现为资源消耗的减量化、再利用化、资源再生化。与此相适应，必然要求我们社会的生产消费模式实现由传统的"生产—消费"的线性过程向新型的"生产过程资源消耗减量化—消费过程可持续化—资源利用再生化"的封闭性循环过程的转变。而实现上述生产消费模式的转变，一个关键性的因素就是科学技术的创新水平。科学技术可以融入这一循环的全过程，实现资源的可持续利用、经济的可持续发展、生态环境有序进化。

3.2.3　农业循环经济的技术支撑

农业循环经济的技术支撑，是指农业各产业部门之间及其内部各项技术的有机组合、配套，是技术各个环节即技术基础研究、应用研究、开发研究、技术推广、技术应用之间以及技术保障条件之间所形成的相互联系、相互促进、相互制约的有机组合体。具体来说，我国农业循环经济的技术支撑应根据各地的资源优势、生产力水平以及农业发展的制约因素，确定适合当地的可持续发展的技术系统、技术组合方式、技术发展模式及当地核心技术，从技术上促进农业实现优质、高产、低成本、无公害、无污染、无残留，促进人口—资源—环境—经济的良性循环与稳定发展，提高农业经济效益、生态效益和社会效益。

1. 农业循环经济的技术支撑结构

相对于传统工业线性经济，循环经济发展模式要求从主要依靠自然资源转向主要依靠智力资本，从以牺牲环境为代价转向环境、经济和社会的协调发展。资源及其废弃物的循环利用和废物的低排放甚至零排放，靠的是智力投入和生态化的科技创新。技术是构筑循环经济的物质基础。发达国家正竞相开发循环型技术，建立循环型技术体系。日本著名的技术论专家星野芳郎提出了"多样性技术"。他认为现代人类的生态环境问题的解决不能仅靠单项技术，而必须依靠整个技术体系的历史性转变。因为自然本身是在经常地流动、变化和循环的，只有在有限的时间和空间里才有可能定量化、集中化和分散化。而将无限的自然本身当作一个系统来控制的时候，必然尊重自然的流动性、循环性和分散性，只有这样才能巧妙地控制它。针对物质、能量在传统线性经济体系中不能环状运行的技术根源，我们必须推进生态化科技创新，加速开发能循环利用资源的低成本高效率的生产技术体系，加速开发低成本高效益的污染治理技术体系，加速开发有利于生态恢复和环境保护的技术体系。循环经济技术体系的发展重点是环境友好技术或环境无害化技术，其特征是合理利用资源和能源，尽可能地回收废物和消费品，并以环境可接受的方式处置整个过程中的废弃物。可以说，在循环经济模式的资源消费的减量化、再使用、再循环和再思考（即 4R 原则）中，每个环节都需要生态化的科技及其载体（设施、设备）的开发和更新。构建循环经济技术支撑因此成为发展农业循环经济的内在需求。

农业循环经济的技术支撑结构是一项十分复杂的技术结构体系。从横向来看，农业循环经济的技术支撑包括农业产业技术系统和技术监测、监督、评价系统两大方面。其中产业技术系统包括种植业技术结构、林果业技术结构、畜牧业技术结构、水产业技术结构等，技术监测、监督、评价系统包括技术的检测监督、技术认证认可、技术评价等。从纵向来看，包括技术研发、技术应用、技术推广扩散、技术创新以及技术保障系统。从技术构成要素看，它包括技术基础设施、耕作制度、栽培技术、要素投入、病虫防治、良种繁育等。中国农业循环经济的技术支撑的进步必须充分考虑上述结构内容，必须考虑各技术子系统之间的相互联系和相互制约关系，以及它们之间的技术流、人员流、物质流、能量流、资金流的相互配合。

循环经济的技术支撑体系在实践"4R 原则"时主要有三个层面，即单个企业的清洁生产、区域层次的生态农业区以及产品消费后的资源再生回收。与此相应，在这三个层面的技术要求分别是从企业层次的"废物排放最小化"，到区域层次的"企业间废弃物的相互交换"，再到产品消费中的物质和能量的循环，由此形成"资源消耗—产品—资源再生"的物质闭环运动。在这三个层次中，生态农业区已经成为循环经济实践的最重要形态。它是依据循环经济理念和农业生态学原理而设计建立的一种新型农业组织形态，也是通过模拟自然系统而建立的经济系统中"生产者—消费者—分解者"的循环途径，实现物质闭循环和能量多级利用，这是生态工业区比末端治理优越的关键之处。由于后者是一种事后治理，它尽管有些成效，但它在把废弃物变成有用资源过程中的成本比购买新资源的成本更高，这在相当程度上抵消了经济增长带来的收益。同时，单纯的末端治理更倾向于维持现有的技术条件，从而牺牲了真正的生态化的科技创新。

2. 农业循环经济的技术组成

从可持续技术内涵角度来看，由于技术就是按照动植物生命规律，并依据气候、土壤等自然条件，对动植物种植与生长发育过程的人工干预，减少对自然条件的依赖，促使动植物优质高效、可持续生产的方法、物质手段、操作程序等要素，这样技术体系的内容就包括技术研发、技术应用、技术选择、技术扩散、技术创新及技术管理等内容。从可持续技术的外延角度看，由于技术因动植物种类、生长阶段、应用环境等因素的不同，而表现为门类繁多的各种具体形态，这样技术体系的内容就包括各类千差万别具体形态的技术：如农艺技术、监管技术等。我国农业可持续发展技术重点突破的方向为：发展以提高农产品质量和市场竞争能力为目标的优质技术；发展以实现农产品高产和综合生产能力为目标的增产技术；发展以提高农民收入和农业整体经济效益为目标的高效技术；发展以生物技术、信息技术为重点的农业高技术；发展以发挥地区自然资源及技术经济优势为重点的综合配套支撑性技术；发展以保持农业资源持续利用以及加强环境保护、减少生态破坏的关键技术；发展以提高现代物质投入水平为目标的清洁化农用工业技术、治理农区环境污染的环保技术；发展以加强农业基础设施建设为重点的基本技术。具体的技术内容体现在以下几个方面：

（1）清洁化生产技术。清洁技术指农业生产经营中所采用的能源消耗少、废弃物排放量小、有毒物质浓缩率低的耕作技术、动力与工具技术、加工、贮藏和保鲜技术等。在畜牧业生产与加工过程中主要是畜禽产品的清洁化生产技术、污水处理技术、粪便清洁处理技术以及牧场空气环境清洁技术；在化肥和农药生产技术上应注重选择提高吸收率和降低能耗的技术；在农膜生产技术上应注重提高可降解性和降低能耗的技术；在农业动力和各种机械工具技术上应制定降低能耗和提高产品加工中资源利用率的技术，同时要加强出台病虫害防治中的生物技术（利用生物中以虫防虫、以菌防菌防虫等）和综合防治技术（包括抗病虫的品种技术、低毒无机农药技术和生物农药与无机农药的施用技术等）的开发。此外，注重农村可再生能源在生产和生活中利用技术（包括太阳能利用技术、风能利用技术、地热能利用技术、速生薪炭林营造技术、生物质气化技术和沼气利用技术等）、农村及城市废弃物（特别是城市有机肥）综合利用技术和无害化处理技术（包括厌氧发酵技术、秸秆与粪便氨化技术、废弃物腐熟技术、好氧发酵技术、有机粪肥喷施技术、离心固液分离高温消毒技术、远红外微波处理技术等）的研究，也是可持续农业和农业循环经济的基本要求。

（2）低副作用技术。低副作用技术主要包括不造成土壤有机质损失从而不引起土壤板结和肥力下降的耕作技术，不造成土地盐碱化的灌溉技术，以及不造成水土流失和沙漠化等副作用的土地开发和利用技术等。结合农村可再生能源及农作物秸秆利用技术的开发，农业耕作中应有选择地推行残茬覆盖技术，使部分秸秆直接返回农田；有选择地推行轮作倒茬技术，将牧草、绿肥和豆科作物等纳入轮作；尽快推行秸秆的过腹还田（通过发展畜牧业）和大部分有机废弃物氨化、腐熟后再返回农田。只有这样才能增加土壤有机质，从而减轻土壤板结和增加土壤肥力。农业灌溉中大力推广节水型的滴灌、喷灌和埋灌技术，这样做既节约了水资源，还可避免土地盐碱化等现象的发生。在农业土地资源的开发利用中，要特别注重选择资源的更新与恢复技术，在山区要推行等高利用土地的技术，以减轻水土流失和防治土地荒漠化。

（3）生态良性化技术和生态农业技术。以生态学原理和系统科学为指导，通过运用传统农业精华和现代科学技术设计生态工程，把粮食生产与多种经济作物生产相结合，种植业发展与林、牧、副、渔业发展相结合，农业发展与二、三产业发展相结合。在农业生产过程中遵循生态学原理和生态经济规律，不采用基因工程，不施用化肥农药等化学合成物质，以建立和恢复农业生态系统良性循环，主张建立作物、土壤微生物、家畜和人和谐的有机农业是农业循环经济发展的重要模式。这里所说的生态良性化技术主要指对已经遭到破坏和退化的农业生态环境的各种综合治理技术，如水土流失综合治理技术和荒漠化综合治理技术等。

（4）自然灾害防治技术。洪涝、干旱、热带气旋、森林和草原火灾、低温冷冻、雪灾、滑坡、泥石流等农业灾害的发生与整个自然环境的变化也有着极大的关系。其中人类干预和不合理利用自然环境资源的一些做法，往往加速了自然灾害的发生频率和危害程度。农业循环经济发展战略中防灾减灾是重要的内容。

（5）提高产出效率的品种技术和专业化技术。我国的土地资源极为有限，在有限的土地资源上生产十几亿人消费的农产品，只有通过品种技术和专业化技术才能实现。所以，发展以产出效率提高为主的品种技术和专业化技术就成为我国农业可持续发展的必由之路。品种技术的进步历来是提高产出效率的主要途径，20 世纪 60 年代以来的第二次绿色革命都是以品种技术的进步和农业化学品的使用为先导的。第二次绿色革命同第一次绿色革命相比，在发展趋势上突出了品种技术革新的三个特征，即：

① 主要向除水稻、小麦和玉米以外的其他领域发展；

② 主要向除灌溉和天然降水多的地区以外的旱地、低地和丘陵等低生产力的地区发展；

③ 主要向以"基因工程"等为代表的现代生物技术发展。

农业中的专业化技术包括生产的地区、部门、品种和生产工艺专业化等。地区生产专业化和部门生产专业化是发展规模经营的主要技术体系，品种专业化和生产工艺专业化则是农业工厂化生产的主要技术体系。我国农业规模经营发展缓慢，农业生产的地区和部门专业化水平还比较低，除了技术本身存在障碍外，制度上障碍是主要原因。而我国农业品种和生产工艺专业化发展水平也较低，这主要受专业化技术本身的制约。因此，设法将专业化技术体系全面引入农业生产，是提高我国农业产出效率的主要任务之一。鉴于此，今后我国应全面改革不适应地区和部门专业化发展的所有农业制度，将地区和部门专业化技术引入我国农业生产经营；通过无土栽培技术（主要通过岩棉栽培、基质水培和营养液膜栽培等）、节水技术、光温高效利用技术、工厂化养殖技术和自动化管理技术等品种和生产工艺专业化技术的开发和应用，建立起完善的品种和生产工艺专业化技术体系。

（6）资源综合利用技术和产品深加工、精加工技术。资源综合利用技术包括三大类：一类是提高水、土、光、温等农业自然资源综合利用效率的技术；另一类是提高农产品生产过程中各种投入品资源利用效率的技术；还有一类是提高农产品及其副产品加工和消费后产生的各种废弃资源利用效率的技术，即农业废弃物综合利用技术。农业废弃物综合利用及其产业化是循环经济的主攻方向之一，作物秸秆和其他农业废弃物一样，处理不当，不仅浪费资源，还可能污染危害环境，通过循环经济途径化废为利，使之用作燃料、饲料、肥料和工业原料，对于推动农业循环经济发展具有重大意义。目前我国农业自然资源和农业投入品资源的利用效率同一些国家相比有较大的差距，资源利用效率提高的潜力还很大。20世纪80年代以来，我国对农产品及其副产品加工和消费后所产生的各种有机废弃资源（包括秸秆）进行沼气化利用取得了非常好的综合利用效果。所以，大力开发有利于提高我国农业产前和产中的自然资源、投入品资源及产后和消费后的废弃物利用效率的各种综合配套利用技术，是我国发展和建立可持续农业必不可少的技术选择。农产品的深加工、精加工是农业资源综合利用技术的一个组成部分，我国目前由于农产品深加工、精加工技术的发展不足，致使农产品加工业还较落后，表现为结构不合理、品种单一和农产品资源综合利用程度低等，不能适应人们对农产品消费和建立可持续农业的需要。因此，今后应通过粮油多样化和专用化加工技术、畜牧产品分割化加工技术、水产品保鲜冷链化和精细化加工技术、林产品多用途化加工技术等的深度开发，建立各种农产品深加工、精加工技术体系。

（7）降低技术成本和提高技术管理效率的技术。任何农业技术，从其研究、开发到推广应用都要进行一定的投入，从而形成技术成本。而且越是高新技术，不仅其研究与开发成本高，而且推广应用的风险也越大。技术进入市场后，技术价格高、缺乏竞争力，打不开销售市场，甚至还可能葬送技术成果。由此可见，构建一个完备的高效运行的技术体系，是需要支付成本的，在保证技术体系完备、高效的前提下，尽可能降低构件技术体系的成本是不可忽视的问题，选择低成本技术是建立优质、高产、低成本三位一体技术体系对我国农业可持续发展技术的基本要求。另外提高农业的管理效率（包括农业资源与环境管理、农业生产管理、农业市场管理和消费管理等）也是它的基本要求。一般来说管理技术越先进，管理效率就会越高。

（8）农村能源开发及循环利用技术。农村目前应大力发展生物质能，因地制宜的发展小水电、风能、太阳能等。例如：辽宁"四位一体"模式依据生态学、生物学、经济学、系统工程学原理，以土地资源为基础，以太阳能为动力，以沼气为纽带，种植、养殖相结合，通过生物转换技术，在农户土地上全封闭状态下，将沼气池、畜（禽）舍、厕所、日光温室联结在一起，沼池、畜（禽）舍、厕所和日光温室有机组合，实现产气、积肥同步，种植、养殖并举，得到能流、物流和社会诸方面的综合效益。该模式以投资少、风险小、效益高，农产品无污染、无公害、能节能等特点，在农村发展庭院经济，调整产业结构，增加农民收入中发挥了重大作用。

（9）环境无害化技术。通过对农业经济系统进行物流和能流分析，运用生命周期理论进行评估，从而大幅度降低生产和消费过程中资源、能源消耗及污染物的产生和排放，这称为环境无害化技术（Environmental Sound Technology）或环境友好技术（Environmental Friendly Technology），主要包括用于消除污染物的环境工程技术、污染治理技术。

3. 构建农业循环经济的技术支撑体系

构建农业循环经济的技术支撑体系是一个系统工程，涉及多种学科和领域，必须拥有一个强大的技术后备力量做支持：一是与科研机构、大专院校挂钩，搞好协作，加快新技术的引进；二是各级专业技术部门要把引进外来技术人才与送大专院校培训人才相结合，壮大技术推广队伍；三是建立县农业技术推广体系，全面提高农民的科技素质。研究和投资的主体应该是社会、国家和企业共同参与，因为把废弃物转化为再生资源的技术的受益者不仅是企业，而是整个社会和国家；四是废弃物转化为再生资源的技术研究的投资规模也往往是单个企业难以承受的。只有废弃物转化为再生资源在技术上是可行的，发展循环经济才具有技术基础和技术条件。技术的先进性可降低废弃物转化为再生资源的成本，为企业推行循环经济提供动力和源泉。否则，如果废弃物转化为再生资源的成本大大高于企业取得自然资源的代价，则企业在资源的利用上就缺乏比较优势，就不会发展循环经济式的生产。循环经济技术已成为当今技术发展的主要潮流，必须坚持科技进步的方针，以信息化带动农业循环，建立循环经济技术信息咨询服务体系，及时向社会发布有关循环经济的技术、管理和政策等方面的信息，提供服务。要充分发挥相关行业协会和节能技术服务中心、清洁生产中心的作用。发展循环经济科技还必须在国际间加强循环经济方面的科技交流与合作，借鉴国外推行循环经济的成功经验，注意引进核心技术与装备。要用高新技术和先进适用技术手段改造传统产业，大力发展绿色装备制造业和服务业，推动向循环经济模式的转变。

3.3　循环经济理论在农业中的应用点

循环经济倡导的是一种与环境和谐的经济发展理念和模式，它遵循"4R"原则，即减量化（Reduce）、再利用（Reuse）、再循环（Recycle）、再思考

(Rethink)。减量化原则是循环经济的首要原则，它以不断提高资源生产率和能源利用率为目标，在经济运行的输入端，最大限度地减少对不可再生资源的开采和利用，尽可能多地开发利用替代性的可再生资源，减少进入生产和消费过程的物质流和能源流。再利用原则就是尽可能多次、多种方式地使用物质。再循环原则就是对废弃物尽可能再生利用或资源化。再思考原则就是不断深入思考在经济运行中如何系统地避免和减少废物，最大限度地提高资源生产率，实现污染排放最小化，废弃物循环利用最大化。循环经济理论在农业中的应用点主要体现在以下几个方面：

1. 以生物质产业为基础的农业循环经济模式的构建

生物质产业即利用可再生或可循环的生物质，是农业循环经济的扩展。生物质产业对解决当代能源危机、环境污染和人类严重疾病有重要作用，是一个朝阳产业，各国特别是发达国家都非常重视。生物质能、生物材料、生物农药以及生物医药都属于生物质产业的范畴。生物质能的转化产品有燃料乙醇（由淀粉、糖类转化）、生物沼气（由秸秆和粪便转化，可燃成分是 CO、H_2 和 CH_4）、生物柴油（由植物油或废弃植物油转化，化学结构是甲基酯）等。美国已开发的混合燃料 E85 由 85％乙醇和 15％汽油构成，价格比普通无铅汽油便宜22％。

2. 以生态农业为基础的农业循环经济模式的构建

生态农业是因地制宜利用现代化科学技术与传统农业技术，应用生态学和生态经济学原理，充分发展地区资源优势，依据经济发展水平及"整体、协调、循环、再生（自生）"的原则，动用系统工程方法，全面规划、合理组织农业生产，对中低产地区进行综合治理，对高产地区进行生态功能强化，实现农业高产优质、高效、持续发展，达到生态与经济两个系统的良性循环和经济、生态、社会（三化）三大效益的统一。它既是农、林、牧、副、渔各业综合起来的大农业，又是农业生产、加工、销售综合起来、适应市场经济发展的现代农业。

3. 以有机农业为基础的农业循环经济模式的构建

有机产业是指由有机农业（有机种植业、有机林业、有机畜牧业、有机渔业）、有机农产品生产加工业、有机农产品贸易与服务业、有机消费领域所构成的生态产业链。有机农业是在农业生产过程中遵循生态学原理和生态经济规律、不采用基因工程、不施用化肥农药等化学合成物质、利用生态农业技术、建立和恢复农业生态系统良性循环的农业。有机农产品是根据国际有机农业生态要求和相应的标准生产加工的、并通过有机产品认证机构认证的农副产品。有机农业在环境保护和农业污染防治上较彻底，发展有机产业与循环经济理念基本一致，可跨越式发展循环经济。因此，应全力推动以有机农业建设为基础、开发有机食品（产品）为目的、发展有机产业为手段的跨越式循环经济发展模式的应用。综上所述，只有因地制宜地发展循环经济，实施农业可持续发展战略，才能使我国农业长期、稳定、永续、持久地发展。

4. 以减量化原则运用为基础的农业循环经济模式的构建

减量化原则是指为了达到既定的生产目的或消费目的而在农业生产全程乃至农产品生命周期（如从田头到餐桌）中减少稀缺或不可再生资源、物质的投入量和减少废弃物的产生量。如种植业可以通过有机培肥提高地力、农艺及生物措施控制病虫草害、减少化肥农药和动力机械的使用量，既可减少化石能源的投入，又可减少污染物、保护生态环境。

一般认为，循环经济减量化原则在农业上的应用主要体现在"九节一减"：

（1）节地。这是减量化原则在用地上的应用，要求在修建民居、小集镇、城市、道路、厂房、基础设施等，都要注意节约用地、集约用地，大力发展节能省地型住宅。

（2）节水。这是减量化原则在用水上的应用。我国人均水资源大大低于世界平均水平，而且水资源的时空和地域分布很不平衡，因此，应大力发展节水农业，推广先进实用的节水技术，调整农作物结构。

（3）节种。这是减量化原则在播种上的应用。种一亩小麦一般要用 30 斤种子，而科学用种只需 20 斤。

（4）节肥。这是减量化原则在施肥上的应用。化肥的大量使用，不仅影响肥效的发挥，而且会造成土地板结、地力下降。化肥流失还会造成水体富营养化和化肥污染。

（5）节药（含除草剂、抗生素、激素等）。这是减量化原则在施药上的应用。科学合理使用农药，严禁生产和使用高毒、高残留农药和过量用药，大力推广综合防治、生物防治办法，采用各种科学的方法减少农药的使用量。

（6）节电。这是减量化原则在用电上的应用。大力推广各种先进的节电技术、设备、产品、工艺和科学的管理方法。

（7）节油。这是减量化原则在用油上的应用。农业机械和农用运输设备耗用大量的柴油、汽油，这方面的节约潜力很大。

（8）节柴（节煤）。凡使用柴、草及农作物秸秆作燃料的地方，应坚持推广先进适用的省柴灶和用农作物秸秆、稻壳、木屑、竹屑等废料加工的清洁碳。用煤作燃料的地方，应大力推广先进适用的节煤技术，既降低消耗，又减轻对环境的污染。

（9）节粮。城乡生活用粮以及用粮食作为原料的各种加工业，节约潜力很大。采用科学的养殖方法，可使畜牧养殖业提高肉料比，节约大量粮食。

（10）减人。有效转移农村富余劳动力，是缓解人多地少矛盾、提高农业劳动生产率、增加农民收入的有效途径。

5. 以再利用原则运用为基础的农业循环经济模式的构建

再利用原则是指资源或产品以初始的形式被多次使用。如畜禽养殖冲洗用水可用于灌溉农田，既达到了浇水肥田的效果，又避免了污水随意排放、污染水体环境。又如在渔业养殖中，利用养殖用水的循环系统，使养殖污水经处理达标后循环使用，达到零排放的要求。再利用原则在农产品加工业中的运用，主要体现在对各类农产品、林产品、水产品及其初加工后的副产品及有机废弃物进行系列开发、反复加工、深度加工，不断增值。农产品加工业在加工生产中产生的废弃物绝大多数属于原来农产品的组成部分，仍然含有大量的有机物质，开发价值高、成本低、技术容易掌握。

6. 以再循环原则运用为基础的农业循环经济模式的构建

再循环（资源化）原则是指生产或消费产生的废弃物无害化、资源化、生态化循环利用和生产出来的物品在完成其使用功能后能重新变成可以利用的资源，而不是无用的垃圾。如种植业的废弃物——作物秸秆，经过青贮氨化处理，成为草食家畜的优质饲料，而家畜的粪便又是作物的优质有机肥。"白色农业"是再循环原则在农业中的典型运用。"白色农业"即微生物农业，也就是把对传统农业中动植物资源的利用扩展到对微生物新资源的开发利用，创建以微生物产业为中心的新型工业化农业。由于从事"白色农业"的科技人员身穿白色工作服，因而人们形象地称这种农业生产方式为"白色农业"。目前，"白色农业"已初步形成六项产业：微生物饲料、微生物肥料、微生物农药、微生物食物、微生物能源及微生物生态环境保护剂。"白色农业"可以生产出无公害绿色食品、无污染饲料、无污染肥料、无污染农药以及取之不尽的能源。面对人口、资源、环境的严峻挑战，以依靠水土为中心的传统农业将接近或达到承载能力的临界状态，开发利用微生物资源是一条新出路。

7. 以再思考原则运用为基础的农业循环经济模式的构建

农业生态恢复型发展模式是指运用生态学原理和系统科学的方法，把现代化技术与传统方法通过合理的投入和时空的巧妙结合，使农业生态系统保持良好的物质、能量循环，从而达到人与自然协调发展的模式。恢复治理模式有土壤改造、植被的恢复与重建、防治土地退化、小流域综合整治、土地复垦等，这都是再思考原则的典型运用。根据这一思想，具体应：

（1）加强生态建设。比如，治理和防治水土流失，搞好小流域治理，对城镇臭水沟、污水塘的污水进行治理并绿化的好，周边地价就会增值。

（2）开发安全优质农产品。发展安全食品（包括无公害食品、绿色食品）不仅仅是一个生态农业和食品的问题，而且是关系提高农业和农村经济整体素质与市场竞争力的问题，关系农业增效、农民增收的问题，关系农业良性循环和持续健康发展的问题等。

本节的具体内容可以参见本书的相关章节。

第4章 减量化生产形式的农业循环经济模式

生产的最基本职能就是生产出社会必需的消费品，在这一过程中不可避免地要消耗原材料和能源。减量化原则又称为减物质化原则，该原则要求在经济运行的输入端最大限度地减少对不可再生资源的开采和利用，尽可能多地开发利用替代性的可再生资源，减少进入生产和消费过程的物质流和能源流。传统的经济增长是通过对原材料和资源的大量消耗而实现的，但由于对自然资源的毫无节制的开采、滥用，导致原本有限的自然资源日益枯竭、生态环境持续恶化。在发展循环经济的过程中，科技创新的重要意义在于实现资源的代换。首先，在科技创新的基础上开发出新型高效的生产设备、新的工艺流程、新的管理模式，大大降低了生产单位产品的物耗和能耗，在资源供给量一定的情况下生产出更多的适用的环保消费品，从而实现资源消耗的绝对减量。其次，通过科技创新使得人类能够开发出更多的高层次、高活性、低污染的资源来弥补现有资源的缺失，从而实现现有资源消耗的相对减量化。过去无法使用的资源通过科技可以高效能地利用，过去被视为废弃物的物质通过科技可以重新利用。农业生产是在一定的自然条件下，投入必要的种子（包括种畜禽、种鱼等）、肥料、饲料等生产要素，经过动植物转化生产农产品，满足人们生活需要的一种自然再生产和经济再生产过程，也构成了一个复杂的生态系统。在这个大系统中，系统外部的投入、系统内部的运转、系统对外部的输出三个环节，存在明显的资源浪费和环境污染，因此，农业生产中也存在不可忽视的资源浪费和环境污染，因而减量化势在必行。

4.1 减少化肥、农药及其他农用资料使用的发展模式

4.1.1 减少农用资料过量投入的紧迫性

我国农业生产中过量使用化肥、农药和其他农用资料相当普遍，大量使用

化肥、农药和其他农用资料不仅造成自然资源、人力资源和财力资源的浪费，而且也对农业生态系统外输出污染，已成为环境污染的重要原因之一。

1. 当前我国农用资料使用中存在的问题

（1）长期滥施或者偏施化肥。长期以来，我国农产品产量的增长过分依赖化肥的投入，形成了以化肥投入为主的单一投入结构。20 世纪 90 年代以来，我国粮食生产基本上是靠大量的化肥投入支撑的。从 1990 年到 2003 年，化肥施用量从 2590.3 万吨增加到 4411.8 万吨，增长了 70.3%，而粮食生产量单从年度对比来看，不仅没有增长，还下降了 4.7%。目前，中国化肥施用量占世界总量的 1/3，成为世界上第一个化肥消费大国。中国农科院土肥所最新调查显示，全国已有 17 个省氮肥平均施用量超过国际公认的上限 225 公斤/公顷。也由此产生五个问题：一是大量投入化肥，导致投入的边际效益降低，生产成本上升；二是土壤板结，地力下降；三是化肥利用率低（只有 35% 左右），大量的 N、P、K 营养元素流失，进入地下水造成硝酸盐含量过高，进入地表水则造成水体富营养化；四是过量施肥不仅降低了我国农产品的国际竞争力，而且增加了农产品的生产成本，降低了农民的收益（农田净收益减少 10%～30%）；五是大量消耗化肥的背后是大量能源和矿产资源的消耗，因为化肥生产主要是以煤炭、天然气和磷矿石为原料。

（2）农药的过量使用。近 10 年来，我国农药使用量每年稳定在 23 万吨左右（有效成分），各种制剂实物量（包括有效成分和各种辅剂）约 120 万吨，已注册登记使用的农药品种约 600 多种，并且在使用的农药中主要以杀虫剂为主（约占 70%），其中高毒性有机磷农药 70%。由于我国广大农村居民对农作物科学用药量和操作上知识的缺乏，往往导致农药过量使用。据估计，我国在水稻生产中农药过量使用约占 40%，在棉花生产中过量使用约占 50%。农药的过量使用不仅污染了水体、土壤及大气环境等，而且导致农产品有害残留物超标，严重影响了农产品的经济效益，如食用价值降低、出口受阻等。

（3）地膜覆盖回收率低。地膜覆盖能提高农作物的产量，但是由于土壤中平均地膜残存率为 20%，残留的地膜降低了土壤的渗透功能，减少了土壤的含水量，降低了耕地的抗旱能力，因此给农业生产和生态环境带来了不利影响。据科学预测，在不久的将来，城市和工业垃圾导致的点源污染对水质污染和环境的影响将逐渐减少，而由规模化养殖导致的点源污染和作物种植导致的面源污染，将成为水质污染和环境污染的主要原因。

2. 农用资料过量使用的后果

（1）导致对土壤的污染。化学肥料一般是无机盐类，具有易溶于水的特点，因此大多是速效成分，其中氮素化肥比磷素、钾素肥料更易损失。化肥的大量施用，不仅影响肥效的发挥，而且土壤中的氮、磷、钾和微量元素比例失调、土地板结、地力下降，还造成严重浪费，我国60％以上的化肥未被植物吸收就流失了，造成水体富营养化。化肥的长期大量和不合理使用会导致土壤理化性变劣，造成土壤的重金属污染，破坏土壤板结，造成土壤结构，土壤污染毒害作物。农药使用不当、任意加大药量、滥施乱用都会造成土壤污染，损害土壤的生产功能、调节功能、自净能力和载体功能。地膜的使用在推动现代农业发展的同时，也导致了对土壤白色污染问题，即残膜污染，严重改变土壤物理性质，影响土壤的通透性，阻碍农作物根系吸收水分及根系生长，导致农作物减产。

（2）导致对水体的污染。化肥的超量或不合理使用也会造成对水体的污染，使水体质量严重恶化，其主要后果是水体的富营养化。其中还有一些致癌物质，威胁人体健康。化学农药对水体的污染，主要通过使用化学农药时散落在田间的农药经雨水或灌溉水的冲刷，流入河道、湖泊以至海洋等水体，造成污染。另外，农药厂直接排放的未经处理的废水，或经常在河边、池塘洗刷农药的容器和施药工具等，都会造成对水体的农药污染。

（3）导致对大气的污染。化肥中氮的逸失、硝态氮在通气不良的情况下进行反硝化作用生成的气态氮（NO、NO_2）逸入大气，都会造成污染。二氧化碳气肥的不正确使用，也会增加大气中二氧化碳的含量，进一步增强了温室效应。

（4）导致对农作物质量的影响。化肥中的某些元素对农作物有毒害作用，会使农作物中毒、得病，影响农作物的产量和质量，进而影响人畜健康。连续大量使用化学农药，一是造成粮油产品的直接污染，增加了农副产品中农药的残留量；二是造成间接污染，主要是通过食物链污染畜禽及其产品，而这些被污染的畜禽及其产品被人们食用后，会严重影响人体健康。

（5）导致对生物多样性与生态平衡的影响。化学农药的使用，在杀死害虫的同时，也杀死了害虫的天敌和其他益虫、益鸟等非标靶生物，对昆虫、禽鸟、水生动物的生态系统产生影响。再者，长期使用化学农药，害虫、病害都会产生一定的抗药性，导致使用农药次数和药量的增加，从而加重了对环境的污染，破坏了天然生态系统的平衡。

4.1.2　减少化肥使用的发展模式

近 40 年来，世界化肥施用量增加了 15 倍，而粮食产量仅增加了 3～4 倍，这意味着施用化肥的自然成本愈来愈高，我国也如此。据保守估计，如果我国肥料利用率提高 10％，以我国现有化肥消费水平计算，每年可节约化肥成本 100 亿元以上。因此，减少我国肥料使用量、提高肥料利用率既可以降低生产成本，又可以治理土壤污染、水体污染，确保农产品的安全和广大人民群众的身体健康和生命安全。具体发展模式如下：

1. 增加农家有机肥施用量

增加农家有机肥施用量，以有机肥替代化肥，充分利用农家有机肥源，改进有机肥保管施用方法。对于粪厩肥，可以结合现实情况，合理利用。如粪坑加盖、粪水中添加过磷酸钙等都是有效的措施。对于秸秆，要解决合理利用问题。要利用机械收割迅速发展的有利时机，从机械方面、施肥技术方面、栽培措施方面解决机械还田的实际问题，促进机械还田的发展，发展食草畜禽增加秸秆的饲料用量，也有利于增加秸秆回归农田的份额；适当结合发展畜牧业，扩大绿肥、牧草种植是增加有机肥的重要措施。要充分利用冬季闲田，扩大种植绿肥、牧草，从政策、品种、栽培技术、绿肥牧草利用方法等方面解决发展的实际问题，促进其发展。

2. 加快研发新型化肥和新型控释肥料

加强研制和生产对环境温和的新型肥料和新型控释肥料，减轻环境污染，提高肥料利用率。以新型控释肥料为例，随着时代进步和科技发展，人们发现化学肥料可以经过加工制成养分缓慢释放的肥料，控释肥料（CRF）和缓释肥料（SRF）已成为提高化肥利用率的重要手段之一，也是世界肥料再加工技术的发展趋势。该技术的肥料除了可直接作为肥料施用外，还可以作为生产 BB 肥的原料，与通用肥料配合成具有长效、速效、缓效多功能的农用肥料，发展前景广阔。欧洲标准委员会对缓释肥料定义如下，即肥料中养分在 25℃下能满足下列 3 个条件则可称为缓释肥料：①24 小时释放率不大于 15％；②28 天释放率不超过 75％；③在规定的时间内至少有 75％被释放。

控、缓释肥的主要制作方法有：

（1）有机氮化合物。尿素与醛类的缩合是当今常用制备方法，其中脲甲醛（UF）是最常见的作为缓释氮肥的有机氮化合物，目前仍是世界范围内 CFR 和 SRF 占比例最大的一类，其产品是由分子量不等的二聚体和低聚体组成的混合物，含氮量一般为 37%～40%，链越长则氮的释放就越慢。此外，还有几种较好的产品：异丁叉二脲（IBDU），含氮量 31%，大多数可溶于水，氮的释放率主要是由于化学分解作用引起的，因此取决于颗粒大小和土壤中水的含量；丁烯酰环脲（CDU），是在酸催化下尿素与乙醛的反应产物，为环状结构，含氮约 30%，在水解和生物降解作用下释放氮，释放率与颗粒大小、土壤温度、水分含量和 pH 值有关。

（2）包裹法。指用某种物质将养分包裹起来，再通过这种包裹物质的某种特性将养分释放出来的方法。这种肥料又分包裹型和包膜型两类。包裹型肥料的包裹物质多为低分子有机或无机化合物，依靠渗透性涂层，水分可从包裹物中的裂线或微孔中进入，溶解包裹在核心的肥料，并使之从孔缝中释放出来。该类肥料对于养分释放速率影响因素太多，尚难达到控释要求。

（3）包膜法。依靠渗透性涂层，通过摩擦、化学或生物作用打开这种涂层后释放可溶性肥料，按包膜粒径的大小可分为宏包膜和微包膜。宏包膜是指通过包膜物质包裹肥料，并形成毫米级颗粒，如涂硫尿素（SCU）、醇酸类树脂包膜肥料、聚胺酯类树脂包膜肥料、热固性树脂包膜肥料、天然多糖及其衍生物包膜肥料等。微包膜是通过包膜物质包裹肥料，并形成微米级的颗粒，主要通过膜的渗透和降解来达到缓释目的，其控释效果优于宏包膜，是今后发展的方向。宏包膜与微包膜只是相对概念，无绝对分界线。

（4）载体法。即选择高分子材料为载体包裹或吸收肥料养分成为供肥体系。随着纳米技术及材料的发展，将其应用于控释肥料已有初步的研究成果，如在普通碳酸氢铵生产中添加纳米材料（DCD）形成共结晶体的改性碳酸氢铵，以实现长效功能等。

另外，在包涂材料时可按农作物和土壤养分要求增补中、微量元素，以达到较为理想的效果。

3. 采用掺混肥提高化肥利用率

通过对施肥技术和方法的改进，大力推行配方施肥、测土施肥等新方法，推广精准施肥等新技术。将微量元素及有机肥混合配方使用，同时结合其他方法，提高利用率，减少肥料损失，改善土壤成分、提高农作物产量。掺混肥是指含有两种或两种以上的颗粒单质肥料或复合肥料的机械混合物，是在化肥生产、销售和农业生产基础达到较高水平后才得以实现的产肥、用肥方式，具有生产工艺简单、操作灵活、生产成本低、基本无污染并可因地制宜发展等特点。掺混肥的生产要点是如何获得养分分布均匀、养分比例和形态符合当地土壤、作物、耕作史、气候等的农化要求。合格的颗粒基础肥料及化学性能是掺混肥的基础。随着农业生产机械化程度及科学施肥水平的提高，单一养分肥料直接施用量逐步减少，大部分被加工成复混肥料使用。农民已逐渐改变传统的施肥习惯，对优质高浓度复混肥料的需求量不断增加，并且要求复混肥料为一次性基施肥料。开发缓释肥料与速效肥相配合的掺混肥，即常规的 N、P、K 三元复混肥与缓释氮肥掺混施用。

4. 采用综合配套技术减少肥料用量

比如江苏省宜兴市试点实施的"太湖农业面源污控制"综合配套技术成效明显，在通过滴灌施肥技术降低氮肥用量 2/3 的情况下，仍可提高作物产量 30%，并且地下水硝态氮含量降低了 60%。同时，通过改造农田排水系统，建设生态型沟渠，在沟渠里种植鱼草、空心菜、水芹等植物既可有效吸收农田排水中的氮、磷等影响水质的物质又可用于水产养殖和蔬菜种植。

4.1.3 减少农药使用的发展模式

农药是重要的农业生产资料，对一些病虫草害来说，化学防治迄今仍是最为有效的防治方法。据联合国粮农组织调查，如果不使用农药，全世界粮食总收成的一半左右将会被各种病、虫、草、鼠害所吞噬。21 世纪农药在可持续农业发展的有害生物治理中仍将起重要作用。我国是农业有害生物灾害较为严重的国家。据统计，我国每年使用农药防治病、虫、草、鼠害挽回粮食损失 350 多亿公斤，棉花 3000 万公斤，水果 52 亿公斤，挽回损失 600 多亿元。由此可见，农药的使用在农业生产中发挥了巨大的优势作用。除此之外，农药还具有以下特点：一是适应面广，几乎大部分种类的农业有害生物都可防治。二是操作简单，一般借助喷雾器，群众容易掌握使用，省工、省时。三是作用快速，一般施用农药几天内即可见效。四是成本低，经济效益显著，农药喷洒后，一般都能达到农业有害生物种群不再危害的程度。有的药剂施用 1 次，即可解决农作物 1 个生长季节的某些种类有害生物。五是可以应急，特别是当某些有害生物爆发时，农药防治是唯一可以选择的有效措施，如蝗虫、稻飞虱的防治。即使是在农业科技较为发达的国家，农药的使用也不可能完全由农业防治、物理防治、生物防治、基因工程防治等其他植保措施取代。但是高毒、高残留农药和过量使用农药对人体危害很大，还严重制约着我国农产品的出口，因此，在条件许可的情况下应大力发展减少农药使用量的农业生产模式。

1. 使用生物防治技术

大力推广综合防治、生物防治办法，通过生物措施防治农业病虫害，如运用生态良性循环办法来吸引和繁殖各种鸟类，引进与保护害虫的天敌，利用害虫的天敌减少农药使用量，改善农业环境质量。其他生物防治技术还包括：选用抗病和抗虫品种、合理轮作等。

2. 使用绿色农药

为避免农药对环境的污染和人畜的危害，必须研制开发对环境温和的绿色农药。开发高效低毒、低残留的农药，开发生物农药取代化学农药，强调对有害生物的生物治理。生物农药是具有杀虫杀菌能力的生物活性物质，如杀害虫的苏云金杆菌毒蛋白和活生物制剂等。生物农药具有简便、有效、对生态和环境安全等优点。还可以大力发展沼气，用沼液代替农药。农业技术推广部门要大力推广"高效、低毒、低残留"的农药，积极开发应用生物农药，尽快淘汰高毒高残留农药在农业生产上的使用。农药生产企业要加强无公害农药或基本无公害的化学农药的研制，使农药使用向"安全、高效、经济、环保"的方向发展。

3. 采取科学用药

发挥植保系统的优势，引导农民科学用药。农业行政主管部门要有计划、有步骤地利用广播、电视、报刊、现场示范等多种形式，搞好技术培训，向广大农民群众广泛宣传《农药安全使用规定》《农药合理使用准则》的重要性和必要性，普及农药安全使用知识，大力提高农药使用者的安全用药意识，让广大农民群众自觉做到有计划地轮换使用安全、高效、经济的农药，确保农产品中农药残留量不超过国家规定的最高残留量，环境污染不超标。科学使用是在掌握农药性能的基础上，合理用药，充分发挥其药效作用，防止有害生物产生抗药性，提高防治效果，并保证对人、畜、植物及其他有益生物的安全，提高经济、社会和生态效益。科学使用农药的具体措施如下：

（1）针对防治对象对症下药。农药的种类很多，由于性能不同，都有各自的防治对象。一般来说，杀虫剂只能杀虫而不能防治病害，杀菌剂只能防治病害而不能杀虫，除草剂用来消灭杂草，而不能防治病虫。如抗蚜威只能用来防治蚜虫，三环唑只能用来防治稻瘟病。根据病虫发生的特征，选用适当的农药，是科学使用农药的关键。如防治地下害虫地老虎用毒饵、毒土或拌种的方法最恰当，而用喷雾法则无效果，在防治稻飞虱时要先将水稻 3～4 行分成一厢，并露出较宽的行间，在用大功臣或叶蝉散喷雾时，喷施水稻的中下部才能达到防治效果，如果将药剂喷到水稻的上部则不能达到防治效果，同时耗费了人力或财力。因此，我们在开展防治工作时首先要了解农药的有效防治对象及其特性，做到对症下药，才能充分发挥农药的作用，收到事半功倍的效果。

（2）抓住关键时期，适时施药。应根据病虫害的发生规律和发生时期适时施药，这样，一方面可以提高药效，另一方面可以降低用药成本和劳动强度。适时施药是减少农药使用量的关键。要做到适时施药，必须了解病、虫、草害的发生规律，做好预测预报工作。通常在病、虫、草害发生的初期施药，防治效果较为理想，因为这时病、虫、草发生量少，自然抵抗力弱，药剂容易将其杀死，有利于控制其蔓延危害。如稻纵卷叶螟要在三龄以前进行防治。一般防治病虫害应选择在晴天（阴天全天可施药）的上午 8—11 时，下午 4 点以后进行最好。因为 8 时农作物上的露水已开始晒干，正是日出性害虫活动最旺盛的时候。16 时以后日照减弱，是大量夜出性害虫开始活动的时间，有利于提高防治效果。在这段时间内防治，施药时间不长，温度不高，农药不易挥发、分解，可避免施药人员中毒事故的发生。同时在施用农药时，要采取个人防护措施，并注意个人卫生。施过农药的田间，应设置标记，防止人畜进入造成中毒事故。同时严把安全间隔期，保证食品安全收获。

（3）合理混配农药，提高防治效果。在植保工作中，人们往往需要同时防治多种病虫，或者需要病虫草同时兼治，如果分别使用农药，增大工作量，防治成本也高。因此，人们把两种或两种以上对生物具有不同作用的农药混合在一起使用，同时兼治几种病虫草害，这就是农药的混合使用。农药混合使用的好处很多，主要是能够扩大防治范围，延缓病虫抗药性的产生，提高防治效果。如杀草丹与扑草净混合施用可防除多种水稻杂草。农药的混用还能简化程序，节省劳力，有利于及时抓住防治时机，并能降低对人畜的毒性，减少对环境的污染，但一般农药不能与碱性农药混合施用。

（4）合理轮换使用农药，严格控制使用浓度。由于农药在使用过程中不可避免地要产生抗药性，特别是在一个地区长期单一施用某一种农药产品时，将加速抗药性的产生，因此在使用农药时应合理轮换使用不同种类的农药以减缓抗药性的产生。在农药使用过程中，必须严格按照《农药合理使用准则》的规定，不可随意加大用药浓度，进行大面积、全覆盖式施用，以防过量的农药残留造成对农田、水域、地下水的污染，更要避免因大量杀伤天敌而严重破坏生态平衡。同时，应研究推广先进的喷雾器械，改变我国广大农村喷药器械"跑、冒、滴、漏"的现象，应用高效、新型施药器械防治农作物病虫害，是发展"无公害"农产品的重要环节，利用先进的喷雾器，既能提高防治效果，又能降低农药使用成本，提高农药的利用率。

（5）贯彻"预防为主，综合防治"的植保方针。在抓好预测预报工作的基础上，积极采取行之有效的农业、生物、物理、植物检疫等防治措施。积极组织推广安全、高效农药，开展培训活动，提高农民施用技术水平，并做好病虫害预测预报工作。规范农药使用行为，减少农药用量，降低农药残留，提高农产品品质，增强农产品市场竞争力。

4.1.4 减少其他农用资料使用的发展模式

农业生产是在一定的自然条件下，投入必要的种子、肥料、饲料等生产要素，经过动植物转化生产农产品，满足人们生活需要的一种自然再生产和经济再生产过程。减少其他农用资料使用的发展模式具体有以下几类：

（1）减少农用塑料薄膜的使用。种植一些经济作物，如棉花、蔬菜时，大力推广塑料薄膜的使用，这是一种好的栽培方式，但同时也造成了农田"白色污染"。要有效改善这种状况，一是通过更好的栽培技术减少塑料薄膜的使用；二是如果大量使用了塑料薄膜，要通过专门技术有效地回收和处理；三是使用可降解环保型的地膜。由于塑料地膜会造成的严重污染和资源浪费，因此，应加大可降解地膜研究开发的力度，同时采取切实可行的措施，提高地膜的回收利用率。

（2）减少种子投入。农民种一亩小麦一般要30斤种子，而科学用种只需20斤，每斤种子1元多，可节约10元以上。安徽省东至县龙泉镇推广水稻旱育稀植和抛秧技术，经试验，每亩可节约早稻种6公斤，节约杂交晚稻种1.5公斤，每亩可节种费27元。采用先进的技术设备和科学的方法做到精确播种，精准收获。既可以节约大量的优质种子，又使作物在田间获得最佳分布，提高复种指数，提高对光、水、肥的利用率。在农作物收获时，做到适时收割，减少农作物损失，挽回的不仅仅是损失的粮食，还有为生产这些粮食而耗费的水、肥以及劳动力。

（3）农业机械生产减量化。在生产中，科学合理的设计，是循环经济的首要环节。制造商可以通过减少每个农机产品的物质使用量、通过重新设计制造工艺来节约资源和减少排放。在产品设计中，尽量采用标准设计，使一些装备不断升级换代，而不必整机报废，使产品在生命周期结束后，也易于拆卸和综合利用；尽量使之不产生或少产生对人体健康和环境的危害。

4.2 节约土地、水及其他生产要素使用的发展模式

土地、水及其他生产要素是农业生产中最基本的物质基础。

4.2.1 节约生产要素使用的紧迫性

1. 节约土地使用的紧迫性

土地是农业生产中最基本的生产要素，也是农业循环经济发展的基础。首先耕地是农产品的主要来源地，目前我国居民生命所需的 80% 以上的热量、75% 以上的蛋白质、88% 的食物来自于耕地，90% 以上的肉蛋奶也是由耕地生产的农副产品转化而来的。其次耕地是轻工业原料的主要来源地。我国轻工业产值约占工业总产值的一半，而以种植业为原料的食品、饮料、棉纺、饲料、烟草等行业的产值又占轻工业总产值的 50% 左右。然而，我国人多地少，人均耕地仅为 0.11 公顷，且仍在持续减少。据调查，1953—1988 年的 36 年间，我国耕地净减少 0.12 亿公顷，1986—1996 年的 10 年间，村镇建设、基础设施、重大项目、农村居民建设以及产业结构调整共减少耕地 0.097 亿公顷，平均每年净减少耕地 50 万公顷。目前，全国人均耕地不到 0.067 公顷的有 7 个省（市、区），其中 666 个县人均耕地低于 FAO 确定的 0.045 公顷的警戒线。据有关研究表明，为保证我国 2010 年粮食生产目标，我国在 2010 年需要保有耕地面积 1.33 亿公顷即 19.95 亿亩，这已是我国目前耕地面积的总额。因此，

即使考虑到新开垦耕地以及人均 400 公斤的消费量，到 2010 年我国耕地缺口仍在 1000 万公顷以上。如果考虑到人均消费水平的提高，则我国耕地缺口将进一步扩大。显然耕地紧缺已成为我国农业可持续发展中的一个长期性、根本性的制约因素，必须大力发展节约土地的农业生产模式。

2. 节约水资源的紧迫性

从水资源来看，我国既是水资源总量大国，又是水资源人均占有量贫国，人均水资源占有量仅为世界平均水平的 1/4，是世界 13 个贫水国之一。我国不仅淡水资源总量不足，且分配不均，北方地区水资源缺乏尤为明显。在我国水资源利用中，农业是用水大户，占总用水量的 70.4%，农业灌溉用水又是农业的主要用水对象，其比例一直保持在农业用水量的 90% 以上。全国 2/3以上的农产品由灌溉地生产，农业季节性、地区性干旱突出。由于地下水超采，区域地下水漏斗面积相当大，随着水资源向非农业转移，农业缺水日益严重，每年农业用水缺 300 亿立方米，粮食减产 700 亿～800 亿公斤。但是，我国农业生产方式仍停留在粗放式经营模式上，农业灌溉水有效利用系数全国平均为 0.45，渠系利用系数只有 0.4～0.6，约有一半的水被浪费。美国每亩小麦用水量为 284 吨，而我国则多达 450 吨，从而导致水资源更加紧张。同时，由于水污染的加剧，不少富水地区已成为结构性缺水地区。

4.2.2 节约土地的发展模式

对土地资源，要坚决贯彻保护耕地的基本国策，加强耕地特别是基本农田的保护力度。要贯彻"管住总量、严控增量、盘活存量、集约高效"的原则，落实国家对土地供应的指令性计划，从严从紧、有保有压、加强建设用地的管理。要严格执行土地使用标准，严格限制高耗能、高耗水、高污染和浪费资源的建设项目用地。要做好城镇存量土地的调查，及时总结各地经验，不断完善政策法规，推进城乡建设用地的整理，促进节约集约用地。要认真抓好新一轮土地利用总体规划的修编，不断调整和优化土地利用结构，统筹安排农业、非农业及生态用地。具体来说，有如下四个方面：

1. 推广高产作物

农业上的高产优质，从用地意义上说就是减量化。比如，普通水稻亩产

500 公斤，而超级水稻亩产可达 800～1000 公斤；常规玉米亩产 500 公斤，优良品种玉米亩产可达 1000 公斤。生产同样重量的水稻或玉米，如使用良种，土地面积则可大大减少。又如，广西贵糖集团过去的原料甘蔗是老品种，产量低，每亩产甘蔗 3.5～4 吨，含糖量只有 10%～12%；而引进的优良品种新台糖 22 号亩产量为 8～10 吨，含糖量达 15% 左右。一亩优良甘蔗品种的产糖量，相当于老品种 2～3 亩的产糖量，生产同样产量的糖就可大大减少种植面积。以每公顷甘蔗产量约 80 吨计，则节约农地 625 公顷。

2. 发展立体种养

发展立体种、养技术也是节约土地资源的有效途径。立体种、养技术能够充分利用土地资源和耕地资源。如林粮、果粮、粮菜、果菜的间、混、套作等形式的多元立体种植；池塘混养、稻田养鱼（稻鱼立体共生）等立体种、养技术。

3. 发展有机生态无土栽培

无土栽培是指不用天然土壤，而使用基质。不用传统的营养液灌溉植物根系，而使用有机固态肥并直接用清水灌溉作物的一种栽培技术。有机生态型无土栽培技术，除具有一般无土栽培的特点，如提高作物产量和品质、减少农药使用、产品洁净卫生、节水节肥省工、利用非耕地生产蔬菜等外，还具有如下特点：一是有机固态肥取代传统的营养液。传统无土栽培是以各种化肥制成一定的营养液。二是有机生态无土栽培是以各种有机肥或无机肥的固体形态直接混施于基质中。三是操作管理简单。四是大幅度降低了土地栽培设施系统的一次性投资。五是大量节省生产费用。六是对环境无污染。传统无土栽培因其排出液中盐浓度过高而污染环境。七是可达"绿色食品"施肥标准。总之，有机生态型无土栽培具有投资省、成本低、用工少、易操作和高产优质的显著特点，它把有机农业导入无土栽培，是一种有机与无机农业相结合的高效益低成本的简易无土栽培。

4. 节约建设用地

由于缺乏发展规划，农民在建房时一般存在很大的随意性，随意选址、任意扩大宅基地现象比较普遍。这种分散的布局不仅不利于村镇进行统一的街道、管线、绿化和公共文化服务设施的配套建设，而且还造成严重的土地资源的浪费。因此农村地区修建住宅、养殖场、乡镇企业、马路等基础设施时，都应注意节约用地、集约用地，大力发展节能省地型建筑。

4.2.3 节约水资源的发展模式

农业用水受季节、气候的影响比较大，灌溉用水主要集中在春、夏、秋三季，而污水处理厂的出水是比较均匀的，这就要求有适当的存储冬季污水厂出水的用地，或者在冬季的时候供给农业用水的管道关闭检修，将水量转移到其他的用途当中，以达到最大限度地节水目的。要大力发展节水农业，推广先进实用的节水技术，即使是水多地区也要注意节约用水，应认识到少用水就是少污染。

1. 种植耐旱作物

农业特别是水稻，是高耗水产业。我们应通过改革种养技术，推广水产陆基养殖方式和耐旱作物种植，节约水资源。选择耐旱作物品种，从根本上减少农业用水。在建立高效节水作物种植结构的基础上，着重研究和开发各类节水抗旱优质高产作物品种。旱作农业要从整地改土入手，以蓄水保墒提高降水利用率为目标，重点推广抗旱品种及其配套技术、生物覆盖技术、少耕免耕保墒综合耕作和过腹还田技术。

2. 加强高标准旱作基本农田建设

根据旱区低产易旱耕地和坡耕地现状，分别采取坡改梯生土熟化、蓄水窖池配置、生物篱埂配置、深松改土和生物有机肥技术、田间防护林带等措施。建设高标准旱作基本农田，旱平地地面坡地小于5度，耕层土壤达到25厘米以上，耕作土体厚度达到50厘米以上，以增强抗旱蓄水能力，提高集约经营水平，确保粮食供给稳定，促进退耕还林还草和农业结构调整。同时加强旱区集雨节灌补水工程建设，主要包括地下窖窖蓄积雨水、地表蓄水池、旱地保水设施、低压输水管灌、微喷灌、滴灌、渗灌等。因地制宜，重点构建蓄积雨水设施和旱地保水设施，配置成套节灌设备、灌溉施肥及用药器械等。

3. 推广高效灌溉工程建设

根据我国的实际情况，开展新水源用于农业生产可能性很小，现实可行的办法就是提高水的有效利用率。推广高效灌溉工程建设，要按照因地制宜、高效实用的原则。平川区可以大力推广喷灌、滴灌、渗灌、地膜下灌溉和渠道防渗等多种形式的节水灌溉技术。山区可以大力推广各种小型的集雨集流节水工程和小泉小水工程，同时结合流域水土保持工程，使既无地表水又无地下水的山区，通过调节储蓄天然降水的办法，解决水资源时空错位的问题。也可以通过设计节水灌溉自动化控制系统，通过系统在农业循环经济中的应用，充分提高灌溉水的利用率，实现节水灌溉的现代化和管理的科学化，大大减少灌水时的劳动强度，节约大量的劳动力和能源，节省运行费用，同时有利于作物生长，提高作物的产量和质量。在灌区骨干工程完成的基础上，进行田间节水配套工程建设，实施土地平整、大畦改小畦、灌水格田修建、深耕与深松、增加土壤耕层厚度和有效土层厚度等措施，提高灌区土壤蓄水能力。提高灌溉均匀度，在灌溉保证率提高的前提下，提高自然降水利用率，改进地面灌溉。

4. 普及非工程性抗旱节水技术

根据灌区和旱区不同自然条件和作物品种，充分运用有利于提高降水和灌溉水转化效率的农艺管理技术，采取有机培肥、生物覆盖、地膜覆盖、保护性耕作（免耕、少耕等）、沟垄种植、行走式节水灌溉技术、种植结构、抗旱新品种、抗旱保水剂、土壤改良剂、蒸腾抑制剂、抗旱种衣剂等农艺节水技术，进行合理的组装配套，实施土肥水种一体化调控。减少土壤表层蒸发损失50%，减少灌溉次数和灌溉定额，使灌溉水的生产效率提高 20%。保证粮食产出和产品质量。

以研发抗旱保水肥为例。保水肥是将保水剂与肥料相结合，保水剂由于自身特殊的化学结构能大量吸收水分（可达自身质量的千百倍），所吸收的水分在外界压力下不渗透，具有保水功能，形成的胶囊能成为植物生长的"微型水库"，在作物生长过程中既提供水分又提供养分，使宝贵的水资源得到充分利用，减少抗旱劳作，以提高旱作农业的生产效率。保水剂在国外发达国家农业中的应用已相当广泛，我国尚处于起步阶段，离实际需求差距甚大。

抗旱保水肥生产技术的研究与开发属于多学科交叉过程，如农学、土壤学、高分子化学、肥料加工技术等。该技术的特点是将具有高吸水性、高保水性、高耐盐性及耐酸碱性的树脂与肥料有机结合，通过大量的实验室研究、结构表征、扩大试验、工程放大，确定合适的制造技术和工艺条件。其产品具有以下特点：能够向作物有效提供满足其生长所需的养分；能够有效吸收自然水

（地表水、雨水等）并具有较强的保水性能，在干旱条件下有效释放自由水，延缓作物因干旱少雨而带来的凋萎期；对作物的生长无毒害，对作物的品质无不良影响；对环境无污染；能取得一定的经济效益。

5. 推广灌溉制度化管理

在灌溉保证率达到80%以上的灌区，建立土壤墒情监测体系。应用计算机信息技术、先进快速的测试方法和数据处理集成技术，进行目标管理和决策，实行视墒灌溉和湿润层控制灌溉。同时依托农民专业协会等农村组织，建立用水管理信息网，探索在当前联产承包责任制下，农民种植分散的条件下的节水灌溉管理系统。

通过加强土壤墒情监测技术与种植信息网络建设，提高土壤墒情的动态监测预警预报能力和工作时效，为发展节水农业提供科学依据，为水资源的统一管理，逐步推行灌溉用水限额定价创造条件。

4.2.4 节约其他生产要素使用的发展模式

节约饲料用粮，有利于保障我国粮食安全。牛羊等反刍家畜是复胃动物，能利用瘤胃中的微生物消化秸秆中的纤维素，作为能量饲料可节约大量的粮食。同时，利用反刍动物的消化特点，在秸秆饲料中也可添加一定量的尿素，通过瘤胃中的微生物将无机氮转化为蛋白质，可降低生产成本。在我国人口与耕地资源矛盾日趋紧张的情况下，利用农作物秸秆发展草食畜牧业，既可节约粮食，又可增加食物的供应，对于保障我国的粮食安全、食物安全具有重要作用。到目前为止，我国通过青贮氨化措施等利用的作物秸秆已达20500万吨，节约饲料粮4450万吨。如果扩大利用2亿吨，大约可再节约饲料粮4000万吨，相当于增产等量的粮食。

4.3 节电、节油及其他节约使用能源的发展模式

4.3.1 节约电力的发展模式

大力推广各种先进的节电技术、设备、产品、工艺和科学的管理方法，节

约广大农村的生产和生活用电。以畜牧养殖业为例，畜禽粪便未能有效利用，对外输出污染。畜禽养殖过程中产生了大量的粪便、尿液和畜禽舍冲洗污水（统称粪污）。目前畜禽粪污主要是作肥料直接使用，用于沼气原料的还比较少。随着畜牧业生产方式逐步转向规模化、小区化集中饲养，粪污也相对集中在规模化养殖区域。由于管理不善和未进行有效的无害化处理，一是造成了对地下水和地表水的污染；二是夏季高温季节自然发酵产生臭气，污染周围的空气；三是养殖区域周围大量滋生蚊蝇，恶化了周围环境。因此，应大力发展其他农村能源的利用模式，推广"沼气、猪禽舍、厕所、日光蔬菜温室"四位一体生态模式。以太阳能为动力，以沼气为纽带，实现沼气积肥同步、种植饲养并举，建立一个生物种群较多，食物链结构、能流、物流循环较快的能源生态系统工程，同时解决北方稻区燃料不足的问题。厌氧细菌在无氧环境下，可将粪便或其他有机物中的碳水化合物分解为甲烷等低分子烷烃，即沼气。沼气的热值较高，每立方米达 5000 千卡，相当于 1 公斤原煤或 0.7 公斤标准煤（7000 千卡/公斤）。沼气属于清洁能源，对环境几乎没有什么污染，而我国能源紧张尤其是石油不足已是不争的事实。如果我们以畜禽粪便为主要原料发展沼气，可解决几千万农户的能源问题。这一部分的具体内容可以参见本书的第 5 章第 2 节的相关内容，在此不再赘述。

4.3.2　节油的发展模式

近年来，国际石油价格一直维持在高位运行，高油价对我国的能源安全和国民经济运行造成了不小的影响。农业机械和农用运输设备耗用大量的柴油、汽油，这方面的节油潜力还是很大的。具体如下：首先应该从农业机械和农用运输设备的功能设计阶段开始考虑节油问题。在设计阶段利用计算机辅助设计（CAD）方法对制造过程进行模拟分析，改进设计以减少资源消耗，简化加工制造工艺、简化模具设计、充分利用标准件等，充分发挥模块化和标准化的优势，在设计时充分考虑到产品报废后较多的零部件拆卸方便，便于回收与再利用，尽量采用集成化设计，采用易于拆卸的连接方法，实现农机产品在设计阶段考察、改进产品的功能和性能。其次，发展生物乙醇和植物油作为石油的替代能源。这一部分的具体内容可参见本书的第 6 章第 3 节的相关内容，在此不再赘述。

4.3.3 其他节约使用能源的发展模式

节柴（节煤）。农作物秸秆资源未得到合理有效利用，从而对系统外输出污染。在种植业产出环节，我们更多地利用了粮食等籽实产品，而 5 亿吨左右的粮食秸秆、2000 万吨左右的蔗渣和蔗梢、3000 多万吨油料秸秆等，没有得到充分合理的利用。如粮食作物秸秆，除用作牲畜饲料、农村生活燃料和直接还田的以外，未利用的有 2 亿吨左右，其热值相当于近 1 亿吨标准煤。未利用的秸秆，要么被抛弃在田边沟渠造成面源污染，要么人为焚烧污染大气。直接作燃料的秸秆，燃烧的热效率只有 10%，很不经济。因此，在继续使用柴、草及农作物秸秆作燃料的地方，要坚持和推广先进实用的省柴灶和用农作物秸秆、稻壳木屑、竹屑废料加工的清洁碳。在农村生产、生活中，用煤作燃料的地方，要大力推广先进适用的节煤技术，既可降低消耗，又可减轻对环境的污染。应结合各地农业产业结构，开展相应的生物质发电厂建设。农作物秸秆和畜禽粪便都是可再生资源，以生物质能替代数量越来越少的化石能源，具有重要的现实意义。

4.4 减量化生产形式的经典案例

4.4.1 广西贵糖（集团）公司的减量化战略

按照循环经济理念，2001 年 8 月我国正式启动了第一个国家级生态工业园——广西贵港国家生态工业（制糖）示范园的建设。广西贵糖（集团）公司充分利用甘蔗制糖副产品——蔗渣，生产出高质量的生活用纸、高级文化用纸以及高附加值的 CMC（羧甲基纤维素钠），其经济效益超过主产品糖产业。其减量化战略主要体现在以下五个方面：

（1）建设现代产业化的高产高糖甘蔗园。制糖业的辅料用量同甘蔗加工量之间有着固定的技术联系，在提高甘蔗含糖率而其他技术水平不变的条件下，就提高了单位资源产出率，减少了单位糖品对甘蔗、水、煤、石灰石等的用量。建设高产高糖的现代化甘蔗园：一是推广种植甘蔗良种；二是与糖业研究所、高校等单位合作建立示范点或实验基地，实施吨糖田工程（目前 0.67 公顷已稳产甘蔗 6 吨）；三是对蔗农进行甘蔗种植技术培训，推广高产高糖技术；四是与甘蔗种植大户建立产、供、销的契约合同关系，以获得稳产；五是建立蔗区多媒体管理系统，对甘蔗的砍运进行调度和监控，确保甘蔗高糖进厂；六是加紧蔗区水利、道路建设。随着"公司＋基地＋农户"现代化甘蔗园建设工程的实施，甘蔗生产已稳步高产高糖化。据贵糖实践，每提高甘蔗含糖率 0.1 个百分点，产糖率就提高约 0.7%，以当前产糖率为 12% 计，加工百吨甘蔗产糖耗用新鲜水、标煤、石灰石分别约为 500 吨、4.55 吨和 2 吨计，2002/2003 榨季贵糖生产机制糖 14 万吨，就减少甘蔗用量约 5 万吨，由此减少耗水、标煤和石灰石分别约 20 万吨、2275 吨、1000 吨。

(2) 实施蔗髓热电联产技改工程。该工程包括四个方面：

① 蔗髓用于锅炉燃料。甘蔗渣含有 30%～35% 的蔗髓，是造纸生产的无用部分，2002/2003 榨季贵糖的蔗髓产量约为 5.8 万吨，由于每 5 吨蔗髓燃烧释放的热量相当于 1 吨标煤的热值，因此，蔗髓被当作热电厂燃料锅炉的燃料为贵糖当期减耗标煤约 1.16 万吨。

② 采用能耗低、效率高的供热发电设备来减耗。贵糖原有 3 台每吨蒸汽耗标煤 125～132 公斤的蔗渣煤粉炉，一台每吨蒸汽耗标煤 145～148 公斤的链条炉排式锅炉，均为低压，单炉蒸汽最大出力为 20 吨/小时锅炉效率只有约 60%。当前贵糖装备的是 75 吨/小时的蔗渣、煤粉炉 2 台，130 吨/小时、65 吨/小时的锅炉各一台，锅炉效率已达 85% 以上，锅炉平均耗标煤为 110 公斤标煤/吨。在同样的生产能力下，较之 20 世纪 80 年代初，贵糖 2002/2003 榨季减耗标煤至少 6500 吨。

③ 锅炉蒸汽的热能多级利用。贵糖采用带零效煮水罐和浓缩罐的三效热力蒸发方案代替减压阀来对双轴和背压式汽轮发电机的中压高温乏汽进行减温减压，以充分利用热能。

④ 各级蒸汽凝结水的归集使用。通过归集煮水罐、一效蒸发罐、纸机烘缸的汽凝水并回用于锅炉，贵糖实现了软化水的循环使用。软化水循环一方面减少水耗，另一方面又每天减少加热入炉水蒸气 610 吨，按 120 天计，则一个贵糖至少减耗标煤 9000 吨。

(3) 强化节水工程。采用自行研制成功并获国家发明专利的造纸白水回收工艺及设备（白水脉冲回收器），当前贵糖每天处理造纸白水所回收的清水约 79 万吨并全部返回造纸生产。

（4）实施制糖新工艺改造工程。制糖混合汁清净工艺改磷浮，可直接使贵糖的滤泥年干排量减少一半即 5 万吨，石灰石的用量也因此减少约 5 万吨。

（5）实施绿色制浆工程。采用少氯并最终采用无氯漂白工艺取代传统的 C 小时 E 三段漂白工艺，将有力地减少和杜绝漂白系统所排放的含强毒性的有机氯化物。

以上每一项工程的实施都以关键技术的应用和突破为条件，创新技术对贵糖实施减量化战略起着推动作用。另外，对于甘蔗种植的产业化，贵港市委、市政府联合发文《关于发展蔗糖生产若干问题的决定》，要求各区、县和乡镇做到甘蔗种植的规划、面积、种子、机耕、农资和服务措施六个落实。广西壮族自治区于 2005 年前每年安排财政预算内资金 2000 万元（包括甘蔗生产农业事业费 300 万元）、扶持费 3000 万元、各级糖料技术改进费 1000 万元、扶贫发展基金 1000 万元等以稳定和发展广西甘蔗种植。国家则下拨农业发展及配套资金用于蔗区灌溉设施建设。所以，减量化原则的成功实施离不开政府在行政上的统一规划与财政支持。

4.4.2 以色列在水资源方面的减量化战略

以色列是惜水如金的国度。以色列 60% 的国土面积被列为干旱地区，在 350 万公顷可耕地中，只有 190 万公顷能得到灌溉，缺水严重制约了农业发展。以色列建国 50 多年来，在水资源利用、回收和管理方面摸索出一套成功办法，在农业产量增长 12 倍的同时，农业用水量只增加了 3 倍。以色列对水资源的有效管理和技术应用经验值得我们借鉴。

1. 政府对水资源实施严格监管

以色列于 1959 年颁布《水资源法》，规定境内所有水资源均归国家所有，由国家统一调拨使用，任何单位或个人不得随意汲取地下水。以色列为此专门设立了水资源委员会，具体负责水资源定价、调拨和监管。

水资源委员会是根据用水量和水质来确定水价和供水量的。城镇居民的用水价不仅比农民用水价高许多，而且政府还向城镇居民另外收取污水处理费。农民因农业生产需要用水量大，政府为此规定了阶梯价格：在用水额度 60% 以内水价最低，用水量超过额度 80% 以上时水价最高。政府制定阶梯价格的目的是鼓励农民节约用水。

以色列每年可供利用的水资源约为 20 亿吨，但是由于经常出现干旱，每年可能利用的水资源一般不超过 17 亿吨。农业灌溉每年需要用水 10 亿吨，其中一半是含盐浓度高的咸水和污水经处理后的净化水。

以色列干旱地区雨水少，蒸发量大，因此基本上没有地表水，地下水也都属于咸水。政府为从地下抽取的含盐浓度高的咸水以及污水处理后的净化水另外规定了价格，以鼓励对水资源的回收和再利用。

2. 纵横连贯的供水系统保证用水按需分配

以色列地形南北狭长，犹如楔形。每年雨季为 11 月至来年 3 月，漫长的炎热夏季几乎滴雨不下。平均年降水量北部最多，为 800 毫米，南部最少，为 25 毫米。水资源集中在北部和中部，但是农田却主要分布在东部和干旱的南部，因此"北水南调"就成为以色列不得已而为之的选择。

政府投资兴建的"北水南调"工程"国家供水系统"于 1964 年投入使用，每年从北部加利利湖向南部纳盖夫干旱地区输送 4 亿吨水。该系统由地下管道、水渠、隧道和过渡水坝组成。为了让水南流，人们得用水泵将海平面以下 220 米的加利利湖水提升到海平面以上 152 米。

国家供水系统不仅仅是"北水南调"，而且还在冬季和春季北部雨水充沛时将多余的水输往东部地中海濒海区，注入地下蓄水层，以防海水因地下水位下降而倒灌。如果把国家供水系统比作大动脉的话，那么与国家供水系统相接的全国各地的小型供水系统就好比毛细血管，彼此连通，形成一个四通八达的网络，水资源委员会因此可以根据需要调拨用水。

3. 以色列人认为技术是最有效的节水手段

以色列淡水资源有限，可是人口却一直在增加，用水压力与日俱增。因此以色列政府一方面积极支持和推广节约用水技术，另一方面鼓励广开门路，增加水源。

以色列几十年来开发的节约用水技术层出不穷，农业用滴灌技术是其杰作。实践证明，应用滴灌技术有以下好处：

（1）水可直接输送到农作物根部，比喷灌节水 20%；

（2）在坡度较大的耕地应用滴灌不会加剧水土流失；

（3）从地下抽取的含盐浓度高的咸水或经污水处理后的净化水（比淡水含盐浓度高）可以用于滴灌，但不会造成土壤盐碱化。

目前的滴灌技术还用上了自动伐和计算机控制技术。以色列化肥制造商也千方百计地开发出了可溶于水的产品，因此施肥可与滴灌同时进行，既提高了生产效率，也节约了成本，使滴灌技术趋于完善。

据报道，以色列研究人员正在开发慢速滴灌技术，让农作物根系交替"喝水"和"喘息"。据说，这不仅能进一步节水，而且还迎合了农作物生长的"生理"需要。

由于农业节水技术不断进步，以色列建国 50 多年来，农业灌溉用水从 8000 吨/公顷下降到 5000 吨/公顷，可耕地面积增加了近 180 万公顷。

在增加水资源方面，以色列加大了对污水处理和海水淡化工程的投入，并于 20 世纪 90 年代中期制定了一系列水资源十年规划，包括兴建一座年产淡水 4 亿吨的海水淡化处理厂和年产能力达 5 亿吨净化水的污水处理厂。这些项目即将开始陆续收效。以色列的设想是，未来农业灌溉全部使用污水再处理后的循环水。

以色列在污水处理技术方面同样独树一帜。研究人员开发出的"土壤蓄水层处理"技术，即污水经处理后再通过土壤注回蓄水层，让土壤和沙层起到净化过滤的作用。实践证明，经这种技术处理后的水接近淡水的质量，可以放心地用于农业灌溉。以色列人口稠密区已经用上了这种技术，每年大约可获得 1 亿吨净化水。

统计数字表明，以色列过去 10 年间人口增长 30%。人口增长的压力和政治形势的变化都有可能使这个国家的淡水资源趋于紧张。以色列有识之士指出，在水资源方面，还有待于政府加大力度，进一步开源节流。

第5章 再利用运作形式的
农业循环经济模式

再利用原则是指在现有技术经济条件下，尽可能多次以及尽可能以多种方式地使用资源，即将有利用价值的废弃物都作为"资源"利用起来，最终实现"零排放"，属于过程性方法。再利用运作形式的农业循环经济模式，主要是指将农业废弃物肥料化、能源化、饲料化和再加工。农业废弃物再加工不同于一般的工业，在其加工生产中产生的废弃物绝大多数属于原来农产品的组成部分，仍然含有大量的有机质，相对开发价值高，开发成本低，开发技术容易掌握；做好了，其效益可能远远超过主产业。因此，再利用原则在农产品加工业中大有可为。这是构建循环经济型生态农业非常重要、必不可少的一环，也是循环经济型生态农业区别于传统生态农业的一个重要标志。如，在生态农业综合开发中，畜牧业与种植业相结合，加上以沼气发酵为主的能源生态工程、粪便生物氧化塘多级利用生态工程，可将农作物秸秆等废弃物和家畜排泄物能源化、肥料化，向农户提供清洁的生活能源和生产能源，向农田提供清洁高效的有机肥料。

5.1 农业废弃物肥料化模式

有机肥料来源于动植物，以提供农作物养分为主要功效的含碳物料。有机肥料不仅含有植物所需的大量营养元素，而且还含有多种微量元素，是一种完全肥料。有机肥料中所含有的有机物质是改良土壤、培肥地力不可替代、不可缺少的物质。长期施用有机肥料可增加土壤微生物数量，提高土壤有机质含量，改善土壤理化性状。有机肥料在分解过程中形成的腐殖质是一种弱有机酸，它在土体中与无机胶体结合形成有机—无机胶体复合体，可熟化土壤，调节土体中水、肥、气、热状况。腐殖质对重金属离子具有吸附力强和选择性吸附的特点，对重金属污染有明显的减毒效果。

5.1.1 有机肥料资源

根据产生环境或施用条件、类似性质功能和制作方法，有机肥料可分成粪尿类、堆沤肥类、秸秆类、绿肥类、杂肥类、饼肥类、海肥类、农用城镇废弃物类、腐殖酸类、沼气类及商品有机肥料类等。目前可以使用的农业废弃物有机堆肥资源主要包括：

（1）人畜禽粪尿资源。粪尿是动物的排泄物，具有养分全、含量高、腐熟快，肥效好，资源丰富等特点，是优质的有机肥料。粪尿类包括人粪尿、家畜粪尿、禽粪等。资料表明：一个千头奶牛场，可日产粪尿 50 吨，一个千头肉牛场日产粪尿 20 吨；一个千只蛋鸡场，日产粪尿 2 吨；一个万头猪场每天排出的粪尿约 20 吨。近几年畜禽养殖业在我国大规模的发展，1999 年我国畜禽粪便产生量约为 19 亿吨，是我国固体废弃物产生量的 2.4 倍，如此大的排粪量若得不到妥善处理，不仅会危害畜禽的生存环境，还会严重影响人类环境。

（2）秸秆资源。秸秆是农作物收获后的副产品，其含有大量的有机碳和各种营养物质，是重要的有机肥资源。秸秆是一项数量巨大的有机肥资源，中国粮食平均年产量在 5 亿吨左右，由此产生的秸秆总量高达 6 亿吨。秸秆在过去一直是作为农民的燃料和建草房的建筑材料使用，但近年来，随着农民生活水平的提高，农村燃料逐渐转为煤、液化石油气、沼气等，草房也逐渐被砖瓦房、楼房等替代，秸秆不再作为建筑材料使用，而粮食产量大幅度提高，秸秆数量剧增，如何消化、利用数量如此巨大的秸秆成了问题。由于农民缺乏有效的利用手段，往往将其付之一炬，在经济发达和较发达地区更为突出。焚烧秸秆浪费了大量生物资源，损坏了土壤墒情。部分地块由于秸秆的集中堆放焚烧，造成了土壤有机质的大量损失、土壤结构破坏，严重影响农业的可持续发展。焚烧秸秆不仅浪费资源，而且容易引发火灾，严重污染大气，影响人体健康，还对工业生产和交通造成不利影响。近年来秸秆制肥只消耗秸秆总量的32%，还有很大的利用潜力。

多积、多造、多用有机肥料，对于改良土壤、培肥地力、提高化肥肥效、发展生态农业、增加产量、降低成本、以及净化城乡环境，都具有十分重要的意义。因此，采取相应对策，发展有机肥料，提高有机肥施用比例，有机、无机肥料配合施用，对作物优质高产、培肥地力，建设良好的生态环境，促进我国农业循环经济发展十分重要。

5.1.2　有机肥料生产

有机肥料是利用各种畜禽粪肥和城乡有机废物，经过工厂化发酵和制造，具有养分浓缩高效和无害化特点，便于运输和使用。20 世纪 90 年代以来，无论是农作物产量、牲畜、家禽饲养量等都比 80 年代有较大增长，按理，有机肥的数量应当增加。但实际上，90 年代有机肥施用量只有 250350 万吨左右，为 80 年代较高年份的 60%～70%。主要原因：一是农民堆沤有机肥的积极性逐渐下降，有机肥的质量不高。二是地区之间有机肥积制和施用发展不平衡，在有机肥中，农家肥利用比较充分一些，城市人粪肥应用很少。三是缺乏相应配套的物资和资金进行扶持，开发应用新技术和研究工作进展缓慢。据抽样化验，高温堆肥有机质和速效氮磷钾的含量较低，利用率不高。因此大力发展商品有机肥料生产，对充分运用有机堆肥具有重要意义。

1. 畜禽粪便有机肥料生产

畜禽粪便中含有大量的有机物及丰富的氮、磷、钾等营养物质，是农业可持续发展的宝贵资源。数千年来，农民一直将它作为提高土壤肥力的主要来源。过去采用填土、垫圈的方法或堆肥方式将畜禽粪便制成农家肥。如今，伴随着集约化养殖场的发展，人们开展了对畜禽粪便肥料化技术的研究。具有一定规模的养殖场应该采取禽畜粪便的干湿分离措施，实施雨污分离、固液分离。所有禽畜舍安装地下管道，禽畜舍、机器设备等的清洗用水和雨天雨水从明沟排放，排放的畜尿、少量粪渣和冲洗污水，汇集到沉砂池，沉砂后进入固液分离池，固体部分送到干化场，液体部分进入厌氧消化池。规模较小的养殖场为提高分离、运输效率，可实施相对简单的干清粪工艺。首先用锯木屑等废屑吸干禽畜粪，然后由人工将粪便、饲料残渣物统一收集到有机肥厂作为原料。液体粪便不易运输，可以就近输入沼气池发酵，产生的沼液、沼渣就近施肥。固体粪便可以作为生物有机肥厂的原料，集中收购运输到有机肥厂，加工为生物有机肥。

畜禽粪便有机肥料的生产方法有：

（1）堆肥法。堆肥是处理各种有机废弃物的有效方法之一，是一种集处理和资源循环再生利用于一体的生物方法。是把收集到的粪便掺入高效发酵微生物如 EM（有效微生物群），调节粪便中的碳氮比，控制适当的水分、温度、酸碱度进行发酵。这种方法处理粪便的优点在于最终产物臭气少，且较干燥，容易包装、撒施，而且有利于作物的生长发育。堆肥存在的问题是处理过程中有 NH_3 的损失，不能完全控制臭气，而且堆肥需要的场地越大，处理所需要的时间越长。有人提出采用发酵仓加上微生物制剂的方法，可以减少 NH_3 的损失并能缩短堆肥时间。

（2）厌氧发酵方法。厌氧微生物充分发酵畜禽排泄物并将其转化为肥料，比普通堆肥法效率更高。其中心技术是厌氧固氮发酵。畜禽粪便在通过厌氧发酵提取生物质能以后，其中的 N、P、K 等营养物质仍存留在沼渣、沼液中，以其作肥料使用，其中的营养成分更易于被作物吸收，且能提高农产品的产量和质量，也能减少化肥使用量，降低农业生产成本。根据不同畜禽排泄物的特点，采用厌氧微生物发酵法可将猪粪加工成颗粒状肥料。此外，在一些畜禽有机肥生产厂，常用的方法有快速烘干法、微波法、充氧动态发酵法。而且，畜禽粪便有机肥料生产技术及工艺流程在逐步完善和提高。体现在采用的生产原料主要有畜禽粪便、骨粉、鱼粉、锯末、秸秆、豆饼、腐殖酸等；发酵技术有了提高，许多厂家把生物菌用于有机肥的发酵，部分企业采用发酵仓发酵的方式，提高发酵速度和质量；工艺流程逐步规范，从配料—翻拌—发酵—烘干造粒—包装，每个企业有自己完备的工艺流程；生产过程许多环节应用机械设备，设计生产能力比较大。

随着人们对无公害农产品需求的不断增加和可持续发展的要求，对优质商品有机肥料的需求量不断扩大，用畜禽粪便制成有机肥市场潜力巨大，可以生产有机无机复混肥、精制有机肥、生物有机肥料三种类型肥料。如以长富六牧投资的一座以粪便、料渣为原料，年产 2 万吨的有机肥厂为例，有机肥在发酵、干燥、制粒、熟化过程中，根据土壤养分供应状况和作物需要，添加氮、磷、钾养分和必要的中、微量元素，制成有机质含量高、养分齐全、速效和缓效性兼备、比例合理、肥效稳定的果树、烟叶、茶叶、蔬菜等有机—无机复混专用肥，有机肥分一般专用肥和优质复混专用肥两种，每吨售价分别为 450 元和 550 元，产品销路很好，实现了粪便资源化和商品化。再如，以太湖生态农业示范区建设为例，太湖各地对禽畜粪便的综合利用和处理高度重视，在不断完善和规范原有的处理和利用方法的同时，积极发展畜禽粪便沼气厌氧发酵和生产商品有机肥等方法进行无害化处理。到 1999 年年底，先后建成"三结合"式沼气池 5 万多座，建成有机肥厂 5 个，年产有机肥 15 万吨，规模畜禽养殖场粪便处理率达 100%，达标排放率达 85%；如苏州市在大中型畜禽养殖场废弃物综合利用方面做得卓有成效,在全市建有大、中型沼气工程点 68 个,年利用废弃物 7.69 万吨,年产沼气 70.11 万立方米,供 2000 多农户使用沼气;北京市峪口鸡场已建成鸡粪加工场,每年可生产干鸡粪 1 万吨,大大减轻了这些养殖场对周边环境的污染,使之变废为宝。

2. 秸秆肥料化

农作物秸秆肥料化是利用秸秆富含有机质,将其用于改良土壤结构,增强耕地保水保肥能力的再利用形式,是建设循环型农业、保持土壤养分平衡、实现农业可持续发展的重要措施。秸秆肥料化主要技术有秸秆直接还田、堆沤还田、过腹还田、垫圈还田等。

直接还田是秸秆肥料化技术应用最普遍和简单的一种。但由于秸秆密度低、收获季节性强,收集和储存比较困难,直接还田存在以下两个方面的问题:一是由于直接还田所使用的机械设备造成地面粗糙,影响后茬作物种植;二是秸秆直接还田肥效率不高。沼液、沼渣肥效比秸秆直接还田要高 1~1.5 倍。为此,农业部门制定和完善秸秆利用政策,制定合理的原料收购政策,指导农民充分利用秸秆资源,使农民获得合理收益,调动和保护农民秸秆肥料化的积极性。

3. 秸秆粪便肥料化模式(案例分析)

山东省九发食用菌股份有限公司利用作物秸秆和鸡粪生产双孢菇,创建了亚洲最大的双孢菇生产、加工基地。1998 年该公司利用小麦和玉米秸秆 2 万吨,带动利用秸秆 5 万吨,工厂化生产、加工出口高品质双孢菇 1 万吨,并利用双孢菇加工废料生产高效菌肥 1 万吨、菌丝颗粒饲料 1 万吨和多糖系列新产品 15 吨,实现年产值 2 亿元,创汇 1800 万美元。2001 年生产高品质双孢菇 3 万吨、高效有机复合肥 10 万吨、双孢菇单体多糖和复合多糖系列产品 15 吨,实现年产值 5.6 亿元、利税 7800 万元和创汇 2800 万美元,成为业绩突出的上市公司。

5.2　农业废弃物能源化模式

农业废弃物能源化模式主要是通过将畜禽粪便、秸秆等有机废弃物厌氧发酵,产生沼气进行利用和直接利用秸秆发电。

5.2.1 沼气模式

1. 沼气模式原理和应用

目前，循环农业在农村最典型的运用就是农村沼气。农村沼气发展模式实施难度较小，可操作性较强。其原理是将农作物的秸秆、人畜粪便等有机物在沼气池厌氧环境中通过沼气微生物分解转化后所产生的沼气发酵产物（沼气、沼液、沼渣，俗称"三沼"）转化为能源，"三沼"可以有效缓解部分农村地区的能源紧张状况。沼气除可直接用作生活和生产能源，或用于发电外，可以养蚕，可以保鲜、储存农产品；沼液可以浸种，可以代替农药作叶面喷洒，为作物提供营养并杀灭某些病虫害，可以作培养液水培蔬菜，可以作果园滴灌，可以喂鱼、猪、鸡等；沼渣可以作肥料，可以作营养基栽种食用菌，可以养殖蚯蚓等。它既有降本增效的功能，又能改善环境，保护生态，实现农业和农村废物循环利用，是广大农村发展安全优质农产品必不可少的重要条件。

利用沼气池这一工程，可以把农业和农村产生的秸秆、人畜粪便等有机废弃物转变为有用的资源进行综合利用，其主要模式：一是"三结合"。如：沼气池—猪舍—鱼塘；沼气池—牛舍—果园；沼气池—禽舍—日光温室等；二是"四结合"。如：沼气池—猪禽舍—厕所—日光温室（或果园、鱼塘、大田种植）等模式，是庭院经济与农业循环结合最典型的一种模式。在这种模式中，农作物的果实、秸秆和家畜排泄物都得到循环利用，输出各种清洁能源和清洁肥料，综合效益非常可观。不少地方原来经济比较落后，通过引导农民建设这种模式的家庭生态农业园，经济得到迅速发展，农民收入大幅度增加，被称为富裕生态农业园。但是，从总体看，目前我国畜禽粪便主要是作肥料直接使用，用于沼气原料的还比较少。随着畜牧业生产方式逐步转向规模化、小区化集中饲养，粪污也相对集中在规模化养殖区域，再利用模式在这方面应用的效益和可行性将越来越大。

2. 沼气池的建设

沼气模式的应用，建设好符合标准的沼气池是第一步，要让农户能够管理好、用好沼气，必须要懂得发酵工艺和发酵条件。选取（培育）菌种→备料、进料→池内堆沤（调整 pH 值和浓度）→密封（启动运转）→日常管理（进出料、回流搅拌）。这个工艺是配套曲流布料沼气池产生的，原来叫曲流布料沼气发酵工艺，只有这个发酵工艺进入了国标。它适用于所有的国标沼气池。

（1）适宜的发酵温度。沼气池的温度条件分为：①常温发酵（也称为低温发酵）10℃～30℃，在这个温度条件下，产气率可达 0.15～0.3 立方米/天。②中温发酵 30℃～45℃，在这个温度条件下，池容产气率可达 1 立方米/天左右。③高温发酵 45℃～60℃，在这个温度条件下，池容产气率可达 2～2.5 立方米/天左右。沼气发酵最经济的温度条件是 35℃，即中温发酵。

（2）适宜的发酵液浓度。发酵液的浓度范围是 2%～30%。浓度愈高产气愈多。发酵液浓度在 20% 以上称为干发酵。农村户用沼气池的发酵液浓度可根据原料多少和用气需要以及季节变化来调整。夏季以温补料浓度为 5%～6%；冬季以料补温 10%～12%；曲流布料沼气池工艺要求发酵液浓度为 5%～8%。

（3）发酵原料中适宜的碳、氮比例（C∶N）。沼气发酵微生物对碳素需要量最多，其次是氮素，我们把微生物对碳素和氮素的需要量的比值，叫作碳、氮比，用"C∶N"来表示。目前一般采用 C∶N＝25∶1。但并不十分严格，有 20∶1、25∶1、30∶1 都可正常发酵。

（4）适宜的酸碱度（pH 值）。沼气发酵适宜的酸碱度为 pH＝6.5～7.5。酸碱度会影响沼气发酵效率，主要是因为 pH 值会显著影响酶的活性。

（5）足够量的菌种。沼气发酵中菌种数量多少，质量好坏直接影响着沼气的产量和质量。一般要求达到发酵料液总量的 10%～30%，才能保证正常启动和高效产气。

（6）较低的氧化还原电位（厌氧环境）。沼气甲烷菌要求在氧化还原电位大于—330mv 的条件下才能生长。这个条件即严格的厌氧环境。所以，沼气池一定要密封。

5.2.2　生物质能发电模式

生物能源是以生物质（主要是指薪柴、农林作物、农作物残渣、动物粪便及生活垃圾）为载体的能量。生物质能是指利用自然界的植物、粪便以及城乡有机废物转化成的能源。它的主要形式有沼气发电、生物制氢、生物柴油和燃料乙醇等。生物能源在增加能源供给、减少环境污染的同时，还有助于解决农村就业和农民增收问题，有助于保护土壤，促进农业的可持续发展。中国是一个农业大国，生物质资源非常丰富，每年可产生 7 亿多吨秸秆以及大量的禽畜粪、森林加工剩余物等。此外，我国还有约 20 亿亩荒山荒地可用于发展能源农业和源林业。目前我国的产能微生物研究、生物转化研究、过程与设备研究等已趋成熟，石油替代产品的开发技术也具备进行大规模工业化生产的条件。生物质能发电是未来生物质能利用的重要方向。生物质能发电在欧美受到了高度重视，技术得到很好的发展，主要是直接燃烧发电和利用先进的小型燃气轮机联合循环发电。

秸秆发电是生物质能发电的一种主要形态，农作物秸秆是一种很好的清洁可再生能源，蕴藏着丰富的能量，1 吨含水量在 14% 以下的秸秆或 2 吨新鲜秸秆，其燃料热值相当于 1 吨标煤。发展秸秆发电，既可以缓解农村能源紧张，又有利于保护生态和资源。我国每年可生产农作物秸秆 7 亿多吨，如果全部燃烧，折合约 3 亿吨标准煤的热值，如果一半用于发电，相当于 0.9 亿千瓦火电机组年平均运行 5,000 小时，年发电量可达 4,500 亿千瓦时。

1. 主要生物质能发电模式介绍

技术的多元化是支持秸秆发电产业的基础，我国地域辽阔，在地理、气候、作物种类、农村经济、文化、生活习惯等方面，各个地区的差异很大，所以单一技术不可能支撑一个产业，需要国有技术的支持。秸秆发电至少有三种技术路线，即秸秆直燃发电、煤与秸秆混燃发电、秸秆气化发电。

（1）秸秆直燃发电。秸秆直燃发电是采用锅炉—蒸汽—蒸汽轮机—发电机的工艺路线，可以借鉴的相关技术比较多，而且可以采用热电联供的方式提高系统效率，其特点是规模效益明显，如发电装机容量小于 1 万千瓦，系统效率将明显下降。

（2）煤与秸秆混燃发电。煤与秸秆混燃技术的特点是可以对现有的小型热电厂进行改造，与新建电厂相比，投资很少。但是首先需要解决好电厂掺烧秸秆量的计量和监督的问题。由于每种技术都有各自的特点，所以，不应该完全肯定或完全否定某一项技术。关键是在选择技术路线时，必须充分考虑项目所在地的实际情况，采用最适宜的技术。

（3）沼气发电模式。

① 河北邯郸河沙镇高科超腾葡萄生态示范园区案例。在河北邯郸河沙镇高科超腾葡萄生态示范园区，农民利用猪、牛粪便建沼气池，再用沼气发电，解决了整个农业园区生产生活用电，实现了变废为宝，增产增收。园区占地60 余亩，种植优质葡萄 45 亩，现存栏大约克、杜洛克等优种猪 1000 多头，

猪舍下建沼气池 14 个，600 立方米，有一套沼气发电设备，包括与养猪场连为一体的沼气发电机组。养猪场的粪尿通过专门的通道流入地势较低的沼气池，经过沼气池发酵，产生沼气进入储气柜，储存的沼气输入 54 千瓦的沼气内燃机，带动 30 千瓦发电机发电，发出的电输入养殖场的电网，带动了 2 台饲料加工机、2 套浇灌设备、园区的全部照明等。养猪场每天可产沼气 200 立方米，按照每平方米沼气可发 2 度电，一天就可以发电 400 度，一年可以发电 14.6 万度，完全解决了园区用电量，每年可增收节支 1.5 万元。

② 福建延平区畜禽养殖企业和养殖户案例。延平区是福建省畜牧大县，目前共有规模畜禽养殖场 1275 家。为了治理其大量畜禽粪便对闽江的污染，延平区已建成 4200 口沼气池。通过发展沼气工程治理畜禽养殖污染，生态效益和社会效益很好，同时也有一定的经济效益。以一个普通规模养殖场为例，其沼液用于灌溉 200～300 亩果园或菜地，每亩可增收 200 元，年约增收 4 万～6 万元。沼渣卖给化肥厂做原料，年收入 3 万～4 万元。但是主要产品沼气仅仅用于煮饭、照明，利用率仅 5%，95% 的沼气自然排放到大气中，不但浪费资源，而且污染大气。为了解决沼气工程建设中的这道难题，2004 年 8 月利用沼气发电在太平养猪场获得成功。据测算，一个规模畜禽企业为治污投入沼气设施建设的资金，靠沼液、沼渣加上沼气发电的收入，五年内可全部收回。

2. 生物质能发电模式的案例分析

2005 年 9 月 15 日上午，国内目前最大的生物质能发电项目，经 15 个月的紧张施工，已在江苏兴化市戴窑镇投入试运行。该项目由兴化苏源总公司、中科院广州能源研究所及戴窑镇三方共同投资新建。于 2004 年 6 月 12 日动工，投资总额为 2980 万元，装机容量 5000 千瓦。该项目属国家 863 计划环保示范项目，主要利用兴化市的麦草、稻壳来发电，该项目采用的新技术和新设备处于世界先进地位，装机容量目前为世界第三，国内第一。该项目正常运行后，每年可发电近 4000 万千瓦时。同时，使广大农村的麦草、稻壳变废为宝，既增强了农民的收入，又减少了环境污染。

江苏省兴化市是全国著名的粮食大市。一个镇仅大米加工厂就有 100 多家，而每加工 1000 吨大米，就会产生 250 吨的稻壳。另据统计，兴化每年产生的稻草、麦秸秆、棉花秆以及其他农产品废弃物等生物质能资源共 100 多万吨，其中可利用的生物质能资源约为 60 万～70 万吨。研究表明，2 吨秸秆产生的热量相当于 1 吨标准煤，而且其平均含硫量只有 3.8‰，大大低于煤的平均含硫量。秸秆发电目前在我国基本上还是空白，而在欧洲一些国家，这一节能、环保技术已成功运用了十多年。

生物质能发电不仅是一种能源解决方式，更重要的是对发展农村经济有很大帮助。一方面，在每一个乡镇就地建设的秸秆发电厂大约需要 50 个工作人员，可以解决部分农民的就业问题。另一方面，秸秆发电厂需要燃烧秸秆、稻壳等物。农民将可以出售这些产品。"目前我们初步定在 150 元/吨，平均下来计算，农民每亩地可增收 60～80 元。"

3. 生物质能发电模式面临的问题

生物质能发电最大的问题是资源的收集，这在我国尤其困难。我国大部分地区都是以农户为农业生产单位，户均耕地占有面积很小，根据对我国粮食产量最大的五个省的统计，每年每户的秸秆可获得量仅为 4～5 吨。以 2.5 万千瓦的秸秆发电厂每年消耗秸秆 20 万吨计，需要从近 5 万户农户收购，这些秸秆还是分夏秋两季提供，意味每年需要完成近 10 万笔秸秆收购交易，无论对收购的组织还是收集成本控制都是极大的考验。国外秸秆发电也有向大规模发展的趋势，秸秆发电技术已在北欧得到广泛应用，但是其农业生产以农场为主，每个收购合同或收购交易可以提供的秸秆数量远远超过我国。因此，根据我国的国情，除了黑龙江、新疆等地，其他省份的秸秆发电项目规模不宜太大。有关专家曾对收集秸秆的运输成本进行过详细的调查和测算，发现收集半径在 15 千米以内，其运输成本增加很少。半径 15 千米可以提供的秸秆为 10 千米的一倍以上，所以，可在此范围内有选择性地收购，以有效地防范秸秆收购价格被恶意抬升的风险。秸秆资源的收集，有两个问题值得注意：一是把秸秆挤压成型（如块状）。如果我国也在农村设一些成型机，先把秸秆变成生物颗粒，收集就不成问题；二是秸秆等生物质能也是一种能源，应与煤同等看待，定出一个好价格。这样既可以加快生物质能的开发利用，又可以促进农业产业化、提高农民收入。

5.3 农业废弃物饲料化模式

有机废弃物饲料化生态工程是再利用模式要考虑的又一重要内容。我国目前每年农作物秸秆量 6 亿～7 亿吨，蔬菜废弃物 1 亿～1.5 亿吨，肉类加工厂

（包括肉联厂、皮革厂和屠宰场）废弃物 0.5 亿～0.65 亿吨，都可以进行饲料化处理，潜力十分巨大。

5.3.1　秸秆饲料化

秸秆含有大量的营养物质，秸秆饲料化的主要模式是利用花生、山芋、玉米等农作物秸秆富含较高营养成分，通过青贮、微储及氨化等处理措施，使秸秆中的纤维素、木质素细胞壁膨胀疏松，便于牲畜消化吸收。秸秆饲料可以有效提高奶牛产奶量和质量，降低饲料和劳力成本，提高养殖效益，经科学处理，秸秆的营养价值还可大幅度提高。开发利用潜力巨大，发展前景广阔。如果全国能新增利用 2 亿吨作物秸秆，粗略估算，可养 600 万头奶牛、2700 万头肉牛，年产牛奶 2000 万吨、牛肉 150 万吨，其粪污可产生沼气 217 亿立方米，相当于 1540 万吨标准煤。到目前为止，我国通过青贮、氨化等措施利用的作物秸秆已超过 2 亿吨，可节约饲料粮 4450 万吨。如果再扩大利用这 2 亿吨作物秸秆，可进一步节约饲料粮约 4000 万吨。秸秆饲料主要是秸秆青贮、秸秆氨化盐化、秸秆机械加工和发展全混合日粮。

1. 氨化饲料

农作物秸秆不经过处理直接返回土壤，须经过长时间的发酵分解，方能发挥肥效，参与再循环。但如果经过糖化或氨化过程使之成为家畜喜食的饲料，通过饲养家畜就可以增加畜产品产量，再利用家畜排泄物培养食用菌，生产食用菌后的残菌床又用于繁殖蚯蚓，最后将蚯蚓利用后的残余物返回农田作肥料，用于生物食物选择和排泄未能参与有效转化的部分也能得到利用、转化，从而使能量转化效率大大提高。

2. 青贮饲料

青贮饲料是农作物秸秆在密封无氧的条件下，由乳酸菌发酵作用而成，以其气味芳香、柔软多汁、适口性好等特点，成为牛、羊等草食家畜优质粗饲料之一，并可收到提高采食量、增加产奶量、改善膘情的较好效果。以玉米为例，一般从每年 9 月中旬开始陆续进入收获期，这也是开展玉米秸秆青贮的黄金季节。下面结合实际，就如何做好玉米秸秆青贮介绍如下：

（1）青贮设施的准备。青贮设施有青贮池、青贮塔、青贮壕等，以青贮池最为常用。青贮池应建在地势高燥，土质坚硬，靠近畜舍，远离水源和粪坑的地方，要坚固牢实，不透气，不漏水。内部要光滑平坦，上宽下窄，底部必须高出地下水位 0.5 米以上，以防地下水渗入。青贮池一般分为地上、半地下和地下式三种。由于华北地区地下水位偏低，以半地下式为宜。

（2）收割时间的选择。玉米全株（带穗）青贮营养价值最高，应在玉米生长至乳熟期和蜡熟期收贮（即在玉米收割前 15 至 20 天左右）；玉米秸秆青贮要在玉米成熟后，立刻收割秸秆，以保证较多的绿叶。收割时间过晚，露天堆放将造成含糖量下降、水分损失、秸秆腐烂，最终造成青贮料质量和成功率下降。

（3）玉米秸秆的切碎。为确保无氧环境的形成，玉米秸秆一定要切碎，长度以 2 至 3 厘米为宜。小规模青贮池可人工铡碎；大型青贮池必须用切碎机切碎；玉米全株青贮，有条件的最好采用大型青贮联合收割机直接到玉米地里收割。

（4）玉米秸秆的填装。在装填时必须集中人力和机具，尽量缩短原料在空气中暴露的时间，装填越快越好，小型池应在 1 天内完成，中型池 2～3 天，大型池 3～6 天。装填前，先将青贮池打扫干净，池底部填一层 10～15 厘米厚的切短秸秆或软草，以便吸收上部踩实流下的汁液。大型青贮池从一端开始装起，用推土机推压结合，逐渐向另一端，以装至高出池口 1 米左右为宜；小型青贮池从下向上逐层装填，每装 30 厘米人工踩实 1 次，一直装满青贮池并高出池口 70 厘米左右。青贮饲料紧实度要适当，以发酵完成后饲料下沉不超过深度的 8%～10% 为宜。在装填时，适当添加尿素 0.5%、食盐 0.3%，能明显提高其营养价值。

（5）秸秆青贮的封池。装填至离池口 30 厘米时，在池壁上铺塑料薄膜以备封池。青贮玉米如果收获适时，大部分为绿叶，水分为 60% 左右可不必加水；若黄叶占一半以上，即应加水，一般加水量 10%～15%，边加边装，确保水和原料混合均匀。青贮池装满后，用塑料薄膜覆盖池顶，然后压上湿土 20～30 厘米，覆盖拍实并堆成馒头形，以利于排水。

（6）封池之后的管理。距青贮池 1 米四周挖好排水沟，防止雨水渗入池内。贮后 5～6 天进入乳酸发酵阶段，青贮料脱水，软化，当封口出现塌裂、塌陷时，应及时进行培补，以防漏水漏气。要防牲畜践踏、防鼠，保证青贮质量。

（7）青贮饲料的取用。玉米青贮约经过一个月，即发酵完毕，可以开窖利用。优质青贮饲料呈青绿或黄褐色，气味带有酒香，质地柔软湿润，可看到茎叶上的叶脉和绒毛，是牛、羊等草食家畜的优质粗饲料。取用青贮饲料时，一定要从青贮池的一端开始，按照一定厚度，自上而下分层取之，要防止泥土的混入，切忌由一处挖洞掏取。每次取料数量以饲喂一天的量为宜。青贮饲料取出后，必须立即封闭青贮池池口，防止青贮饲料长期与空气接触造成的饲料变质。

不同类型的秸秆，其能量和营养价值差异很大，因此种植业生产布局决定着秸秆生产的布局。秸秆生产要与种植业生产布局结合起来，同时还需强化秸秆饲料化技术的研究推广、处理技术，提高加工设备水平，继续加大青贮饲料和氨化秸秆等成熟技术的推广力度。

我国秸秆养畜技术、沼气技术已比较成熟，目前最主要的制约因素是资金问题，布局上也受到一定的限制。如生态家园富民工程主要是在退耕还林和实施天然林保护工程的西部山区，秸秆资源却更多地集中在农业主产区，资金和资源的空间分布不匹配。为此，建议国家安排一定的扶持资金，实施两大工程：一是秸秆养畜示范工程。目前农业部只有国家农业综合开发安排的有限的专项资金，其中有偿资金占 70%，扶持力度较小。如果从国家基本建设资金中每年安排一定资金，启动 100 个左右的示范县建设，可迅速形成产业规模。二是重点畜禽场配套改造工程。扶持对象主要是已建成的种畜禽场和大中型养殖场，建设重点是畜禽粪污能源利用工程和公益性基础设施的完善。

5.3.2　畜禽粪便饲料化

畜禽粪便饲料化是畜禽粪便再利用的重要途径。畜禽粪便含有大量的营养成分，如粗蛋白质、脂肪、无氮浸出物、钙、磷、维生素 B12；同时有许多潜在的有害物质，如矿物质微量元素（重金属如铜、锌、砷等）、各种药物（抗球虫药、磺胺类药物等）、抗生素和激素等以及大量的病原微生物、寄生虫及其卵，畜禽粪便中还含有氨、硫化氢、吲哚、粪臭素等有害物质。所以，畜禽粪便只有经过无害化处理后才可用作饲料。带有潜在病原菌的畜禽粪便经过高温、膨化等处理后，可杀死全部的病原微生物和寄生虫。用经无害化处理的饲料饲喂畜禽是安全的；只要控制好畜禽粪便的饲喂量，就可避免中毒现象的发生；禁用畜禽治疗期的粪便作饲料，或在家畜屠宰前不用畜禽粪便作饲料，就可以消除畜禽粪便作饲料对畜产品安全性的威胁。处理方法主要有直接利用法、干燥法、青贮法、发酵法、分解法、化学法、热喷法等。

1. 直接利用法

用新鲜粪便直接做饲料，这种方法主要适用于鸡粪。由于鸡的消化道短，从吃进到排出大约需 4 小时，吸收不完全，所食饲料中 70％左右的营养物质未被消化吸收而排出体外，因而鸡粪中含有丰富的营养物质。在排泄的鸡粪中，按干物质计算，含 20％～30％粗蛋白，26％灰分，23％无氮浸出物和 10％粗纤维，其中色氨酸、蛋氨酸、胱氨酸、丝氨酸较多，含量不低于玉米等谷物饲料，此外还含有丰富的微量元素和一些未知因子，可用于牛羊等反刍家畜饲料。非蛋白氮在牛羊等反刍家畜的瘤胃中经微生物分解，合成菌体蛋白，然后再被消化吸收。因此，可利用鸡粪代替部分精料来养牛、喂猪。但是此种方法还存在一些问题，例如添加鸡粪的最佳比例尚未确定，另外，鸡粪成分比较复杂，含有吲哚、尿素、病原微生物、寄生虫等，易造成畜禽间交叉感染或传染病的爆发，这也限制了其推广使用，但可以用一些化学药剂，如同含甲醛质量分数为 37％的福尔马林溶液进行混合，24 小时后就可以去除吲哚、尿素、病原微生物等病菌，再饲喂牛、猪。还可采用先接种米曲霉与白地霉，然后进行杀菌，这种方法最简单适用。

2. 干燥法

干燥法是处理鸡粪常用的方法。干燥法处理粪便的效率最高，而且设备简单，投资小，粪便经干燥后可制成高蛋白饲料。这种方法既除臭又能彻底杀灭虫卵，达到卫生防疫和生产商品饲料的要求。目前由于夏季鸡粪大批量处理时仍有臭气产生，处理气臭和产物的成本较高，使该方法的推广使用受到限制，有研究表明在处理中加光合细菌、细菌链霉菌、乳酪菌等具有很好的除臭效果。

3. 分解法

分解法是利用优良品种的蝇、蚯蚓和蜗牛等低等动物分解畜禽粪便，达到既提供动物蛋白质又能处理畜禽粪便的目的。这种方法比较经济、生态效益显著。蝇蛆和蚯蚓均是很好的动物性蛋白质饲料，品质也较高，鲜蚯蚓含 10％～40％的蛋白质，可作鸡、鸭、猪的饲料或水产养殖的活饵料，蚓粪可作肥料。但由于前期畜禽粪便灭菌、脱水处理和后期蝇蛆分离技术难度较大，加之所需温度较苛刻，而难以全年生产，故尚未得到大范围的推广。如果采用笼养技术，用太阳能热水器调节温度，在饲养场地的周围喷撒除臭微生态制剂，采收时利用蝇蛆的生活特性，用强光照射使蝇蛆分离，这一系列问题就解决了。

4. 青贮法

粪便中碳水化合物的含量低，不宜单独青贮，常和一些禾本科青饲料一起青贮，调整好青饲料与粪的比例并掌握好适宜含水量，就可保证青贮质量。青贮法不仅可防止粪便中粗蛋白损失过多，而且可将部分非蛋白氮转化为蛋白质，杀灭几乎所有有害微生物。用青贮法处理畜禽粪便时，应注意添加富含可溶性碳水化合物的原料，将青贮物料水分控制在 40%～70%，保持青贮容器为厌氧环境。例如，用 65% 新鲜鸡粪、25% 青草（切短的青玉米秸）和 15% 麸皮混合青贮，经过 35 天发酵，即可用作饲料。

5. 发酵法

发酵法即利用厌氧及兼性微生物充分发酵畜禽排泄物并将其转化为饲料，中心技术是厌氧固氮发酵。采用以厌氧发酵为核心的能源环保工程，是畜禽粪便能源化利用的主要途径。目前对于集约化养殖场，大多是水冲式清除畜禽粪便的，粪便含水量高。对这种高浓度的有机废水，采用厌氧消化法具有低成本、低能耗、占地少、负荷高等优点，是一种有效处理粪便和资源回收利用的技术。它不但提供清洁能源（沼气），解决中国广大农村燃料短缺和大量焚烧秸秆的矛盾，还能消除臭气、杀死致病菌和致病虫卵，解决了大型畜牧养殖场的畜禽粪便污染问题。另外，发酵原料或产物可以生产优质饲料，发酵液可以用作农作物生长所需的营养添加剂。目前，这种工艺已经基本成熟。根据不同畜禽排泄物的特点，采用厌氧微生物发酵法比较适用于将禽类粪便加工成猪饲料。

（1）加工程序。采用厌氧固氮微生物发酵技术发酵畜禽废物的加工程序如下：

① 收集废物并进行初步处理。首先在养殖场收集废物，视企业规模的大小，可采用手工收集或机械收集；接着对废物进行初步处理，即除掉废物中的杂质，主要是碎玻璃或其他尖锐性物体，如铁钉、小石头等，目的在于避免在以后的加工中损坏加工器具。

② 发酵。在经初步处理的废物中加入基础饲料和菌种，菌种由厌氧固氮菌群组成，主要有巴氏杆菌、酵母菌等。随后用小型搅拌器搅拌，使待发酵的

废物与菌种均匀地混合。搅拌后，将混合物料密封于发酵塔中进行厌氧发酵，这一步的关键是密封以提供无氧环境。发酵时间需 48 小时。

③ 发酵后处理。48 小时以后从发酵塔里取出已发酵的物料。已发酵的新鲜有机废物可直接用作饲料，也可用机械或塑料棚进行干燥处理，再包装成袋，待运或贮存。由于发酵时间为 48 小时，因此如果企业规模较大，可多准备几个发酵塔，以形成流水作业。

（2）技术优点。将畜牧业废物加工成饲料的传统方法是用成套机械设备进行干燥处理，我们通过试验对厌氧固氮微生物发酵技术和传统技术进行了对比分析，发现新技术具有如下优点：

① 加工而成的饲料质量较高。首先是饲料的粗蛋白含量发酵后比直接干燥高 3.8%；其次，新技术加工的饲料为浅黄色带芳香味，而直接干燥成的饲料为棕色且稍带鱼腥味；再次，发酵技术无须任何添加剂，而直接干燥技术则使用了改善饲料气味的添加剂。

② 饲料喂养效果好。以猪达到 90 公斤重所需时间为衡量标准，用新技术加工的饲料喂养只需 180～190 天，而用传统技术加工的饲料喂养需 200～210 天。

③ 在占地及动力成本方面占优势。采用新技术的占地面积为 60 平方米，而成套机械设备干燥法则需占地 150～1000 平方米；新技术每年的动力成本为 5000 元，传统技术每年的动力成本则高达 5 万元。

④ 对空气的污染程度低。采用新技术无 NH_4、H_2S、SO_2 等有毒气体排入大气，而传统加工技术则向大气中排放了这些气体。

5.4 农业废弃物再加工模式

再利用原则在农产品加工业中的应用，主要体现在对各类农产品、山区土特产品、林产品、水产品及其初加工后的副产品及有机废弃物进行系列开发、反复加工、深度加工，利用生物技术、工程技术、核技术等高新技术手段，开发新的产品，延伸产业链，不仅加工企业本身不再产生污染，而且使产品不断增值。发达国家农产品加工企业都是从环保和经济效益两个角度对加工原料进行综合利用，把农副产品转化为饲料和高附加价值产品，如从玉米芯、果皮、果籽和果渣中提取膳食纤维、香精油、果胶物质、单宁、色素等。

5.4.1　秸秆再加工模式

在我国耕地和淡水资源短缺的情况下，农作物秸秆尤为珍贵。世界各国普遍重视农作物秸秆的综合利用，主要集中在能源、饲料和肥料三个方面。我国虽然在这些领域都开展了秸秆的开发利用，但政策不完善，技术研发水平落后，研究与推广脱节，综合利用水平还较低。加强农作物秸秆综合利用，把各类农作物秸秆转化增值，是我国新阶段农业和农村经济发展的一项重大课题。

1. 秸秆造纸业发展模式

我国有大量蔗渣、田菁、棉秆、芒秆等秸秆，这些非木材纤维都是生产文化印刷用纸、生活用纸和包装用纸的重要纤维原料。可以充分利用废弃物资源，发展非木纤维纸业。

由于非木纤维短、强度低、杂细胞多，需选用化学助剂提高非木纤维的利用价值，因此利用非木材纤维存在的主要问题是制浆黑液和造纸生产过程中产生的废水严重污染江河。针对生产体系中的污染物，采用高科技治理，确保污染物达标排放。如采用先进的工艺和设备，选用高效的化学助剂提高水的循环利用率，把清水用量和污水排放量降下来，尽快做到达标排放；再如运用创新技术提取黑液中的木素生产有机化肥，集中生产过程中产生的废水，通过处理回用于农田的灌溉，不向外部水体排放污染物质，不仅可以保护区域水体环境，还能节约水资源。用黑液中的木素生产的有机肥料用作农田的基肥，农业废弃物用于制浆造纸，使所有物质和能源得到充分合理利用，实现"资源→产品→再生资源"的封闭循环；还可以加快研究开发并完善新的制浆新工艺，如：爆破制浆、溶剂制浆以及芬兰 Conox 黑液回收技术等。

我国要关注这些新工艺、新技术试验的进展，有关研究单位应加快科技成果的产业化进程，真正做到能够投产应用。

2. 其他再加工发展模式

（1）发展秸秆环保建材。农作物秸秆经过工艺处理，可以制成质量轻、实用美观的板材、装饰材料、一次使用的基质材料等建筑材料，能够在许多方面替代木材，减少木材消耗，在加强生态建设和保护环境生产建筑材料等方面有着不可替代的功能。如稻草可以制取膨松纤维素、板材，利用稻草编织草帘、草苫，用于蔬菜产区的温室大棚，不仅保温效果好，而且减少了其他农用资料的使用，环保经济。

（2）发展秸秆食用菌。农作物秸秆是良好的食用菌基料，搭配必要的培养基就可以生产食用菌。剩余物还可作肥料，再次利用，实现良好的循环。

（3）小麦秸秆适用于制取糠醛、纤维素，制作秸秆餐具等发展模式。利用农业废弃物的根、茎、叶，还可以编织日常用品和手工艺品，实现变废为宝。草编是甘肃省历史悠久的传统手工艺品，产品遍布全省各地。主要品种有以玉米皮、麦秸秆为原料编织的包、篮、垫、盘、盒、帽等工艺品和以藤、棕编制的桌几、椅类、床类产品。甘肃省草编工艺品造型别致，纹样装饰丰富多彩，是大宗出口产品之一，远销英、美、德、意、日等10多个国家和地区。

5.4.2 塑木复合材料发展模式

塑木复合材料（Wood-Plastic Composites，简称 WPC），也称天纤塑料、木塑复合材料、环保木、防水木等，是利用废弃的木粉、稻糠等天然纤维填充，增强 PE、PP、PVC、ABS 等热塑性新料或回收塑料的新型改性材料，通常添加的比例为 50/50，另外 WPC 还含有少量的助剂（如抗氧剂、抗老化剂、润滑剂、色粉等）。

由于 WPC 主要使用的原材料是天然纤维和热塑性树脂，产品中95％以上可以使用再生材料，因此在国外，WPC 更多地被称之为再生塑木（Recycled Plastic Lumber，RPL）。

我国是世界上最大的稻米生产国和稻米消费国，每年直接食用稻米及其制品耗用稻米约 1.95 亿吨。由于我国的稻米产量大，加工中可得到稻壳 3500 万～4000 万吨/a。目前，约有 40％稻壳通过酿烧酒、发电、饲料、制作纤维板、免烧砖、炭黑、可降解快餐盒等工业品、作培育蘑菇填充料、还田做肥等手段得到再利用，剩余的约 2100 万～2400 万吨稻壳被焚烧或废弃。此外，我国已成为世界上农膜产量和使用量最大的国家，根据农业部的预测，到 2005 年我国园艺设施栽培面积将达到 2300 万亩左右，全国地膜覆盖面积达 11.3 万千米。而各种农膜在使用后大部分被就地抛弃或烧毁，据统计，我国耕地的残膜率达 42％，每年有超过 75 万吨的农膜被浪费，导致农膜无法回收的重要原因是回收价格极低，无法吸引农民的兴趣。

塑木复合材料的诞生，顺应了发展循环经济，节约自然资源，减轻人类活动对环境影响的潮流，为我国处理农林业废弃物和工业废弃塑料，提供了一条崭新的思路。WPC 对天然纤维的选取非常广泛，没有过多的要求，但从加工的角度考虑，适当的粒度、少的水分、浅的颜色，都是利于生产出优良的WPC 产品的。通常情况下，废旧的木材下脚料、刨花、木粉，花生、稻米等谷物加工后剩余的糠皮，芦苇、向日葵等天然农作物的茎、杆，造纸行业中产生的改性木质素等都可用于 WPC 的制造。由于天然纤维在高温加工过程中容易焦化，现有的 WPC 产品大都选用熔程在 230℃ 以下的热塑性树脂，如：PE、PP、PVC、ABS、PET 等。通常情况下，这些树脂均采用回收的各种塑料制品，如农膜、电线电缆皮、包装薄膜、塑料袋、饮料瓶、PVC 门窗等，出于加工上的考虑和原材料的易得性，全球 WPC 产品中超过八成是利用 PE生产的。

2002 年，我国的 PE 消费量为 810 万吨，用于生产各种薄膜的 PE 有 400万吨，其中农膜 130 万吨。WPC 作为高附加值产品，有足够的空间为农膜收购提供合适的价格，这对降低农膜对环境的污染，维护耕地的可持续发展有着重要意义。在复合材料领域，WPC 吸引了众多研究者的目光，成为发展速度最快的分支之一。WPC 产业市场前景广阔，在世界范围内，WPC 的年增长速度超过 15％，现已形成 100 亿美元的市场容量，随着 WPC 应用领域的不断扩大，这一市场的潜在容量将非常巨大。

5.4.3　蔗渣再加工模式

广西贵糖（集团）公司充分利用甘蔗制糖废弃物——蔗渣，生产出高质量的生活用纸、高级文化用纸以及高附加值的 CMC（羧甲基纤维素钠），其经济效益甚至超过主产品糖产业。贵港生态工业园建设中的再利用，具体表现在以下几个方面：

（1）实施生活用纸扩建工程。甘蔗中的大部分蔗糖分被提取之后，剩下的是蔗渣和废蜜。蔗糖分和蔗纤维在甘蔗中的含量相当，分别为 13.5％ 和12.5％，在传统甘蔗制糖工业中，前者进入市场成为商品，后者则以废弃物的身份进入糖厂锅炉而被烧掉，为此全世界每年烧掉近 1 亿吨蔗渣。从资源经济的角度看，这是对甘蔗资源的浪费，如果用蔗纤维制纸，每生产 1 吨纸张需消耗木材 3 立方米。树木紧缺，生长周期长，且具有重要的生态价值，而甘蔗资源却较丰富，一年一生，利于砍伐且成本低廉。基于此，贵糖于 2002 年启动利用蔗渣、年产 10 万吨生活用纸的技术改造工程。预计到 2005 年，贵糖将年产 20 万吨生活用纸，相当于每年减少消耗 60 万立方米木材。

（2）实施能源酒精技改工程。现有技术条件下，蔗糖分的工业提取率为 90% 左右，其余糖分存留于糖蜜中。糖蜜普遍被发酵以制取食用酒精，其年产量占到世界酒精产量的 50% 左右。由于酒精是非常理想的可以代替煤、石油、天然气等用来发电、转换成汽车燃料的首选生物制品，贵糖拟生产高附加值的能源酒精即"汽油醇"。由于年产 20 万吨"汽油醇"约需糖蜜 100 万吨，因此目前正在进行这方面的技术储备：一是量的放大，二是质的提高。

（3）实施低聚果糖生物工程、酵母精生物工程和 CMC（梭甲基纤维素钠）工程。这三项工程分别是对蔗糖分、糖蜜和蔗纤维的多样化再利用。

5.5 再利用循环经济模式的案例分析

5.5.1 韩国的废弃物再利用

韩国国土狭小，人口稠密，每年消耗能源折合 1 亿多吨原油。因此，韩国政府十分注重环保和资源的循环利用。2002 年，韩国用于环境保护的财政支出达到 13 万亿韩元（约合 111 亿美元），占其当年国内生产总值的 2.3%，高于发达国家德国和法国的 1.6%、日本的 1.4% 和英国的 0.7%。韩国资源有限，建立资源节约型环境产业为当务之急。垃圾也是再生能源的来源之一。韩国在首尔的金浦首都圈垃圾填埋场建设一座 50 兆瓦的沼气发电厂，其发电量可供 1.5 万户居民家庭使用。在取得建设这座发电厂经验的基础上，各地方政府陆续扩大垃圾填埋场的规模，建设沼气发电厂。现在，韩国各地将建成沼气发电厂 30 座、沼气供暖站 43 座。

为规范资源再利用行为，韩国于 1992 年开始实施被称为"废弃物预付金制度"，即生产单位依据其产品出库数量，按比例向政府预付一定数量的资金，根据其最终废弃资源的情况，再返回部分预付资金。从 2002 年起，韩国将"废弃物预付金制度"改为"废弃物再利用责任制"，即从限制排污改为废弃资源的再利用。韩国政府制定的"废弃物再利用责任制"规定，家用电器、轮胎、润滑油、日光灯、电池、纸袋、塑料包装材料、金属罐头盒、玻璃瓶等

18 种废旧产品须由生产单位负责回收和循环利用。2004 年和 2005 年，食品盒、方便面泡沫塑料碗、合成数脂、外包装材料等将先后实施"废弃物再利用责任制"。如果生产者回收和循环利用的废旧产品达不到一定比例，政府将对相关企业课以罚款，罚款比例是回收处理费的 1.15 倍至 1.3 倍。"废弃物再利用责任制"，对减少废弃物的排放，促进废弃物的循环利用起到了积极作用。

生产单位在实施"废弃物再利用责任制"时，采用三种形式回收和处理废弃物。一是生产单位自行回收和处理废弃物，回收处理费用自行担负，废弃物循环利用的效益自享；二是为"生产者再利用实业共济组合"，也就是交由回收处理废弃物的合作社负责。生产者将废弃物回收处理的责任转移给合作社，依据废弃物的品种，论重量交纳分担金；三是生产单位与废弃物再利用企业签订委托合同，按废弃物的数量交纳委托金，由后者负责废弃物的回收和处理。目前，韩国回收处理废弃物的合作社有 11 家，遍布全国各地，80%～90% 的生产单位采用第二种形式回收和处理废弃物。同时，韩国成立了一家名为"资源再生公社"的公营企业，专门负责管理和监督"废弃物再利用责任制"的实施。"资源再生公社"依据有关管理章程，通过抽查和现场调查等形式，堵塞废弃物循环使用中的漏洞。如果生产企业违反"废弃物再利用责任制"，将被课以最高 100 万韩元的罚款。自从设立"资源再生公社"并实施管理监督以来，韩国废弃物品循环利用率提高了 5%～6%。

5.5.2　瑞士的废弃物循环再利用

瑞士是个面积仅有 4.1 万平方公里、人口 700 多万人的欧洲小国，但其环境保护堪称世界一流，在对各种废弃物的循环利用方面也在世界居领先地位。瑞士是首批循环利用塑料瓶的国家之一，目前对使用过的塑料瓶的回收率已达到 80% 以上。而欧洲其他国家的回收率仅为 20%～40%，因而瑞士对废塑料瓶的回收率和处理加工水平均在世界名列前茅。

十多年来，塑料瓶迅速进入瑞士消费者家庭，逐渐取代玻璃瓶，因此回收废塑料瓶成了社会生活中的一个新课题。目前，瑞士全国设有 1.5 万个收集塑料瓶的中心。据统计，现在瑞士平均每个居民、每年送往收集中心的塑料瓶达100 个。瑞士政府明文规定，企业只有在使废弃的塑料瓶回收率达到 75% 的情况下才能获准广泛生产与使用塑料瓶。为了资助收集、分拣和循环利用塑料瓶，政府实施对每个塑料瓶增加 4 个生丁（约合 0.24 元人民币）的税收，所获资金由瑞士一个回收塑料瓶的非营利机构管理，作为回收废塑料瓶的专用基金。该机构还经常组织向开发商和消费者宣传回收塑料瓶的活动。瑞士在原有4个塑料瓶处理厂的基础上，在沃州新建了一个大型现代化处理厂，具有每小时分拣和压扁15万个塑料瓶的能力，将不同颜色的塑料瓶分类处理成新的塑料制品材料。

瑞士也十分重视循环利用罐头盒。全国各地设有4000余个回收箱，每年回收废罐头盒1.2万吨以上，即平均每人1.7公斤。回收来的罐头盒经加工厂处理后用于制作锅、工具、管子，甚至汽车外壳等金属产品，既节省了原材料和能源，也减少了空气污染，保护了生态环境。

瑞士同样采取措施回收废电池，联邦环境局专门设有负责回收废电池与蓄电池的机构。据称，目前世界仅有两家废电池处理厂，一家在日本，一家在瑞士。在瑞士居住的人不得随意丢弃废电池，也不能混同其他垃圾一起丢弃，必须投入专用的回收箱，或集中起来交给物业管理人员处理。据报道，瑞士每年销售约3800吨干电池，2003年对废电池的回收率为64％，政府的目标是使废电池的回收率达到80％以上。近年来，手机大量进入瑞士市场，而且手机更新换代非常快，瑞士全国每年约有150万部手机被淘汰。瑞士沃州的手机进出口公司"Idris"首先提出了对每部旧手机支付5瑞士法郎（约合30元人民币）进行收购的设想。瑞士在2003年年底正式成立了回收旧手机的专门机构，并在全国8000余个邮局开设了收购旧手机的业务。在不足3个月的时间里，全瑞士就收购了5000多部旧手机，其中近2/3的手机还完全可以使用，只不过款式和功能有点过时罢了。

回收到的旧手机集中送往设在日内瓦的一个专门工厂进行检测、分拣和处理。工厂把完全可以使用的或只需换某些零件就能使用的手机同已不能使用的手机分开，将完全好的手机和修理好的手机送到"Idris"公司，然后运往非洲、中东、亚洲、拉美等一些发展中国家的市场销售。由于旧手机价格便宜，很受当地消费者的欢迎。与此同时，工厂把报废的手机拆开，取出可利用的零部件，对其他废弃物进行科学、合理地处理。

第6章 再循环链接形式的
农业循环经济模式

再循环原则是指将无法再利用的废弃物变成资源，重新转入生产领域再次利用，要求生产出来的物品在完成其使用功能后能重新变成可再利用的资源，而不是不可恢复的垃圾，属于输出端控制方法。农业再循环链接形式（Recycle）分为两类：一类是农产品在储存或运输过程中质量发生了变化，不能按原用途消费，可经过处理改变用途，既可减少农业通过最终产品向系统外输出污染物，又能增加可利用的物质与能量来源。例如，淀粉类可加工成酒精，油脂类可加工成润滑油或生物燃油，水果和蔬菜类可转化成肥料和饲料等。另一类是从保护生态环境的角度，将农产品加工成环保型农业生产资料，如可降解地膜、生物柴油、生物润滑剂等生物产品。从国际上看，尤其在发达国家，第二种类型已得到越来越广泛的应用，这些生物产品不仅在农业上，而且在工业、交通、医药、环保等领域也都受到了重视。这除了节约资源方面的考虑外，主要是由于这些生物产品的二氧化碳中性、可降解性和无毒性。所谓二氧化碳中性，指的是这些生物产品不同于石油、煤炭及天然气等石化原料，其在使用过程中释放出的二氧化碳是过去短时间内通过光合作用储存起来的，不会对大气层造成不利影响。

6.1 重视微生物在农业中运用的发展模式

地球生物界由三大类生物组成，即动物、植物和微生物。动、植物资源的部分种类已被人类开发转化为以种植业和畜牧业为中心内容的传统农业。地球上三大类生物资源之一的微生物资源是至今尚未被人类充分开发利用的生物资源宝库，微生物的生态转化功能具有比资源价值本身更重要的作用，具有极大的开发价值。特别值得重视的是微生物在物质循环中起着巨大的作用，可以说自然界所有的物质循环都是靠微生物的作用实现的，如果没有微生物的存在，自然界生物体的遗骸早已堆积如山。由微生物降解有机物向自然界提供的碳元素每年高达 950 亿吨。正是因为有微生物的存在，地球上的各种生物材料和元素才得以周而复始、源远流长地运转和循环。微生物不仅有适应各种环境和条件的特殊功能，而且有利用各种原料制作各种产品的独特作用。一些极端微生物可以生活于高寒、高温、高压、高酸、高碱等多种其他生物难以承受的环境中。因此，微生物在农业循环经济中具有宽广的应用领域和广阔的应用前景。

6.1.1　白色农业开发模式

白色农业的概念最早产生于我国，2004 年 4 月 26 日，在北京第二届国际白色农业研讨会上，中外专家将微生物视作"宝贝"，给它取了个新名词："白色农业"。它是把传统农业的动植物资源利用扩展到微生物新资源利用，创建以微生物产业为中心的新型工业化农业的一个重要手段。在白色农业基础上可以形成六大产业：微生物饲料、微生物肥料、微生物农药、微生物食物、微生物能源及微生物生态环境保护剂。

开发、利用微生物资源，可以改善农、牧业产品的品质，减轻环境污染，提高农产品的产值以及获得取之不尽的能源，从而缓解能源与环保的矛盾。我国在发展农业微生物能源——沼气方面已取得巨大成绩，在利用农业废弃纤维质资源，用微生物发酵技术生产酒精，替代日益枯竭的石油资源，也取得了进展。

6.1.2　腐屑食物链开发模式

从生态学角度分析，自然界生态系统中包含一个循环原则，两条食物链，三大生物资源。一个循环原则就是自然界中的各类生物依据生产功能→利用功能→转化功能之间的关系，生生不息，无限循环。生态学上将来自植物的食物能转化为一连串重复取食与被取食的有机体，称作食物链，每一次转化，大部分的潜能（80%～90%）化为热消失了。因此，在这个顺序中的梯级或环节的数目是有限度的，通常为 4～5 级。食物链越短（或有机体越靠近链的开端），可用的能量就越大。

1. 腐屑食物链介绍

"腐屑"（或称碎屑），在此指工农业生产有机废弃物资源，在经济学意义上称为传统农业生产过程的非经济产品。在农业生产过程中采用"腐屑"这个术语意指死亡有机体分解过程中的全部有机物质颗粒，对于农业生产系统来讲，也扩大至所有农业生产物的死亡有机废弃物资源。

食物链分为两种基本类型：放牧（生食）食物链（Grazing Food Chain），以绿色植物为基础到食草动物（即以活的植物为食的动物）进而到食肉动物（即以动物为食），这条食物链是人们获取蛋白质的传统途径；屑食物链（Detritus Food Chain），从死的有机物到微生物，接着到摄食腐屑生物及它们的捕食者。在成熟的生态系统中，缓慢地消耗腐屑是异养生物利用初级生产的主要途径。因此，人类通过发展微生物技术开发腐屑食物链，能够从自然系统中获取相当可观的收获，应视之为与生食食物链相并的农业生产途径，这样做对生态系统的改变并不大，而且具有补充和调节的价值。构建腐屑生态系统，开发腐屑食物链，开辟各种废弃物资源化的技术途径，是促进农业循环经济发展的重要理论与技术领域。

2. 腐屑资源的开发模式

现代农业生产对策的基础是选择生长迅速，可食用蛋白质含量高的植物。从植物保护的角度来看，这正是农业生物易受病虫害袭击的根源。因此，越是选择多汁的和生长迅速的植物，就越需要更多的投资进行病虫害防治，反过来又增加了农产品受污染的可能性，进而危及人类本身。相反的发展模式即选择对害虫基本上是不可口的，或者在生长过程中自身能产生杀虫物质的栽培植物，然后把这些植物产品在食品工厂中用生物或化学的方法转化为营养丰富而可口的产品，推行绿色化学化和化学绿色化，如将低质的粗饲料经过微生物发酵生产青贮饲料。延伸的发展模式即利用具有生态转化功能的微小生物（昆虫和微生物最为理想）或生物化学及分子生物学技术将传统农业生产的非经济产品再次转化为经济产品。采用延伸的对策利用生物资源的方式，一次性利用、一步到位的方式转变为多次利用、循环利用的方式，如利用黄粉虫将农业生产废弃物资源转化为虫粉蛋白和高效有机肥。

目前利用我国腐屑的来源非常丰富，如农作物秸秆、锯木屑、棉籽壳、甘蔗渣、糖渣、甜菜渣、沼气渣、造纸厂废浆渣、棉纺工业废短绒、各种酿造工业的下脚料、畜禽粪尿和褥草、屠宰场和肉类加工厂的废物、水产业的废物以及食用菌栽培后的废弃基质等。通过开发腐屑食物链，能够从自然系统中获取相当可观的收益，应视之为与捕食食物链相并行的农业生产途径。它对生态系统的影响不大，而且有补充和调节的价值。

3. 腐屑生态体系是农业循环经济发展的基石

基于腐屑生态体系的农业循环经济是按照生态学原理，利用昆虫、微生物比较彻底地化解"废物"，没有（很少）废品产生，可真正实现"资源→产品→再生资源→产品→再生资源"的循环经济，是无污染的经济模式；腐屑生态体系完全利用自然生物因素，投入小，因此腐屑生态体系的循环经济是比较经济的循环经济模式；腐屑生态体系可以和其他经济模式，如绿色农业、绿色制造、清洁生产结合形成循环型生态农业体系，如生态工业园、生态农业区等，达到循环经济的理想模式。

以微生物食用菌循环模式为例，利用微生物把大田作物的秸秆、谷物糠麸、棉籽壳、甘蔗渣等直接用作人工培养食用菌的原料，而食用菌生产余下的菌渣和培养床的废弃物又可以再次用于大田作物的肥料。以江苏南京市高淳县固城镇"秸秆种菇模式"为例，将水稻秸秆用于栽培食用菌，把种菇栽培的下脚料还田重复利用，形成了"稻草→蘑菇培养基→菇渣肥田→水稻"的循环经济生态模式。

6.1.3 微生物发酵模式

畜牧业废物采用微生物厌氧发酵技术循环利用，在技术上和经济上都是可行的。可将鸡的排泄物质加工成猪饲料，猪的排泄物加工成肥料，或者与牛的排泄物同时用作沼气池原料，沼渣、沼液又作为农田肥料，从而可避免将这些有机废物排入环境中。所以，微生物厌氧发酵技术可将农场、畜牧场、渔场和园艺地系统化为无污无废高效的大型农业生产经营系统。微生物发酵有几种主要利用模式。

1. 沼气发酵

微生物可通过厌氧发酵，把多种生物质（包括动物食用生物质后转化的粪便等）转化为能燃烧的甲烷。我国地少人多，生态脆弱，推广沼气发酵，不仅可以解决农民的燃料问题，而且有利于农村粪便的处理和环境的改善。沼气发酵产物是指农作物的秸秆、人畜粪便等有机物在沼气池厌氧环境中通过沼气微生物分解转化后所产生的沼气、沼液、沼渣，俗称"三沼"。沼气除可直接用作生活和生产能源，或用于发电外，还可以养蚕，可以保鲜、储存农产品；沼液可以浸种，可以作叶面喷洒，为作物提供营养并杀灭某些病虫害，可以作培养液水培蔬菜，可以作果园滴灌，可以喂鱼、猪、鸡等；沼渣可以作肥料，可以作营养基栽种食用菌，可以养殖蚯蚓等。因此沼气发酵既有降本增效的功能，又能改善环境，保护生态，实现农业和农村废物循环利用。

2. 酒精发酵

酒精生产在中国已有上百年的历史。从 20 世纪 70 年代国外就开始利用甘蔗榨汁为原料，通过微生物发酵生产酒精代替汽油，现在巴西年产汽车酒精1000 万吨。美国从 1978 年至今，已通过十多项法案，从能源、交通、税收、环保等方面对汽车使用酒精给予支持，用粮食和秸秆生产的酒精量已达 512 万吨。我国从 2001 年起在南阳、吉林、哈尔滨建设了以陈粮为原料的酒精生产工厂，总规模已接近 100 万吨。我国每年产生的秸秆等生物质高达 11 亿吨以上，这些都可以用来生产酒精，可见发展前景广阔。

6.1.4　酵素菌技术模式

酵素菌技术，是一项生物工程，其产品能够产生多种催化分解酸的有益微生物群体，作为进化型的生物技术结晶，为农业可持续发展带来了新的希望。该技术不仅能有效地解决农业生产中的化肥公害，农药污染，土壤板结，污染环境等问题，而且该技术生产出的肥料是生产绿色无公害，城乡人民食用放心农副食品的最佳生物菌肥料，被国内外专家认为，这将是促进传统农业向现代化生态农业转化的一场重大革命。

1. 酵素菌技术介绍

酵素菌是由细菌、放线菌和真菌三大类组成的，几十种菌和酶组成了有益生物活性的功能团。它不仅能分解农作物秸秆等各种有机质而且能分解土壤中残留的化肥、农药等化学成分，还能分解沸石、页岩等矿物质，它在分解发酵过程中能生成多种维生素、核酸、菌体蛋白等发酵生成物，营养价值相当丰富。

应用酵素菌技术制作的肥料其有益微生物能够杀死土壤中的病原菌，可全面改良土壤达到土质松软、透气、保水、保肥、抗旱、耐涝、提高地温和地力，克服农作物重茬病，有效控制病虫害，稳定增加产量，并能极大改善农产品的品质和口感的目的。使用该肥料蔬菜大棚的地温可提高 2℃～3℃，产量提高 30％ 以上，成熟期提前 7～10 天，瓜果含糖量提高 2℃～3℃，能创造较好的经济效益。

2. 酵素菌生物肥成分说明

（1）主要成分构成。

活菌：主要有固氮菌、解磷菌、解钾菌、酵母菌、放线菌、真菌以及多种对植物有益的菌群。

生命物质：微生物发酵过程中产生的生命物质，现已测出 17 种氨基酸、33 种游离氨基酸、12 种脂肪酸以及多种酶、生物激素类物质等。其中酶在生命活动中起着非常重要的作用，没有这些酶，植物就不能生长。

此外，酵素菌生物肥中还含有 6 种非金属元素和 20 种金属元素，它们都和动植物的生长密切相关。其中 16 种元素碳、氢、氮、磷、钾、钙、镁、硫、铁、锰、铜、锌、钼、钴、氯、硫为植物生长必需的营养元素及微量元素。

（2）酵素生物肥是全元素、营养型、缓释长效、高能活性肥料。

全元素：此肥料含有各种农作物生长过程中所需要的各种元素，并且根据平衡施肥理论，按作物所需各种养分最大数量加以配比，确保农作物整个生长期内绝不出现任何脱肥和缺肥现象，从而达到丰产和高产的效果。

营养型：酵素生物肥具有正本修元的功效，其中的有机质可解决土壤板结和盐碱化问题，活菌和生命物质还可彻底修复土壤分解化肥残留，提高植物抗逆性，抵抗病虫害，达到少用或不用农药的效果。

缓释长效：此肥料含有大量有机质，再加上微生物繁衍生殖所产生的各类有机酸、氨基酸、脂肪酸、游离氨基酸等都具有释放速度慢、肥效长的特点。

高能活性：此肥料所独有的各类菌群能够高效彻底分解化肥残留物和土壤中不可分解的各类物质，增加土壤团粒结构，保水保肥，而且能够彻底杀灭土壤中的病原菌，保证无土传病害，使农作物能在最好的环境当中生长，从而保证农作物的产量与品质，增加投入产出比，提高经济效益。

3. 酵素菌肥的基本原理及作用机理

（1）基本原理。农作物根际土壤微生态区系的微生物的活性如何及活性大小，对植物根部营养非常重要，因为土壤中的具有活性的有益微生物直接参与土壤肥力的形成和发育等一系列物理化学过程。但纯自然状态下有益微生物数量不够，作用力也有限。因此，如能采用"人为方式"向土壤中增加有益微生物数量，就能够增强土壤中微生物的数量和整体活性，从而明显提高土壤的肥力。在植物根际施用微生物菌肥，就可以大大增加根际土壤中有益菌的数量和活性，促进土壤肥力的增强。这就是施用酵素菌肥可以提高土壤肥力的科学原理。

（2）作用机理。

① 产生生物激素刺激作物生长。酵素菌肥中的微生物，无论在其发酵过程，还是在土壤内的生命活动过程中，均会产生大量的赤霉素和细胞激素类等物质，这些物质在与植物根系接触后，能调节作物的新陈代谢，刺激作物的生长，从而使作物产生增产效果。

② 大量有益菌能"以正压邪"，减轻病害。酵素菌肥中的微生物在植物根部大量生长、繁殖，从而形成优势菌群，优势菌群形成局部优势，这样就能抑制和减少病原菌的入侵和繁殖机会，起到了减轻作物病害的功效。

③ 有益菌刺激有机质释放营养。大量的有机质通过有益微生物活动后，可不断释放出植物生长所需的营养元素，达到肥效持久的目的。

④ 能松土保肥、改善环境。丰富的有机质还可以改良土壤物理性状，改善土壤团粒结构，从而使土壤疏松，减少土壤板结，有利于保水、保肥、通气和促进根系发育，为农作物提供适合的微生态生长环境。

4. 酵素菌农作物秸秆堆肥制作技术

素菌秸秆堆肥是用酵素菌堆制发酵的农作物秸秆，由微生物产生多种酶，促进有机物水解，使发酵物分解转化为可供植物生长的营养物质的有机肥料。

（1）材料准备。每 1000 公斤作物秸秆需要酵素菌 1～2 公斤，尿素 5 公斤（可用 10％的人粪尿、鸡粪或是 30％土杂肥代替），麦麸 5 公斤，过磷酸钙 5 公斤。

（2）材料处理。玉米秸、高粱秸最好铡成 20～30 厘米的小段（如堆制时间长可整条秸秆堆沤），矮秸秆作物如麦秆、豆秆等可以不铡段。

（3）堆制要点："吃饱、喝足、盖严"。所谓"吃饱"是指秸秆和调节碳氮比的尿素或土杂肥及麦麸要按所需求的量加足，以保证堆肥质量。"喝足"就是秸秆必须被水浸透，加足水是堆肥的关键。"盖严"就是成堆后用泥土密封，可起到保温保水作用。堆制 10～15 天可翻堆 1 次并酌情补水，加速成肥过程。如不进行翻堆，要在中央竖数把秸秆束，便于透气，满足好气性微生物活动。

（4）堆制方法。

① 集中堆制。首先，选择背风向阳的地方建堆，以利增温。其次，堆制场地四周起土埂 30 厘米，堆底要求平而实，以防跑水。再次，将已湿透的秸秆撒于堆处，堆集高 60 厘米时浇足水，料面先撒尿素、磷肥总量的 2/10，再加少量水溶解，然后撒扩大菌和麦麸混合总量的 2/10，再撒秸秆高 60 厘米，按上述方法分别撒化肥和麦麸扩大菌的 4/10，上面再撒秸秆 30～40 厘米厚及其余的化肥和菌，最后用泥封存 1.5～2 厘米。要求堆宽 1.5～2 米，高 1.5～1.6 米，长度不限。分 3～4 层堆沤。稻秆、麦秆、豆秆纤维长的材料不可踩实，玉米秆应适当踩实，但不可太实，否则影响发酵。

② 深埋堆沤。在果园行间挖宽 50～60 厘米，深 1 米的条沟，在沟内按上述堆制方法进行堆沤，成肥可直接供果树利用。

③ 温室底施。在室内挖深 1 米，宽 40～50 厘米的定植沟，在沟内撒 30～40 厘米秸秆进行堆制，堆制方法同上。最上面盖足土施肥后直接定植。秸秆应铡成 20～30 厘米的小段。

（5）堆肥检验标准。成肥颜色以黄褐色最佳，无气味或有点霉味和发酵味最优，纤维变脆，轻压便碎。

6.2 农业废弃纤维质资源再利用的发展模式

我国农业生产中每年都会产生大量废弃纤维质资源。以植物纤维为例，我国每年有 5 亿吨左右的秸秆，1000 万吨的米糠，1000 万吨的玉米芯，2000 万吨的稻壳，这些农业废弃纤维不仅开发利用率低，而且利用不完善会造成严重的环境污染。因此，探索农业废弃纤维质资源再利用的发展模式，对提高自然资源利用率和环境保护具有重要意义。

6.2.1 大豆蛋白纤维的开发模式

大豆蛋白纤维是一种以大豆浸出过油的废料为原料制成的纤维。该技术是我国在应用纤维领域唯一的原创技术，由河南华康生物化学工程联合集团公司率先进行工业化试验并取得成功。大豆蛋白纤维其取材于榨油后的豆粕，加水或稀碱液经搅拌，在蛋白质提纯的过程中取出其中的球形蛋白，通过助剂与羟基高聚物接枝相溶共聚共混，制成一定浓度的蛋白质纺丝溶液，利用现代纺丝设备，经湿法纺丝而成。由于大豆蛋白纤维生产过程中不会对环境造成污染，使用的辅料、助剂均无毒，且大部分助剂和半成品纤维均可回收重新使用，提纯蛋白后留下的残渣还可以作为饲料，因此它的生产过程符合环保要求，可谓是新世纪的"绿色纤维"。又因其既具有天然蚕丝的优良性能，又具有合成纤维的机械性能，既能满足人们对穿着舒适性、美观性的追求，又符合服装免烫、洗可穿的潮流，因此又被誉为"21 世纪最健康舒适纤维"。

在江苏省常熟江河天绒丝纤维有限责任公司利用上游企业的豆粕，投产大豆蛋白纤维万吨级项目，标志着我国以植物蛋白丝作纤维材料的工业产业化进程已走在世界前列。我国大豆蛋白纤维各项物理指标已达到纺纱工艺要求，具备了多种纤维的特点，有羊绒般的手感、蚕丝的光泽、棉纤维的吸湿透气、羊毛的保暖性。同时，由于大豆蛋白纤维中含有多种氨基酸，对人体有一定的保健作用，是新世纪的健康舒适型纤维。采用浸泡法可从 100 公斤大豆粕中提取 40 公斤的蛋白质，大大提高了农副产品的附加值，有效地促进农业产业结构调整和农业经济的发展。

6.2.2　生物蛋白纤维的开发模式

内蒙古作为我国的畜牧业大省，政府、企业长期以来在研究废旧羊毛、牛毛、驼毛的再利用问题。据有关资料统计，我国每年有大约五六十万吨废旧羊毛、牛毛、驼毛、猪毛得不到充分的利用，只有少部分属低级利用，很大一部分被废弃。2005 年 1 月 18 日，中国科学院过程工程研究所研发出了利用没有纺织价值的羊毛、驼毛、牛毛等成功地制备适合纺丝的角蛋白溶液，并开始将蛋白溶液接枝在纤维素原液中纺丝，研制出生物蛋白纤维，用生物蛋白纤维编织的羊绒衫，成分不仅是百分之百的纯天然纤维，而且还添加了纯天然羊绒衫不具有的抗菌等功能。

生物蛋白纤维的生产工艺采用软水代替酸浴，采用离子液体形式制备纤维，杜绝了制备纤维产生的"三废"现象，实现了绿色环保工艺道路。与传统纺丝工艺相比，彻底消除了废酸的循环和处理，废水排放很容易达标；还利用加色浆工艺减少了染色带来的污染环境的环节，这种新工艺在国内外纺织业有着自己独特的技术创新，实现了绿色环保的生产工艺。而且，新工艺中减少了酸站的投资建设费用，也消除了相关设备、管道等被酸液腐蚀的危害，从根本上实现了循环经济。目前，已经开始纳米抗菌生物蛋白纤维厂的筹建工作。一期目标是，年产纳米抗菌生物蛋白纤维长丝 1 万吨，2005 年年底投产。二期目标是，年产纳米抗菌生物蛋白纤维短纤 1 万吨，2006 年年底建成投产。

随着纳米抗菌生物蛋白纤维厂的建成投产，除了能增加畜牧业的收入、支持西部建设、增加就业机会、给广大消费者提供一种科技新型服装新材料、有效拉动相关产业链的快速发展外，纳米抗菌生物蛋白纤维生产模式也成为一个循环经济的成功典范。

6.2.3 聚乳酸纤维的开发模式

聚乳酸纤维 PLA 是一种新型的生态环保型纤维，它以玉米淀粉为原料，先将其发酵制得乳酸，然后经聚合，聚合反应制成聚乳酸，再利用耦合剂制成具有良好机械性的较高分子量聚乳酸，最后经过化学改质，将其强度、保水性提升并将其纤维化，然后经抽丝而成。有长丝、短丝、复合丝、单丝。且其性能优越：具有舒适性、弹性、悬垂性、吸湿性、透气性、耐热性及抗紫外线功能。PLA 纤维之所以受到关注，并显示出越来越强大的生命力，关键在于它具有良好的生物降解性。PLA 纤维埋入土中 2～3 年后强度会消失；如果与其他废弃物一起堆埋，几个月内便会分解，降解产物为无害的乳酸、二氧化碳和水。因此，PLA 纤维被誉为新一代环保型聚酯合成纤维。

聚乳酸纤维还具有合成纤维的特性，它既可纯纺也可与棉、羊毛与纤维素纤维（如莫代尔、天丝）混纺，制成针织物或机织物，可广泛用作针织内衣、运动衣、泳装、T 恤及机织时装面料、休闲服面料及礼服面料等。实践证明，用聚乳酸纤维制作的面料柔软度优于聚酯面料，有丝绸般的光泽及舒适的肌肤触感和手感，服用性能较佳。聚乳酸纤维制成的针织布有良好的悬垂性，滑爽性，吸湿透气性。此外聚乳酸纤维还具有良好的水扩散性，与棉混纺则能制成吸汗速干的衣料，具有良好的形态稳定性和抗皱性。

6.3　可降解环保农业生产资料使用的发展模式

6.3.1　腐殖酸可降解液态地膜

众所周知，我国是一个以干旱、半干旱为主，水资源相对贫乏的农业大国，使用地膜可以起到保温、保墒、保持肥力，进而达到增产的效果。塑料地膜在保温与保水方面发挥了功不可没的作用，已经形成了 300 亿元的产业。但是，由于塑料地膜在自然环境中难以分解，使用期过后在土壤和自然界中难以分解，不仅影响了土壤的通气透水性，破坏了土壤的团粒结构，而且影响农作物扎根和根系的生长发育，使农作物大幅度减产，造成对土壤和环境的"白色污染"，成为农业生产的一大公害。

腐殖酸是土壤团粒结构中不可缺少的产物，而工业提取的腐殖酸为黑色，俗称"乌金"。开发腐殖酸可降解液态地膜是可降解环保农业生产资料的代表性技术。该技术利用褐煤和造纸、酿酒、糖蜜、淀粉等工业废液为原料，它具备了农膜、农药、肥料、环保等多项功能，可以在土壤里自动降解，不造成任何污染。"腐殖酸可降解液态地膜"技术因降解性能好，成本低，可现场喷施，省时省工，操作简单，对地形地貌适应能力强等优点，而完全有可能替代塑料地膜，必将形成一个新型产业。通过腐殖酸彻底解决塑料地膜造成的白色污染，实现资源的循环利用。

6.3.2　淀粉基可降解塑料地膜

淀粉基可降解塑料的主要特点是：原料丰富，淀粉属于可再生资源，降解性能好，成本低，易被市场接受。其技术在于淀粉与聚乙烯共混之前，分别对淀粉和聚乙烯进行改造处理，使本来极性不同难以相容的两组分能够很好地容合为一体，这样不仅可以提高淀粉的含量（淀粉含量可达 30%，可被生物降解组分可达 55%），更重要的是可以提高制品的力学性能和使用性能。淀粉含量高，降解性能也就好。淀粉基可降解塑料除了可以用来生产各种包装袋，如购物袋、垃圾袋外，还可以用来生产地膜。通过调节配方，生产的地膜可满足不同地域，不同季节的使用要求，完成使用功能后，能迅速降解。淀粉基可降解塑料的降解性能，除淀粉本身可被微生物降解外，所添加的各种助剂和改性聚乙烯具有很好的化学降解性，所以，运用该技术生产的降解塑料，在保证使用性能的同时，具有良好的可降解性。

6.3.3　生物柴油

20 世纪 70 年代石油危机以来，一些国家开始尝试利用生物资源生产液体燃料，以减少对石油进口的依赖。随着全球环境问题的日益突出和石油价格的持续上涨，生物燃料得到了进一步的重视，发展生物燃料已成为发达国家提高能源安全、减排温室气体、应对气候变化的重要措施。目前，生物燃料已实现规模化生产和应用。2005 年，全世界生物燃料乙醇的总产量约为 3000 万吨，其中巴西和美国的产量均约为 1200 万吨；生物柴油总产量约 220 万吨，其中德国约为 150 万吨。

生物燃料是指通过生物资源生产的燃料乙醇和生物柴油，可以替代由石油制取的汽油和柴油，是可再生能源开发利用的重要方向。生物柴油具有生物可降解性，用于农用机械设备，可减少对土壤和水体的污染。我国有十分丰富的原料资源，可以大量发展生物柴油。我国幅员辽阔，地域跨度大，水热资源分布各异，能源植物资源种类丰富多样，主要的科有大戟科、樟科、桃金娘科、夹竹桃科、菊科、豆科、山茱萸科、大风子科和萝摩科等。目前我国生物柴油的开发利用还处于发展初期，要从总体上降低生物柴油成本，使其在我国能源结构转变中发挥更大的作用，只有向基地化和规模化方向发展，实行集约经营，形成产业化，才能走符合中国国情的生物柴油发展之路。随着改革开放的不断深入，在全球经济一体化的进程中，我国对能源的需求持续上升，只要把关于生物柴油的研究成果转化为生产力，形成产业化，则其在柴油引擎、柴油发电厂、空调设备和农村燃料等方面的应用是非常广阔的。

1. 生物柴油的优势

生物柴油是清洁的可再生能源，它以大豆和油菜籽等油料作物、油棕和黄连木等油料林木果实、工程微藻等油料水生植物以及动物油脂、废餐饮油等为原料制成的液体燃料，是优质的石油柴油替代用品。目前世界各国大多使用 20％生物柴油与 80％石油柴油混配，可用于任何柴油发动机和直接利用现有的油品储存、输运和分销设施。

与常规柴油相比，生物柴油具有下述无法比拟的性能：

(1) 具有优良的环保特性。主要表现在由于生物柴油中硫含量低，使得二氧化硫和硫化物的排放低，可减少约 30%（有催化剂时为 70%）；生物柴油中不含对环境会造成污染的芳香族烷烃，因而废气对人体损害低于柴油。检测表明，与普通柴油相比，使用生物柴油可降低 90% 的空气毒性，降低 94% 的患癌率；由于生物柴油含氧量高，使其燃烧时排烟少，一氧化碳的排放与柴油相比减少约 10%（有催化剂时为 95%）；生物柴油的生物降解性高。

(2) 具有较好的低温发动机启动性能。无添加剂冷滤点达 −20℃。

(3) 具有较好的润滑性能。使喷油泵、发动机缸体和连杆的磨损率低，使用寿命长。

(4) 具有较好的安全性能。由于闪点高，生物柴油不属于危险品。因此，在运输、储存、使用方面的安全性又是显而易见的。

(5) 具有良好的燃料性能。十六烷值高，使其燃烧性好于柴油，燃烧残留物呈微酸性，使催化剂和发动机机油的使用寿命加长。

(6) 具有可再生性能。作为可再生能源，与石油储量不同，其通过农业和生物科学家的努力，可供应量不会枯竭。

(7) 无须改动柴油机，可直接添加使用，同时无须另添设加油设备、储存设备及人员的特殊技术训练。

(8) 生物柴油以一定比例与石化柴油调和使用，可以降低油耗、提高动力性，并降低尾气污染。

生物柴油的优良性能使得采用生物柴油的发动机废气排放指标不仅满足目前的欧洲Ⅲ号标准，甚至满足随后即将在欧洲颁布实施的更加严格的欧洲Ⅳ号排放标准。而且由于生物柴油燃烧时排放的二氧化碳远低于该植物生长过程中所吸收的二氧化碳，从而改善由于二氧化碳的排放而导致的全球变暖这一有害于人类的重大环境问题。因而生物柴油将是一种真正的绿色柴油。

2. 生物柴油的生产方法

生物柴油的原料来源既可以是各种废弃或回收的动植物油，也可以是含油量高的油料植物，如麻疯树（学名小桐子）、黄连木等。目前，国内已有一些公司收集餐饮业废油加工生产生物柴油（参照美国生物柴油标准），年产量约 5 万吨。这些生物柴油直接供应给运输企业或作为工厂和施工机械的动力燃料。一些科研部门已在研究能源植物优育技术、生物柴油技术和生物制品加工技术，并开展了小型工业性试验，特别是麻疯树、黄连木等油料树种的培育及生物柴油加工技术已经基本成熟，初步具备了推广应用的技术基础。目前，国际上对生物柴油的开发形势看好，而制造生物柴油的途径主要有三条：一是利用化学法合成生物柴油；二是利用生物酶法合成生物柴油；三是利用"工程微藻"生产柴油。

（1）化学法合成生物柴油。目前生物柴油主要是用化学法生产，即采用动物和植物油脂与甲醇或乙醇等低碳醇，并使用氢氧化钠（占油脂重量的1%）或甲醇钠（Sodium methoxide）作为触媒，在酸性或者碱性催化剂和高温（230℃～250℃）下发生酯交换反应（Transesterification），生成相应的脂肪酸甲酯或乙酯，再经洗涤干燥即得生物柴油。甲醇或乙醇在生产过程中可循环使用，生产设备与一般制油设备相同，生产过程中产生10%左右的副产品甘油。

但化学法合成生物柴油存在以下缺点：工艺复杂，醇必须过量，后续工艺必须有相应的醇回收装置，能耗高，色泽深，脂肪中不饱和脂肪酸在高温下容易变质；酯化产物难于回收，成本高；生产过程有废碱液排放。化学法生产还有一个不容忽视的成本问题，即生产过程中使用碱性催化剂要求原料必须是毛油，比如未经提炼的菜籽油和豆油，原料成本就占总成本的75%。因此采用廉价原料及提高转化从而降低成本是生物柴油能否实用化的关键，美国已开始通过基因工程方法研究高油含量的植物（见下文"工程微藻"法），日本采用工业废油和废煎炸油，欧洲在不适合种植粮食的土地上种植富油脂的农作物。

（2）生物酶法合成生物柴油。为解决化学法合成生物柴油存在的问题，人们开始研究用生物酶法合成生物柴油，即用动物油脂和低碳醇通过脂肪酶进行转酯化反应，制备相应的脂肪酸甲酯及乙酯。采用酶固定化技术，并在反应过程中分段添加甲醇，更有利于提高柴油的生产效率。这种固定化酶（脂酶）是来自一种假丝酵母（Candidaantaretica），由它与载体一起制成反应柱用于柴油生产，控制温度30℃，转化率达95%。这种脂酶连续使用100天仍不失活。反应液经过几次反应柱后，将反应物静置，并把甘油分离出去，即可直接将其用作生物柴油。酶法合成生物柴油具有条件温和、醇用量小、无污染排放的优点。借助酶法即脂酶进行酯交换反应，混在反应物中的游离脂肪酸和水对酶的催化效应无影响。反应液静置后，脂肪酸甲酯即可与甘油分离，从而可获取较为纯净的柴油。

但目前存在的主要问题有：对甲醇及乙醇的转化率低，一般仅为40%～

60％。由于目前脂肪酶对长链脂肪醇的酯化或转酯化有效，而对短链脂肪醇（如甲醇或乙醇等）转化率低，而且短链醇对酶有一定毒性，酶的使用寿命短。副产物甘油和水难于回收，不但对产物形成抑制，而且甘油对固定化酶有毒性，使固定化酶使用寿命短。一般来说，酶的价格较高，而且不使用有机溶剂就达不到高酯交换率，反应时间比较长。

（3）"工程微藻"生产柴油。"工程微藻"生产柴油，为柴油生产开辟了一条新的技术途径。美国国家可更新实验室（NREL）通过现代生物技术建成"工程微藻"，即硅藻类的一种"工程小环藻"。在实验室条件下可使"工程微藻"中脂质含量增加到 60％以上，户外生产也可增加到 40％以上。而一般自然状态下微藻的脂质含量为 5％～20％。"工程微藻"中脂质含量的提高主要由于乙酰辅酶 A 羧化酶（ACC）基因在微藻细胞中的高效表达，在控制脂质积累水平方面起到了重要作用。目前，正在研究选择合适的分子载体，使 ACC 基因在细菌、酵母和植物中充分表达，还进一步将修饰的 ACC 基因引入微藻中以获得更高效表达。利用"工程微藻"生产柴油具有重要的经济意义和生态意义，其优越性在于：微藻生产能力高、用海水作为天然培养基可节约农业资源；比陆生植物单产油脂高出几十倍；生产的生物柴油不含硫，燃烧时不排放有毒害气体，排入环境中也可被微生物降解，不污染环境，发展富含油质的微藻或者"工程微藻"是生产生物柴油的一大趋势。

总之，柴油是目前城乡使用较为普遍的燃料，通过生物途径生产柴油是扩大生物资源利用的一条最经济的途径，是生物能源的开发方向之一。能源生物技术必将得到发展，"无污染生物柴油"也必将得到更广泛的应用。

6.3.4　燃料乙醇

21 世纪，燃料乙醇将会成为主要的新兴能源之一，将会逐步发展成为新能源的亮点，焕发出朝阳产业的无限生机。

1. 乙醇产业重新认识

（1）乙醇是自然界难得的一种永远可再生的无限闭路循环的清洁物质。乙醇和植物（包括粮食）一样，是太阳能的一种表现形式。自然界植物光合作用的主要产物为六碳糖，六碳糖是纤维素和淀粉的基本分子。在生产乙醇的过程中，六碳糖中的两个碳转化为二氧化碳，四个碳转化为乙醇。乙醇作为能源经使用消费之后，又转化为四个二氧化碳回归自然界。这六个二氧化碳分子经光合作用，又原封再合成一个六碳糖，就这样永远闭路地在大自然界中循环。这一科学而又神奇的功能，决定了乙醇的可再生、资源丰、无污染的特性。另一方面，乙醇又是一个极具兼容功能的物质。它既卫生，又安全，广泛地被应用于食品、饮料、医药、香精香料领域，渗透到了人们生活的各个方面。它又是一种优良的化工基本原料，从精细化工、有机化工到石油化工，都有它不可替代的广泛用途。同时，它又是一种难得的清洁、方便、安全的能源。所有这些特性，造就了乙醇理所当然地成为目前世界上可再生资源研究的重点方向。

（2）乙醇未来的三大市场方向。乙醇既是一种化工基本原料，又是一种新能源。尽管目前已有着广泛的用途，但仍是传统观念的市场范围。未来乙醇作为基础产业的市场方向将主要体现在三个方面：一是车用燃料，主要是乙醇汽油和乙醇柴油。这就是我们传统所说的燃料乙醇市场，也是近期的（10 年内）容量相对于以后较小的市场（在我国约 1000 万吨/年）。美国政府已制定了一个大力发展燃料乙醇的计划，计划到 2011 年，将汽油中（不包括柴油）的燃料乙醇用量由每年 15 亿加仑（约 450 万吨）至少提高到 44 亿加仑（约 1360 万吨）。二是作为燃料电池的燃料。在低温燃料电池诸如手机、笔记本电脑以及新一代燃料电池汽车等可移动电源领域具有非常广阔的应用前景，这是乙醇的中期市场（10～20 年内）。乙醇目前已被确定为安全、方便、较为实用理想的燃料电池燃料。乙醇将拥有新型电池燃料 30%～40% 的市场。市场容量至少是近期市场的 5 倍以上（主要是纤维原料乙醇）。三是乙醇将成为支撑现代以乙烯为原料的石化工业的基础原料。在未来 20 年左右的时间内，由于石油资源的日趋紧张，再加上纤维质原料乙醇生产的大规模工业化，成本相对于石油原料已具可竞争性，乙醇将顺理成章地进入石化基础原料领域。在我国的市场容量至少也在 2000 万吨/年以上。乙醇生产乙烯的技术目前是成熟的，随着石油资源的日趋短缺和价格的上涨，乙醇将会逐步进入乙烯原料市场，很可能将其最终取而代之。如果要做一个形象而夸张的比喻的话，20 世纪后半叶国际石油大亨的形象将在 21 世纪中叶为"酒精考验"的乙醇大亨所替代。

（3）新技术将突破粮食生产乙醇的传统概念。随着大量的现代科技和基因技术应用于乙醇生产研究领域，已推动乙醇生产出现了突破性进展，快速转化木糖的酵母已经问世，使仅用粮食生产乙醇而存在的资源贫乏的困扰出现了大的转机。纤维质原料生产乙醇正在成为现实，其经济性也开始逐步显现，估计再有 10 年左右的努力，纤维质生产乙醇将完成大工业化的进程。纤维质是地球上资源量最丰富的可再生资源，真正是取之不尽，用之不竭。据测算，我国每年仅农秸秆资源的一半转化为乙醇，它的量将超过我国年汽油消费量的1.2倍以上。只有纤维作为乙醇的原料，才能满足人类在后石油时代和石油后时代对液体能源的大量需求。

因此，在21世纪前30年左右的时间内，随着石油资源的日益紧缺和乙醇生产技术的革命性突破，乙醇将形成新的基础产业和新的能源产业，这将是一个不可逆转的方向，也完全符合国际社会的"可持续发展"和"绿色经济"发展的总趋势。

2. 燃料乙醇的正确定位

（1）燃料乙醇是油品的优良品质改良剂。乙醇具有许多优良的物理和化学特性。燃料乙醇按一定比例加入汽油中，不是简单作为替代油品使用，而是优良的油品质量改良剂，或者说是增氧剂。它还是汽油的高辛烷值调和组分。它是和我国石油行业在20世纪90年代后期为提高油品质量才开始发展的MTBE（甲基叔丁基醚）起同样的作用。乙醇的增氧效果比MTBE要好一倍。美国法定的汽油改良剂有三种：MTBE、乙醇和ETBE（乙基叔丁基醚）。乙醇汽油之所以可以改善尾气污染，改善动力，根本的原理就是乙醇里所含的内氧，部分地补充了汽油在油缸内燃烧时外界供氧不足的问题，另外又较好地解决了汽油的高辛烷值组分问题，使乙醇的物理化学特性得以充分的发挥。

（2）乙醇汽油属于国际上通行的新配方汽油，是无铅汽油的升级换代产品。尽管我国2000年才全面推广无铅汽油，2001年才在北京、上海、广州三市推广新配方汽油（添加MTBE的清洁汽油），但在国际上，无铅汽油早已被以MTBE及乙醇为添加剂的新配方汽油所代替。也就是说，新配方汽油是我国现用的无铅汽油的升级换代产品。添加乙醇的汽油，国际上称为"增氧汽油"或"含氧汽油"，一般根据MTBE和乙醇是单独使用或混合使用，有一系列灵活的配方，所以又称为新配方汽油。汽油里加入10%的乙醇，油品的含氧量可达到3.5%，辛烷值（我国的汽油标号）可提高近3个标号，从而降低了油品的芳烃含量，使油品的燃烧性能、动力性能和环保性能均得到了改善。

（3）燃料乙醇的生产过程既是劣质粮食转化过程，又是优质蛋白质的生产增值过程。燃料乙醇有一个极具优势的生产特性，就是在生产过程中只消耗粮食中的淀粉，同时对蛋白质等其他营养物质是一个浓缩过程，并使不易被利用蛋白转化为优质酵母蛋白的过程。也就是说，燃料乙醇的生产过程也是优质高蛋白饲料生产的同一过程，是饲料蛋白资源的增值优化过程。以传统的玉米原料生产酒精为例，每生产 1 吨酒精约需要 3 吨玉米，同时可生产 1 吨 DDGS 蛋白饲料（可溶和不溶性干酒糟的总称）。DDGS 饲料是国际市场公认的优质蛋白饲料，蛋白含量达 30% 左右，富含氨基酸、维生素和矿物质，是优良的配合饲料原料。可以说，经过酒精发酵中酵母的消化、吸收、代谢后，原料中的蛋白质实现了优化增值（部分普通蛋白转化为优质酵母蛋白），消化吸收率得以提高，饲养价值得到提升。国外燃料乙醇工厂的业主一般都为农场主或饲料业主，原因也就在这里。

再说畜牧业，我国畜禽产量的 80% 来自农村，大都基本沿用传统粗放的毛粮饲养方式，资源利用率低，效果不经济。如果能把这些直接饲喂的粮食加工成配合饲料，至少可以增加饲料量 20%。据专家统计，还依据毛粮饲养所需的等量粮食，如果用现代化饲料生产供给不同类型的配合饲料，即使不用改造成为规模化养殖形式，也完全可以在现有基础上再增产 480 万～640 万吨猪肉（活重）。这个增产量相当于节约了 1700 万～2000 万吨饲料粮。另一方面，随着人们生活水平的不断提高，肉、蛋、奶的消费比重越来越大，我国的畜牧业必定会快速发展，落后粗放的饲养方式必将为现代科学的饲养方法所代替。我国现在每年的饲料用量大约为 15000 万吨，今后将会更多。结合乙醇的生产特性，从社会资源配置角度，国家完全可以通过宏观调控和市场机制，把用来直接做饲料的粮食资源，先生产燃料乙醇，然后使副产物 DDGS 再回到饲料市场。这样，饲料的蛋白总量非但不会减少，反而会得到很大的改善和提高。

（4）合理宏观资源配置，乙醇、饲料联产，不会对粮食安全生产产生负面影响。以我国近期的汽油需求来看，汽油的消费量在 5000 万吨/年以下，以全部使用乙醇汽油（E10）计算，约需燃料乙醇 500 万吨/年、粮食 1500 万吨/年（低品种的大路货即饲料粮部分，非口粮），也就是说每年有计划地从饲料粮里拿出来 10%，先生产 500 万吨燃料乙醇，同时联产 500 万吨 DDGS 饲料，再回到饲料市场，它的饲养价值（优质蛋白质总量）与 1500 万吨粮食相比，不但不会减少，反而得以增加，这不会影响到粮食安全，更不会影响到粮食安全的核心，即口粮安全（每年约 2.8 亿吨），同时又促进饲料工业和养殖业的现代化进程。这样通过逐步调整粮食种植结构，依靠发展优质粮来解决口粮问题，发展用饲料专用粮和加工专用粮来解决饲料工业和加工工业用粮问题，把饲料粮和加工用粮的生产从传统的粮食生产系统中分离出来。根据养殖业饲料多元化、营养构成合理化要求（增加蛋白饲料供给），结合乙醇生产，建立新型饲料生产体系，以确保畜牧业的快速发展。现阶段，燃料乙醇生产原料主要是陈化粮，陈化粮问题解决后，燃料乙醇生产应立足于粮食主产区，作为调节市场供求的一种手段（以消耗低品质粮食为主），纳入到粮食生产、消费和饲料生产、消费的产业循环中，它只会促进和保障粮食生产和粮食安全。同时，还可以积极发展木薯、红薯、甘蔗、甜高粱等不与口粮（小麦、稻谷）生产争地、争水的高产、高糖或耐旱、耐盐碱的代粮经济作物，为生产燃料乙醇开发更多的原料储备。从发展的眼光看，最终解决燃料乙醇大量使用时的原料问题将转向纤维，依靠生物技术、基因技术等高新技术的发展，通过筛选种植高能、高产生物资源，利用我国大量的农业废弃资源（秸秆）和工业废弃物资源（我国每年的农林废弃物有近 10 亿吨，工业纤维废渣数千万吨），开发和实现利用纤维质生产酒精技术的产业化（大约需 10 年左右），可以为燃料乙醇生产提供取之不尽、用之不竭的可再生植物原料。也只有自然界中最大的可再生资源植物纤维成为酒精生产的原料，人类的可持续发展才算得以真正实现。

3. 国际生物燃料发展状况

巴西幅员辽阔，土地资源丰富，地处热带，降雨充沛，适宜甘蔗生长。为了减少对石油进口的依赖，巴西从 1975 年开始实施"燃料乙醇计划"，以甘蔗为原料生产燃料乙醇替代车用汽油，主要做法包括：一是规定车用汽油必须添加一定比例的燃料乙醇；二是安排资金支持改良甘蔗品种、改进乙醇生产工艺、开发燃料乙醇汽车；三是对燃料乙醇和乙醇汽车的生产和销售减免有关税费。经过多年的努力，巴西"燃料乙醇计划"达到了预期目的。1985 年以来，虽然燃料乙醇产量因油价、糖价和政策影响有所波动，但平均年产量达 1000万吨左右，累计替代石油约 2 亿吨。目前，巴西所有车用汽油均添加 20％～25％的燃料乙醇，并且已有大量使用纯燃料乙醇的汽车，2005 年销售的汽车有 70％为可以完全燃用纯燃料乙醇的汽车。2005 年，巴西燃料乙醇消费量为1200 万吨，替代了当年汽油消费量的 45％，约占车用燃料消费总量的三分之一，为 70 多万人提供了就业机会。燃料乙醇已成为巴西保障能源安全、促进经济发展、增加就业的支柱产业。

美国也是从 20 世纪 70 年开始发展燃料乙醇的，主要是利用其耕地多、玉米产量大的优势，以玉米为原料生产燃料乙醇。一方面是为了减少石油进口，另一方面是为了增加农产品的收益，稳定玉米价格。80 年代后期，受石油价格较低的影响，美国燃料乙醇的生产和销售曾受到抑制。1990 年美国出台

《清洁空气法》后，乙醇作为 MTBE（一种增加汽油辛烷值、减少污染排放的汽油添加剂，现被认为渗入地下水后使人致癌）的替代品，市场需求量迅速增加。2002 年以来，受石油价格大幅上涨的推动，燃料乙醇再次得到重视，生产销售迅速增长。美国为推广燃料乙醇制定了积极的经济激励政策，每加仑燃料乙醇可得到 51 美分的税收返还（折合每升 13.5 美分）。为了进一步扩大生物燃料的应用，最近美国国会通过的 2005 年能源法提出了可再生能源燃料配额标准，要求在汽油消费中包含特定数量的可再生能源燃料，而且将逐年递增。从 2006 年至 2012 年，可再生能源燃料年用量要从 40 亿加仑（1200 万吨）增加到 75 亿加仑（2300 万吨）。同时，美国积极发展纤维素制取燃料乙醇的技术，进一步扩大了可利用的生物质资源，以便更大规模地替代石油。

欧盟对生物燃料也很重视，但由于欧盟成员国人均耕地面积少，地处温带，农业生产条件较差，不具备大量使用粮食或甘蔗生产燃料乙醇的条件，因此，欧盟生物燃料主要以生物柴油为主，包括以大豆、油菜籽等为原料生产柴油和以回收动植物废油为原料生产柴油两种方式。目前，原欧盟 15 个成员国年产生物柴油约 200 万吨，占世界生物柴油总产量的 90%，其中德国生物柴油年产量约为 150 万吨。

总体看来，以甘蔗和玉米为原料生产燃料乙醇、以大豆和油菜籽等为原料生产柴油的技术是成熟的，生产成本受原料、地域和规模的影响差距较大。目前，除巴西以甘蔗为原料生产的燃料乙醇成本可以与汽油相竞争外，其他国家生物燃料的成本还比较高，生物燃料的推广都需要给予一定的政策支持，普遍采用的优惠政策是减免税收。由于美国和欧盟对汽油的征税额度很高，对生物燃料的税收减免政策是十分有效的。此外，为了提高能源安全、保护环境、促进生物燃料的发展，许多国家提出了生物燃料发展目标。欧盟提出的目标是：到 2010 年，生物燃料占交通燃料的份额达到 6%；美国提出的目标是：到 2020 年，生物燃料在交通燃料中的比例达到 20%；瑞典提出 2020 年之后，利用纤维素生产的燃料乙醇全部替代石油燃料，彻底摆脱对石油的依赖。因此，生物燃料将逐步成为替代石油的重要能源。

4. 我国生物燃料发展状况

我国有成熟的酒精生产技术和大规模的酒精生产能力，具备发展生物燃料乙醇的技术基础。20 世纪末，利用粮食相对过剩的条件，我国开始发展生物燃料乙醇。"十五"期间，在河南、安徽、吉林和黑龙江分别建设了以陈化粮为原料的燃料乙醇生产厂，总产能达到每年 102 万吨，现已在 9 个省（5 个省全部，4 个省的 27 个地市）开展车用乙醇汽油销售。受粮食产量制约，我国近期不再扩大以粮食为原料的燃料乙醇生产。

为了扩大生物燃料来源，我国已自主开发了以甜高粱茎秆为原料生产燃料乙醇的技术（称为甜高粱乙醇），并已在黑龙江、内蒙古、山东、新疆和天津等地开展了甜高粱的种植及燃料乙醇生产试点，黑龙江省试验项目已达到年产乙醇 5000 吨。由于现阶段国家对燃料乙醇实行定点生产，这些甜高粱乙醇尚无法进入交通燃料市场，大多数掺入了低质白酒中。另外，我国也在开展纤维素制取燃料乙醇的技术研究开发，现已在安徽丰原等企业形成年产 600 吨的试验生产能力。

据专家估算，我国的甜高粱、木薯、甘蔗等可满足年产 3000 万吨生物燃料乙醇的原料需要，麻疯树、黄连木等油料植物可满足年产上千万吨生物柴油的原料需要，废弃动植物油回收可年产约 500 万吨生物柴油。如果农林废弃物纤维素制取燃料乙醇或合成柴油的技术实现突破，生物燃料年产量可达到上亿吨。因此，从理论上讲，我国生物燃料的发展潜力是很大的。但由于我国生物燃料发展还处于起步阶段，生物燃料的发展面临许多困难和问题。归纳起来主要是：

（1）原料资源尚不落实。受粮食资源不足的制约，目前以粮食为原料的生物燃料生产已不具备再扩大规模的资源条件。今后生物燃料乙醇生产应转为以甜高粱、木薯、红薯等为原料，特别是以适宜在盐碱地、荒地等劣质地和气候干旱地区种植的甜高粱。虽然我国有大量的盐碱地、荒地等劣质土地可种植甜高粱，有大量荒山、荒坡可以种植麻疯树和黄连木等油料植物，但目前缺乏对这些土地利用的合理评价和科学规划。目前，在西南地区虽已种植了一定数量的麻疯树等油料植物，但不足以支撑生物柴油的规模化生产。因此，生物燃料资源不落实是制约生物燃料规模化发展的重要因素。

（2）技术产业化基础薄弱。虽然我国已实现以粮食为原料的燃料乙醇的产业化生产，但以甜高粱为原料生产燃料乙醇尚处于技术试验阶段，要实现大规模生产，还需要在生产工艺和产业组织等方面做大量工作。以废动植物油生产生物柴油的技术较为成熟，但发展潜力有限。以油料植物为原料生产生物柴油的技术尚处于研究试验阶段，还需要经过工业性试验后才能开始大规模生产。对后备资源潜力大的纤维素生物质燃料乙醇和生物合成柴油技术还处于研究阶段，离工业化生产还有较大差距。因此，生物燃料技术产业化基础薄弱也是制约生物燃料规模化发展的重要因素。

（3）产品市场竞争力不强。由于受原料来源、生产技术和产业组织等多方面因素的影响，我国燃料乙醇生产成本比较高，目前以陈化粮为原料生产的燃料乙醇的成本约为每吨 4500 元左右，国家实行财政定额补贴（目前平均每吨燃料乙醇补助 1370 元，按现在石油价格作相应调整后，补贴额会有所降低）。据专家估算，以甜高粱、木薯等为原料生产燃料乙醇，成本约为每吨 4000 元。按等效热值与汽油比较，汽油价格达到每升 6 元以上时，燃料乙醇才可能赢利。目前，国家每年对 102 万吨燃料乙醇的财政补贴约为 15 亿元，在目前的技术和市场条件下，扩大燃料乙醇产量需要大量的资金补贴。以甜高粱和麻疯树等非粮食作物为原料的燃料乙醇和生物柴油生产技术才刚刚开始工业化试点，产业化程度还很低，近期在成本方面的竞争力还比较弱。因此，生物燃料成本和石油价格是制约生物燃料发展的重要因素。

（4）政策和市场环境不完善。2000 年以来，国家组织了燃料乙醇的试点生产和销售，建立了燃料乙醇的技术标准、生产基地、销售渠道、财政补贴和税收优惠等政策体系，积累了生产和推广燃料乙醇的初步经验。但由于以粮食为原料的燃料乙醇发展潜力有限，为避免对粮食安全造成负面影响，国家对燃料乙醇的生产和销售采取了严格的管制，只有指定的四个定点企业可以从事燃料乙醇生产，享受财政补贴，并由中石油和中石化两个公司负责乙醇汽油的混配和销售。近年来，虽有许多企业和个人试图生产或销售燃料乙醇，但受到现行政策的限制，不能普遍享受到财政补贴，也难以进入汽油的销售渠道，一些企业和个人以甜高粱茎秆为原料生产的乙醇也无法进入交通燃料市场。对于生物柴油的生产，国家还没有制定相关的政策，特别是还没有生物柴油的国家标准，更没有正常的生物柴油销售渠道。因此，政策和市场环境不完善也是影响生物燃料发展的重要因素。

6.4 再循环链接案例——以贵港为例

再循环原则在贵港国家生态工业（制糖）示范园的有机糖技改工程当中得到了集中体现。

6.4.1　有机肥—有机甘蔗—有机糖

贵港国家生态工业（制糖）示范园的有机糖再循环链接模式是有机肥—有机甘蔗—有机糖。有机糖生产的基础是有机甘蔗，而有机甘蔗种植需要有机肥，因而有机肥的获得对实施有机糖技改工程至关重要。有机肥的获得有两条途径：一是建设现代化甘蔗园和以可饲资源为主的养殖基地，即首先给猪、牛等进食甘蔗园所产的蔗叶、蔗梢和蔗苗以及其他作物的秸秆，制糖过程产生的蔗糠、糖蜜等，而后依靠其粪便来肥田。二是机制促进有机复合肥生产。由于工业界长时间没有找到有效地降解废醪液中硫酸根的办法，我国各产糖区曾普遍出现了严重的酒精废醪液区域污染。随着"制糖企业生产酒精的废液不进行有效的治理排放，酒精生产就必须停止"的规定于 20 世纪 90 年代中后期开始施行，糖厂一度面临着酒精生产停产甚至被迫关闭的局面，贵糖也受到了冲击。当时市场上开始出现对有机糖的需求，客户主要是百事可乐、可口可乐等公司。贵糖抓住时机，通过技术攻关将发酵废醪液蒸发浓缩后制取有机肥，而后施于蔗田来生产有机甘蔗，以农保工，以工促农，有效地解决了贵港市的废蜜问题。

6.4.2　废醪液制复合肥

废醪液制复合肥的生产能有效实现农田有机质的再循环。有机质经甘蔗，再经制糖、发酵等工业处理，最终以有机复合肥的形式重又服务于甘蔗生产，从而完成了贵港生态工业园制糖生产的闭路循环。这一循环的显著特点是工业与农业生产的闭路耦合，耦合的基础是市场对有机食品的需求，推动力是有关环境保护的法规和行政约束，而耦合的最终实现得力于技术创新。

这一循环模式不仅闭合了贵港生态工业园中的工业生态链，而且有效地解决了广西地区制糖业存在的结构性和区域性污染问题。目前每年约有 3 万吨有机复合肥用于甘蔗种植。随着能源酒精技改工程的实施，贵港生态工业园每年将消化广西境内绝大多数糖厂的废蜜（约 100 万吨），这将彻底解决广西的糖蜜酒精废醪液污染问题，很好地实现区域经济与环境的共赢。目前我国用发酵废醪液制有机复合肥已经获得了巨大的成功。

第7章 再思考原则运用的农业循环经济模式

再思考原则就是不断深入思考在经济运行中如何系统地避免和减少废物，最大限度地提高资源生产率，实现污染物排放最小化、废弃物循环利用最大化。再思考原则在农业循环经济中的运用模式主要有两种：一是开发安全优质农产品，二是充分利用生态环境开发生态农业。2006年举行的第十届全国人大四次会议批准通过了《中华人民共和国国民经济和社会发展第十一个五年规划纲要》。在《纲要》的第2篇"建设社会主义新农村"中，第2章"发展现代农业"的第2节"推进农业结构调整"提出："优化农业产品结构，发展高产、优质、高效、生态、安全农产品"；第3节"加强农业服务体系建设"提出："健全农业技术推广、农产品质量安全和标准、动物防疫和植物保护、认证认可等服务体系"。第5章"增加农民收入"提出："扩大养殖、园艺等劳动密集型产品和绿色食品生产"。为了深入贯彻中央做出的建设社会主义新农村的战略部署，农业部出台了《关于贯彻中央推进社会主义新农村建设战略部署的实施意见》。《意见》在"进一步抓好农业部门推进社会主义新农村建设的重点任务"中明确提出："继续深化农业和农村经济结构战略性调整，大力发展高产、优质、高效、生态、安全农业，以大力推进农业标准化为主攻方向，提高农产品质量安全水平。加快农业品牌化建设，认证无公害农产品、绿色食品和有机食品2000个。发掘农业内部增收潜力，千方百计增加农民收入，大力发展品质优良、特色明显、附加值高的优势农产品，扩大养殖、园艺等劳动密集型产品和绿色食品的生产。"这些都体现了再思考原则在农业经济发展过程中的应用。

7.1 生产安全食品的发展模式

农业生产中生产要素的过量投入，不仅影响了土壤、水体和大气的环境质量，还带来了农产品的安全问题。由于农业投入上的不合理使用，农产品的不科学收获，加上工业"三废"、城市垃圾的不合理排放、市场准入制度没有建立以及市场监督管理不严等，导致我国目前农产品餐桌污染比较严重。因食用有毒有害物质超标的农产品引发的人畜中毒事件和出口农产品及其加工品因农（兽）药残留超标被拒收、扣留、退款、索赔、终止合同、停止贸易交往等现象时有发生。我国农产品出口受到了发达国家"绿色贸易壁垒"严重限制，2004 年绿色食品出口额仅为 2000 万美元，为日本的 40%，美国的 1.6%。其中我国大米因农药残留量严重超标不能出口。食品安全问题成为发达国家阻碍我国农产品进入其市场的主要借口，"绿色壁垒"越来越成为困扰我国农产品出口的最大障碍。农产品的品质不仅关系到食品安全，居民的生活和健康，消费者的利益，农产品的出口问题，还关系到农产品在国际市场中的竞争地位，提高农业和农村经济的整体素质、市场竞争力，农业增效、农民增收，农业的良性循环持续健康发展，提高驾驭和指导社会主义市场经济的能力等问题。这是一个全局问题，战略问题，要认真研究，认真对待。保障食品安全已成为当务之急。

7.1.1　无公害食品

根据我国 2002 年农业部颁布的《无公害农产品管理办法》规定，无公害农产品是指产地环境、生产过程和产品质量符合国家有关标准和规范的要求，经认证合格获得认证证书并允许使用无公害农产品标志的未经加工或者初加工的食用农产品。

1. 我国无公害食品的发展现状

为适应农业发展新阶段的要求和应对加入 WTO 的新形势，1999 年，国家启动了"农业行业标准制修订"专项计划，一大批国内市场和国际贸易急需的农产品质量安全标准、生产和加工技术规范、检测检验方法标准的制修订工作全面展开。2001 年，农业部制定、实施了《无公害食品行动计划》，于当年 4 月在北京、天津、上海、深圳 4 个城市率先推行。2001 年 5 月，在河北省邯郸市召开了"全国无公害农产品生产现场会"，要求全国开展 100 个无公害农产品示范基地县建设。接着于 2001 年 10 月，国家质量技术监督总局及农业部正式发布实施了无公害农产品 8 项国家标准及 73 项行业标准，明确要求全国在"十五"期间要大力发展无公害农产品，推进农业战略性结构调整，实现农民增收。

2002 年 4 月，农业部、国家质量监督检验检疫总局发布了《无公害农产品管理办法》，标志着中国统一标准、统一认证、统一标志、统一监督、统一管理的无公害农产品认证步入正轨，我国无公害农产品认证"全国一盘棋"的工作格局基本形成，无公害农产品认证实行产地认定和产品认证的工作模式，由各省市农业行政主管部门负责产地认定，农业部农产品质量安全中心统一进行全国无公害农产品认证工作。无公害农产品认证，是由政府推动的政府行为，是中国市场准入认证，它与绿色食品认证、有机食品认证已初步形成绿色食品、有机食品和无公害食品等三个层次的农产品质量认证体系，根据《无公害农产品管理办法》的规定，国家在适当时机推行无公害农产品强制认证，而后两种认证都是自愿性质的。

我国统一无公害农产品认证工作开展四年来，在制度建设方面，已初步建立起了一套"统一规范、简便快捷"的规章制度和工作程序；在体系建设方面，成立了 68 个省级工作机构，委托产地环境检测机构 191 家、产品检测机构 132 家，培训注册检查员 1229 名，聘请认证评审专家 283 位；在工作推进方面，产地认定和产品认证数量规模快速发展，截至 2006 年 3 月底，全国累计认定产地 23845 个，累计认证产品 18829 个，获证单位 10583 家，产品总量达到 11702 万吨，约占食用农产品商品量的 28％。无公害农产品认证有力地推进了农产品质量安全水平的提高，带动了农业标准化和规模化发展，推动了农业产业化发展和市场准入制度的建立，促进了农业"三增"。

2. 无公害食品的发展前景及要求

根据农业部 2005 年出台的《关于发展无公害农产品绿色食品有机农产品的意见》，发展无公害农产品，要通过产地认定解决生产过程的质量控制和千家万户的生产质量管理问题，重点抓好大宗农产品生产基地认定，无公害农产品要按照"统一规范、简便快捷"的原则，加快产地认定和产品认证步伐。当前和今后一个时期，无公害农产品要迅速扩大总量规模，提高市场占有率，发展重点是"菜篮子"和"米袋子"产品。对无公害食品的要求有：

（1）无公害农产品产地应当符合下列条件：产地环境符合无公害农产品产地环境的标准要求；区域范围明确；具备一定的生产规模。因此保护和改善农业生态环境是发展无公害农产品的基本保证，也是生态农业建设的重要目标。抓好无公害农产品生产基地建设。应通过科学规划、突出重点、成片开发、综合治理，把农业产业化基地建成农业生态园。

（2）无公害农产品的生产管理应当符合下列条件：生产过程符合无公害农产品生产技术的标准要求；有相应的专业技术和管理人员；有完善的质量控制措施，并有完整的生产和销售记录档案。

7.1.2　绿色食品

绿色食品产业的发展应是循环经济的典范，发展绿色食品，从保护、改善生态环境入手，以开发无污染食品为突破口，将保护环境、发展经济、增进人们健康紧密地结合起来，促成环境、资源、经济、社会发展的良性循环。

1. 绿色食品概念

从概念上讲，绿色食品是指遵循可持续发展原则，按照特定生产方式生产，经专门机构认定，许可使用绿色食品标志商标的无污染的安全、优质、营养类食品。它分为两个等级，即 A 级和 AA 级。A 级绿色食品系指在生态环境质量符合规定标准的产地，生产过程中允许限量使用限定的化学合成物质，按特定的操作规程生产、加工，产品质量及包装经检测、检验符合特定标准，并经专门机构认定，许可使用 A 级绿色食品标志的产品。AA 级绿色食品系指在环境质量符合规定标准的产地，生产过程中不使用任何有害化学合成物质，按特定的操作规程生产、加工，产品质量及包装经检测、检验符合特定标准，并经专门机构认定，许可使用 AA 级有绿色食品标志的产品。

（1）绿色食品应具备以下四个条件。

① 产品或产品原料产地必须符合绿色食品生态环境质量标准。农业初级产品或食品的主要原料，其生长区域内没有工业企业的直接污染，水域上游、上风口没有污染源对该区域构成污染威胁。该区域内的大气、土壤、水质均符合绿色食品生态环境标准，并有一套保证措施，确保该区域在今后的生产过程中环境质量不下降。

② 农作物种植、畜禽饲料、水产养殖及食品加工必须符合绿色食品生产操作规程。农药、肥料、兽药、食品添加剂等生产资料的使用必须符合《生产绿色食品的农药使用准则》《生产绿色食品的肥料使用准则》《生产绿色食品的食品添加剂使用准则》《生产绿色食品的兽药使用准则》。

③ 产品必须符合绿色食品产品标准。

④ 产品的包装、贮运必须符合绿色食品包装贮运标准。产品的外包装必须符合国家食品标签通用标准外，还必须符合绿色食品包装和标签标准。

（2）绿色食品特定的生产方式。遵照绿色食品生产标准生产、加工；对产品实施全程质量控制；依法对产品实行包装标志管理。经过十几年的发展，我国绿色食品形成了严密的质量标准体系、全程质量控制措施、网络化的组织系统、规范化的管理方式。需逐步创立的还包括：产地环境技术条件、生产过程标准、产品标准、生产加工操作规程、投入品标准、包装标准、第三方环境和产品质量检验、以及绿色食品商标许可使用的认证制度。

2. 我国绿色食品的发展历程

1989 年，农业部首次提出绿色食品概念，1990 年 5 月 15 日，中国正式宣布开始发展绿色食品。中国绿色食品事业经历了以下发展过程：提出绿色食品的科学概念→建立绿色食品生产体系和管理体系→系统组织绿色食品工程建设实施→稳步向社会化、产业化、市场化、公益化、国际化方向推进。绿色食品产业化大体经历了"打好基础、稳步推进、加速发展、规范运行"的四个阶段（见表 7-1）：

表 7-1 绿色食品社会化各个阶段的发展目标

阶 段	主 攻 目 标
奠定基础 （1990—1993）	组织管理网络——质量监督、保障网络； 标准化体系建设——法律化、规范化； 国营农场——广大农村和全社会相关行为。
加速发展 （1994—1996）	生产环节——市场； 传统技术——开发应用高新技术；科研开发和技术推广体系；生产资料生产和保障体系。
整体推进 （1997—2002）	环境和产品质量标准及监督体系；产品营销体系；管理组织和人才培训体系；信息服务体系；标准、市场国际化。
规范运行 （2003 至今）	认证制度规范化；管理体系标准化；全面推进公益化；事业发展产业化。

（1）从农垦系统启动的基础建设阶段（1990—1993 年）。1990 年，绿色食品工程在农垦系统正式实施。在绿色食品工程实施后的三年中，完成了一系列基础建设工作，主要包括：在农业部设立绿色食品专门机构，并在全国省级农

垦管理部门成立了相应的机构；以农垦系统产品质量监测机构为依托；建立起绿色食品产品质量监测系统；制订了一系列技术标准；制订并颁布了《绿色食品标志管理办法》等有关管理规定；对绿色食品标志进行商标注册；加入了"有机农业运动国际联盟"组织。与此同时，绿色食品开发也在一些农场快速起步，并不断取得进展。1990 年绿色食品工程实施的当年，全国就有 127 个产品获得绿色食品标志商标使用权。1993 年全国绿色食品发展出现第一个高峰，当年新增产品数量达到 217 个。

（2）向全社会推进的加速发展阶段（1994—1996 年）。这一阶段绿色食品发展呈现出五个特点：

① 产品数量连续两年高增长。1995 年新增产品达到 263 个，超过 1993 年最高水平 1.07 倍；1996 年继续保持快速增长势头，新增产品 289 个，增长 9.9％。

② 农业种植规模迅速扩大。1995 年绿色食品农业种植面积达到 1700 万亩，比 1994 年扩大 3.6 倍，1996 年扩大到 3200 万亩，增长 88.2％。

③ 产量增长超过产品个数增长。1995 年主要产品产量达到 210 万吨，比上年增加 203.8％，超过产品个数增长率 4.9 个百分点；1996 年达到 360 万吨，增长 71.4％，超过产品个数增长率 61.5 个百分点，表明绿色食品企业规模在不断扩大。

④ 产品结构趋向居民日常消费结构。与 1995 年相比，1996 年粮油类产品比重上升 53.3％，水产类产品上升 35.3％，饮料类产品上升 20.8％，畜禽蛋奶类产品上升 12.4％。

⑤ 县域开发逐步展开。全国许多县（市）依托本地资源，在全县范围内组织绿色食品开发和建立绿色食品生产基地，使绿色食品开发成为县域经济发展富有特色和活力的增长点。

（3）向社会化、市场化、国际化全面推进（1997—2002 年）。

① 绿色食品社会化进程加快，主要表现在：中国许多地方的政府和部门进一步重视绿色食品的发展；广大消费者对绿色食品的认知程度越来越高；新闻媒体主动宣传、报道绿色食品；理论界和学术界也日益重视对绿色食品的探讨。

② 绿色食品市场化进程加快，主要表现在：随着一些大型企业宣传力度的加大，绿色食品市场环境越来越好，市场覆盖面越来越大，广大消费者对绿色食品的需求日益增长，而且通过市场的带动作用，产品开发的规模进一步扩

大；绿色食品国际市场潜力逐步显示出来，一些地区绿色食品企业生产的产品陆续出口到日本、美国、欧洲等国家和地区，显示出了绿色食品在国际市场上的强大竞争力。

③ 绿色食品国际化进程加快，主要表现在：对外交流与合作深度和层次逐步提高，绿色食品与国际接轨工作也迅速启动。为了扩大绿色食品标志商标产权保护的领域和范围，绿色食品标志商标相继在日本国和中国香港地区开展注册；为了扩大绿色食品出口创汇，中国绿色食品发展中心参照有机农业国际标准，结合中国国情，制订了 AA 级绿色食品标准，这套标准不仅直接与国际接轨，而且具有较强的科学性、权威性和可操作性；另外，通过各种形式的对外交流与合作，以及一大批绿色食品进入国际市场，中国绿色食品在国际社会上引起了日益广泛的关注。

（4）向规范化、公益化、产业化全面推进（2003 年至今）。

① 规范化表现在：《中华人民共和国认证认可条例》发布后，中国绿色食品发展中心按照《条例》的要求，规范认证和管理体系，在中国国家认证认可监督管理委员会进行了注册登记，自觉接受监督和管理。

② 公益化表现在：绿色食品中心依据国家发展改革委关于印发《绿色食品认证及标志使用收费管理办法》的通知，改革了收费管理办法，大幅度降低了收费标准，认证费降低了 30%，标志使用费降低了 90%，减轻了企业和农民的负担。

③ 产业化表现在：绿色食品产业国家级、省级龙头企业的增加，产业规模的扩大，带动农户能力增强，产业在全国所占比重提高。

本阶段绿色食品进一步保持了高速增长的发展态势，国内外影响力、市场不断扩大。

3. 我国绿色食品的发展现状

我国于 1990 年正式开始发展绿色食品，到现在经历了十多年时间，其间不仅建立和推广了绿色食品生产和管理体系，而且还取得了积极成效。截至2004 年年底，全国绿色食品企业总数达到 2836 家，产品总数达到 6496 个。实物总量 4600 万吨，主要产品产量：大米 339.1 万吨，占全国总产量的 3%；面粉 63.9 万吨，占 1.1%；食用植物油 31.6 万吨，占 2.4%；蔬菜 300.8 万吨，占 0.6%；水果 435.5 万吨，占 5.8%；茶叶 13.8 万吨，占 17.9%；肉类15.5 万吨，占 0.2%；液体乳及乳制品 336.5 万吨，占 67.3%；水产品 2.6 万吨，占 0.05％。产品国内年销售额 860 亿元，出口额 12.5 亿美元；环境监测的农田、草场、林地、水域面积 596 万公顷。从产品结构上看，种植业产品占61.4％，畜牧业产品占 17.2％，渔业产品占 4.1％，其他产品占 17.3％。

中国绿色食品发展中心现已在全国 31 个省、市、自治区委托了 42 个分支管理机构、定点委托绿色食品产地环境监测机构 59 个、绿色食品产品质量检测机构 20 个，从而形成了一个覆盖全国的绿色食品认证管理、技术服务和质量监督网络。

中国参照有机农业运动国际联盟（IFOAM）有机农业及生产加工基本标准、欧盟有机农业 2092/91 号标准以及世界食品法典委员会（Codex）有机生产标准，并结合中国国情制定了绿色食品产地环境标准，肥料、农药、兽药、水产养殖用药、食品添加剂、饲料添加剂等生产资料使用等 8 项通用准则，全国 7 大地理区域、72 种农作物绿色食品生产技术规程、80 项绿色食品产品标准以及 AA 级绿色食品认证准则等。绿色食品"从土地到餐桌"全程质量控制标准体系已初步建立和完善。

1996 年，中国绿色食品发展中心在中国国家工商行政管理局完成了绿色食品标志图形、中英文及图形、文字组合等 4 种形式在 9 大类商品上共 33 件证明商标的注册工作；中国农业部制定并颁布了《绿色食品标志管理办法》，标志着绿色食品作为一项拥有自主知识产权的产业在中国的形成，同时也表明中国绿色食品开发和管理步入了法制化、规范化的轨道。

4. 我国绿色食品的特征

（1）强调产品出自优良生态环境。绿色食品生产从原料产地的生态环境入手，通过对原料产地及其周围生态环境因子的严格监测，判定其是否具备生产绿色食品的基础条件；绿色食品产地环境质量标准包括大气、水、土壤等环境要素，要求选择在空气清新，水质纯净，土壤未受污染，农业生态环境质量良好的地区。因此，绿色食品初级产品和加工产品主要原料的产地，其生长区域内没有工业企业的直接污染，水域上游和上风口没有污染源对该地区域直接构成污染威胁，从而使产地区域内大气、土壤、水体等生态因子符合绿色食品产地生态环境质量标准，并有一套保证措施，确保该区域在今后的生产过程中环境质量不下降。

绿色食品产地环境质量标准要求我们在选定绿色食品基地时，首先是将具有良好生态环境的地方选为绿色食品的基地，同时对基地的生态环境加以建设和保护；其次是对那些暂不具备绿色食品生产条件的地方加以改造、整治和建设，使其逐步达到绿色食品基地的环境技术条件，以利于开展绿色食品的生产。绿色食品基地的选择和建设能够使那些具有良好生态环境的地方得到进一步的保护，对那些生态环境欠佳的地方进行改善和建设，重建良性循环的生态系统，使生态环境得到有效的保护和利用。

（2）对产品实行全程质量控制。绿色食品生产实施从"地头到餐桌"全程质量控制。在绿色食品开发的过程中，生产前由定点环境检测机构对绿色食品产地环境质量进行监测和评价，以保证生产地域没有遭受污染；在生产过程中，委托管理机构派检查员检查生产者是否按照绿色食品生产技术标准进行生产，检查生产企业的生产资料购买、使用情况，以证明生产行为对产品质量和产地环境质量是有益的；产后由定点产品监测机构对最终产品进行监测，确保最终产品质量。

推广绿色食品的生产技术有利于防治环境污染与食品污染。绿色食品的生产过程是无公害的生产过程。通过系统的绿色食品技术的实施，环境的监测与控制，实现了绿色食品的生产对环境的无公害性，有利于生态环境的保护与改善，有利于农业生产在生态上的可持续性。绿色食品生产技术的运用、农业生产投入品的监控，也保证了绿色食品产品的无公害性，人们食用绿色食品的安全性。因此，绿色食品的概念和理念体现了可持续发展的原则，是循环经济的具体体现。

（3）对产品依法实行标志管理。绿色食品标志是一个质量证明商标，属知识产权范畴，受《中华人民共和国商标法》保护。

5. 绿色食品产业化与循环经济

（1）绿色食品产业生态系统。绿色食品是农业与环境保护的最佳结合点，绿色食品的产业化有利于促进中国农业的可持续发展，绿色食品产业是社会经济过程和自然生态过程相互联系、相互交织的生态经济有机体。绿色食品产业的生态经济系统包括农业生态系统、农业经济系统和农业技术系统，这些系统和系统要素按照自组织原理形成各种合理的结构，最终使复合农业生态经济系统的结构合理、功能健全，使物流、信息流和资金流均能正常流动，系统最稳定，净生产量最大，并且能够永久维持，周而复始，这样的生态系统就称之为良性生态经济系统。绿色食品产业的最终目标就是要建立这样的系统。在生态经济系统中，经济增长与生态的稳定程度之间存在一种协调发展的作用机制，即以技术作为中介和手段，既要重视技术发展水平和技术进步，又要掌握运用技术开发利用自然资源的方式，既能使生态系统的物质、能量资源得到充分的开发利用，以满足规模扩大和经济增长的需求，又不超越生态系统自我稳定机制所允许的限制，以维持生态系统的动态平衡和持续生产力，实现经济、生态的协调发展。

① 绿色食品产业生态系统的特点。绿色食品产业的生态系统吸收自然生态系统的稳定、持续和相对封闭物质循环的精华，又融合了农业生态系统的经济和发展目标的综合生态系统。绿色食品产业的生态系统、自然生态系统和农业生态系统的各自特点如下：

第一，自然生态系统。指在一定自然条件和土壤条件下，具有一定的生物群落，这些生物和非生物相互作用形成一个自然综合体，这个自然综合体常有一定的结构，并能凭借这一结构进行物质循环，能量转换，起着相互促进，相互制约的功能。

A. 目标。自发地向着种群稳定，物质循环能量转化与自然资源相适应的顶级群落发展；生物的组成、物质供应多少由自我设定，即所谓的自我施肥系统。

B. 结构与稳定性。生物物种，主要是自然长期选择的结果，生物种类多，结构复杂，系统的稳定性和抗逆性强，经济价值有高有低。

C. 调控的因素。通过自然力作用于系统内部的反馈作用来自我调节。食物联系是生物物质循环与能量转化的基础，生物通过食物联系构成一个相互依存、相互制约的统一整体。

D. 开放性。所产生的有机物质基本上都保存在系统内，许多的矿质营养的循环在系统内取得平衡，是自给自足的系统。

E. 生产效率。效率低。

F. 社会经济。生物具有生长、发育、繁殖与衰亡的特性，因而生态系统按其演化的进程可分为幼年期、成长期和成熟期，表现为时间特征和由简单到复杂的定向变化特征，即有自身发展的演替规律，受自然规律控制。

第二，农业生态系统。指以农作物为中心，人为地重新改建起来的一类生态系统，农业生态系统是由所有栖息在栽培植物地区生物群落与其周围环境所组成的单位，它受人类各种农业、工业、社会以及娱乐等方面活动的影响而改变。

A. 目标。在人类的控制下发展起来的，为获得更多的农产品、畜产品以满足人类的生存需要，为了长期持续增产，人们向系统内输入大量的外来物质（肥料、农药等）。

B. 结构与稳定性。农业生态系统是补充施肥系统；生物物种是人工培育和选择的结果，经济价值高，但抗逆性差；生物物种单一，结构简单，系统的稳定性差，容易遭受自然灾害，为了防除灾害，不得不投入更多的劳力、资金、技术、物质和能量。

C. 调控的因素。靠人工调控和自然调控结合，多属外部调控，如通过绿化荒山、改良土壤、兴修水利、农田基本建设，在技术上采取选育优良品种、作物布局、栽培管理、病虫害防治等措施提高系统的生产力，获得高额的产量。

D. 开放性。开放性大于自然生态系统，生态系统产生的大量有机物质输出系统外，要维持系统的输入输出平衡，必须有大量的有机与无机物质和能量的投入，否则，会造成系统内物质的枯竭，但大量投入有机和无机物质，会带来环境污染和生态恶化。

E. 生产效率。生物物种有高产优势，加上辅助能源、物质、资金、技术、劳力、管理的投入，其生产效率比自然生态效率高得多。

F. 社会经济。受自然规律控制，也受社会经济规律制约，如社会制度、经济政策、市场需求、资金投入以及科学技术水平等。

第三，绿色食品产业的生态系统。指建立以作物为核心，遵从自然生态系统的结构和功能的环境、作物和人类需求的系统。

A. 目标。在保护和增殖自然资源，保护与改造建设环境的同时，向系统输入与自然环境相容的物质，保证获得良好的产量和产品品质的补充肥料系统。

B. 结构与稳定性。选择适生性强的抗性品种，通过多样化种植，逐步建立稳定的生态系统，逐步减少人工物质的投入。

C. 调控的因素。以自然力的自我调控为主，通过外部调控、内部协调提高系统的生产力。

D. 开放性。充分利用系统内部的有机物和矿物质，在维持系统输入输出平衡的前提下，略有节余，系统持续稳定发展。其开放程度介于自然生态系统和农业生态系统之间。

E. 生产效率。生物物种有高产优势，加上合理的能源、物质、资金、技术、劳力、管理的投入，维持高效率。

F. 社会经济。绿色食品产业要走向商品化、专业化、规模化、社会化、现代化。谋求经济、生态、社会效益的统一和增长，在遵循自然规律的基础上，满足社会需求。

② 绿色食品产业生态系统的物质基础——物质循环。绿色食品产业生态系统组成包括生物组分和环境组分。生物组分包括生产者、消费者和分解者三大部分；环境组分包括阳光、空气、无机物质、有机物质和气候因素（如图 7-1 所示）。

营养物质循环就是把人、土地、动植物和农场视为一个相互关联的整体，把农业生产系统中的各种有机废弃物，如人畜粪便、作物秸秆和残茬等，重新投入到农业生产系统内。也就是说，绿色食品产业不是单一的作物种植，而是种养结合，农林牧副渔合理配置，从而实现物质循环利用的综合农业系统（如图 7-2 所示）。

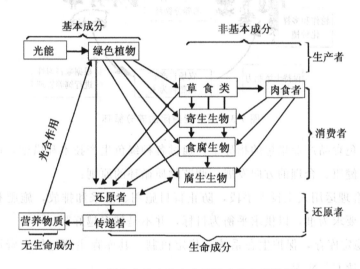

图 7-1 绿色食品产业生态系统中的物质循环

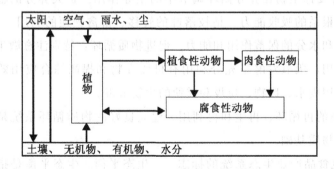

图 7-2 物质循环利用的综合农业系统

　　绿色食品产业要求建立一个相对封闭的物质循环体系（如图 7-3 所示）。所谓封闭式，是指尽可能地减少外部购买，不使用化肥、农药，基本不从外界购买粪肥、饲料等。当然，封闭是相对的，它要求有机生产中所需要物质的全部或大部分均来自有机农场，农场内的所有物质均得到充分合理的应用，做到"人尽其才，物尽其用"。封闭式循环运动是绿色食品产业理论的基础，它既符合生态规律，又符合经济规律。由于减少了外部购买，自然就降低了生产费用。

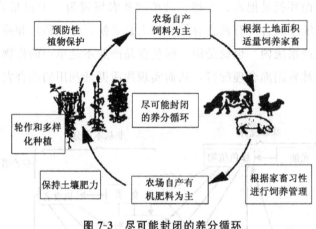

图 7-3　尽可能封闭的养分循环

　　在绿色食品产业思想的指导下，通过各种绿色生产技术和措施，调节物质循环朝着健康、合理的方向发展。调节物质循环的原则：

　　A. 合理运用人工投入手段，防止盲目施用、开采和排放，施肥和灌水以满足生产要求为准，以供求平衡为目标，并不是越多越好。

　　B. 稳定库存，保护生态系统的稳定机制。其库存主要包括水资源、植被资源、土壤 C、N 库。

　　C. 充分发挥生物在养分循环调节中的主导作用。扩大养分的输入：生物固氮、提高根系的吸收能力、枯枝落叶的转移、畜禽粪便的利用。保蓄作用：植物对养分和水分的保蓄作用和能力。促进物质循环：特别注意微生物对有机物的分解作用，厌氧发酵是充分利用有机废弃物和提高综合应用效能的好办法。净化作用废水、废物、垃圾和粪便的生物解毒。

　　D. 物质的再循环、再生和再利用。建立良好的物质循环系统是有机农场健康发展的物质基础。

　　③ 绿色食品产业生态系统的标志——生态平衡。生态平衡是指在一定的时间和相对稳定的条件下，生态系统内各部分（生物、环境、人）的结构和功

能处于相互适应与协调的动态平衡。生态平衡是生态系统的一种良好状态，是绿色食品产业生产追求的目标。生态系统的平衡是一种相对的动态平衡。生态平衡的标准应包括：一是系统结构的稳定与优化。生物的种类和数量最多、结构最复杂、生物量最大，环境的生产潜力充分地表现出来，高效而稳定。物流、能流的收支平衡，系统自我修复、自我调节功能强。主要表现在抗逆、抗干扰、缓冲能力和恢复能力。所以，生态平衡状态是生物与环境高度相互适应、环境质量良好，整个系统处于协调和统一的状态之中。二是建立平衡生态系统的方法。

A. 系统的多样化。在一个绿色生产基地，建立多样化的种植模式和多种作物，从生态系统中的生产者——绿色植物入手，人工种植或保留有益植物，建立多样化的生态子系统。

B. 镶嵌式环境。有利于天敌生存，不利于害虫繁衍。

C. 生态环境的多样性。决定了生物种类的丰富程度和食物网络结构的复杂程度，物流、能流多渠道畅通，当遇到干扰时，一条途径中断，另一条途径补偿，系统会建立新的平衡。

D. 生物多样性是生态平衡的重要指标。只有增加植物多样性，才能增加生物多样性。

E. 食物链（食物网）。是生态系统内部物质循环和能量流动的渠道，食物链越复杂，系统越稳定。

F. 污染物的自然消解和零污染。

G. 经济与生态的有机结合。绿色食品产业是以保护和改善生态环境为前提，以经济效益为指标的农业生产方式。

6. 绿色食品与可持续发展

绿色食品的生产方式是实践农业可持续发展的重要举措，绿色食品通过按绿色食品标准中的生产资料使用准则确立的生产操作规程规范绿色食品的生产，它在农业和农村可持续发展中发挥着重要的作用，主要表现在：

（1）推进农业可持续发展的综合管理，绿色食品将农学、生态学、环境学、营养学、卫生学等多学科的原理综合运用到食品的生产、加工、包装、储运、销售以及相关的教育、科研等环节，要求在生产中充分合理地利用资源，保护生态环境，维护良好生态平衡。在生产技术措施上着重围绕控制化学物质的投入，减少对产品和环境的污染，形成持续、综合的生产能力，达到农业生态系统的良性循环。因此，绿色食品成为农业与其他相关部门（如环保部门）协调行动，最终建立农业可持续发展综合管理体系的纽带。

（2）促进农业结构调整，资源优化和生产要素的组合，进一步加大农业投入和提高农业综合生产力绿色食品生产，从产地农业生态系统的整体出发，依据当地自然资源，并从合理有效利用自然资源多样性的角度，进行资源的优化。在自然资源日趋减少以及人口迅速增长的情况下，通过绿色食品生产方式及其技术手段，合理利用和维护土地、水等资源，改善失调的生态环境；通过发挥绿色食品生产企业的龙头作用，因地制宜地调整、确定产业结构和布局，并不断优化其结构，使其相互协调发展，从而改变农业结构单一的状况，使农林牧副渔业生产实现良性循环。此外，积极合理调动资金、技术等生产要素，参与绿色食品开发，对于加大农业的投入和提高农业综合生产能力都具有积极意义。

（3）保证农业自然资源可持续利用与生态环境保护，农业可持续发展的基础是丰富的资源和良好的生态环境。绿色食品生产要求其产地合理地开发利用当地资源，并在生产中建立作物及其他副产物循环体系，使有机物质多层次地循环利用，实行无废物生产和无污染生产；在能量和物质的利用上，做到有取有补，加速和不断扩大能量流动和物质循环，形成和保持综合可持续生产能力。

（4）绿色食品对实现可持续发展和消除贫困有着重要的作用，对贫困地区而言，消除贫困与可持续发展是统一的整体。不消除贫困就难以持续发展，不有效改善贫困地区的基础设施条件，提高人的素质，改善生态环境和可持续开发利用资源，也不可能从根本上消除贫困。通过帮助农民依托资源优势，按照市场需求开发高附加值的绿色食品，可以兼顾生产者和消费者双方的利益，有效地引导贫困地区农民，调整产业和产品结构，合理发展特有资源，扩大农民收入来源，改变单一农业和掠夺性的生产方式，抑制人们对土地及周边环境造成的压力，使之摆脱"越穷越垦，越垦越穷"的恶性循环，走向可持续发展的道路。

7. 绿色农业模式

根据农业部关于发展无公害农产品绿色食品有机农产品的意见，当前和今后一个时期，我国绿色食品发展重点是优势农产品、加工农产品和出口农产品，绿色食品要依托优势农产品产业带建设，抓好大型标准化基地建设，积极组织引导国家级、省级农业产业化龙头企业以及大型骨干食品加工企业发展绿色食品。有条件的地区可在环境质量较好，名优土特农产品资源丰富的区域开发建设绿色食品农产品基地，为人们提供安全、营养、无污染的优质农产品。具体模式，如有机生态无土栽培模式（参见本书的第 4 章的相关内容）、"四位一体"农业模式（参见本书的第 2 章的相关内容），等等。

7.1.3　有机食品

有机食品是指来自有机农业生产体系，根据有机农业生产要求和相应标准生产加工，并且通过合法的有机食品认证机构认证的农副产品及其加工品，包括粮食、蔬菜、水果、奶制品、禽畜产品、水产品、蜂产品、调料等。有机农业生产是在生产中不使用人工合成的肥料、农药、生长调节剂和畜禽饲料添加剂等物质，不采用基因工程获得的生物及其产物为手段，遵循自然规律和生态学原理，采取一系列可持续发展的农业技术，协调种植业和养殖业的关系，促进生态平衡、物种的多样性和资源的可持续利用。有机食品和所赖以发展的有机农业的兴起源于日益加重的环境污染和生态破坏已经直接危及人类的生命与健康，并对持续发展带来直接或潜在的威胁。

1. 有机食品发展历程

有机食品和有机农业的发展经历了 4 个阶段：

（1）思想萌芽阶段（1900—1945 年）。这一阶段是有机农业思想萌发和提出时期，主要是有关专家和学者对传统农业的挖掘和再认识，而中国在几千年发展传统农业过程中所积累的优秀农艺思想和技术，如农林牧结合、精耕细作、培肥地力、合理轮作等对有机农业的出现起到了十分重要的影响作用。由于处于初创阶段，有机农业只是在小范围内运作，无论是理论基础还是技术体系，水平均较低，其影响也很有限。

（2）研究试验阶段（1945—1972 年）。20 世纪 50—60 年代，有机农业在法国得到了很大发展，该国成立"自然和进步协会"，唤醒消费者在食物对健康影响意识上起到了积极的作用。美国罗德尔有机农场的建立标志着全球有机农业进入了研究试验时期。这一时期，有机农业在规模和数量上远远超过第一阶段，但与常规农业相比仍然非常弱小。尽管人们在部分地区实践、操作有机农业，但由于现代农业体系的建立及运作的惯性，以及有机农业自身存在的一些问题，人们对有机农业尚处于观望、验证阶段。有机农业生产者的主要目的是为了保护环境，节约能源和资源，减少对农场外部系统的依赖。消费者对有机食品的需求非常少，大多用于自身消费或赠予亲朋好友品尝，因而缺乏市场需求拉动，进而难以形成效益规模。

（3）基础奠定阶段（1972—1990 年）。1972 年 11 月 5 日，国际有机农业运动联盟（International Federation of Organic Agricultural Movements，IFOAM）在法国的弗赛拉斯成立，标志着国际有机农业进入了一个新的发展时期。这一时期有机农业的发展具有如下特点：一是通过发展组织会员，扩大有机农业在全球的影响和规模；二是通过制定标准，规范有机农业生产技术；三是通过制定认证方案，提高有机农业的信誉。

（4）快速发展阶段（1990 年至今）。20 世纪 90 年代以后，世界有机农业进入增长期，其标志是成立有机产品贸易机构，颁布有机农业法律，政府与民间机构共同推动有机农业的发展。进入 90 年代，实施可持续发展战略得到全球的共同响应，可持续农业的地位也得以确立，有机农业作为可持续农业发展的一种实践模式和一支重要力量，进入了一个蓬勃发展的新时期，无论是在规模、速度还是在水平上都有了质的飞跃。这一时期，全球有机农业主要发生了以下变化：由单一、分散自发的活动转向区域性有组织的民间活动，在一些国家甚至还引起了政府部门的重视，有的法律上给予保护，有的从政策上给予支持。就标准而言，许多国家已根据有机农业运动国际联盟的基本标准制定了本国和本地区的有机食品标准。就产品开发而言，有机产品日益丰富，有区域特色的农产品和加工产品的比重日益扩大。就市场发育而言，有机食品已开始由现产现销转向批发销售，并进入超市，有的国家还有连锁经营，一部分有机食品已由乡村市场进入城市市场，由国内市场走向国际市场。1990 年，德国成立了世界上最大的有机农产品贸易机构——生物行业商品交易会；欧盟委员会于 1991 年通过欧盟有机农业法案 "EU2092/91"，1993 年成为欧盟法律，在欧盟 15 个国家统一实施；日本于 2001 年 4 月份推出《日本农林产品品质规范》（JAS 法）；2002 年 10 月，美国颁布了《联邦有机农产品生产法》。

2. 有机食品标准

有机食品是一类真正源于自然、富营养、高品质的环保型安全食品，需要符合以下四个条件：

（1）原料必须来自于已建立的或正在建立的有机农业生产体系，或采用有机方式采集的野生天然产品；生产基地在最近三年内未使用过农药、化肥等违禁物质；种子或种苗来自于自然界，未经基因工程技术改造过；生产基地应建立长期的土地培肥、植物保护、作物轮作和畜禽养殖计划；生产基地无水土流失、风蚀及其他环境问题。

（2）产品在整个生产过程中严格遵循有机食品的加工、包装、贮藏、运输标准；作物在收获、清洁、干燥、贮存和运输过程中应避免污染；从常规生产系统向有机生产转换通常需要两年以上的时间，新开荒地、撂荒地需至少经12 个月的转换期才有可能获得颁证。

（3）生产者在有机食品生产和流通的过程中，有完善的质量控制和跟踪审查体系，有完整的生产和销售记录档案。

（4）必须通过独立的有机食品认证机构的认证。国家环境保护总局有机食品发展中心（OFDC），是我国专门从事有机食品检查、认证的机构，其主要职能是：受理有机（生态）食品的颁证申请；颁发有机（生态）食品证书；监督和管理有机（生态）食品标志的使用，包括从国外进口有机食品的管理；解释《有机产品认证标准》和有关的管理规定；开展有机（生态）食品认证的信息交流和国际合作。

3. 有机农业生产体系

有机食品是以有机农业生产体系为前提的，有机农业是一种完全不用化学合成的肥料、农药、生长调节剂、畜禽饲料添加剂等物质，也不使用基因工程生物及其产物的生产体系，其核心是建立和恢复农业生态系统的生物多样性和良性循环，以维持农业的可持续发展。

（1）有机农业。国际有机农业运动联合会（IFOAM）给有机农业下的定义为：有机农业包括所有能促进环境、社会和经济良性发展的农业生产系统。这些系统将农地土壤肥力作为成功生产的关键。通过尊重植物、动物和景观的自然能力，达到使农业和环境各方面质量都最完善的目标。有机农业通过禁止使用化学合成的肥料、农药和药品而极大地减少外部物质投入，相反利用强有力的自然规律来增加农业产量和抗病能力。有机农业坚持世界普遍可接受的原则，并根据当地的社会经济、地理气候和文化背景具体实施。因此，IFOAM强调和运行发展当地和地区水平的自我支持系统。从这个定义可以看出有机农业的目的是达到环境、社会和经济三大效益的协调发展。有机农业非常注重当地土壤的质量，注重系统内营养物质的循环，注重农业生产要遵循自然规律，并强调因地制宜的原则。在有机农业生产体系中，作物秸秆、畜禽粪肥、豆科作物、绿肥和有机废弃物是土壤肥力的主要来源；作物轮作以及各种物理、生物和生态措施是控制杂草和病虫害的主要手段。有机农业生产体系的建立需要有一个有机转换的过程。

开发有机农业、发展有机产业是保护生态环境，节约稀缺资源，发展农村经济，提高人民生活质量，保障人体健康的需要，是加快农业结构调整和产业升级，有效防治污染，促进农业可持续发展的有效途径，是发展生态环保型效益经济、建筑新的经济增长点、变生态资源优势为经济优势、实现跨越式发展、打破国际"绿色壁垒"的重要举措。有机农业在环境保护和农业污染防治上较彻底，发展有机产业与循环经济理念基本一致，可跨越式地发展循环经济。因此，应全力以有机农业建设为基础，全面开发有机食品。

（2）有机农业控制体系。有机食品的标准比绿色食品的标准高。从基地到生产，从加工到上市，有机食品都有非常严格的要求。有机食品在其生产和加工的过程中，绝对禁止使用农药、化肥、激素、转基因等人工合成物质，而其他食品则允许使用或有限制地使用这些物质，因此有机食品的生产和加工要比其他食品难得多，管理也严格得多。

有机食品在生产中，必须发展替代常规农业生产和食品加工的技术和方法，建立严格的生产、质量控制和管理体系，全程监控农业生产过程。生态农业的一条总的要求就是"全程实行清洁生产"。这就要求我们对整个农业生产的过程、环节进行全程监控，确保每个环节的"规范化操作"：一是加强对"产前"的管理，包括产前对种子的种类、肥料的要求、农田土壤质量的保护等，均要符合"生态农业"和"清洁生产"的要求，以施用有机肥和生物农药为主，采用生物防治技术大规模开发绿色食品。二是加强对"产中"的管理，即要强化生产过程（这里主要指农田生产过程）的农事操作，要求采用"保护性耕作措施"，少施化肥、慎用农药，尽量减少或避免对生态环境的破坏和农产品的污染，在实施 ISO 9001 质量管理的基础上积极推行 ISO 14000 环境质量体系认证和 HACCP（危险分析与关键控制点）认证，积极推进清洁生产。三是加强对"产后"各个环节的管理，尤其是产后加工、运输、贮藏、保鲜等各个环节，要禁止使用"添加剂""防腐剂"等各种制品，更要防范不法分子的破坏和捣乱。总之，全程监控，即是要完成从"田头"到"餐桌"的整个过程的监控和管理，切实有效地维护食品安全。

开发有机农业、发展有机产业是保护生态环境，节约稀缺资源，发展农村经济，提高人民生活质量，保障人体健康的需要；是加快农业结构调整和产业升级，有效防治面源污染，促进农业可持续发展的有效途径；是建设生态省、发展生态环保型效益经济、建筑新的经济增长点、变生态资源优势为经济优势、实现跨越式发展、打破国际"绿色壁垒"的重要举措。有机农业在环境保护和农业污染防治上较彻底，发展有机产业与循环经济理念基本一致，可跨越式地发展循环经济。因此，应全力推动以有机农业建设为基础、开发有机食品（产品）为目的，发展有机产业为手段的跨越式循环经济发展模式的应用。

发展有机农业，应将有机农业作为战略产业来抓，政府通过加大投入和实行有机食品生产补贴等政策予以扶持，鼓励企业积极申报有机食品品牌，形成农产品产业化开发规模，同时带动新型生产资料（有机肥）的工业化生产和利用，特别注意发挥龙头企业、专业协会、农村能人及专业技术人才的作用。

4. 我国有机食品的发展前景

我国有机食品有着很好的发展前景——巨大的国际市场和潜在的国内市场。据统计，在国内，有机农产品的价格比普通农产品要高 30％，有机食品的消费呈迅速上升趋势。农民可以从较高的农产品价格和较低的现金投入两方面获得收益；再从国际需求市场看，有机食品目前已成为发达国家的消费主流，他们的有机食品基本靠进口，有机食品正成为发展中国家向发达国家出口的主要产品之一。国际上对我国有机产品的需求逐年增加，越来越多的外商想进口我国的有机大豆、稻米、花生、蔬菜、茶叶、果品、蜂蜜、药材、有机丝绸、有机棉花等产品。另外，入世后农产品进入国际市场受关税和配额的调控作用将越来越小，许多国家因此提高了食品的安全卫生标准，设置非关税贸易壁垒——安全壁垒，控制普通食品进口，这为有机食品出口创造了机遇。目前，我国有机食品的生产还远远不能满足国内外市场的需要，前景发展良好。

5. 我国有机农业案例——宝应县

宝应县是国家优质商品粮基地，种植业和养殖业均较发达，农业面临的污染现象也相对严重。以往，除化肥、农药大量残留外，每年还产生 6 万吨左右畜禽粪便和 60 多万吨作物秸秆等多种废弃物。其中部分被农户通过土法分散利用，但仍有 18 万吨左右的秸秆于夏秋两季在室外被焚烧或遗弃，数千吨畜禽粪尿直接污染乡村植被和水体，影响宝应县乃至周边地区的生态环境和群众生活。

宝应县农业综合开发等部门通过生态建设，大力倡导循环经济，创建有机食品基地县。在培植不用化肥、农药，没有重金属污染的有机种植和有机养殖业的同时，繁衍产业链，为农业秸秆和畜禽粪便等废弃物寻求再生利用的有效空间，实现生态建设和经济社会的协调发展，引导农民自愿的保护环境。目前，宝应县有机种植的面积已达4.3万亩，猪、鹅、鸭等畜禽养殖开始有机转换的近万只（头），有机养殖的畜禽粪便变成了市场紧缺的有机肥生产资料。

宝应县为满足有机饲料、有机肥料、有机防治等新需求，技术人员用农业秸秆经生化处理制成粉状或颗粒状饲料，将有机畜禽粪便和农业秸秆发酵处理后生产商品有机肥。同时，建设生物质环保热电工程，首期投资2.3亿元，消化万吨秸秆，发电1.65亿千瓦时。有机肥厂已经让农业秸秆和畜禽粪便循环再生，效益明显。农民纷纷在承包地尝试混养、套种、轮作新技术，运用相克相辅原理，净化水土，天敌治虫，食排循环，如种草养畜、稻田养蟹、农渔套作、藕田养鳅等，不仅能有效地控制污染源头，还能大大提高农产品品质和综合效益。

7.2 开发生态农业的发展模式

循环经济在农业上的运用有一个更广阔的领域，其实质就是循环经济四个原则在发展生态农业上的运用，称之为循环经济型生态农业。循环经济型生态农业是对农村土地、水、种子、肥料、农药、电力、油、柴、粮食等各种生产要素进行统筹考虑，整体谋划，系统节约，探索在农村建立节约型社会的路子。其借鉴生态工业的运作原理，按照生态学原理充分运用生物措施和工程措施，建立起多层次、多功能的生态系统，该系统以少投入获得高效益。国内外大量生态农业实践证明，把农业生态工程的食物链和农业经济系统的投入产出链科学地结合为一体，即可获得高效益：一方面可多层次综合利用各种农业生态系统的生物产物，创造出市场需要的商品，使价值多次增值；另一方面通过产出或加工链环节，使人工安排的农业生态系统食物链更加合理，各种有机物和废弃物得到多层次利用，生产出更多的产品投入市场，使生态农业长期处于"资源—商品—资源"的良性循环之中。整个生态农业生产系统是良性循环的，资源可持续利用，这与循环经济所提倡的"资源—产品—再生资源"的经济新思维相一致，以合理、精湛的农业工艺和农业生态工程技术，在有限的土地上生产出数量多且品质好的产品，通过物质循环利用与加工使产品增值，再通过提高系统的自身组织能力使自然资源增值，以维持系统生产的高效益，增加农业发展后劲，形成持续稳定高产的多元化、高效生态农业，因此生态农业是农业循环经济的最佳发展模式。循环经济型生态农业能不断提高农业生产中各种资源的生产率和农业综合生产能力，追求更大经济效益，不断增加农民收入。综合开发，再生利用，深度利用农村种、养业产生的废弃物，和以农产品为原料的城市工业及农、林工业产生的废弃物，化害为利，变废为宝，产生显著的经济效益、社会效益、环境效益。循环经济型生态农业比传统生态农业有更广阔的领域，更大的作用。

7.2.1　立体农业

立体农业主要是利用不同生物共生互利的生态经济学原理，把两种或两种以上相互促进的物种组合在某个农业生态系统内，达到共同增产，改善生态环境，实现良性循环的目的。

1. 时空复合结构型生态模式

这是一种根据生物种群的生物学、生态学特征，利用生物群落内各层生物的不同生态位特征和生物之间的互利共生关系，合理组建的分层利用自然资源的农业生态系统。该系统使处于不同生态位置的生物种群在系统中各得其所、相得益彰、互惠互利，更加充分利用空间、太阳能、水分和矿物质营养元素，更充分发挥土地和水域的综合生产能力，从而建立一个空间上多层次、时间上多序列的产业结构。时空复合结构型生态农业具体包括果林地立体间套模式、农田立体间套模式、水域立体养殖模式，农户庭院立体种养模式等。它是一种经济效益和生态效益俱佳的农业生态组织形式，也是目前在全国范围内应用最广泛的生态农业模式。

在时空复合结构型生态农业模式中，"立体种养"是一种比较典型的模式。"立体种养"是指在一定空间内把栽培植物与养殖动物按一定方式配置在一起的生产结构。在这种结构中，生物之间以共生互利或相克避害关系联系在一起，并形成一种简单的食物链。例如，"稻—萍—鱼"模式是在同一块田里种稻、繁萍、养鱼，充分利用土、水、肥、气、热等自然资源的一种立体结构模式，其做法是：起垄栽培水稻，垄面湿润养萍，垄沟养鱼；或大小行栽种水稻，在大行内挖沟养鱼，水面养萍。这种立体结构充分利用了稻、萍、鱼的共生互利关系，并根据它们不同的空间生态位和营养生态位，巧妙地把它们组合在一块水田里，从而使其不仅具有较高的物质、能量利用率和转化率，而且减少了用工，降低了成本，取得了较好的经济效益和社会效益。

2. 物质能量多级循环利用型生态模式

这是一种按照生态系统内能量流动和物质循环规律而设计的一种良性循环经济模式。在该系统中，一个生产环节的产出（包括物质和能量）是另一个生产环节的投入，使得系统中的各种废弃物在生产过程中得到多层分级利用和循环利用，从而提高能量转换率和资源利用率，并有效地防止了废弃物对农村环境的污染。物质能量多级循环利用型生态农业具体包括种植业内部物质循环利用模式、养殖业内部物质循环利用模式、种养加三结合的物质循环利用模式等。物质能量多级循环利用型生态农业经济效益较大，生态效益显著，是值得大力推广的生态农业发展模式。

基塘生态农业模式是一种比较典型的物质能量多级循环利用型生态农业模式，其本质上是一种水陆交换的物质循环复合型人工生态结构，它使陆地生态系统与淡水生态系统有机地结合起来，形成一种低消耗、高效益的科学人工系统。根据基面上种植植物的不同，基塘模式可分为桑基鱼塘、蔗基鱼塘、果基鱼塘、花基鱼塘以及杂基鱼塘等。以"桑基鱼塘"模式为例："桑基鱼塘"模式是珠江三角洲一带一种独具地方特色的农业生产形式，在水资源丰富的地区、流域、滩涂可推广建立此模式。这种模式把蚕沙（蚕粪）喂鱼，塘泥肥桑，栽桑、养蚕、养鱼三者有机结合，形成桑、蚕、鱼、泥互相依存、互相促进的良性循环，避免了洼地水涝之弊，营造了十分理想的生态环境，收到了理想的经济效益，同时减少了环境污染。

实行物质能量多级循环利用，还可以通过食物链形成"作物—家畜—沼气—鱼"的循环网，使农户庭院、养殖场成为鱼→牧→种植→加工→销售一条龙的自然经济体，如杭州浮山养殖场采用科学的农业生态工程技术，取得了明显的生态、社会和经济效益。该场以沼气池为纽带，连接水稻田、茶园、鱼塘和禽养殖场等各组分，鸡粪经沼气池发酵，其沼液、沼渣作生猪和鱼饲料，沼气作村民生活燃料或养殖场内家禽孵化、鸡舍增温、茶叶烘制的主要能源；以猪粪为原料的沼液作农田有机肥料，沼渣可进一步加工成再生饲料和颗粒状有机肥等；畜禽粪便经沼气厌氧处理后减少农村环境污染，且沼渣回田培肥土壤。

据有关资料表明，若连续 4 年使用沼液肥田可使土壤有机质、全 N 等养分与以前对照相比则会显著提高（可增加 5％以上）。

3. 综合开发复合生态型生态模式

这是一种以开发平原、低山、丘陵地区和充分利用土地资源为目的的复合型生态农业模式。此类模式主要布置在丘陵、山区以及平原水网和沿海滩涂地区，这些地区往往有大量的资源未得到充分的开发和利用。如对这些地区的自然资源进行全面规划、综合开发，实行开发资源与环境治理相结合，就能够大大促进农业生产，实现经济效益、生态效益和环境效益的统一。综合开发复合生态型生态农业主要的实现形式包括：对荒山、荒坡、荒滩、荒水的综合治理与开发。通常的模式是：高坡栽果、茶、竹；平坡引种牧草，发展以猪、牛、羊为主的牧业；耕地以种粮为主。例如"围山转"生态农业模式的基本做法是：依据山体高度的不同因地制宜地布置等高环形种植带，被农民形象地总结为"山上松槐戴帽，山坡果林缠腰，山下瓜果梨桃"。再如，广东韶关市曲江区长坝实行的"山顶种树，山腰种果，山坑养鱼"的综合利用模式，黄土高原许多地方实行的"青草盖顶，林木封沟，果树缠腰，米粮铺底"的模式。这些模式都合理地把退耕还林还草、水土流失治理与坡地利用结合起来，恢复和建设了山区生态环境，发展了当地农村经济。这是一种运用生物措施与工程措施相结合的方法治理农业生态环境问题的生态农业发展模式。

如前所述，我国农村经济发展面临着严重的生态环境问题，农业环境综合治理型生态农业通过植树造林、改良土壤、兴修水利、农田基本建设等措施对农业生态系统进行人工调控，在治理农业生态环境方面起到了很好的效果。目前，这种模式被成功运用于治理我国西北部地区的沙漠化、华南和黄土高原的水土流失以及华北黄海平原一些地区的土地贫瘠化、盐碱化等问题。

4. 综合发展与全面建设型生态模式

此类系统是在一定的区域内，在全面规划的基础上，以结构调整为突破口，综合发展农、林、牧、副、渔、工、贸，带动山、水、林、田、路、渠的全面建设，并采取措施，实行优化的系统调控，使经济发展与生态建设在较高层次上达到良性循环。多功能的联合生态型是通过完全的代谢过程——同化和异化，使物质流在系统内循环不息，不仅保持了生物的再生不已，并通过生物群落与无机环境的结构调节，使各种成分相互协调，达到良性循环的稳定状态。这种类型的最大特点是将种植业、养殖业、加工业有机结合起来，组成一个多功能的整体。

在我国北方，已经形成了以地膜覆盖为重要内容的"旱作农业和塑料大棚＋养猪＋厕所＋沼气"四位一体的生态农业模式，并取得了明显的效果。在一块土地上实现了产气、积肥同步，种植、养殖并举，建立起了生物种群多、食物链结构较长、物质能量循环较快的生态系统，达到了农业清洁生产、农产品无害化，经济效益和生态效益非常可观。南方"猪—沼—果"模式，以养殖业为龙头，以沼气建设为中心，带动粮食、甘蔗、烟叶、果业、渔业等产业，广泛开展农业生物综合利用，利用人畜粪便入池产生的沼气做燃料和照明所用的能源，利用沼渣和沼液种果、养鱼、喂猪、种菜，多层次利用和开发自然资源，既提高经济效益，又改善生态环境，增加农民收入。广西恭城瑶族自治县通过推广此模式带动了种植业和养殖业的发展，生猪出栏量三年翻两番，水果产量三年年均增长50%。建设资源、能源综合利用模式，应从废物的转化和循环利用入手，相应地重点建设生物能源建设工程和优质有机肥生产工程，如采用秸秆热解技术生产燃气、木炭和木焦油；利用禽畜粪便生产肥效高，使用方便、异味低的优质有机肥。通过将农产品加工业废物转化为农村沼气、饲料、有机肥料，逐渐形成具有当地特色的循环型生态农业。

以上是几种我国具有代表性的立体农业发展模式。随着生态学、经济学及工艺技术的深入研究，特别是对空间利用、对物质多层次和多途径转化以及水陆环境交互补偿等的进一步探索，必将创造出更多、更新的生态系统类型，丰富和发展生态农业的内容。总之，利用循环经济理念作指导，农业将不断走出传统，并超越经典的工业化农业，逐步迈向立体农业。

7.2.2 观光农业

观光农业是一种以农业和农村为载体的新兴生态旅游业。随着现代化生活节奏的加快以及竞争的日益激烈，都市里的人们越来越渴望多样化的旅游，尤其是希望能在典型的农村环境中放松自己。而农业具有生产和观光的双重属性和"特（特殊环境、地方特色）、优（优质产品、优质栽培）、高（科技含量高、高附加值）、大（具有集约经营的规模）"的特征，它将农事活动、自然风光、科技示范、观光娱乐、环境保护等融为一体，展示了生态旅游农业之路，实现第一产业与第三产业优势互补，生态、生产、生活相结合，实现生态效益、经济效益、社会效益三统一，因此农业与旅游业联姻的交叉产业——观光农业，具有广泛的发展前景，也是现代城郊农业发展的一个重要方向。

1. 我国观光农业发展现状

我国农业观光旅游是在 20 世纪 90 年代迅速兴起于一些大中城市，目前我国观光农业旅游项目主要分布在北京、上海、广州等大城市的近郊，其中以珠江三角洲最为发达。广东省迄今已有 90 多个观光果园，每年接待游客多达500 万人，旅游收入超过 10 亿。在北京、上海、江苏、广东等地还出现了引进国际先进农业社式的农业观光园，展示电脑自动控制温度、湿度、施肥、无土栽培和新特农产品种，成了农业科普旅游基地。如上海的孙桥现代农业区、北京的小汤山农业区、苏州的大地园和珠海的农业科技基地。我国已启动国家生态旅游示范区，主要是利用丰富的景观资源，通过政府引导，资金支持，市场推荐的方式，建设一批符合市场需要的旅游精品项目和示范项目。国家生态旅游示范区重在开发适应现代旅游需求的高水平生态旅游产品，培育我国旅游业发展的后续产品。发展观光农业，不仅为游客提供新的活动空间，释放观光假日城市人口，降低市区及旅游热点的拥挤程度，还能保护农村生态环境，增加农村土地的利用效益。我国作为传统的农业大国，发展观光旅游农业，转变传统的农业生产格局，加快耕作管理的科学化、技术化、发展绿色食品和特色作物的生产，能够满足生态农业的发展需求，获得农业与旅游业的双重效益。

2. 观光农业发展模式

观光农业的基础是农业体系内部的良性循环和生态合理性。在倡导观光农业的同时要加强宏观管理和调控，避免一些地方片面追求经济利益，过分依赖非自然的技术手段，大兴土木，破坏自然生态系统的平衡。观光农业的"农业"内涵，应定位于旅游与生态农业协调发展所体现的地域特点，即必须对地域生态农业特色和地域农业文化特色，自然的生态农业和传统的农村民俗文化加以保持并使其得以充分体现，开发时应选择生态效益型道路，注意保持农村生态环境和人文环境，重视经济、生态、社会三大效益相结合。同时，生态型观光农业模式要针对城市居民消费的新需求发展生态型、科技型观光农业，使农业与第三产业相结合，尤其是垂钓、采摘和参与活动相结合，这样不仅可以获得良好的生态经济效益，而且还提高了全社会对农业尤其是生态农业的认识。

（1）观光农业的发展道路。主题选择是观光农业园建设、经营的核心，"田园性""乡村性"和"生态性"是观光农业园主题选择的基本出发点。在观光农业开发的过程中要注意保护生态环境，避免对野生动植物的干扰和破坏，并与生态农业、天保林业等的建设结合起来通盘考虑。在进行人文旅游资源的开发时，要注意保持现存的民族群体文化特征。

（2）观光农业的发展原则。以农业经营为主；以自然生态环境保护建设为重点；以农民增收为核心；促进城乡一体化；因地制宜，突出特色。对于基于生态链的观光农业，学者们认为观光农业与旅游业相结合，具有"农游合一"的特点。中国的观光农业区往往靠近旅游景区或景点，多分布在东部经济发达省区、大城市郊区以及特色农业地区。

（3）观光农业的功能与效益。观光农业具有观光旅游功能、农业增效功能，绿化、美化和改善环境功能。

（4）农场旅游观光的直接效果。在有些条件差的地区，旅游收入占农业收入的40%；条件更差的地区，旅游收入占农业收入的4%～20%。一般而言，农场旅游业的收入为农业与非农业收入的40%。

7.2.3 生态农业的发展案例——北京市蟹岛度假村

蟹岛生态农业度假村位于北京市近郊，占地200公顷，分为种植园区、养殖园区、废弃物处理区和旅游度假区4个区域，形成了有机食品种植、养殖、加工、旅游观光、废弃物处理于一体的综合生态农业基地。度假村以产销"绿色食品"为最大特色，以餐饮、娱乐、健身为载体，以让客人享受清新自然、远离污染的高品质生活为经营宗旨，是一个典型的依托大都市的城市郊区观光农业园。蟹岛生态农业度假村有员工600多人，平均每天接待的游客超过2000人。度假村内养殖有大量的畜禽，每天产生粪污10吨左右；园区产生生活污水量超过800立方米/天。尽管这样，生态度假村还是环境幽雅，空气清新。这主要是依靠了度假村内采用的农业废弃物和生活污水的高效资源化综合处理利用系统，把生产、生活、加工等过程中产生的有机废弃物综合处理利用，逐步形成了一个生态结构较完善、功能较健全的循环经济模式。

1. 有机农业运行模式

蟹岛生态度假村有机农业建立了种养结合，循环再生的农业生产体系。它把系统内的土壤、植物、动物和人类看成是相互关联的有机整体，采用有机方式进行耕作和栽培，以有机肥作为土壤培肥的主要手段，充分、合理地利用有机肥，利用生物农药和沼肥杀虫杀菌，以提高作物抵抗病虫害的能力，增强土壤肥力。

污泥中含有丰富的有机物和氮、磷、钾等营养元素及植物所必需的各种微量元素钙、镁、铜、锌、铁等。使用污水处理场生活污泥可以明显改善土壤的结构性，增加土壤氮、磷养分，使土壤的容重下降、孔隙增多、土壤的通气透水性改善；使土壤中微生物总量及放线菌所占比例增加，土壤的代谢强度提高，并能有效地向植物提供养分，从而大大降低农业生产的成本。

蟹岛的大棚共种有近百个蔬菜品种，包括茄子、黄瓜、西红柿、柿子椒、扁豆等。农作物普遍使用了生活污泥、沼渣和沼液这种优质的有机肥料，沼渣和沼液中含有生长激素、维生素和抗生素，以及大量有机质、腐殖质，多种氨基酸，氮、磷、钾等元素以及较高浓度的氨和氨态氮等。沼渣和沼液可以全部替代化肥，并且有杀菌消毒的功效，这不仅维持了土壤肥力，还改善了土壤结构，减少了作物生理病害，也避免了农药的使用，生产出来的食品都符合绿色食品的要求。

根据生态学原理，蟹岛把稻和蟹组合在一个互利共生的生态系统内，发展稻田养蟹。水稻可为蟹遮阴，稻田的杂草、浮萍、病虫以及昆虫是蟹的优质饵料；而蟹能疏松土壤，具有除草、灭虫、保肥、造肥的作用，促进水稻的生长发育。蟹岛农产品大部分被园区员工和游客消费。同时约有 35 万千克农产品和副产品（粮食加工的麸皮等）以及数百吨的农作物秸秆等干物质作为饲料和饵料被输送到养殖场和鱼塘，这样既解决了农业废弃物的处理问题，又为养殖业提供了充足的饲料来源。畜禽的粪便通过沼气池发酵处理后返还至稻田和温室大棚菜地，从而使物质循环形成了一个完整的生态链条。

2. 水循环利用模式

蟹岛有丰富的地热资源，园区内打有 2 眼温泉热水井，出水温度为 67℃，出水量达到 100 立方米/小时。热水首先供客房冬季采暖，以及游泳池和洗浴中心用。当温度降至 40℃时，一部分通过管道输送给温室大棚加热，一部分输入垂钓中心，还有一部分输入沼气池发酵增温用。最后当地热水温度降至 20℃时，则用于鱼塘和农田灌溉。由于地热水的利用，每年大量节约了市政供水。蟹岛度假村每年平均利用地热水 29 万立方米，等于节约标准煤约 200 吨。

蟹岛生态度假村的污水包括生活污水和各个养殖场的污水，每日污水平均产生量约为 800 立方米，在旅游旺季时，每天污水排放量高达 1200 立方米。为防止大量污水对周边生态环境造成污染和破坏，根据度假村的环境容量和发展规划的要求，2002 年蟹岛投资 200 多万元建设了一个日处理量 2000 立方米的污水处理厂，对园区内生活污水进行无害化处理并实现资源化循环利用。处理后的水质大部分指标可以达到一级标准。经过污水处理厂处理后的中水排放到 13.3 公顷的生态湿地继续净化，通过水生植物和微生物的作用，进一步进行生物净化；从氧化塘出来的水经灌溉明渠引入长 80 米、宽 50 米的沙床再次进行过滤；沙滤后的水引到农业区，用于灌溉农田、菜地，养殖鱼塘和饲养家畜家禽。

蟹岛生态度假村的人工湿地为潜流型人工湿地（简称 SFS）。污水在湿地沙滤构成的填料床（沙床）表面下流动，进水配水区和出水集水区的填料采用粒径为 50～100 毫米的砾石，分布于整个床宽。处理区填料表层选用细沙和混合土，厚度为 250 毫米，表面种植芦苇、香蒲和慈姑等挺水植物，以利于提高湿地的脱磷效果。处理区表层以下是 5～10 毫米不同级配的砾石铺设，厚度为 500 毫米，布水管布置在滤层 20 厘米深处的地方；沙床的长度 80 米，宽度 50 米。

蟹岛生态度假村的生态湿地一方面能够充分利用填料表面生长的生物膜、丰富的植物根系及表层土和填料截留等所发挥的作用，提高处理效果和处理能力，大大降低污水中氮磷含量和化学耗氧量；另一方面由于水流在地表下流动，保温性好，处理效果受气候影响较小，且卫生条件较好。处理后的水用于农田灌溉、蔬菜生产，渔业养殖和畜禽饲养。水资源的良性循环，不仅解决了农业灌溉用水问题，而且为都市农业生态系统提供了景观资源。

3. 沼气模式

蟹岛生态度假村利用杂粮酿酒，用酒糟来饲养猪、牛、羊等家畜；然后再将人和畜类粪便连接输送到化粪池，经过高温发酵、杀菌产生沼气，供做饭、炒菜和照明，沼气废液和残渣引入农田做基肥。

2002 年蟹岛生态农业度假村设计修建了 1 座容积为 300 多立方米的沼气池，属于完全混合式高效沼气池，采用中温发酵工艺，发酵温度 30℃～35℃，发酵料液中的干物质浓度 12%，水力滞留期 10 天，发酵原料为人畜禽粪便（每日蓄积人、畜粪便约 30～40 立方米）、作物秸秆、树叶杂草、餐饮泔水等。

秸秆、树叶等杂草有机废弃物需要经过粉碎和畜禽粪便在调节池中混合，调整料液浓度以后装入沼气罐，每天投料 30 立方米，日产 300 立方米沼气存入湿式贮气柜内。沼气通过管道，一部分供应度假区餐厅作为燃料，一部分转化为电能作为污水处理厂的动力。

蟹岛的沼气发酵形式属于中温沼气发酵。这种发酵所需发酵温度高，但产气率高。由于蟹岛度假村拥有丰富的地热资源，地热水温可达 70℃，可以开采的地热水可达 2400 立方米/天，为冬季寒冷天气条件下沼气池连续发酵生产、实现常年处理和供气提供了必要条件，通过调整发酵池内干物质浓度和碳氮比可以明显提高产气效率。能量的产出和投入既经济又合理。生产的沼气可作为民用炊事、照明、采暖等能源，温室中沼气灯可为作物进行二氧化碳施肥，仅此一项全年即可为度假区节省 100 万元的能源支出。沼液和沼渣引入菜棚农田作基肥、追肥使用，减少了农作物病虫害的发生，增加了土壤的肥力。其所富含的有机质、维生素及钙、锌、铁等微量元素得到了充分的利用，既变废为宝、节约原料，又保护了生态环境，为生产有机食品提供了充足的肥源。以蟹岛现有耕作土地计算，使用常规化肥的费用约为 3750 元／公顷，而全部使用沼气副产物作为肥料全年就可节省 60 余万元的农资成本支出。

蟹岛生态农业度假村的沼气工程规模较大，设计合理，原料预处理考虑周密得当，产气集中，运行稳定，管理方便，是一种适合规模化经营的创新模式。其具有以下优点：一是提供能源；二是解决畜禽粪便和秸秆等农业废弃物的污染问题，使畜禽粪便等农业废弃物得到无害化处理和资源化利用；三是沼液、沼渣可以改良土壤，使土壤的有机质含量增加，土壤养分提高；四是提高农产品品质，沼液是一种优良的有机肥料，可以防止使用化肥带来的污染，提高产品品质；五是优化环境，沼气发酵是以污水及畜禽粪便为原料的，大大降低了废弃物对环境的污染。种植园区内建有一座 300 立方米的沼气池，通过高温发酵，产出沼气、沼气液和沼气渣。沼气液、沼气渣引入大田作肥料，减少了农作物病虫害的发生，增加了土壤的肥力，保证了在种植过程中不使用一滴农药和化肥，产出食品为无公害食品，既变废为宝节约能源又保护了生态环境。

种养的循环圈：每亩稻田投放 600 只螃蟹在田里驱除害虫、吃杂草、疏松土壤，代替人工作业，而水稻又为螃蟹提供良好的生存环境。水稻收割后，稻草制成蔬菜大棚冬季保温防冻的草帘，稻谷加工成优质生态大米，稻壳、稻糠酿制成醇酒；酒糟喂猪，猪肉供饭店游客食用，猪粪运到沼气池，经高温发酵后成为无毒无菌的有机肥。

4. 农游结合模式

在蟹岛绿色生态度假村 200 公顷的面积中，90％用于种植养殖业，10％用于旅游休闲度假业。采用了"前店后园"的产业经营格局，将旅游业、观光农业有机结合，以园养店，以店促园，形成"农游合一"的经营模式，为农业生产开辟了一条高效增值的新途径。前店分为客房区、餐饮区、娱乐区，占地 13.3 公顷。后园即有机食品种植养殖基地。种植区占地 160 公顷，种有水稻、小麦、玉米、豆类等品种，100 余栋温室大棚生产大众菜及名优特菜，同时供游人参观、采摘。养殖区占地 6.7 公顷，饲养家畜家禽，产出肉、禽、蛋、奶供度假村所需。还有 13.3 公顷的渔业养殖水面可以进行渔业生产并为游客提供垂钓游憩。沼气池、污水处理场也成为吸引游客学习环保知识的理想场所。蟹岛绿色生态度假村集游览观赏，餐饮娱乐，会议服务，休闲健身等功能为一体，游客和学生可以在这里进行参观学习，从事农业实践。通过农作物采摘、栽培和禽畜饲喂等农事实践，使更多的人有机会走近自然、接触农业、陶冶身心、积累知识和增长才干。

第8章 农业循环经济的产业发展模式

农业循环经济的发展模式实际上是在实践中，如何运用循环经济理论和原则组织经济活动，或者说如何将传统经济发展模式改造成"两低一高"的农业发展新模式。农业循环经济发展模式是由循环经济内涵、现有经济活动组织方式和相关实践经验所决定的。产业和企业是经济活动的主要组织方式和载体，所以，农业循环经济发展模式实质上就是循环经济的产业发展模式和区域发展模式的问题。农业产业系统是由种植业、林果业、水产业、牧业及其延伸的农产品加工业、农产品贸易与服务业、农产品消费之间相互依存、密切联系、协同作用的耦合体。农业产业部门间的"天然联系"、农业产业结构的整体特性，正是农业循环经济所要求的，是建立农业循环经济产业链发展模式的基础。

截至 2002 年年底，我国各类农业产业化组织达到 9.4 万个，其中重点龙头企业国家级 372 家，省级 1839 家，一般龙头企业 2 万多家，初步形成了龙头企业或各种中介组织带动与连接的农业产业化网络。但就我国目前农业产业化水平来说，还处于初级阶段，具体表现为：农户参与产业化程度较低，产业化组织整体竞争力不强，农业产业化的带动、辐射效应还没有充分发挥出来，尤其是农业产后的副产品利用率低。

8.1 种植业循环经济的发展模式

8.1.1 高效种植模式

高效种植模式主要有间、混、套、复、轮作、再生作多熟与多样化种植。早在我国明、清时期就已经出现了高效种植模式的雏形。如农谚所说："芝麻混杂豆，上下三层楼，芝麻头上飘，红豆缠中腰，绿豆地上爬，通风透光产量高。"这样不仅可以实现"种无虚日"（延长种植期）、"种无闲地"（间作套种），还可以充分利用光、热、土、水资源。现在我国也有很多地方正在进行粮菜立体种植模式的实践，在相同的土地面积上种植多种粮食作物，既保证了粮食作物不减产，又增加了农民收入，更重要的是可以有效提高土地利用率和产出率，解决粮菜争地的矛盾。

以小麦—圆葱—玉米—芸豆四种四收模式为例，平均 1/15 公顷（1 亩）产粮 950～1000 千克，蔬菜收入 2000 元，是一条切实可行的高产高效新路子。该模式适用于地力、肥水条件较高的精种高产区。在该模式中，虽然小麦播种面积略有减少，但由于边行效应，产量仍相当于纯种小麦；圆葱在田间管理上与小麦有一致性，适宜与小麦间作；芸豆是爬蔓植物，比较耐阴，穿插种植在玉米行间，以玉米为支架，不影响玉米的生长。具体方法：

（1）田间配置。畦面宽 140 厘米，秋播 8 行小麦，畦背宽 40 厘米，10 月下旬至 11 月初地膜覆盖定植 2 行圆葱（白露前 3～5 天育苗）。翌年 5 月下旬收获圆葱后，套种 2 行中熟紧凑型玉米。麦收后及时灭茬、松土、除草，在离玉米行 20 厘米处穴播 2 行芸豆，每穴播 3～4 粒种子，留苗 2 株。每 1/15 公顷定植圆葱 4000～5000 株，玉米留苗 4000 株左右，芸豆 2000～2500 墩。

（2）配套技术。选用良种：小麦选用高产良种，如烟农 15 号、济南 17 号等；圆葱选用日本黄皮圆葱品种；玉米选用株型紧凑、叶片上冲的中熟品种，如登海 1 号、鲁单 50 号等；芸豆选用耐弱光、耐高温、抗病高产品种，如绿龙、老来少等。施足底肥：秋种时结合耕翻、整畦，1/15 公顷施腐熟有机肥 5000 千克，过磷酸钙 50 千克，三元复合肥 50 千克。

（3）田间管理。小麦：重点抓好三水二肥，即越冬水、起身拔节水和灌浆水；结合浇水追施小麦起身拔节肥和灌浆肥。圆葱：浇好冻水及返青水，圆葱膨大时，每 1/15 公顷追施尿素 20～25 千克。5 月底及时收获。芸豆：苗期适当浇水，以保湿降温，结合浇水追施 2 次肥料，一般 1/15 公顷追施尿素 25 千克。结荚初期浇一次水，以后视生长情况勤浇，轻浇，浇后及时划锄。第一次采收后追施一次肥，中后期再追施 1～2 次肥料，一般 1/15 公顷施尿素 12 千克或复合肥 15 千克。适时做好芸豆锈病、炭疽病、蚜虫等病虫害的防治。

8.1.2 生物物种共生生态型

开发建设种植业和养殖业生态农业循环经济时，种植业推广"稻田养蟹"

"蟹田种稻""稻田养鱼"多层利用的主体种养模式：一是高效立体农业技术，如"顶林、腰果、谷农、塘鱼"模式技术，可重点在南方丘陵山区推广应用；二是沼气综合利用技术，包括"猪—沼—果""猪—沼—稻""猪—沼—鱼""猪—沼—菜"等；三是北方"四位一体"生态农业模式技术；四是小流域综合治理技术；五是农业废弃物的资源再生技术和环境污染的综合整治技术，等等。通过上述生态农业模式的广泛推广应用，必将对增加我国食品数量、提升食品质量起到积极作用。

（1）种养植和沼气池配套组合的生态农业园。在一定面积的土地上种植农作物，同时建立适度规模的家畜养殖场和沼气池；农作物秸秆和家畜排泄物进入沼气池产生沼气，向农户提供生活能源；沼气池的出料口通向农田或建设蔬菜棚，有机物经过发酵成为高效肥料。在这种模式中，农作物的果实、秸秆和家畜排泄物都得到了循环利用，不但输出了各种优质农产品，还提供了清洁能源，综合效益非常可观。

（2）动植物共育和混养的生态农业园。根据一些动植物之间的共生性和互利性，对它们进行共育和混养，由此建立起一种生态农业园。例如，将鸭子圈养在稻田里，与水稻全天候同生同长，可以实现鸭稻互利互惠。每亩稻田养一些鸭子，以田内杂草和害虫为食，并四处排粪，从而完成为水稻除草、治虫、施肥、中耕等任务。整个过程不使用或很少使用化肥农药，大大减轻了农民的劳动强度，而且生产出来的产品可达到无公害食品标准；不仅使水稻增产，品质提高，而且养鸭收入也很可观。

（3）稻田养鱼。稻田养鱼在我国南方和北方均已普遍推广，其具体措施是于水稻插秧返青后对稻田灌水，并放养一定量的食草鱼苗；实施晒田施肥或防治病虫害等管理时，将鱼苗随水放入水沟内；收稻时将鱼捞出再转入精养鱼塘。稻田养鱼中的水稻为鱼提供了遮阴、适宜的水温和充足的饵料，而鱼则在为稻田除草灭虫、充氧和施肥，使稻田大量杂草、浮游生物和光合细菌转化为鱼产品等方面发挥了重要作用。稻、鱼共生互利，相互促进，形成良好的共生生态系统，促进了养殖渔业的发展，提高了土壤肥力。据江苏省盐城市大纵湖乡陈村统计，稻田养鱼 2500 公顷平均水稻产量达 7.9 吨/公顷，比对照稻田增产 15.2%，可收鱼 1.3 万尾/公顷。类似的还有禽—鱼—蚌共生、稻—鱼—萍共生、苇—鱼—禽共生等多种类型。

8.2 林果业循环经济的发展模式

循环经济与林果业发展紧密相连，推行循环经济对于实现林果业可持续发展具有重要意义。建立林业循环经济是形成循环社会、实现经济与生态协同发展的关键。林果业涉及人类生产及生活的多种自然产品的物质生产系统；林果业通过保护自然生物基因库为社会经济的发展保留和创造利用机会；林果业是大农业物质产品的保障和支持系统，主要依赖于森林保持水土，防风固沙，调节气候，涵养水源，抵御自然灾害等方面的重要作用；林果业是人类生活环境的保障系统，森林孕育了人类，人类需要绿色和自然的生活环境，森林是人类物质生活和情感的依托；林果业是全球生态平衡的维持系统。林果业具有的以上功能和作用，使它在生态经济循环圈和经济循环圈的双重转换机制中扮演着"中枢神经"的角色。可以说，没有林果业的循环经济就不可能建成整个社会的循环经济，更谈不上建立循环社会。发展林果业循环经济，就是在林果业生产活动中利用 4R 原则，科学地制定林果业发展规划，规范林果业生产，建立生态林果业工业，推行清洁生产和环境管理，具有可操作性。

目前我国正处在经济的快速上升期，经济发展所需的资源、能源急速增长。对森林资源的需求量也不断增加。但我国森林资源总量不足，森林覆盖率只有世界平均水平的 61.5%，人均森林面积和蓄积只有世界人均水平的 22.00% 和 14.58%；林地流失严重，每年林地变为非林地面积高达 202 万公顷，其中有林地转为非林地达 74 万多公顷；森林过量采伐仍很突出，全国年均超限额采伐达 7554 万公顷；森林经营水平普遍不高，森林质量低下的状况尚未根本改变。基于以上原因，为了实现国有林区的可持续发展，避免可采资源越来越少，必须实施循环经济，提高对资源的利用率。

8.2.1 农林复合型发展模式

近年来，发展中国家的农村人口增加，水土流失严重，生态环境恶化。在联合国粮农组织和世界银行的支持下，农林复合系统发展迅速，组合项目不断增加，从小规模农村结合的土地利用，逐渐发展形成规模较大的区域性气候、地形、土壤、水体、生物资源的综合利用。人工设计多年生木本植物（用材林，经济林，防护林等）与农作物（粮食，油料，蔬菜和其他经济作物）的各种间作模式，使之成为物质循环利用，多级生产，稳定高效的农林复合循环生态系统。该类型按照生态经济学原理，使林、农、药、菌等物种的特点通过合理组合，建立各种形式的立体结构，以达充分利用空间、提高生态系统光能利用率和土地生产力的目的，又能形成一个良好的生态环境。这是我国普遍存在的一种主要类型。

（1）以山林为基地、种养相结合的生态农业园。这种模式在山区比较适用。山上种植经济林、果木或其他经济作物，同时培育香菇、木耳，放养山鸡等家禽或养殖其他牲畜，输出木材、水果、香菇、木耳、鸡、肉、蛋等产品，输入饲料和一些农用生产资料，资源得到综合利用和循环利用。

（2）间作、种养结合模式。在采用果、草、药、菜、粮间作，有效地提高丘陵旱垣区种植效益的基础上，按比例配置猪、鸡、羊，这样既能利用动物的粪便使枣草产量大幅度提高，又能够利用产出的牧草供给动物作饲料，以此来获得更大的经济收益。

（3）山地果园生态护理及综合开发的基本模式。针对山地果园水土流失严重，易受干旱影响，不利于果园的可持续发展的实际，采取综合技术集成，促进果园资源要素的循环利用，在果园中种草保墒（防水土流失、改善果园生态）→以草养鸡→鸡屎肥园→鸡吃虫草→减少病虫害→提高果品质量；果园中建立蓄水池→自然山地集雨→旱季灌溉果园。这种模式已成为山地果园资源循环利用的有效模式之一。

（4）林下（果园）种草养鹅模式。林下（果园）种草养鹅模式是指在疏林、幼林或果园下面种植牧草刈割或放牧养家禽的一种模式，尤其是在当前退耕还林地和坡地新建果园，是实现生态、经济、社会效益有机结合的有效措施。

林下（坡地果园）种草后，由于草被植物生长迅速，增加了植被覆盖尤其是贴地覆盖，可有效覆盖地表，减轻雨水对地表的侵蚀作用，从而保持水土。据 1999—2001 年贵州省独山县新建坡地果园种草试验测定，当年植被覆盖率即可达 82％以上，第二年植被覆盖率可达 95％以上；林下（坡地果园）种草模式的径流量与林下（坡地果园）不种草相比当年减少 28.5％，泥土冲刷量减少 72.8％，第二年径流量减少 36.5％，泥土冲刷量减少 95.5％，基本无水土流失发生。

林下种草可以改善林地或果园小气候，增加土壤有机质含量，提高土壤肥力，抑制杂草，促进林木和果树的生长发育。据测定果园在有生草覆盖下，冬季地表温度可增加 1℃～3℃，其中 5cm 土层增加 2.5℃，20cm 土层增加 1.5℃左右；夏季可使地表温度降低 5℃～7℃，其中 5cm 土层降低 2℃～4℃，20cm 土层降低 1.5℃～1.8℃左右；林下（坡地果园）种植白三叶 5 年后，土壤有机质由 0.5％增加到 2％，提高了土壤肥力。

据贵州省黔南地区试验资料显示，林下草地每亩可产黑麦草 5000 公斤以上，每亩草可育成商品鹅 50～60 只，从雏鹅到出栏仅需 75～90 天，户养 50 只，获利 300 元左右。

（5）林下（果园）种草养鸡模式。果园养鸡可以进一步发掘果园生产潜力，为实现果园立体种植、养殖，使果园生产进入良性生物循环的轨道作了实践，并取得满意的结果。1994 年太原市郝庄乡松庄村果园进行了饲养轻型公鸡实践，总结出果园养鸡较笼养的优点主要有：减少饲料消耗；可改全价饲料为粗饲料；可避免鸡在夏天因高温、高湿、通风不良引起的疾病；不存在微量元素、维生素缺乏和补饲砂粒等。果园养鸡为果园带来很多益处：鸡群在果园自由地啄食，能消灭大量杂草种子、嫩尖、嫩叶，各种虫卵、蛹及爬行昆虫、近地表飞虫（如蛴螬、金龟子、步曲、象、行军虫、大叶青蝉、食心虫、蚂蚱、蟋蟀及各类毛虫）等；可制约剧毒农药在果园的施用，为生产绿色果品创造了条件；促进果园生草制的推行和实行树盘覆盖，起到肥地、保水、减少水土流失的作用。同时还可利用鸡粪肥树，减少果园化肥用量，并能提高果园经济效益，促进生态农业的发展。

果园养鸡分两个阶段，即育雏期和放养期。①育雏期。出壳后的 1 个月内的笼养阶段。通过精心对鸡舍温湿度控制、喂小鸡饲料、疫苗接种和疾病的及时防治，可安全渡过育雏期。1 个月后（在春夏天亦可饲喂 3 周后），可以逐步地在白天把小鸡放到户外接受锻炼。②放养期。放养前约需逐日训练 1 周左右。路线可由近到远，轮流地块，由专人引路，通过吹号或敲击物件来传递号令，最好把鸡群能训练成类似羊群那样。在放养期间，每天早晨去果园前进食少许，晚上进舍前要补充饲料，总量可比笼养鸡省一半。放养期长短依具体情况而定，供试的轻型公鸡全放养期为 2～3 个月。

果园养鸡对环境有所要求，主要是对果园树种选择的要求。根据试验，以干果、主干略高和田间喷药少的果园为佳。最理想的是核桃园、枣园、柿园等。这些果树定干较高，果实结果部位亦高，果实未成熟前坚硬，不易被鸡啄食。其次为山楂园，因山楂果实坚硬，全年除防治 1～2 次食心虫外，很少用药。葡萄园全年主要使用低浓度、低毒的杀菌剂农药防病害，对鸡的毒害小，但葡萄是浆果，易受鸡啄食，可对鸡作断翅小手术后进行放养。在苹果园、梨园、桃园养鸡，应简化果树品种，放养期应躲过用药和采收期，以减少对鸡和果实的伤害。

为便于鸡在果园的较易摄取食物，应做到以下几点：

（1）行间种多年生豆科和禾本科带葡匐性的牧草百脉根、美国苜蓿、红豆草、鸭茅等。这些牧草在春天萌发早，根茎处簇拥的小分枝极多，鸡爱吃其嫩叶嫩尖，营养丰富。同时这些牧草又都具备多次刈割再生习性，刈割的青枝叶，晒干粉碎可作为营养丰富的饲料添加剂。到了秋天，这些牧草根茎处又萌生许多分枝嫩芽，青草期可到 10 月底，可长期供鸡食用。有意地将鸡爱吃的自然野生杂草进行选留和繁育，以满足鸡择食的需要；对鸡不爱吃的恶性草应及时拔除，以免影响果园的通风透光。根据果园空间、果实采收期早晚、自然降雨早晚和多寡，因地制宜，合理布局，见缝插针播种一些矮秆、生长期短的豆类和禾谷类作物，以补充鸡食的不足。播种时应与树冠保持一定距离，减少作物与果树争水争肥的矛盾。

（2）果园禁止使用剧毒农药。一些剧毒有机磷农药，如 1605、1059 等，若在果园施用，就会使鸡群易累积中毒，因此应杜绝使用。喷一般农药后，也应在残效期过后再开放果园。积极有效的办法有利于不断开展生物防治和综合防治，如使用性诱剂、灯光诱杀、树盘松土、刮老翘皮以及应用生物农药等。

（3）果园必备设施的建造。育雏室年供 1～4 批鸡，每批育雏 1 月，兼办理为民育雏销售，形成集约化生产。鸡舍可因地制宜，依山靠崖，挖小窑洞或建立日光温室、大棚，外围有活动场所。田间需加盖凉棚作为饮水和避雨场所，凉棚周围用豆科、葫芦科植物遮阴。鸡舍门宜宽、宜多，以避免早晨开门后鸡群争相拥出，产生挤伤踩死的现象。

（4）效益分析。果园养鸡的效益随集约化的进程而提高。松庄村果园限于资金、时间、人力，仅养 1100 只轻型公鸡，纯以试验探路。经统计，每只鸡纯收入 1.55 元。果园养公鸡一年可分 2～4 批进行，依果园大小每批在 1000～5000 只。规模过小，经济效益不明显。以鸡的类型区分，我们认为轻型鸡体较小，爱活动，行动敏捷，便于在田间觅食，在果园放养较合适。养公鸡，雏鸡价低，出栏快，投资少，资金周转快但效益较低；养母鸡，雏鸡价贵，产蛋期需精饲料，但产值大，周期长，投资多，还有蛋的收集问题。围绕果园养鸡可衍生出建立饲料加工厂及屠宰、加工、销售多业的发展，增值途径很宽，并可就地解决农村剩余劳动力。从生态农业来讲，果园养鸡和推行生草制，能使良性的生物循环在果园中成为现实，其产生的社会效益将是很大的。

8.2.2 造纸业发展模式

利用林区制材剩余物，增加木浆产量。一棵树的生物量包括树干、树枝、树根等都可以用来生产纸浆。各部位所占比例随树种而异。虽然树干所占生物量最多，纤维素含量亦最高，最适于制成建筑用材，加工剩余物用于制浆造纸，但枝丫材及树根亦含有大量生物量及纤维素，亦是宝贵的造纸原料。发展木片生产是充分利用林区废弃林木和制材剩余物，节约资源，推进林木综合利用和循环经济的有效途径。造纸发达国家都很重视林区采伐和制材剩余物的利用。瑞典造纸用材中，枝丫材、小径材、间伐材和木材加工剩余物占46%～50%；采伐后的树根在伐根处理厂处理，每年可利用伐根的40万立方米，制成木片、燃料及肥料。

近年来，我国对林区采伐剩余物（间伐材、小径材、枝丫材）和制材剩余物（板片、木梢、碎屑、锯末等）的再利用也日益重视，每年约生产300多万吨（风干），其中出口约占40%，主要销往日本。但是，与造纸发达国家利用砍伐和制材剩余物造纸占其木材供应量的40%～50%相比，差距很大。还有大量的枝丫材等采伐剩余物被遗留在林区中，砍伐后的树根很少利用，不但浪费了资源，且影响林木生长。木材加工厂的剩余物板皮、木梢等虽已大多用来制浆造纸，但还有相当一部分被用作燃料烧掉，锯末用于制浆造纸的比例更小。出现以上问题的主要原因是我国林业尚处于粗放经营阶段，与集约经营尚有一定距离；再者，林业与纸业分属两个部门管辖，影响了林纸结合和协调发展。

山东太阳、泉林、晨鸣、华泰、齐明，宁夏美利和江苏双灯等纸业公司以速生林、芦苇基地和制浆造纸为主建设生态工业园区，使经济发展和生态环境保护得到了有效的协调，整个系统实行水资源封闭循环利用，同时在工厂附近建设调节水库，集中尾水用于林地、苇田灌溉，达到了水资源充分利用。

当然，我国已有一批在清洁生产与污染治理方面做得较好的企业：

（1）APP集团。APP集团（中国）各项环保指标优于国家标准，处于世界领先水平。APP集团（中国）是率先在国内按照"循环经济"理念，实施造纸工业与环境协调发展的现代化造纸企业集团。APP集团在经营中打造了两个循环产业链：造纸厂实行"减量化、再利用、再循环"的"静脉产业链"，将"资源→产品→废弃物"开环式流程，转变为"资源→产品→废弃物→再资源化"的闭环式流程；集团实行"林浆纸一体化"的"动脉产业链"，各工厂通过原料互供、资源共享，实现了废弃物的减量化、资源化和无害化。该集团先后投入 15 亿元人民币进行环保设施建设，各项环保指标优于国家标准，其中江苏金东纸业 2003 年吨纸排水量为 8.19 立方米，排放水主要用于消防用水、厂区抑尘、道路清洗、绿化草皮、花木以及意杨林的灌溉等。国家环保局 2004 年授予江苏金东纸业公司"环境友好企业"称号。

（2）山东泉林集团。山东泉林集团走的是一条具有泉林特色的循环经济生态纸业之路，集团确立了循环经济生态纸业战略，改变了长期以来国内造纸工业走的"资源、产品、污染排放"的高污染、低利用、高消耗的落后发展模式。泉林纸业以生态经济原理和循环经济理论的"无害化、资源化、减量化"的"3R"（减量化 Reduce、再使用 Reuse、再循环 Recycle）原则出发，首先是针对生产体系中的污染物，采用高科技治理，确保污染物达标排放；运用创新技术提取黑液中的木素生产有机化肥；生产过程的水，通过处理回用于生产和生态林的灌溉，不向外部水体排放污染物质，保护区域水体环境。用黑液中的木素生产的有机肥料作生态林、竹的基肥，成材林竹用于制浆造纸，使所有物质和能源得到充分合理利用，实现了"资源、产品、再生资源"的封闭循环。

（3）山东华泰纸业公司。山东华泰纸业公司推行"绿色生态纸业战略"，围绕"走环境破坏的短期发展还是走生态纸业的长远发展"为主题的大讨论，由总裁亲自宣讲"绿色华泰、百年辉煌"的含义，提出了治理污染是企业的"生命工程"。对原有纸机进行了淘汰性改造，通过国债、国家重大技术升发等项目支持，建设日产 100 吨，150 吨的连蒸连漂项目，16 万吨彩色胶印新闻纸项目、20 万吨轻涂纸生产线，同时筹建 35 万吨 SC 纸项目以及日处理量 500 吨废纸脱墨生产线，生产规模将达到年产 100 万吨，实现技术装备水平的跨越，使企业能耗、水耗达到国内先进水平。调整原料结构，扩大商品木浆和废纸的用量，同时加快技术进步，以降低消耗，减少污染，实施清洁生产。建设芦苇和造纸林基地，进一步提高木浆比重。采用先进技术处理制浆黑液、洗选漂中段水和纸机白水，提高资源的利用效率，减少或消除对环境不利的污染物排放，实现绿色生产。公司从国外整体引进污水处理技术和设备，现有碱回收日产能力 260 吨，中段水日处理能力达到 10 万立方米，回收利用了大量的水、热能、碱和纤维，实现了节能、降耗、减污，从而降低成本，提高企业的市场竞争力。

（4）山东晨鸣集团。山东晨鸣集团的污染治理实现了"两个转变"，即由单一治理向综合治理的转变，由单纯治理向综合利用的转变。企业获得了"联合国环境保护署清洁生产示范企业"称号，并在全国同行中率先通过了ISO 14001环境管理体系认证，获得了全球贸易"绿色通行证"。

（5）江苏双灯纸业公司。江苏双灯纸业公司以芦苇基地和制浆造纸为主建设生态工业园区，使经济发展和生态环境保护得到了有效的协调，双灯纸业生态工业园区充分利用了芦苇资源中的有效成分发展经济，整个系统实行水资源封闭循环利用，尾水用于苇田灌溉，有利于芦苇生长和湿地保护，对鸟类栖息不排斥，达到变污染负效应为资源正效应的目的。双灯纸业生态工业园区的建设符合国家提出的发展循环经济，走新型工业化道路的方向。

8.2.3 竹业循环经济发展模式

中国是世界上竹类资源最丰富的国家，竹子种类、竹林面积、竹林蓄积量、产品占有量、出口创汇量、加工利用量和科技开发综合水平均居世界之冠，素有"竹子王国"之誉称。竹业是林业不可分割的重要组成部分，具有相对独特的资源培育、加工利用和科学研究体系。竹类资源生长快、培育周期短，具有一次栽培管理得当，便可永续经营利用的特点，它是集生态、经济、社会效益于一体，多种效应于一身的最为优良的物种之一，是其他任何单一林种难以媲美的。我国竹子主要分布在南方13个省（区）的山区，近年有所北移南拓。竹林面积15万亩以上的县（或市）有130多个，现有竹林面积近7300多万亩，比20世纪80年代4800万亩增长了近2500万亩，比1998年第五次森林资源清查时的6300万亩增长了1000万亩，每年平均以近200余万亩的速度在增长。福建、浙江、江西三省竹林面积均超千万亩，每亩立竹量由20世纪70—80年代90株提高到2001年的140多株，全国毛竹的采伐量也由70年代的7900万根增加到2001年的近6亿根，翻了9番，近几年各项指标增长幅度更大。而且一些小杂竹等以产笋为主的早园竹（雷竹）类产量产值猛增，少数发达县（市）平均亩产值可达1500美金。我国林业与世界发达国家相比，仍处于相对落后的状况，而我国的竹业则一枝独秀，处于国际的先进地位。随着林业的发展和地位的不断提升，竹业经过不断创新，发展速度更快。

尽管如此，我国竹业尤其竹产业仍以耗费资源、能源和劳动力为主要的投入产出方式，竹资源培育及其产业发展业已进入中端阶段，但市场开发仍处于低端阶段。

我国竹业发展大体上经历了三个主要发展阶段：一是自然发展与原始利用阶段。这一阶段历史最长，约有六千年，后期亦曾出现了一般利用阶段的特征。二是初级发展与一般利用阶段。以新中国成立为标志，党和政府开始重视并有计划地推进竹业发展，竹子培育和加工利用虽属传统的计划经济条件下的粗放经营，但均有明显提高。三是快速发展与广泛利用阶段。以改革开放为标志，到 20 世纪末中国竹业的加速发展，实现了量的突破和质的飞跃。尤其在进入 21 世纪以来，竹业发展速度之快，利用之广泛是空前的。这一阶段出现了如下明显变化：竹林培育从片面追求面积扩大向新造与改造的质量提高转变；粗放经营向集约化经营转变；单一竹种向多竹种，用材林向笋材兼用的复合林转变；竹材利用呈现出由传统利用向现代化利用，单一向综合，手工向机械化，粗加工向精深加工，低附加值向高附加值，单纯经济效益向生态、经济、社会效益协调统一发展初步转化。

传统的竹材加工主要有竹器、竹制工艺品、竹制家具、竹编、造纸等。但其竹材利用率仅有 40%，有 60% 的剩余物被废弃或作为锅炉燃料烧掉。目前已出现成功的竹材加工剩余物再加工利用模式，如利用竹材加工的三剩物制备竹炭、活性炭，萃取高品质竹醋液，精制醋粉，进而深加工成药品、保健品等；用竹叶提取竹叶黄酮等系列有效成分；运用生物方法对膨化分离竹原纤维后的多种有效成分，合成食品、饲料添加剂，进行全竹利用。近年来涌现了数以千计适应市场需要的新产品，大致可以分为十大系列竹产品：

（1）以竹材或与其他材料复合的三板系列（多规格高品质的地板、装饰板；成集材板；模板、车厢底板等）；

（2）竹质及其复合板式家具系列（含高档可拆装家具）；

（3）刨旋切微薄竹片（单板）及其制品系列（含软化、漂染技术的突破）；

（4）竹笋深加工膳食品系列（含笋保鲜及其有效成分的提取与添加技术）；

（5）高品质竹质炭、活性炭、竹（木）醋液（粉）及其深加工产品系列（药品、保健品、纳米材料、植物生长促进和保鲜、增甜剂等）；

（6）竹叶黄酮等内脂有效成分合成精细产品系列（合成药品及保健品）；

（7）竹质纤维纺纱、制衣和竹浆造纸等高科技产品系列（含运用物理方法的突破性工艺与技术）；

（8）竹材与高分子复合的新材料系列；

（9）竹材高效利用的新工艺、新设备、新方法与竹工机械系列；

（10）各类竹制品、工艺品与艺术品系列。

以上十大系列产品中第二、第三系列具有广阔的市场空间，尤其是竹质高档家具；第五、第六系列极具开发与推广潜势；第七、第八系列为两大突破，第七系列属于原创性高科技，具有工业化大规模生产前景，第八系列突破了物理方法利用的竹与竹、竹与木的传统复合领域，进入综合性方法利用的新材料领域。以上产品系列有的经过熟化与升级换代，形成拳头产品或品牌产品；有的实行强强联合、优势互补，使企业成规模上档次、做强、做大甚至独步市场，为竹产业循环经济的形成、发展和壮大提供了重要保障。总之，中国竹产业由低端步入中端水平，竹业循环经济初现端倪。

8.3 畜牧业循环经济的发展模式

畜牧业是一个周期短，发展快，效益高的产业，产业关联度高，上联种植业，下联加工业，既能促进种植业结构的调整，又能延伸到二、三产业，实现多环节、多层次的联动效应，还可以吸纳农村富余劳动力，增加农民就业机会，合理有效地配置农业资源，是农民增收最直接、最有效的途径。世界发达国家畜牧业产值一般占到农业产值的50%左右，我国为30%。

植物、动物、微生物在农业自然生态系统中具有不同的特性和功能。充分利用动物、微生物的不同特性和功能，对农作物秸秆、粪污等资源进行合理利用，生产我们所需要的产品，同时减少对环境的污染排放，是发展循环经济的主要技术路线。由此可见，在农业中发展循环经济，畜牧业起着承上启下的作用，是实现资源重复利用、循环利用的核心。其主要作用有以下五点：

（1）节约饲料用粮。在我国人口与耕地资源矛盾日趋紧张的情况下，利用农作物秸秆发展草食畜牧业，既可节约粮食，又可增加食物的供应，对于保障我国的粮食安全、食物安全都有重要作用。到目前为止，我国通过青储氨化等措施利用的作物秸秆已达20500万吨，节约饲料粮4450万吨。如果扩大利用2亿吨，约可节约饲料粮4000万吨。

（2）缓解农村能源紧张状况。以牲畜粪便为主要原料发展沼气，解决农村部分能源问题。农作物秸秆和畜禽粪便都是可再生资源，以生物质能替代数量越来越少的化石能源，具有重要的现实意义。

（3）形成新的产业，增加农民收入。通过对秸秆、畜禽粪污等农业废弃物的资源化利用，可以带动畜禽养殖业、农村能源产业以及农产品加工业等关联产业的发展，对促进农村就业，增加农民收入，具有积极的作用。

（4）改善畜产品结构，增加市场供应。我国肉类构成中，牛肉的比重较低，2003 年占 14.2%，人均牛羊肉只有 7.6 公斤，牛奶的人均占有量只有13.5 公斤，与发达国家相比有很大的差距。农作物秸秆利用发展牛羊等草食性牲畜，可增加牛羊肉、牛奶的市场供应，改善畜产品结构。

（5）保护环境，实现农业可持续发展。农作物秸秆是农业的副产物，过去农民怕麻烦，要么弃之荒野，要么付之一炬。畜禽粪便由于随意堆放，往往会随雨水进入河流、湖泊，是农业面源污染的来源之一。通过对农业废弃物的合理利用，在农业内部形成种植业、畜牧业、农村新能源产业相互促进、良性循环，对保护环境，实现农业可持续发展具有重要意义。

8.3.1　草畜业循环模式

所谓草畜业循环模式，是指草畜业同步发展，可以体现草业的独特作用和提高牧业对资源的转化功能。发达国家草地牧业占农业总产值 50% 以上，有的高达 80%，而我国仅占 10% 左右。西部大开发，黄土高原区发展草食节粮型畜牧业潜力很大。

种植业是利用植物生理机能，通过人工培育把土壤中水分养分和太阳能转化为农产品的社会生产功能部门；而畜牧业则是利用动物的生理机能，通过饲养繁殖把饲料（饲草）转化为畜产品的社会生产功能部门。它们共性之处都是受一定自然条件制约，同时也受社会经济条件的制约，都是有生命的繁衍和发展，受遗传基因的影响，农畜产品都是人类生存的基本物质条件和轻工业医药原料。饲料和肥料是连接种植业与畜牧业的桥梁和纽带。农牧业结合的基本功能是通过生物链、产业链和食物链，即生态系统能量流动和物质循环的持久运转，实现资源转化、经济增值、培育地力、优化生态环境、满足社会需求和保护人类健康。为此，建设有中国特色的现代农业必须坚持农牧结合方针，充分发挥畜牧业的转化功能。草食家畜（牛、羊），依靠瘤胃微生物消化代谢特性和自我调控功能，决定它在生态农业中的特殊功能和重要地位：一是能充分、合理和科学转化利用牧草和秸秆资源，节约能量籽实饲料、净化环境、变废为宝；二是能利用尿素等非蛋白化合物，节约豆科饲料；三是提供优质有机肥料，促进农业优质高产、稳产；四是农牧结合能促使生态农业中物质和能量良性循环，增加生态经济中的附加值；五是光能和生物能的利用率高，草可把光能尽快转化为化学能。养奶牛能将饲料中17%的能量，13%以上的蛋白质转化到奶中，农牧民养1头高产奶牛，年可获纯收入5000～6000元以上，如果养肉牛进行牛系列产品加工，效益也是十分可观的。种植业（草业）与畜牧业是相互依赖，相互制约的，是自然再生产与经济再生产交织在一起的产业。农牧结合是土地、种植业和畜牧业三位一体的农业生产，综合利用自然资源，提高资源的利用率和产出率，以求得最佳的经济、社会、生态效益，促进种植业与畜牧业协调发展的根本途径。经济效益决定了农牧结合的具体形式及结构发展变化趋势，社会效益决定了农牧结合的前提条件，而生态效益则是决定了农牧结合能持续发展的依据。只有三者协调统一，才能确保农牧业的稳定、协调、高效和可持续发展。

建立现代化草地畜牧业综合体系。加强生态建设，发展生态畜牧业，是一项极其复杂的系统工程。既要保护生态环境，使草地的生态功能充分发挥，同时也要考虑牧区广大牧民群众生活水平的不断提高，社会经济的不断繁荣，这就必须寻求一个使生态、社会和经济共同发展的结合点。这个结合点只能是建立完整的现代化草地畜牧业综合体系，即天然草地—人工草地—合理畜群结构—饲草饲料加工—半舍饲和舍饲的模式。具体办法如下：

（1）天然草地。由现在的放牧利用主体逐步过渡到辅助位置，特别是退化较重的草场应禁牧封育；对夏场宽余的地区，在夏季要多利用，冬春季少利用。加强退化草地的恢复与重建。对现有的退化草地，应加大科技和资金投入，深入研究草地退化的原因与机理，针对不同退化程度和不同的地域特点，提出不同的治理方法和措施：第一，应对草地资源进行全面规划，确定放牧强度，适时转场，防止乱牧抢牧，保证冬春草场植物的休养生息。第二，对退化严重的草地，进行禁牧，实行封滩育草，在条件较好的地段，建立优质高效的人工草地。第三，对鼠害严重的地区，进行灭鼠和补播。第四，对中度退化的草地应采取松耙补播和灭杂等工作，加速种群恢复。牧草是发展草地畜牧业的物质基础，除天然草地提供部分牧草外，要千方百计地扩大饲草饲料来源，维护草地畜牧业的可持续发展，这就要求牧草的产业化。

（2）人工草地。首先需要进行优良牧草种质资源的调查、选育和引进，建立优质、高产、高效的人工草地和走农牧耦合的道路，充分利用人工草地的牧草和农区提供的秸秆，贮备充足的饲草饲料。在保护草地生态环境和发展草地畜牧业的同时，加强对经济动、植物的开发和利用，特别是在建立人工草地时，还可以多考虑栽培那些多用途的经济植物，以增加经济收入，提高牧民群众的生活水平。例如福建省厦门民惠食品有限公司与国戎生物经济研究所协作，在比较贫瘠的山坡上种植高产的哥伦比亚皇竹草，打浆喂猪，节省精料14%，同时用天然植物提取物替代抗生素类、激素类饲料添加剂，猪粪尿污水经发酵后抽灌到牧草地施肥，取得良好的经济效益，并向市场提供无公害猪肉。

（3）合理畜群结构。如经牧民的多年试验，在畜群结构上除保留配种公羊外，再不保留公羊，留足繁殖母羊，并适时淘汰老母羊，使畜群始终保持旺盛的生产能力。

（4）饲草饲料加工。各地区可根据实际情况，以村或乡建立小型饲草饲料加工厂，将人工草地所产牧草和农区提供的秸秆加工成颗粒饲料，以备舍饲利用。

（5）半舍饲或舍饲。充分利用广大牧区现有的暖棚，进行适当的改建，先对当年羔羊和淘汰母羊进行强度育肥，加速出栏；再经过 3～5 年的建设，可望实现全舍时，届时天然草场的利用强度不但会大大降低，而且家畜的出栏率和商品率也将会大幅度提高，广大牧民群众的生活水平亦会得到改善。根据中国科学院对当年公羔和淘汰母羊的强度育肥试验，当年公羔每天增重约 0.25公斤，经 2 个月育肥，体重可达 25 公斤以上，胴体重达到 15 公斤以上；而淘汰母羊的育肥结果更令人满意，完全达到上市标准。

草畜同步发展，建立牛羊养殖小区，实行规模化、科学化、标准化养殖，程序化免疫，产业化经营，是今后畜牧业发展的必由之路。

8.3.2 立体循环养殖模式

立体循环养殖是现代畜牧业发展的必然方向，动物间综合利用饲料，促进畜禽的快速生长，降低饲料成本，既缓解了我国人畜争粮的尖锐矛盾，又减少了环境污染，保护了生态平衡，具有显著的经济效益和社会效益。我国适用的典型立体循环养殖有以下几种：

（1）鱼—桑—鸡。池塘内养鱼，塘四周种桑树，桑园内养鸡。鱼池淤泥及鸡粪用作桑树肥料；蚕蛹及桑叶喂鸡；蚕粪和鸡粪喂鱼，使桑、鱼、鸡形成良好的生态循环，效益大增。试验表明：每 500 公斤桑叶喂蚕，蚕粪喂鱼增鱼产量 25 公斤，桑园内养 20 只鸡，年产鸡粪 1700 公斤，相当于给桑园施氮肥 18

公斤，磷肥 17.5 公斤。

（2）鸡—猪。用饲料喂鸡，鸡粪经发酵等再生处理后喂猪，猪粪是农田的良好肥料。一般以年初至年终每 40 只肉仔鸡鸡粪可养一头肥猪（以仔猪断奶至育肥 150 公斤左右）。

（3）鸡—猪—牛。用饲料喂鸡，鸡粪再生处理后喂猪。猪粪处理后喂牛，牛粪是农田肥料，这样大大减少了人畜争粮的矛盾，有效地降低了饲料成本，提高养殖业的经济效益。

（4）鸡—猪—鱼。用饲料喂鸡，鸡粪喂猪，猪粪发酵后喂鱼，塘泥是农作物的良好肥料，从而形成了良性循环的生物链，达到了粮增产，猪鱼饲料成本下降的目的。试验表明：以年养 100 只鸡，其鸡粪喂猪，要增长猪肉 10 公斤左右，猪粪喂鱼可增捕成鱼 50 公斤左右，加上塘泥作肥料，合计多获利 1000 元左右。

（5）牛—鱼。利用野草、稻草或牧草经氨化后喂牛，牛粪发酵后喂鱼，然后再清塘泥作农田肥料。一般两头牛的粪即可饲喂一亩塘鱼，年增产成鱼 200 公斤左右。

（6）牛—羊。利用牛吃高草，羊吃矮草的特点，对有限的草场实行轮流双层次放牧，先放牛，后放羊，大大提高了草牧场的利用率和经济效益。

（7）牛—蘑菇—蚯蚓—鸡—猪—鱼。利用野草、稻草或牧草喂牛，牛粪作蘑菇培养料，蘑菇收后的下脚料培育蚯蚓，蚯蚓喂鸡，鸡粪发酵后喂猪，猪粪发酵后养鱼，养鱼塘泥作肥料。

（8）家畜—沼气—食用菌—蚯蚓—鸡—猪—鱼。秸秆经氨化、碱化或糖化等方法提高饲料营养价值后饲喂家畜，家畜粪便和饲料残渣用来制取沼气或培养食用菌，利用食用菌下脚料养殖蚯蚓，蚯蚓喂鸡，鸡粪发酵后喂猪，沼气渣和猪粪养蚯蚓，残留物养鱼或肥料。

（9）家畜—蝇蛆—鸡—猪—牛—鱼。饲养家畜的粪便实行人工喂蝇蛆，蝇蛆是鸡的高蛋白质饲料。鸡粪再生处理后喂猪，猪粪经发酵后喂牛，牛粪喂鱼，鱼塘淤泥等是农作物的优质有机肥料。

（10）羊—猪—鱼。用草饲喂奶山羊，羊奶喂猪，猪粪发酵后喂鱼，养鱼塘泥作肥料。一般每只奶山羊每天可产奶 1.53 公斤，可作 5～10 头猪的蛋白质饲料。

（11）稻—鱼—禽—草共作模式。就是将鱼苗或雏鸭、雏鹅放入稻田，利用鱼和鸭、鹅旺盛的杂食性和不间断的活动，吃掉稻田内的杂草、害虫，按摩、刺激水稻植株分蘖，产生浑水肥田的效果。由于杂草、害虫及时被鱼、鸭、鹅吃掉了，稻田里不必再施农药、除草剂；由于稻鱼（鸭）共作期间，一只家禽排泄在稻田里的粪便在 10 公斤以上，鱼、鸭、鹅的粪便直接作为水稻肥料，稻田可少施肥；又由于水稻生长过程中，稻田一直蓄着水，不需放水干田，很少有水浪费，和常规稻田相比，可节约水资源 40% 以上。稻—鱼—禽因其不施或少施化肥，农药、除草剂，不仅大大节省了成本，增加了地力，而且野生植物乃至整个生态环境都能够得到很好的保护。稻—鱼—禽共作后，可以继续进行禽—草共作。在稻鱼（鸭）共作地块上，待稻子收获后放掉水，种上牧草，等到牧草生长后，投放适当数量的雏鹅进行露天养殖。根据鹅的生长规律，通常可以养三四批，到水稻栽插、实施"稻鸭共作"前结束。一般每亩牧草地可养 60~80 只鹅。同一块地里，冬春两季"鹅草共作"，夏秋两季"稻鸭共作"，形成良性循环。稻—鱼—禽—草共作模式具有良好的生态效益和社会效益。据历年水稻收割后土样测定分析，种草养鹅喂鱼后的土壤肥力与未种草养鹅喂鱼前的土壤肥力有较大增加，实行稻—鱼—禽—草不仅减少了冬作麦生产使用农药所产生的残留，而且培肥了地力，减少了水稻生产中化肥的用量，对促进我国生态农业的可持续发展及其绿色食品的开发利用具有重要作用。此外，稻—鱼—禽—草不仅具有诱人的生态效益、社会效益，更有令农民心动的经济效益。以由贵州省农业厅、黔南州农牧局、州水产站及独山县有关单位对独山县城关镇三井村罗希海、罗传军实施 2.62 亩"稻鱼工程"验收结果为例，水稻亩产 500 公斤，鱼亩产 171.81 公斤。稻谷产量虽然比常规水稻种植低 150~200 公斤，但是整个生产过程成本可以减少接近 200 元；按这种方式种植的水稻因其无公害，大米可达到部级二级标准，稻谷按 1 元每公斤计，每亩稻谷收入 500 元；鱼按 8 元每公斤计，每亩地收入 1374.48 元左右，三项加起来，每亩可比常规水稻种植增收 1200 元以上。"鹅草共作"每亩收益要比单纯种油菜、小麦高出 1000 元以上。而且两项技术简单易学，适宜于大规模推广，是农业增效、农民增收的好途径。

8.3.3　规模化养殖场模式

1. 规模化养殖场现状

随着集约化和机械化程度的提高，畜牧场规模越来越大，在广大农村，城郊结合部出现了越来越多的畜牧村、规模养殖小区及千头牛场、万头猪场、百万只鸡场等。规模化养殖场引起的环境问题已成为一个不可忽视的现象。在某种程度上，已经超过了工业污染。由畜牧业引起的环境问题主要包括水质污染、空气污染、噪音污染等。规模化养殖场往往由于受资金短缺等问题的影响，很多都没有配套相应的环保治理设施，其产生的粪便污水多是未经过处理或进行简单处理后就直接排放到外环境中，并通过周围水渠河道造成地表水及地下水的污染。这往往导致养殖场附近恶臭熏天，蚊蝇滋生，细菌繁殖，疫病传播。据有关资料显示，养殖场可以产生甲烷、有机酸、氨、硫化氢、醇类等二百多种恶臭物质，严重危害人的身体健康。

传统型的养殖场把污染物和废物大量的排放出去，对资源的利用是粗放和一次性的，因而产生的环境问题是显而易见的。但遵循循环经济发展模式的生态型养殖场则不同，其整个系统基本不产生或只产生很少的废弃物，对周围环境影响很小。

循环经济能保证资源充分利用。生态型养殖场组成了"资源—产品—再生资源"的物质反复循环流动的过程，使资源得到了充分的利用，养殖场产生的各类废弃物可以经过再加工成为高效的有机肥料，饲料、沼气等为人们利用的再生资源。如今人们已越来越深刻地认识到"废物是放错地方的资源"，废物再利用产业的兴起是人类社会步入环境文明时代的标志，是历史发展的必然趋势。

传统规模化养殖场环境污染危害很大，严重地影响群众正常的生产生活，甚至造成畜禽传染病和人畜共患病的广泛流行，直接威胁人畜生命安全，限制了畜牧业的长远发展，其粗放型经营的方式致使畜牧业长期处于高成本运行、低效益产出的落后局面。而发展循环经济正是综合考虑其经济效益、社会效益和生态效益，追求生态平衡和可持续发展的最佳选择，有利于实现养殖业的长足发展。

当前，人们对畜牧业的认识已由传统畜牧业观念向现代畜牧业观念转变，从单纯的动物饲养小循环扩大到整个畜牧业生态经济的大循环圈。规模化养殖场发展循环经济已势在必行。在规模化养殖场发展循环经济可以向更深层次方向拓展，形成以生产饲料、畜禽、畜禽产品的加工以及运用生物技术和现代工程技术的深加工、创造型加工于一体的种、养、加、商、运与教、科、文紧密联系的一体化产业系统，推动规模化养殖向循环经济和可持续发展模式迈进。

2. 规模化养殖场循环经济模式

（1）规模化养猪场的循环经济模式。规模化养猪场可以重点推广猪—沼—草生态养猪模式，建设相配套的具有一定容积的沼气池，再建设相配套面积的能吸纳污染物的杂交狼尾草基地的模式。杂交狼尾草是一种吸肥能力很强的耐肥植物，适合在我国种植生长，蛋白质含量高，又可以作为猪的饲料，猪仔养至一个月后，就可开始按 4∶1 的比例喂杂交狼尾草，据示范猪场提供的数据资料和经验表明，采用猪—沼—草模式具有下列好处和效益：一是可以节约猪饲料，每头猪可节约饲料 20％～50％，即每头猪可节约 50 元左右饲料款；二是可以提高生猪销售价格，喂草的猪体质增强，疾病减少，有利于生猪防疫和降低防疫成本；三是可以提高生态环境效益。实行猪—沼—草生态养猪模式，实现零排放，实现闭路循环，减少对水体环境的污染压力。

在实际工作中，海门市规模化养殖场如兴旺种猪场、京海肉鸡集团公司等开展了一系列的循环经济试点工作，取得了初步成效。

海门市兴旺种猪场实施的生物链工程将养殖业、加工业、种植业有机地结合起来。一期工程发展沼气，日处理粪便污水 30 吨，不但解决了环境污染问题，同时可日产沼气 30 立方米，除供基地 2000 平方米照明能源外，还供应近边居民作燃料，提供了优质低价的洁净能源。经厌氧发酵后，池渣、池液加工成为优质高效有机肥，供无公害、绿色、有机食品基地使用。据初步测算，每年可产生直接经济效益近 3 万元。二期工程将进一步发展水产养殖及绿色食品基地，形成科学管理的特色产业。

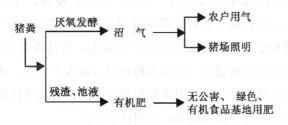

图 8-1　海门市兴旺种猪场循环经济流程

类似的还有上海东风农场奶牛场，通过建立生态工程模式，走上了一条规模化畜牧场"绿色革命"、良性循环之路，有效地解决了粪便、污水的污染问题，同时大大地提高了生产效益。该生态工程模式为：奶牛粪便通过机械刮粪装置输入发酵罐制取沼气，为全场提供能源；经发酵后的粪渣和料液用来作培养基，大量培养光合细菌，经过加工制成蛋白质饲料；余下的粪渣作饲料基地的肥料；余下的料液流入无土栽培温室，用来培植蔬菜和其他作物；经无土栽培使用后的料液送入池塘养鸭、鱼和水生植物。这样不仅能净化环境，而且从水生植物中可制取维生素添加剂。

（2）规模化养鸡场的循环经济模式。下面运用循环经济的减量化原则、再利用原则、再循环原则对规模化养鸡场进行分析。

减量化原则的运用：

① 在建筑设计方面，如鸡舍，均设计为 12～13 米跨度、50～130 米长度，一律为砖混结构，地面和墙壁均用水泥粉刷易于清扫和消毒，减少冲洗水量，从而减少污水排放量。

② 在饲养方式方面，实践证明，在肉种鸡上推行的"两高一低"立式饲养方式，有利于鸡粪与鸡只分离，有利于防止鸡粪发酵而产生有害气体，也有利于节省垫料，降低饲养员劳动强度，并可适当增加饲养密度（由原来的每平方米 3.6 只提高到现在的 4.8 只），同时，还可大大改善种鸡生存小环境的空气质量，确保鸡群健康。

③ 改进环境控制方法，减少环境污染。如原来鸡舍内的通风，采用横向换气法，鸡舍内空气的清新度难以保证。现在，统一改为纵向负压通风。这样，风机开启时就使整幢鸡舍成了一个通风巷道，除进风口外，使室内产生的含有氨气、硫化氢和其他恶臭的污浊空气得到排放，同时又能使鸡舍外的新鲜空气及时向室内补充，从而保证了鸡群健康。在电源开关上，安装定时器，根据鸡龄大小及外界温度的变化，设定风机开启的次数和持续时间。

④ 孵化厅环境控制和污染处理。引进中央空调设备，对夏冬两个极端季节，进行自动化调控，同时在孵化厅顶部安装密闭风管，实行空气定向导流，使孵化、出雏过程中产生的污浊空气和雏鸡绒毛，通过管道借助于风机排出，出口处同时装有高压喷淋装置，将废弃物打湿后流入下水道，这样不仅能净化孵化厅空气，保证胚胎发育过程中需要的新鲜空气得到及时补充，而且还能净化孵化厅外界空气，避免循环污染，达到清洁生产。

再利用原则的运用：据资料统计 2003 年我国饲养肉鸡 26 亿只，不论是种鸡还是商品鸡，体重达到 2.5 千克时，消耗饲料 5.5～5.7 千克/只，饮水量与饲料用量大致 1：1，产生粪便大概 12～14 千克左右，全年肉鸡产粪 3380 万吨，另外还有蛋鸡产粪（45.6 吨/千只），鸭、鹅及特种家禽等，年产粪便量很大。大量的粪便堆积，由于运输等多方面的因素，农田消化不了，夏季对环境污染相当严重，况且粪便中含有大量的致病微生物，对人畜安全造成极大的威胁。

① 制作生物有机肥。将鸡粪、垫料、死淘鸡等废弃物采用堆肥法，利用生物热发酵，经过除臭、干燥、制粒等过程制成生物有机肥，或者加入无机成分制成复混肥，供花卉、苗木及农田施用。经过这样的循环利用，减少了鸡场粪便污染鸡群和妨碍周围居民生活等诸多不利因素。

② 禽粪的饲料化。干鸡粪中含 30％粗蛋白，26％灰分，23％无氮浸出物和 10％粗纤维，其中色氨酸、蛋氨酸、胱氨酸、丝氨酸较多，可用于牛羊等反刍家畜饲料。非蛋白氮在瘤胃经微生物分解，合成菌体蛋白，然后再被消化吸收。另如肉鸭粪可用作池塘养鱼等。

再循环原则的运用：据统计，每生产 1 万套父母代肉种鸡雏，一万只商品代苗鸡，一吨冷冻分割鸡肉消耗水分别为 59 吨、17.7 吨、2.41 吨，大量的用水可以归类再循环利用。

① 沉淀过滤。对于鸡场冲洗、生活污水通过沉淀池再进入化粪池排放或与粪便混合加工成有机肥，沉淀池定期清淤，对冲洗消毒水采用砂池高位低渗过滤后安全排放或再经离子交换器处理后循环利用以充分节约水资源。

② 汇集利用水资源。大多数种鸡场因生物安全的要求，鸡舍与鸡舍之间设有防疫沟，一般宽 3～5 米，深 2.5～3.5 米，日常鸡舍周围道路冲洗水，用具冲洗水等都汇集其中，这里可以养鱼，从而达到生物净化的目的，定期清淤即可。空舍清塘时，加消毒剂灭菌，水和淤泥可用于场内花木栽培。

规模化养鸡场的实际范例有海门市京海肉鸡集团，该集团以发展生态型无公害为宗旨，被列入循环经济试点单位。该基地养殖加工废物中的屠宰废水经生化处理后排放，鸡毛出售，鸡内脏等经过加工成为宠物饲料，鸡粪经过厌氧发酵成高效有机肥。

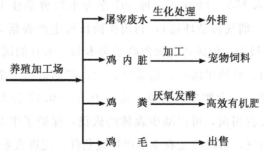

图 8-2　海门市京海肉鸡集团循环经济流程

　　随着经济的发展，养殖业在农村已呈现出规模化、产业化的发展趋势，污染问题也随之突显，并引起各地的重视。由于各地大都沿袭传统的末端治理模式，投入多，运行成本高，治理难度大，经济效益不明显，企业没有治污的积极性。只有按照循环经济的理念，使废物减量化、无害化、资源化，才能合理有效地利用资源，彻底解决畜牧业的环境问题，为养殖业提供更为广阔的发展空间。

　　（3）规模化养蚕场的循环经济模式。丝绸是中国的瑰宝，蚕丝的透气性、排湿性以及与人体皮肤的相亲性，难以被其他纤维所替代。中国茧丝绸的产量与出口量占世界总量的 75%～80%，至今仍是我国唯一能垄断国际市场的产品。

　　以石柱土家族自治县为例：石柱土家族自治县位于重庆市东部、长江南岸的武陵山区。高中低地貌俱全、群山俊秀、气候温和、雨量充沛，四季分明、宜桑宜蚕，是一块生产优质蚕茧不可多得的宝地。栽桑养蚕是石柱农村的一项珍、稀、特产业，对当前农民增收有着重要地位和作用。石柱县蚕桑产业的发展，本着"田里是粮仓、地里是银行、银行保粮仓、粮仓促银行"的思路，以物质循环和能量转化规律为依据，以科技作支撑，以经济、生态、社会效益有机统一为目标，形成良性循环的新型农业综合系统，发展高效生态蚕业，获得最大的经济效益、生态效益和社会效益。在循环经济的理念指导下，结合蚕桑生产实际，2004 年石柱县提出了桑（蚕）—草（兔、畜）—桑枝（菇）—蚕沙、兔粪（沼气）—沼液、菌棒（肥）—还田（菜、粮）的规模化高效立体生态蚕业发展模式。

　　每 667 平方米地按 4×2×20 栽密植良桑 1000 株，2～3 年后产叶 1500～2000 公斤，可养蚕 3～4 张，产茧 100～120 公斤，收入 150 元；桑行间种黑麦草、大麦产草 3000 公斤，可养兔 25～40 只，产毛 12.5～20 公斤，按 70元/公斤计，可收入 875～1400 元。每 667 平方米修剪桑枝 1000～1500 公斤（以往农村作烧柴、烟气污染环境），利用作菌棒可生产香菇 1000 公斤，收入 800～1000 元。桑枝中含的碳源、氮源高于杂木和玉米秆的碳源和氮源，产出的香菇，菌丝洁白、菇柄粗而短、菇盖厚而大，产菇量高于杂木和其他基料，且菇质好。原来建一个大棚生产香菇，需要 0.33～0.47 公顷杂木作培养料，现用桑枝替代开发食用菌，可以减少森林的砍伐，保护了生态环境。用蚕沙、兔、畜粪便发展沼气，可以改变农业生产环境条件，促进农业生产发展。农户3～4 口人的家庭，修建一口容积为 6～10 立方米的沼气池，只要发酵原料充足，管理好，就能解决点灯、煮饭的能源问题以及人居住环境的改观。同时蚕沙、兔畜粪经过沼气池密闭发酵，消灭了寄生虫卵等危害人们健康的病源。沼液、菌棒是很好的有机肥料，还田可带动粮食、蔬菜、瓜果的增产。这样 667 平方米的桑地一年可收入 3000～4000 元，比单一栽桑养蚕的收入提高 2～3 倍。

生产实践告诉我们："低产靠体力，中产靠肥力，高产优质靠智力"。石柱实施高效生态蚕业起步良好。2004 年全县养蚕 16090 张，产蚕茧 405 吨，蚕农收入 510 万元，比 2003 年产茧 290 吨增加 39％。其中，临溪镇 2004 年发蚕种 3200 张，产茧 87.5 吨，蚕农收入 200 万元，比 2003 年提高了 62.90％。粒茧丝长 1100 米以上，上车率 93％，解舒率 60％以上，蚕茧质量在重庆居于前列。桑地种草养兔 15 万只，出售兔毛 24 吨，收入 288 万元。临溪镇前光村的蚕农搭起了 24 个菌栅，利用冬修的桑枝替代杂木，生产香菇收入 20 万元；养蚕 874 张，产茧 30 吨，蚕农收入 49 万元；养兔 11390 只，产毛 5.6 吨，收入 67.2 万元，蚕茧、兔毛合计收入 116.20 万元，人均收入 561 元。石柱县的马武镇下栏坝 2001 年利用河滩荒地栽密植桑 13.3 公顷，2004 年养蚕 235 张，产茧 7.85 吨，蚕农收入 23 万元；利用桑枝生产香菇，搭起了 31 个菌栅，每个栅生产的食用菌收入在万元以上；桑地行间种洋玉、豆类、蔬菜，养猪、养牛、养羊；家家建起了沼气池，利用蚕沙、畜粪生产沼气，每口沼气池可供一家农户 4 个人和三头猪的能源消耗，净化了环境；沼液作肥，生产无污染的蔬菜、粮食，大大地提高了土地的利用率。石柱县高效生态蚕业的实施，已基本上改变了原来栽桑养蚕产茧的单一的经济模式，组装了"桑—蚕—草—兔—枝—菇—粪—气—肥—还田"种植的生态种养配套技术。

（4）规模化养牛场的循环经济模式。改革开放以来，福建省畜牧业取得了巨大成就。但畜牧业的飞速发展，也使闽江流域的水环境污染结构发生了明显变化。据调查测算，闽江流域畜禽养殖废水排放量 31.17 万吨/天，处理量 15 万吨/天，处理率为 50％；畜禽养殖废水的一氧化碳排放量 706.35 吨/天，氨氮排放量 76.57 吨/天，分别是流域工业废水排放的 5.7 倍、5 倍。南平市区域内畜禽养殖排放的 COD 和氨氮分别约占全流域畜禽养殖污染的 70％和 54％。畜禽养殖业污染已经成为闽江流域重要的污染源。

现以福建长富六牧养牛的"牧—沼—肥—草"循环经济模式为例加以介绍。福建长富第六牧场位于顺昌县水南镇新屯村，闽江富屯溪沿岸第一重山，是集奶牛饲养和农业种植为一体的民营股份制企业。牧场组建于 1999 年 5 月，现奶牛存栏 1500 多头，年产鲜奶 6000 吨，产值 1500 万元，是闽北推广清洁生产工艺的典型示范奶牛场。该场采用干清粪＋水冲洗的方式处理牛舍卫生，每天人工清粪约 30 立方米，每天排放牛尿等污水 40 立方米，每天冲洗用水 40 立方米。长富六牧治理工艺如图 8-3 所示：

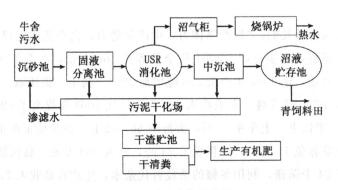

图 8-3 处理工艺流程图

① 长富六牧厌氧工艺的优点。根据牛粪质轻、长草纤维较多，粪便中含有较多的产甲烷菌、不易酸化等特点，采用 USR 消化反应器。第一，它不仅在垂直方向上具备塞流式这种推流的特点，同时由于生物菌固体颗粒与污水的比重差异使反应器中、下部的微生物浓度高，大大提高了反应器的 SRT，从而提高固体有机物的分解消化效率。第二，该反应器通过底部布水管的进水，可实现均匀布水和搅拌一举两得的功效，提高消化效果并克服短流现象。第三，根据污水处理原理，污水处理构筑物的有效水深不宜太浅，在常规的水污染处理设计中一般是不小于 4 米的，USR 反应器设计深度都在 4 米以上，这不仅克服了塞流式面积/体积比值大的缺点，而且更符合水处理构筑物的通常深度要求。第四，该反应器不易结壳，底部容易设置泥斗将沼渣定期外排。第五，设计成图形（圆柱、圆锥等），不仅受力更为均匀，而且从水流体力学原理方面而言，水力条件最佳。第六，中间沉淀池上部清液由溢流堰收集后接入沼液贮池，底部污渣定期排到污泥干化场。通过对 USR 工艺从 2004 年投入运行后的跟踪情况分析，与传统的隧道式沼气池相比，在排渣、产气、防结壳、处理效率等方面都有较大的提高。

② "牧—沼—肥—草" 循环经济模式的经济、社会和生态环境效益。

第一，与水冲式相比，具有节约用水，减少污水排放的特点。实施雨污分离，固液分离：所有牛舍安装地下管道，实行雨污分离，每天挤奶缸、机器设备等的清洗用水和雨天雨水从明沟排放，排放的牛尿、少量粪渣和冲洗污水，汇集到沉砂池，沉砂后进入固液分离池，固体部分送到干化场，液体部分进入厌氧消化池。实施干清粪工艺：用锯木屑吸干牛粪，然后由人工将牛粪、饲料残渣物统一收集到有机肥厂作为原料。处理效率在 85% 以上（每 3 天一次，每次使用 30 立方米锯末），日产生污水量 80 立方米（1500 头奶牛），与水冲式相比，日减少冲水量 200 立方米。

第二，粪便资源化利用，经济效益显著。兴建一座以粪便、料渣为原料，年产 2 万吨的有机肥厂。有机肥在发酵、干燥、制粒、熟化的过程中，根据土壤养分供应状况和作物需要，添加氮、磷、钾养分和必要的中、微量元素，制成有机质含量高、养分齐全、速效和缓效性兼备、比例合理、肥效稳定的果树、烟叶、茶叶、蔬菜等有机—无机复混专用肥。有机肥分一般专用肥和优质复混专用肥两种，投产几年来，产品销路很好。

第三，沼气及其综合利用效益。长富六牧采用 USR 厌氧工艺，建造 3 座有效容积 720 立方米的沼气池，均采用沼气管连接 USR 反应器、沼气柜和沼气用户间，同时在沼气利用系统中配备气水分离器、砂滤器、脱硫器、阻火柜和沼气压力表等。根据测算，年产沼气量在 13 万～15 万立方米左右，这些沼气主要用于锅炉燃烧，产生的热水供清洗牛舍的挤奶缸、暖水泡料。多余的沼气供奶牛场职工日常生活的能源需求（食堂、澡堂等）。

第四，沼液综合利用效益。该工程的后处理系统，重点是建造 1014 立方米的沼液贮肥池和 3000 立方米的氧化塘，对所有沼液进行存储调节和无害化处理；然后，在施肥季节，通过浇灌系统用于灌溉 40 多公顷的牧草基地、玉米种植基地。可以以订单合同的形式，发动农民种植并全部回收牧草或玉米，作为奶牛的青饲料。可采用与农民签订用肥合同，通过企业负责沼液输送管路的基础设施投入，农民负责泵压系统的耗电费的办法，大力发展绿色青饲料的产业。

③ 结论。首先，在小流域开展畜牧业污水综合治理，要着重发展种养平衡的农业循环经济模式，推广生态型畜牧场。重点发展以养殖业为主导，种植业为基础，沼气为纽带，综合利用为重点，养、种平衡的生态型畜牧场。其次，应注重综合利用模式技术研究，发展高效生态农业。按照物质流系统管理的理论，合理规划养殖业布局，构建相对集中、生态防护、分区管理、良性发展的养殖业循环经济发展模式，建立集中式沼气工程和规模化沼气供热发电联产，把区域内有机废弃物变为可再生能源，激活区域资源再生潜力，提升经济综合附加值，提高乡镇经济竞争力。通过循环经济试点，带动流域集约化农业循环经济的大力发展。运用工程技术和生化措施，推进畜禽养殖污染综合治

理，加快畜禽养殖场废弃物综合利用和处理的能源环境工程建设，把畜禽粪便减量化、无害化、资源化，改善农村能源消费结构，推动养殖业和种养业集约、良性发展，提高农业产业效应，增加农民收入。

8.4 水产业循环经济的发展模式

水产业又可称之为水农业，它作为大农业的一个重要组成组分，每年为人民提供着大量的鱼蛋白；作为确保我国粮食安全"紧缺资源替代"的一个重要产业，对解决农民增收方面，缓解食品供应短缺局面，承担着不可或缺的作用。但我国的水产业发展和农业的发展一样是经过几十年的艰辛努力的，从新中国成立初期只有 50 万吨的濒危产业，发展成为现在的年产 4600 多万吨，居世界首位。中华人民共和国成立之后的半个世纪，中国渔业进入了一个高速发展时期。特别是 1978 年以来，中国渔业，尤其是水产养殖业获得了空前迅猛的发展。计划到 2010 和 2020 年，将分别迈向 5000 万吨和 6000 万吨的新台阶，这意味着，仅仅水产品就能为人们提供着相当 5 亿～6 亿头猪的蛋白供应，这就是水产业作为我国粮食安全保障以及实施"紧缺资源替代"战略重要组成部分的主要原因。

从我国水产业现状来看，虽然我国水产业经济发展势头良好，但在实现可持续发展中仍存在不少问题：一是水体污染严重。按农业部和国家环保局联合发布的公报指出，2003 年我国发生水产业污染事故 1274 次，造成直接经济损失 7.13 亿元，比 2002 年增长了 3.25 亿元。环境污染造成可测算天然水产业资源经济损失 36.36 亿元，其中内陆水域天然水产业资源经济损失为 8.96 亿元，海洋天然水产业资源经济损失为 27.4 亿元，几乎相当于当年我国水产业产值的 1%。二是水产业生态环境破坏。一些水利工程过度开发，改变了天然河道的自然流径，使许多天然鱼类产卵场消失。鱼类因水域生态环境的变化而影响繁殖和生存。而近半个世纪以来，由于海洋捕捞迅速发展起来的水产业生产力，以水产业资源消耗为代价，使国有资源迅速趋于衰退，而环境胁迫又加速其资源衰退的进程。三是水产品加工缺乏综合利用。综合利用可使资源再生，我国水产品加工中不重视综合利用，缺乏科技投入，对海藻、甲壳素和鱼油产品的开发利用与国际先进水平相比差距很大。四是养殖密度过高。为了追求产量，采取高密度养殖使养殖水质富营养化，超过了环境承载和净化能力，例如沿海岸红树林大面积减少，太湖大面积蓝绿藻等，这些都加速了水产业生态环境的破坏。五是不合理投放鱼药和饵料。在养殖过程中存在着滥用抗生素现象，同时，饵料质量差，转化率低。因此，我们必须改变传统粗放型生产方式的思维，寻求科学的经济发展模式，以最小的经济和社会成本保护水产业资源和环境，大力倡导水产业循环经济。

从水产业循环经济的原理与方法来看，大致有以下几类：

（1）根据水生生物和植物具有生态食物链的特点，用生物控制的方法使循环中各主体互补互助，共生共利。例如，利用滤食性鱼类（鲢、鳙鱼）吃食分布在水域中的蓝藻会减轻水体富量养化，通过调节放养肉食性鱼类比例，增加水中浮游动物，减少浮游生物，改善水质。

（2）水域和陆地两系统互相配合，形成物质环境和能量流动，以及传统的桑基鱼塘、鱼牧、鱼禽综合经营等形式，起到了保护生态环境的作用。

（3）对资源利用加强管理。通过开展"双控"，改善捕捞结构，鼓励渔民转产转业等政策措施都有效保护了水产业资源，大大减轻了环境的承载能力。

（4）实行工厂化养殖，实行水资源封闭循环利用，既节约了用水，又净化了环境。

（5）通过人工鱼礁，大型增殖场建造，使放流鱼苗自然增殖，为生物营造栖息、繁殖的场所，改善了海域生态环境。

（6）进行健康养殖、安全生产，推广使用中草药、无公害鱼药，生产无公害水产品、绿色水产品、有机水产品。

8.4.1　水产养殖循环经济模式

为适应国民经济发展和城乡居民生活水平不断提高的需要，要在确保水产品产量稳步增加的前提下，不断提高水产品质量安全水平，从数量和质量上保障水产品的有效供给。1983 年，我国水产行业水产品总量才 400 多万吨，2003 年这一数字已猛增到 4300 多万吨，而 2004 年则达到 4850 万吨，比 1978 年增长 10 余倍，占全球水产品总产量的 35％左右。其中我国的养殖水产品产量占全球水产品养殖总产量的 73％～75％左右，自 1990 年起连续十五年位居世界首位，是全世界唯一的一个水产品养殖产量超过捕捞产量的国家。所以，中国已经名副其实地成世界水产品养殖第一大国，人均水产品占有量已从 1978 年的 4.78 公斤，提高到目前的超过 40 公斤，超过了世界平均水平。目前，国内的水产养殖业发展迅速，其中淡水养殖占国内水产养殖总量的55%～61%，淡水养殖集约化程度得到快速提高。

在水产业快速发展的同时，中国水产品出口大幅增长，由1978年的9.2万吨增加到2004年的242万余吨，增长26倍多。近年来，我国水产品出口额以年均超过10%的速度增长，预计在未来几年仍将保持良好的发展势头。2002年，中国水产品出口额首次超过泰国，位居全球第一，出口量和出口额分别为208.5万吨、46.9亿美元，约占全球水产品出口份额的7%左右，其中主要为养殖水产品类。2004年，我国水产品出口大幅增长，出口量和出口额分别达到242.1万吨、69.7亿美元，同比分别增长15.1%和27%。出口额继续位居我国大宗农产品首位，占农产品出口总额的30%。

从国内情况来看，根据中国政府公布的《2010年食物发展纲要》，到2010年中国人均水产品消费量还将增加10公斤。可见，未来10年到20年内，中国水产业还将更加快速稳定地发展，其前景和空间依然非常广阔。随着我国水产业的进一步快速发展，水产捕捞强度的快增长与海洋生物资源慢增长之间的矛盾较为突出，所以，预计今后15年内，国际水产品的增加量主要来自养殖，其产量将增长40%以上。因此，在中国大力发展鱼类养殖业的同时，抓好循环经济也是水产业可持续发展的必然选择。具体发展模式有：

(1) 发展封闭式工厂化养殖模式。以工厂化养虾为例，由于粗放式虾塘养殖，单位面积产量低，亩产仅达百公斤，经济效益差。故近年来，在我国北方地区逐渐兴起了工厂化养殖，但目前的工厂化养殖仍是开放式，即养殖废水未经处理便直接排海，从而污染着近邻海区，同时养殖污水中含有约30%未被吸收的蛋白残饵和每公斤虾配载的1立方米水也都白白排放了，浪费了大量的蛋白源与能源。为了充分利用资源，可以在养殖车间附近开挖净化塘，并在车间排水渠中加1～2道过滤网，以拦截残饵，在净化塘中养殖部分江篱和牡蛎，底播少量花蛤或杂色蛤，塘中每亩再投放数尾黑细等"吃水鱼"。于是经过净化塘的净化后的更新水再送回养殖车间，既可以增大车间循环水量，又降低抽水电能消耗，过滤网拦截的碎屑残饵还可搭配喂养禽畜，塘中生产的江篱、贝类都是额外收获，此外，全年性工厂化养鱼亦可考虑内循环模式，只不过在车间里安装一套软管热交换器，以降低车间内外水循环过程的热损失，提高热能利用效率。

(2) 发展立体水产养殖模式。立体水产养殖模式一般分为上、中、下、底四层，实现调节水域生态环境、充分利用池塘空间、提高饵料利用率和产出效益。这种方法也可以在开放的近海海域内使用，当然应该是政府行为，即针对近海水产业资源严重衰退，可选择大规模投放经济鱼虾苗种，辅以人工藻场改造和人工渔礁建设等措施，建立我国近海半人工生态系统，恢复和增加海域中优质水产业资源。在严格水产业管理下并辅以相应捕捞手段实现水产业增产、渔民增收。

（3）发展以浮游植物利用的养殖模式。自 20 世纪 80 年代以来，我国水产养殖逐步由"大草大粪"的粗放型养殖转变为以配合饲料投喂为核心的高密度集约化养殖，池塘养殖产量现已普遍达到 1000～2000 千克，比传统养殖高数倍。网箱养殖等高度集约化产量更是高达亩产 10 万千克。配合饲料养殖技术的推广，不仅为社会提供了大量高价值高营养的动物食品，也向社会提供了大量财富，让无数渔农民通过配合饲料养鱼走上了发财致富之路。但是，如果饲料质量不高，水生动物的转化效率不高，不仅大量浪费资源，而且必然对水环境造成富营养污染，使水质环境不断恶化。据调查发现，许多鱼塘养了几年鱼，池底淤泥就深达 50、60 厘米，相当于每亩沉积淤泥 300～400 立方米。而这些淤泥都是饲料转化的。因此，我们应该研究优质高效饲料，增强原生资源有效利用，减少资源浪费；同时科学改良水体环境，提高残留于水体的少量废弃有机物在有氧、富氧条件下有效分解成高效营养盐，促进浮游植物生长，提高鱼类对浮游植物的利用效率。以利用水浮莲发展水产业为例，水浮莲是一种温热带淡水中高产水生维管束植物，年亩产可达 6 万～8 万公斤，在我国南方曾作为青饲引种的，现在由于该植物过剩繁殖而形成"生物入侵"，成为昆明滇池、福建闽江水库的一大难以消解的危害。但水浮莲的繁茂生长大量地吸收了水体中的氮、磷，降低了水域的富营养化程度，是很好的水体自净生物；同时水浮莲机体中含有 1.5% 左右的蛋白质及其他碳水化合物与无机盐，既可替代部分畜、禽青饲料，又可作为生物质生产转为下游能源和有机肥，只要组织实施到位，有望变害为宝。

8.4.2 水产捕捞循环经济模式

根据"十一五"渔业发展工作重点，期间要全面实施水生生物资源养护行动，遏制渔业资源衰退和水域环境质量下降的趋势，为渔业可持续发展创造条件。到 2010 年，海洋捕捞产量继续保持负增长，全国海洋捕捞机动渔船数量、功率和国内海洋捕捞产量分别压减到 19.2 万艘、1143 万千瓦和 1200 万吨左右。

当今的海洋水产业已是典型的"石油水产业"时代，它以消耗大量的石油为动力，最大限度地攫取海洋水产业资源，渔船队排出大量的废气污染了环境，大量的渔业废弃物又进一步破坏了水域中的水产业资源。发展水产捕捞循环经济模式，关键在于加强捕捞品的利用效率，延长产业链。以海洋捕捞为例，其主导产品都是鱼类，但通常任何一种鱼可食部分平均仅占 60% 左右，即废弃物高达 40%。然而这些鱼头、鱼内脏及鱼骨骼等非可食部分中，都含有丰富的鱼油、鱼蛋白和各种酶等活性物质，最简单的办法就是把这些非可食部分直接加工成养鱼饲料喂鱼。日本许多小型捕鱼企业都设有小型加工厂，在生产生鱼片的同时，把下脚料按一定比例添加制造成喂鱼饵料，大型企业则集中送往相关单位用于提取活性物质等生产。如"日本农业废物利用新举措"一文中就具体地介绍了诸如"利用虾壳、蟹壳制脱甲醛涂料""利用扇贝壳做抗菌、防虫材料"、用"贝壳制造耐热、脱臭陶瓷"等。另外，过去我国许多鱼类生产企业利用小杂鱼生产鱼粉时，没有提取鱼油，这些含有鱼油的工业废水直接排泄不仅严重污染了近邻海区，而且每生产 1 吨鱼粉就有约 200 公斤的鱼油被舍弃，而这些鱼油里正含有丰富的不饱和脂肪酸（脑黄金）。事实上，水产捕捞循环经济模式在我国已有一定的基础，原称作"精加工与综合利用"，现在的问题是如要大规模推广，就要改变群众消费习惯，接受加工鱼品；要增加资金投入，实际上制鱼粉提取鱼油，不是工艺问题而是资金问题；加强科研开发，如活性物质的分析与提取，贝壳、甲壳的下游开发利用等以增强循环经济的生命力。

8.4.3　农牧渔综合种养型循环经济模式

该模式应用生态学，生态经济学和系统科学基本原理，采用生态工程方法，吸收现代科技成就和传统农业中的精华，将相应的人工养殖动物、植物、微生物等生物种群有机地匹配组合起来，形成一个良性的减耗型食物链生产工艺体系。此模式既能合理而有效地开发和利用多种可饲资源，使低值的自然资源转化为高值的畜产品，又能防治农村环境污染，使经济、生态、社会三大效益在稳定、高效、持续中发展，从而形成一个综合种养的循环生态系统。生态水产业是按照生态学和生态经济学的原理，实行自然调控与人工调控相结合，使养殖的水生生物与其周围的环境因子进行物质良性循环和能量转换，使之达到资源配置的合理性、经济上的高效性。生态水产业是无污染的高效农业，可使畜禽粪便及残饵、牧草和菜叶等成为鱼的饲料，鱼粪肥塘（田），塘底污泥则为农作物提供优质的有机肥料，形成良好的物质循环。如稻田生态水产业，鱼和蛙分别吃掉了水中和稻上的害虫，减少了病虫害，降低了农药的施用量，减少了环境污染，在连片的养殖区还可逐步减少直至不施化肥和农药，建成无公害的农业园区，生产出无公害的绿色农产品，提高种养产品的效益。下面介绍几种生态水产业的好模式：

1. 庭院生态水产业

在房前屋后的空旷地开挖池塘，面积几十至几百平方米，塘中养鱼、虾、蟹、蛙等，塘上搭棚架种瓜果，塘边建圈舍饲养畜禽，畜禽粪便及其残饵养鱼，鱼粪肥塘，塘底淤泥作为瓜果菜的优质有机肥料，形成一个良好的物质循环。

2. 小池塘宽池埂生态水产业

开挖池塘，面积 400～800 平方米，利用挖出的土铺垫成 3～5 米宽的池埂，称之为"小池塘，宽池埂"。池塘与埂面宽的面积比例一般为 7∶3。塘中主养草食性鱼类，埂上种植牧草、蕊菜、果树等，牧草和菜叶喂鱼，塘泥作为作物肥料，形成种养结合的生态小园区。

3. 稻田生态水产业

稻田生态水产业是在稻田工程的基础上发展起来的。在稻田中开挖占面积 8%～10% 的鱼坑或鱼沟，然后在鱼坑或沟边上搭架种瓜果，田埂上种植豆类或辣椒、茄子等蔬菜；或者在鱼坑上建圈舍养殖畜禽，以形成良好的生态系统。

4. 池塘生态水产业

这是以鱼塘为中心，周边种植花卉、蔬菜、水果的生态农业园。池塘的面积可选择几亩到几十亩，塘中进行鱼、鸭或鱼、鹅混养，在岸边的坡地上种植牧草、瓜果、中药材等，可大大提高产出率和经济效益。这种模式在珠江三角洲比较多见，最初是由桑基鱼塘改造而成，后来根据市场需要逐步发展起来的（不少农户还建设花基鱼塘、菜基鱼塘、果基鱼塘）。鱼塘养鱼，定期挖出塘泥用于养花、种植蔬菜和水果，鱼、花卉和蔬菜销往市场，从外面购进部分鱼饲料和其他必需品，实现资源综合利用和循环利用，其生态效益和经济效益都很显著。

第9章 农业循环经济的企业、区域及社会发展模式

　　循环经济倡导的是一种建立在物质不断循环利用基础上的经济发展模式，它要求把经济活动按照自然生态系统的模式组织成一个"资源—产品—再生资源"的反馈式流程。作为一种新的经济模式，它涉及经济、社会、生态三个方面的和谐统一，追求的是人地和谐、共同发展。按照经济社会活动的规模和所涉及的范围，在社会经济活动中具体体现在自下而上、由小循环到大循环的三个层面上的构建产业体系。一是企业内部循环层面。在企业内部循环的层面上，以一个企业或者一个农村家庭为单位，大力发展生态工业和可持续农业。生态工业要求依据生态效率标准，以清洁生产为中心，根据循环经济思想合理设计生产过程，促进原料和能源的循环利用，实现经济增长与环境保护的双重效益。可持续农业是循环经济在农业方面的具体体现，包括有机农业、生态农业等形式，它要求按照"整体、协调、循环、再生"的原则对农业资源进行全面规划、综合开发，实现生态系统的能量多级利用和物质的再生循环，达到农村生态环境与经济发展的良性循环，实现农村经济、环境和社会效益的统一。二是区域层面。在区域层面上，企业之间或企业与社会之间的循环是指把不同的工厂或部门联结起来，按照工业生态学的原理，通过企业间的物质集成、能量集成和信息集成，模拟自然生态系统，使得一个工厂或是一个部门产生的废气、废热、废水、废物成为另一个工厂或部门的原料和能源，形成共享资源和互换副产品的产业共生组合，通过企业间共生网络，建立生态产业园区。在生态产业园区内的各企业内部实现清洁生产，做到废物源减少，而在各企业之间实现废物、能量和信息的交换，以达到尽可能完善的资源利用和物质循环以及能量的高效利用，使得区域对外界的废物排放趋于零，达到对环境的友好。生态产业园追求的是系统内各生产过程从原料、中间产物、废物到产品的物质循环，达到资源、能源、投资的最优利用。在这一模式中，没有了废物的概念，每一个生产过程产生的废物都变成下一生产过程的原料，所有的物质都得到了

循环往复的利用。这是建立在多个企业或产业相互关联、互动发展的基础之上的。要大力发展生态产业链或生态产业园区，这种生态链可以扩大到包括工业、农业和服务业在内的不同产业领域。三是社会层面。在社会层面上，建立起与发展循环经济相适应的"循环型经济社会"。简单地说，所谓"循环型经济社会"就是指限制自然资源消耗、环境负担最小化的社会。循环经济在社会层面上的体现，是指要大力发展绿色消费市场和资源回收产业。通过绿色消费和资源回收与绿色生产的衔接，在整个经济社会领域对工业、农业、城市、农村的物质流、能流、信息流等全面循环，形成"资源—产品—再生资源"的循环经济回路，通过废旧物资的再生利用，实现消费过程中和消费过程后物质和能量的循环，最终建立循环型社会。它可以最大限度地减少对资源过度消耗的依赖，保证对废物的正确处理和资源的回收利用，保障国家的环境安全，使经济社会走向持续、健康发展的道路。要使循环经济得到发展，光靠企业的努力是不够的，还需要政府的支持和推动，更需要提高广大社会公众的参与意识和参与能力。有专家预言，一旦循环经济的思想从经济领域辐射到广泛的社会领域，将会引起一场走向可持续发展的社会革命。因此，循环经济作为一种全新的经济发展模式，其内涵非常深刻。当今国际社会世界各国都在努力实施可持续发展战略，探寻经济发展、环境保护和社会进步共赢的道路，所以循环经济的发展模式将成为全球的必然选择。我国与西方国家相比，无论从循环经济理论研究还是从实践方面都存在较大差距。具体表现在：目前学术界还没有对农业产业化企业循环经济模式进行系统研究；理论界对循环经济的研究往往停留在一般性分析上，缺乏对物质循环、价值增值的量化研究和系统分析。在理论、实现途径、操作方式等问题上的突破，将决定我国循环经济发展的速度。因此，探索和总结我国基于循环经济理念的农业发展模式显得极其重要。

9.1　农业循环经济的企业发展模式

20 世纪是人类物质文明最发达的时代，但也是地球生态环境和自然资源遭到破坏最为严重的时期。工业化以来出现的种种环境问题不仅成为一个地区、一个国家的问题，而且成为全球问题，如：气候变暖、臭氧层破坏、生物多样性锐减、土地退化和荒漠化、酸雨等。人们对盲目追求经济增长的发展观念开始了深刻思索，认识到了环境污染的危害性。同时以可持续发展思想为指导，运用生态学规律，倡导自然资源的低投入、高利用和废弃物的低排放与环境和谐发展的经济发展模式。

但从 20 世纪 70—80 年代的发展来看，人类的经济活动走的是"先污染，后治理"的路子。国际社会开展的环境整治活动，侧重点大多在于污染物产生以后的治理，即"末端治理"的方式。70 年代，世界各国关心的问题仍然是污染物产生后如何治理以减少其危害，即环境污染的末端治理。80 年代，人们注意到采用资源化的方式处理废弃物，思想上和政策上都有所升华。人们的认识经历了从"排放废物"到"净化废物"再到"利用废物"的过程。但对于污染物的产生是否合理这个根本性问题，以及是否应该从生产和消费的源头上防止污染产生，大多数国家仍然缺少思想上的洞见和政策上的举措。也就是说，人们只注意到了如何治理经济活动造成的严重后果，却没有从问题产生的源头去研究。

到了 90 年代，随着可持续发展理论的发展，人们认识到要探索一种不降低环境质量和不破坏世界自然资源基础的经济发展模式。因此，环境整治活动以源头预防和全过程治理代替了末端治理。人们在不断探索和总结的基础上，提出了以资源利用最大化和污染排放最小化为主线，逐渐将清洁生产、资源综合利用、生态设计和可持续消费等融为一套系统的循环经济战略。

清洁生产是 80 年代以后发展起来的一种新的、创造性的战略措施，它要求从生产的源头，包括产品和工艺设计、原材料使用、生产过程、产品和产品使用寿命结束以后对人体和环境的影响各个环节都采取清洁措施，将污染预防上溯到源头和扩展到整个生产过程及消费环节，彻底改变过去被动、滞后的污染控制策略，概括地说就是低消耗、低污染、高产出。清洁生产从产品和工艺设计直至产品报废后的资源循环等诸多环节都进行统筹考虑，它是单个生产者和消费者的行为，这种微观层次的清洁生产和消费行为，通过发展为工业生态链和农业生态链，进一步实现区域和产业层次的废物和资源再利用；并通过政府、企业、消费者在市场上的有利于环境的互动行为，上升为循环经济形态。从这点而言，清洁生产是循环经济的微观基础，要发展循环经济，在企业层面推行清洁生产是必要的前提。

在我国，20 世纪 90 年代初，工业污染防治开始于"三个转变"，即从"末端治理"向全过程控制转变，从单纯浓度控制向浓度与总量控制转变，从分散治理向分散与集中治理相结合转变，并利用世界银行贷款开始了清洁生产的试点。1992 年里约会议之后两个月，《中国环境与发展十大对策》公开发表，宣布中国要实施可持续发展战略。1994 年 3 月，《中国 21 世纪议程》颁布，这是全球第一部国家级的《21 世纪议程》。2002 年 10 月，我国制定出《清洁生产促进法》，该法吸收了循环经济的思想，这部法律的实施，对我国发展循环经济和建立循环型社会起到十分重要的作用。

9.1.1　循环经济与企业的关系

企业是经济运行的微观主体之一，既是大部分物质产品的直接提供者，又是绝大多数污染物的直接生产者，因此可以说，企业采用什么样的生产行为也就决定了整个经济的发展模式。循环经济作为一种新的经济发展理念和发展模式，其成功与否最终也要落实到企业层面上。

为了解决经济、社会、资源环境的协调发展问题，国家已经出台了一些相关的政策和法规。在大力倡导循环经济的情况下，与之相应的制度措施必然进一步完善。同时，人们的价值观、消费习惯、生活理念等也将逐渐改变，在追求物质文明、精神文明的同时，也更加注重生态文明，从而形成新的社会风气。这些都会影响到企业的生产行为、营销策略以及管理方面的变革。

循环经济原则下，企业需要重新处理下列关系：

（1）企业与自然的关系。在循环经济理念下，企业不再是单纯的经济单位，而是"自然—经济—社会"复杂系统中的一个环节。企业已经不能单纯地作为自然资源的消费者甚至掠夺者，而是一种互相影响、互相制约、彼此共生的关系。

（2）企业与社会的关系。发展循环经济，企业需要承担更多的社会责任。企业作为市场经济的主体，在提供物质产品的同时，也产生了大量的污染。新形势下，企业需要在环境问题上付出更多的努力。此外，为了给企业自身的长期发展开辟空间，企业必须在改变社会的消费习惯、生活方式等方面投入更多的精力。

（3）企业与政府的关系。政府与企业两者的目标并不完全一致，如果考虑生态环境的问题，二者的利益冲突可能会更明显。虽然发展循环经济已经是大势所趋，从政府到企业似乎都达成共识，但新条件下，二者之间博弈的内容和形式都会发生变化。

（4）企业与企业之间的关系。一方面，由于发展循环经济不可能靠一个企业单独运作，所以一些企业可能会组成企业链，形成共生关系。另一方面，资源环境问题的突出，也会使一些企业在资源和产品等方面进行更激烈和多样化的竞争。

（5）企业与消费者的关系。循环经济下，企业在产品上需要有两方面的转变，一是从关注产品的数量到关注产品的功能，二是从生产优先到服务优先。这就决定了发展循环经济要求企业与消费者之间的关系更加紧密。另一方面，如果企业在环境等问题上做得不好，与消费者的冲突可能也更强烈。

（6）企业内部的关系。发展循环经济，企业需要在生产、营销、管理、制度、人员、部门等各方面做一系列的调整变化，这就要协调好各方面的关系以及利益的重新分配。企业只有调整好内部各方面的关系，改善自身机能，才能在新的环境中有更强的竞争力，才能在循环经济的理念下，使企业真正地发展。

循环经济体现在企业层面上，就是清洁生产，即企业根据生态效率的理念推行清洁生产。根据循环经济的理念，推行清洁生产（如图 9-1 所示），从原料的开采→生产制造→消费使用→废弃物处理的全过程来评估产品对环境的影响程度。这是循环经济的一个重要组成部分，是 3R 原则中 Reduce（减量化）的一个具体体现，减少产品和服务中物料和能源的使用量，实现污染物排放的最小量化。要求企业做到：

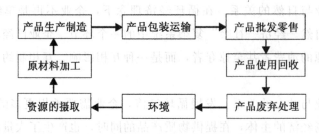

图 9-1　清洁生产产品生命周期示意图

（1）减少产品和服务的物料使用量。

（2）减少产品和服务的能源使用量。

（3）减少有毒物质的排放。

（4）加强物质的循环使用能力。

（5）最大限度可持续地利用可再生资源。

（6）提高产品的耐用性。

（7）提高产品与服务的强度。

对企业来说，清洁生产是循环经济的基本形式，是循环经济的技术途径。

企业从清洁生产、绿色管理和"零消耗""零污染"抓起，通过先进的工艺技术和设备，实施"物料闭路循环"和能量多级利用，使一种产品产生的废物成为另一个产品形成的原料，根据不同的对象建立水循环、原材料多层利用和循环使用、节能和能源的重复利用、"三废"的控制与综合利用等良性循环系统。将污染预防应用于整个生产的全过程中，尽可能减少产品和服务的物料及能源使用量，提高资源的利用率和原材料转化率，减少污染物的产生量和排放量，加强物质的循环使用能力，最大限度地利用可再生资源，提高产品的耐用性；提高产品与服务的强度最终促成企业的循环经济形态，在企业层面上实现小循环。

企业内部物料循环是循环经济在微观层次上的基本表现，它包括：将流失的物料回收后作为原料返回原来的工序中；将生产过程中生成的废料经适当处理后作为原料或原料替代物返回原生产流程中；将生产过程中生成的废料经适当处理后作为原料返用于厂内其他生产过程中；将消费后回收的产品进行资源再利用；将自身无法吸收的废弃物投入其他企业或部门进行再利用或作为垃圾进行处置。在这个过程中，资源得到了最有效的利用，整个产品生产过程对环境的污染降到了最低，垃圾得到了最有效的处置。单从这个层面来讲，循环经济发展模式不仅提高了企业的资源利用率，节约了原材料成本，而且污染末端治理的费用降到了最低。企业将获得成本优势。

企业微观上体现为经济效益是企业循环经济的生命之本。发展循环经济比较成功的企业，基本上都能够按照"减量化、再利用、资源化"的原则，通过循环利用本企业的副产品或废弃物取得较好的经济效益。追求经济效益，是企业发展循环经济的基本原动力。循环技术能否在实践中被使用，要受到理论、技术和经济可行性等诸项条件的制约。一项循环方案，即使在理论和技术上可行，但如果在经济上不可行，即它的成本—效益指标不如非循环方案，那么，在实践中也难以采用或大规模地采用。

企业发展循环经济，是一项系统工程，对于企业来说，不光意味着设备等"硬件"的建设，还包括企业文化等方面的"软件"实践。企业要将循环经济的理念融入企业文化中，可以通过员工培训和其他方式的宣传教育，增强员工的环保意识，规范他们在生产的各个环节中的行为，促进他们在节约能源等方面的积极作用。同时，企业还需加强与周边和相关企业的信息交流以及发展生态经济方面的合作。企业的循环经济实践可以在生产经营的各个环节展开，企业可结合自己的实际情况和问题，有重点、分阶段地进行。例如，企业采购和使用可再生原料，在包装上避免过度包装和重复包装，采用更加环保的生产工艺，加强对生产过程的控制，减少污染事故的发生，加强对废弃物的无害化处理能力等。发展循环经济，要求企业在以下方面进行调整。

1. 提高企业技术创新能力

科学技术是发展循环经济的重要支撑。如果没有先进技术的输入，循环经济所追求的经济和环境的目标将难以从根本上实现。企业要努力突破制约循环经济发展的技术瓶颈。第一，要加大科技投入，提高技术装备水平。企业技术装备落后是我国经济增长的质量和效益不高、污染严重的重要原因。我国相当一部分企业至今仍使用陈旧的设备、落后的工艺，生产加工"粗老笨重"的传统产品，浪费严重，附加值低。必须尽快改变这种状况，积极研究新技术、应用新工艺、选用新设备和新材料，加强技术集成，逐步提高能源循环利用、资源回收利用的技术装备水平，提高产品的科技含量和档次，促进产品升级换代，减少消耗和排放。第二，加强高新技术的研究与开发，不断发明新的技术和材料，对不可再生的稀缺资源进行替代，用高新技术改造传统产业，用高新技术发展循环经济。第三，加快传统工业技术改造。面广量大的传统工业是高消耗、高排放的主体，应制定规划，分步实施，下决心用新技术、新工艺对传统工业进行改造，促使其升级换代，步入循环经济轨道。第四，加强国际的科技合作，积极引进国外先进技术并加以掌握。

2. 选择先进的生态的生产形式

尽快彻底转变生产方式，建立生态产业，这是企业发展循环经济的主要途径。循环经济是由人、自然资源和科学技术等要素构成的大系统。循环经济要求企业在考虑经济发展时不能置身于这一大系统之外，而是将自己作为这个大系统的一部分来研究，将生态系统建设作为维持大系统可持续发展的基础性工作来抓。生态产业要求合理、充分利用资源，尽量使产品在生产和消费过程中对生态环境和人体健康的损害达到最小以及实现废弃物多层次综合再生利用。企业在生产过程中，要选择先进的生态的生产形式，建立生态产业。第一，企业要落实《清洁生产促进法》，按清洁生产方式组织生产。从生产设计、能源与原材料选用、工艺技术采用、设备维护管理和产品的生产、运输、消费直至报废后的资源利用等各个环节，做到自然资源和能源利用的最合理化、经济效益的最大量化、人与环境的危害最小量化。第二，企业按循环经济的要求组织生产。在开发利用资源时，充分考虑自然生态系统的承载能力，按循环经济的

"4R"基本原则实施生产，实现资源利用的"减量化"、产品的"再使用"、废弃物的"资源化"，节约自然资源，提高自然资源的利用率，创造良性的社会财富。第三，要按新型工业化的要求组织生产。特别强调生态建设和环境保护，妥善处理好生产发展、经济发展与人口、资源、环境之间的关系，依托以信息技术为代表的先进科技，为生产、经济发展中降低资源消耗、减少环境污染提供强大的技术支撑，走资源消耗低、环境污染少、人力资源得到充分发挥、科技含量高、经济效益好的新型工业化道路。

3. 建立有利于促进循环经济发展的企业组织结构

我国的企业规模普遍小型化、分散化，缺乏规模效益和区域集聚效益，难以形成循环利用资源的网络。这不利于循环经济的发展。因此，企业要采取切实有效措施，打破企业间单向式线性生产方式和"大而全""小而全"的组织结构，鼓励企业根据社会化分工和产品生产的内在联系，研究制定有利于建立符合循环经济要求的生态工业网络的经济政策，增强关联度，提高资源效率，减少废弃物，延长产品使用周期，促进企业间共享资源和互换副产品，为推进循环经济发展奠定良好的微观基础。

4. 以 ISO14002 国际惯例为标准加强企业管理

企业是经济活动的主体，也是资源消耗、废弃物产生和排放的载体。据有关调查显示，工业污染物排放的 32%～42% 是管理不善造成的。因此，企业要努力通过 ISO 14002 环境管理体系标准认证，严格按该系列标准要求实施环境管理：首先，企业要树立经济与资源环境协调发展的意识，在商业目标和环境目标之间寻求最佳平衡点。按照建立现代企业制度的要求，建立健全资源节约管理制度，加强资源消耗定额管理、生产成本管理和全面质量管理，建立车间、班组岗位责任制，完善计量、统计核算制度，加强物料平衡，实行科学管理。其次，企业要开发、生产、经营符合 ISO14002 认证标准要求的绿色产品，并且大力推进绿色服务。

5. 以人为本，加强企业经营者队伍建设

人是所在生产要素中最活跃的因素，是一种具有特殊创造性的资源。发展循环经济，实现企业的可持续发展，关键在企业经营队伍。目前，一些先期进入中国市场的跨国企业已采取多种措施与我国企业争夺优秀人才。因此，我国

企业要想与外资企业一争高下，必须十分重视经营队伍建设。首先，要增强人才关键作用的认识。国内外许多成功企业的经验证明，高素质、充满活力和竞争力的员工队伍，是企业持续发展的保证。其次，要重视人才的培养。克服培养人才是"纯粹耗费"的片面认识，应把人才培养当作一种功在长远的战略投资，定期对企业职工进行培训。此外，企业还应创建具有高度凝聚力的企业文化，用独特的先进文化吸引人才、留住人才、发展人才，使他们能全身心投入工作，愿为实现企业的持续、长远发展尽最大努力。

6. 转换国内包装产业的发展思路

包装工业在人类生产、流通、消费活动中扮演着重要角色。改革开放以来，中国包装工业迅速发展，已进入了世界包装大国的行列。但大量包装废弃物的产生，对人体健康、资源环境会产生长期的影响，必须引起高度重视。在满足安全实用、审美装饰等基本需求的同时，使包装物更加符合绿色、环保、节约的要求，这已经成为不可逆转的世界潮流。我国包装产业应更加注重以人为本，更加注重全面协调可持续发展，更加注重节约资源、保护环境。具体要做到：一是努力提高包装质量和效益。我国将大力发展包装机械和材料工业，增强包装成套设备供给能力，扩大高档包装原辅材料供给。不断改进生产工艺，降低生产成本，努力生产出更新更美、更方便、更安全适用的包装产品。二是大力发展绿色包装。我国应按照减量化、可降解和循环再生使用的原则，积极推广无毒、无害、轻量、薄壁的包装产品和生产工艺。研究制定禁止过度包装的法律法规，搞好包装废弃物的回收利用，提高包装产品消费的安全保障系数。三是提高包装的科技含量。我国应引进国际先进的包装技术，同时搞好消化、吸收、再创新。采取一系列措施，鼓励发明创造，培育知名品牌，保护知识产权。高度重视包装设计，着力培养一支思维活跃、意识超前、富有创意的设计队伍。促进包装产品风格多元，融入文化内涵，增强审美情趣，从而赢得消费者的喜爱和信任。四是完善包装产业运行机制。包装行业要以企业为主体，以市场为导向，鼓励多种所有制企业共同发展、大中小企业协作并进。政府要积极转变职能，改善投资环境，提供公共服务，帮助企业解决实际问题。建立包装工业基地，发挥产业集聚效应，从整体上提升包装产业水平。五是鼓励中外包装行业开展合作。积极推动中外包装企业扩大投资与商贸合作。包装企业要携手研发资源节约型、环境友好型的包装产品和生产工艺，为人类社会的可持续发展做出新的贡献。

9.1.2　农业循环经济的企业模式

农业是农村的基础产业，也是吸纳农村劳动力最多的产业。农业的稳定关系到整个社会的稳定，因此，走面向循环经济的农业可持续发展之路，对于我国这样一个农业人口众多的农业大国来说任重而道远。农业循环经济是循环经济在农业生产中的具体体现，它要求把循环经济理念应用于农业系统，在农业生产过程中和产品的生命周期中遵循"减量化、再利用、再循环、再思考"（4R）的行动原则，通过一定的科学设计，把农业经济系统更和谐的纳入自然生态系统的物质循环过程之中，利用自然生态系统中物种与环境之间的能量和物质联系所建立起来的整体功能和有序结构，实现生态系统中的能量、物质、信息和资源的有效转换，减少农业生产过程中和产品生命周期中资源、物质的投入量以及废物的产生排放量，从而实现农业经济和生态环境效益的"双赢"。

农业循环经济就是按照"整体、协调、循环、再生"的原则，对山、水、林、路、村等全面规划、综合开发，实现系统物质再生循环，达到生态和经济的良性循环，实现经济、环境和社会效益的统一。这是融现代科学技术与传统农业精华于一体的生态合理、良性循环的可持续农业发展模式。

循环经济产业化是企业发展循环经济的必然趋势。农业产业化的关键是多渠道、多形式的筹措发展资金，并结合当地资源优势，重点培育龙头企业和优势产业。农业产业化经营有利于清洁生产技术和废弃物资源化技术在农业中的广泛应用，便于区域内相关产业之间的耦合，同时，农业循环经济的发展也会加快农业产业化升级，两者相互间协同发展，必将促使我国农业真正走上可持续发展的道路。农业产业化是遵循发展农村经济与生态环境保护相协调、自然资源保护与其开发增值实现可持续发展利用相协调的原则，基于生态系统承载能力的前提下，充分发挥当地生态区位优势及产品的比较优势，在农业生产与生态系统良性循环的基础上开发优质、安全和无公害农产品，实现生态、环境和经济效益协调统一的农业生产体系。构建农业生态产业化体系必须在农业产业内部形成相互依存、相互制约的产业关系，并按照一定的比例和搭配方式组成相互连贯的有机整体。例如，以蔗田种植业系统、制糖加工业系统、酒精酿造业系统、造纸业系统、热点联产系统、环境综合处理系统为框架，构建生态制糖产业化体系。各系统之间通过中间产品和废弃物的相互交换和衔接，从而实现了一个比较完整和闭合的生态产业网络，从而资源得到最佳配置，废弃物得到了有效利用，环境污染减少到最低水平。

从 20 世纪 80 年代初开始，我国政府就一直十分关注农业循环经济的发展。经过 20 多年的实践，目前全国不同类型、不同级别的循环农业建设试点已达 2000 多个，其中国家级试点县 100 多个。

1. 农业循环经济的企业分类模式

从构建原理以及实施方式角度考察，主要有以下几种：

（1）农业资源循环型企业。资源的循环、综合利用是企业实施循环经济的突破口，企业要获得产品和服务的产出，必然要投入资源，只要所有的投入不能完全转化成产出，就会产生废弃物的污染排放。通过资源（包括自然资源、中间产品、废弃物）的循环、综合利用，能有效地减少原始资源的投放和污染的排放，实现"减量化、再利用、资源化"和"低开采、高利用、低排放"的目标。

资源耗费型农业必须向资源循环利用型农业转化，单一开发"生食食物链"的单线型农业必须向同"生食食物链"与"腐屑食物链"对等开发的综合农业转化，农业生产对策必须由"单向单环式"向"单向多环式""多向多环式"与"多向循环式"相结合的综合模式转变。

根据农业生态产业链建立农业资源循环型企业，以产业经营带动企业经营。如银川兴源乡回族生态养殖示范村采用公司＋农户的经营模式，成立了银川兴源生态养殖实业有限公司，实行统分结合的企业化管理，即奶牛、土地、草场归公司所有，奶牛集中统一承包养殖，草场由农户承包管护，土地的整治、开发由农户投劳，农户按其承包管护草场及投劳情况按季分红。加上政府的扶持，形成了奶产品、畜产品、饲料加工一体化，集种畜繁育和旅游观光为一体的生态农庄式企业。

（2）生态农业园模式。农业生产是自然再生产和经济再生产相交织的产业部门，在农业再生产的过程中，存在着对自然生态资源和环境因素的高强度依赖性。生态农业园模式强调集中化生产，利用农业产业模块之间的链接关系来实现对能量与物质的循环利用。生态农业园模式的基础是"项目＋基地"，实施以基地建设为依托的项目带动战略。福建具有高优生态农业发展的显著优势，且已经建设并形成了多个具有基地效应的各类农业园区，在这些农业园区中，可依据产业链与产业增长的空间集聚状态，适当选择若干农业园区推广生态型循环农业模式。

　　城市生态农业园区是依据循环经济理论和农业生态学原理设计的一种新型农业组织形态。其目标应是尽量减少废弃物，将园区内某种农业或企业产生的副产品用作另一种农业或另一个企业的投入，通过废弃物交换、循环利用、清洁生产等手段，最终实现园区的清洁无污染。建设生态农业园区，必须运用循环经济理念和农业生态的原理探索经济发展与资源环境的深层次矛盾，因地制宜，强化区域内农业之间的内在联系，补充和完善现有区域生态功能。当然，有了理论指导、技术支持、政策保障、资金投入和市场需求，还需要进行分区规划、试点建设，创建在农业生产之间以及社会整体层次上循环的生态农业园区。如森林公园和生态旅游公园以及颇具特色的农庄（生态农业庄园），各生产环节会进入一个和谐、有序的循环发展的状态，这也是循环经济在城市生态农业中最充分的利用。

　　（3）特色生态农业经营模式。所谓特色生态农业，即以市场为导向，以效益为中心，借助科技创新和资源异质化，在推动主导产业标新立异和品牌产品系列化的过程中实现持续发展的新型农业运作模式。这种模式可以说是农业市场化的必然选择。因为从本质上讲，市场是由成千上万的特色产品构成的一个庞大社会协作网络，如果没有产品特色和差别，市场交换根本不可能发生。

　　这就要求以科技进步和强化管理为手段，以综合开发、基地建设为措施，以集约化、基地化和规模经营为方向，以发展"特色"为突破口，面向工业、面向外贸、面向城乡市场，结合发挥城市生态农业双层经营的机制优势，发展高产、优质、特色、高效农业。如淡水特种养殖业、名特优果药茶业、林竹草配套生态业、无公害蔬菜业、草食杂食畜禽养殖业、优质水稻油菜种植业和主导产品加工业。如石家庄规划建设的"东方农业科技园"，占地一万亩，分"六园两区"（植物园、花卉园、特菜园、养殖园、国际农业园、百果园、服务区、加工贸易区）。按照"统筹规划，合理布局，突出特色，滚动开发"的原则，建成了集农业高新技术开发、产品孵化、示范带动、教育培训、休闲观光、度假旅游等为一体的现代化农业示范园区，从而推进了整个城市的农业可持续发展。又如浙江安吉县、福建华安县、贵州赤水市大力发展竹林生态产业，山东寿光市发展蔬菜产业，黑龙江饶河县、同江市发展有机食品产业，均成为当地城市生态农业产业的龙头。

　　2. 农业循环经济的单一企业模式

　　（1）福建圣农实业公司模式。其以玉米的种植为起点，形成了多环节的循环：玉米→养鸡→排泄物加工→有机肥料回到玉米种植业；鸡→肉加工→下脚料养鱼、鸡毛加工。这样的循环使生产的各个环节之间建立了互补的共生关系，疏通了废弃物向原材料转变的反向物流渠道。

（2）安徽阜阳利用农村专业经济合作组织模式。其推广和示范"林→草→牧→沼→菌"生态农业循环经济模式，农业经济效益不断提高。长官黄牛协会引导农民租地种树→树下种草→牧草养牛→牛粪尿产沼气→沼渣种食用菌。韦寨无公害养鹅协会则引导广大养殖户利用啤酒糟、秸秆等饲料养鹅，利用鹅粪养猪等，这些生态农业模式效益突出，成为当地农民增收的主要途径。

（3）河南莲花集团模式。其产业链条是：小麦加工成工业面粉，先分离出谷朊粉推向市场，生产的小麦淀粉经制糖、发酵、精制生产出味精、氨基酸等产品。小麦初加工过程中产生的麸皮，味精生产过程中产生的糖渣等，加工成动物饲料，发展畜牧养殖业。味精生产中发酵工段产生的高浓度有机废水，经浓缩、喷浆造粒和喷雾干燥等工艺，每年生产优质有机、无机复合肥20万吨，回到大田。莲花集团与周围地区的农业，自然而然形成一个经济效益和生态环保效益均衡发展的统一体，并带动近2万人就业，产生了良好的社会效益。

（4）河北石家庄大型乳制品企业模式。该模式以三鹿为龙头，上联广大农村，下接消费市场，形成了长长的产业链，秸秆喂牛→产出牛奶→牛粪发酵→产出沼气→沼渣施肥→助催玉米→玉米收割→产生秸秆→从秸秆还原秸秆，从土地还原土地，这样的秸秆循环链使得产业链上的相关企业和农民都能受益。

（5）河南天冠企业集团模式。天冠集团以小麦为原料生产燃料乙醇的循环经济模式（如图9-2所示）。小麦籽粒粗加工成面粉和麸皮，面粉进一步提取分离得到谷朊粉和淀粉，提升了小麦的经济价值，谷朊粉和麸皮经人或动物食用后以粪便的形式排出用于土壤施肥（对于大型养殖场而言，通过沼气发酵后消化污泥可用于施肥），被小麦或其他植物吸收，此过程无工业废物排出，不会污染环境。提取谷朊粉后剩下淀粉浆，淀粉在酶的作用下分解为葡萄糖，再通过酵母菌的厌氧发酵生成乙醇和二氧化碳，乙醇经蒸馏提纯除杂和脱水后生产出燃料乙醇作为车用燃料，燃烧以后变成二氧化碳和水被小麦作物通过光合作用吸收利用；发酵过程中产生的二氧化碳经纯化压缩后可直接作为饮料气或工业气体使用，也可作为原料与环氧丙烷聚合生产聚碳酸酯（可降解塑料，正在开发中），释放或降解成二氧化碳被小麦或其他植物通过光合作用吸收利用。

以该集团燃料乙醇生产线为例，通过对新旧工艺物料的投入产出进行测

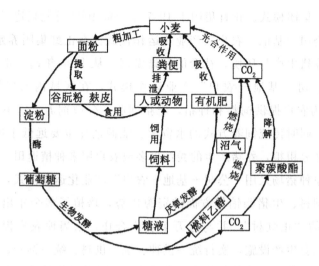

图 9-2　小麦生产燃料乙醇的循环经济模式

算，结果表明与旧工艺相比，新工艺 1 次水的用量减少 13193 万吨 . a^{-1}，废槽液减少 33194 万吨 . a^{-1}，废水排放减少 46186 万吨 . a^{-1}，减排率为 69%，酒精糟液回流量为 3515%，属国内清洁生产先进水平；新增麸皮和谷朊粉 4128 万吨 . a^{-1}，新增效益 2862 万元 . a^{-1}；新增蛋白饲料 7169 万吨 . a^{-1}，新增效益 3258 万元 . a^{-1}；年总净收益达 10392 万元，是旧工艺的 2118 倍，价值增值显著。

生产燃料乙醇所剩的废糟液中含有大量的有机物质，如果直接排放，会给环境造成很大的污染，同时也造成资源的极大浪费。天冠集团经过实验研究，探索出用废糟液生产沼气这一有效途径。先把废糟液过滤分成滤饼和上清液 2 部分。滤饼通过烘干可以变成上好的 DDG 蛋白饲料；上清液在厌氧条件下固液分离，滤饼烘干再生成 DDS 蛋白饲料，滤液在微生物的作用下生成沼气，生产沼气的发酵液再过滤分离，沼渣部分变成有机肥，滤液中的有机物含量很低，经有氧处理后作为过程水循环使用（用于工艺冷却）。DDG 和 DDS 饲料被动物食用以后，通过粪便形式（对于大型养殖场而言是沼肥）被小麦或其他植物吸收利用；沼气燃烧以后，变成二氧化碳和水被小麦或其他植物通过光合作用吸收利用；利用沼渣生产的有机肥可以被小麦直接吸收利用。最终的所有产品都直接或间接地作为小麦或其他植物的营养物质，实现一个大自然状态下完整的物质循环过程，体现循环经济的"资源—产品—资源再生"的循环模式。

（6）正虹集团模式。正虹集团于 1997 年投资 4000 万元兴建了正虹原种猪场，启动"公司＋基地＋农户"产业化运作模式。在正虹集团养殖产业链中，一直很重视养猪生产与环境、社会的和谐发展。从 1998 年起，正虹集团就已开始实施"公司＋基地＋农户"产业运作模式，在区域内共发展入围农户 3000 多户，为农户提供饲料和种猪，肥猪回收，分散饲养，这不但减少了固定资产投入，同时传统饲养方式的水资源、能源消耗也要远低于规模化饲养，农户手中的部分粗粮，养猪产生的粪污也多被农户用来种植返田，实现了循环利用。正虹原种猪场采用"公司＋基地＋农户"产业化运作模式，通过整合集团在技术、饲料、生猪购销等方面的资源优势，培植了多个年出栏瘦肉型猪 5000 头以上的"正虹村"，并与近万个农户合作，给当地农户提供种源、技术、饲料及配套生产设施，实行统一供种、统一供料、统一饲养、统一回收加工。这为推动小农户经济的标准化，推动当地畜牧业经济的增长起到了巨大的推动作用。

（7）江门甘蔗化工厂模式。江门甘蔗化工厂股份有限公司是国内一家以制糖业、浆纸业和生化产业为主要产业的公司，是国内规模最大的甘蔗综合利用基地之一。经过近 50 年的发展，甘化公司形成了突出甘蔗资源综合利用和循环经济思想的较完整的产业链。对于甘蔗生产完食糖后产出的废糖蜜、蔗渣、甘蔗渣制浆废液、蔗髓、煤粉灰等"废弃物资"，甘化公司将他们一一归位，变废为宝。废糖蜜变成了酒精、酵母、醋酸乙酯、可生物降解塑料和核苷酸系列产品；蔗渣变成了商品浆板和机制纸系列产品；甘蔗渣、制浆废液变成了木质素硫黄镁系列产品；蔗髓燃烧产生的热能用来供热和发电；在整个过程中从煤粉锅炉中排出的煤粉灰还可以制成轻质砖，等等。从甘蔗综合利用链看，甘蔗压榨产生蔗汁和蔗渣，引出两条生产路径：一是蔗汁用于产炼糖，产炼糖产生的废糖蜜用于生产酒精系列产品、酵母系列产品和其他生化产品。目前甘化公司的药用酵母在国内有近 52％的市场占有率，三磷酸胞苷二钠产品为国内独家生产。另一条路径是蔗渣，蔗渣蒸煮后提取的漂白纸浆用于制造文化生活用纸，粗渣生产瓦楞原纸，废液则提取生产木质素磺酸盐（镁）水剂和粉剂（这两种产品在国内也有 22％左右的市场占有率）。2002 年，甘化公司上马了纸浆模塑制品项目，以废旧报纸、纸浆纸和印刷厂边角料、浆板等为原料，生产纸浆模塑缓冲防震包装制品，用以替代污染环境的发泡塑胶，取得良好的环保效益和经济效益。在热气电水联产方面，公司自备热电厂和水厂，构筑了一个能源综合利用的系统工程，环环相扣，平衡供应，有效降低了能源和水资源的成本。通过循环利用，该公司每天可以节约用水 1200 立方米，而副产品带来的年产值也高达 8200 万元。目前，该公司不仅将自身的废物全部综合利用，还消化周边包括广西、海南、湛江等地区的甘蔗制糖所产生的部分废弃物。甘化公司通过企业系统内部中间产品和废弃物的相互交换和有机衔接，形成了一个较完整的循环的生态工业网络，使环境污染得到有效减少、废弃物得到回收利用、系统资源得到优化配置和综合利用。由于三大产业间的彼此耦合，资源性物流取代了废弃物物流，各环节实现了充分的资源共享，污染负效益转化成了资源正效益。

9.2　农业循环经济的区域发展模式

发展农业循环经济问题，必然要落实到一个特定的空间，即通常所说的区域。区域作为一个客观存在的地域单元，其是由农业经济、农村社会、农业资源环境、农业生产、农业技术等因素耦合而成，具有地域特色的区域复杂系统，可以称为区域农业循环经济系统。区域农业循环经济强调区域内农业经济、农业生产、农业资源环境、农村社会和农业技术五个方面的协调统一发展。

从理论上说，农业经济系统与农业生态系统紧密联系，但它们之间存在着不同的反馈机制。农业经济系统具有扩张型反馈机制，它要求不断加大投入才能获得持续增长的产出，因而对农业生态系统的物—能资源需求是无限的。农业生态系统则具有稳定型反馈机制，它要求物—能资源在动态供给中保持"量—质—结构"均衡，才能逐步趋向于自身最优化的稳定状态。因此，农业经济系统的物—能资源需求与农业生态系统的物—能资源供给存在相互对立性的关系机制。在不可持续状态下，这种相互对立性的结果将导致农业生态系统稳态结构的破坏，最终导致其自身生产力的衰竭。为了避免这种结果的产生，就必须建立农业经济系统与农业生态系统的相互协调机制，形成两者的互惠互利与共生性关系。区域农业生产是区域农业经济系统与区域农业生态系统的相互作用过程，区域农业循环经济系统的"量—质—结构"状态将直接决定着区域农业发展的方向与模式。

从实践上说，任何区域农业发展都必然面临区域农业生态系统的资源约束与条件制约，或者正向制约，或者反向制约。正向制约有利于建立区域农业经济增长的正反馈机制，而反向制约则通常形成区域农业经济增长的负反馈机制：一是对区域农业产业结构转换与升级过程的制约，二是对区域农业产业布局调整过程的制约。这两种制约将直接影响区域农业的综合产出效益，并最终通过对区域农业的产业竞争力或产业竞争优势的影响程度而表现出来，这些影响将集中在诸如农业增加值增长率、农业总产值增长率、粮食产量与粮食安全、农业内部产业结构、农产品结构、农产品质量与品质、区域布局结构、区域农业贸易条件等方面。

9.2.1 区域发展模式

发展区域循环农业经济应该以区位优势和区域资源优势为导向。不同区域内各自具有不同的比较优势和比较劣势，应按照农业经济的区域分工原则和比较优势原则，根据我国农业发展特殊的地势布局与资源格局，积极探索能够最充分发挥区域比较优势的多元循环农业模式。我国大部分农村地区的经济结构是以粮、猪为主，其他产品较少或没有形成规模，区域化生产和主导产业不明显。因此应加强前期研究，进一步摸清资源底数，研究提出发展区域循环经济的技术路线和相关政策。在此基础上，进一步研究制定农业循环经济发展规划，制定可行的发展目标、重点区域、重点项目和政策措施。

1. 农业循环经济的区域发展模式介绍

（1）生态整合模式。传统农业是一种具有"资源—产品—污染排放"的单程线性结构型经济，其显著的特征是"两高一低"（资源的高消耗、污染物的高排放、物质和能量的低利用）。在此种经济行为中，人们以经济在数量上的高速增长为驱动力，无计划、无节制、高强度地将自然生态资源作为"免费的午餐"过度开采。同时采用低利用率的技术或工艺进行加工生产，导致大量"无使用价值的污染物"产生，并将其大量地排放到自然环境中，以反向增长的自然代价谋求实现经济产出的数量增长。可见，传统农业发展对自然生态资源的利用是粗放型、破坏性的。循环农业强调农业发展的生态整合效应，通过建立"资源—产品—再利用—再生产"的循环机制，实现经济发展与生态平衡的协调，实现"两低一高"（资源低消耗、污染物的低排放、物质和能量的高利用）。生态整合模式的具体形式包括诸如"山地耕养结合""小流域综合治理与开发""森林复被""田林镶嵌"等。

（2）生态链连接与转换模式。不同产业之间如何进行有效地连接与转换以实现资源的高效利用，是推广循环农业的关键性机制。所谓"生态链连接与转换模式"主要指农业内部粮食生产与不同经济作物生产之间基于生态链的物质与能量转换关系所建立的农业经营方式，具体包括两种基本类型：一是单一型生态链连接与转换，如"粮—果""粮—蔬""粮—茶""粮—烟"等模式；二是复合型生态链连接与转换，如"粮—果—茶""粮—茶—果""粮—蔬—果""粮—茶—蔬""粮—果—茶—蔬"等。"生态链连接与转换模式"具有联结与转换的多级性、多样性、互动性、共生性等特点，其核心在于健全有效的经营机制，这就要求必须因地制宜，将"生产位"与"生态位"有机结合，实现粮经作物生产与布局的空间集聚和结构整合效应。"生态链连接模式"适用于具有一定规模经营的产业化农业经营，因此，在我国已经形成初步规模的产业带，可选择转换机制相对健全的产业带加以积极推广。

（3）产业链模式。传统区域经济发展战略强调不同产业之间的集聚或集群，旨在通过"簇群式"发展谋求推进区域经济整体水平的提升，而对于不同类型产业之间的产业链与生态转换关系机制却相对忽视，这在一定程度上导致区域产业发展的规模壮大，但相应地，对于区域自然生态资源的消耗量和对区域环境破坏的污染排放量也越来越大。区域型循环发展模式则从循环经济的角度，依据区域布局优化与分工优化的原则，通过建立健全区域生态整合机制与产业共生机制，实现经济增长与生态保护的动态均衡。我国区域经济发展存在显著差异性，应根据分工原则，以区域资源优势为导向，以特色农产品和主导产业为中心，分别实施差别化的区域型循环经济发展模式。较长、较完整的产业链是循环经济实施的有效保障。对于大型企业，这种产业链可在企业内部实现，而对于中小企业，这种产业链可通过众多上下游产业相互联系的地理集聚的企业战略联盟实现。也就是说，地方政府可按照工业生态学原理，通过建立专业化的循环经济型农业园区，引导具有上下游产业链联系和互补性产业链联系的企业在园区集聚，形成企业间的工业代谢和共生关系，提高资源综合利用和循环利用能力。

2. 农业循环经济的区域生态模式选择

我国幅员辽阔，地貌、气候等自然条件和生产条件差异极大，因此各地必须因地制宜，发挥优势，建立适合本区特点的生态农业模式。区域生态农业模式的选择，对于促进生态农业建设的开展具有重要意义。

　　(1) 自然生态系统区域模式。自然生态系统区域模式本书分为两类，即：

　　① 农区农业生态模式。该模式共有三种：一是农田共处互利种植型。各作物占据不同的生态位，表现出互利性，此模式是典型的立体种植模式。二是种养结合型。此模式属于以"食物链"原理为依据发展起来的良性多级利用模式，这类模式是在种养模式基础上增加了工业，最大的特点是延长了"产业链条"。三是城郊生态农业模式。即近郊的"贸工农""商工农"生态农业模式，而远郊"无公害"蔬菜生产为主的生态农业模式。以生活垃圾和污水处理为目的的食物链"解链"生态农业模式。

　　② 产业体系的有机组合和共生模式。该模式认为，只有当一个地区建立生态工业、生态农业和绿色服务业体系，其经济增长方式才能发生根本转变，才有可能形成可持续的生产模式，构成不同产业体系之间的循环和共生体系；同时，只有建立了发达的废弃物再利用、资源化和无害化处置产业体系，整个区域的"资源—产品—再生资源"循环才能够转动起来，形成可持续消费模式，并与可持续生产模式对接，构成区域"大循环"。

　　(2) 城市生态系统区域模式。生态城市是一个生产发展、生活富裕、生态环境良好的区域，是一个有丰富和特定内涵的空间概念，它标志着在一定发展阶段下，一个区域全面实现了可持续发展目标。从这个意义看，循环经济是生态城市的一个重要组成部分，即区域中的经济系统，由产业体系和消费体系共同构成，但不是全部。生态城市还包括社会系统、生态环境系统、基础设施系统等。仅有"资源能源消耗低、经济效益高、环境负荷小"的循环经济系统并不能实现可持续发展的全部目标或生态城市目标，还需要有完善和高效的基础设施体系（或符合循环经济原理的城市功能系统）、优美的生态景观、高素质的人口、公平的社会体系等来支撑。同样，仅有良好优美的生态环境和公平的社会体系的城市也不是生态城市，生态城市还要有发达的经济、高水平的生活质量和完善的社会公共服务体系，特别是要实现经济与环境的协调发展。要实现这种协调发展就必须走循环经济的发展道路，否则，"高消耗、低效益、高排放"的经济系统会制约城市的生态环境系统、基础设施体系和社会系统的健康发展，生态城市的目标就无法实现。所以，发展循环经济是生态城市建设的核心内容，有了循环经济理念和循环经济体系，城市将以最节约和最高效的方式运行。

　　因此，循环经济区域模式的重点在于改造和重构区域产业和消费系统，使区域的经济活动主体向生态化方向转型。自然生态系统是区域生存和发展的基本物质基础，城市功能系统（城市基础设施建设）同样也是维持城市区域正常运转的重要支撑，可以将循环经济理念和方法渗透到城市功能系统的方方面面。社会系统是城市服务的对象，又是城市管理和发展的机体，循环经济发展的最终目标是以人为本，为社会系统服务。总之，经济系统和生态环境系统是循环经济发展的主体，区域循环经济发展以解决经济增长与资源环境的矛盾为主线，是"经济与环境"的二维概念。

3. 农业循环经济的区域战略转型划分

循环经济发展的区域战略转型模式，是指将发展循环经济作为转变区域社会经济与资源环境发展关系的助推器而引发的区域社会经济发展战略转变的类型。根据目前我国循环经济试点的实践情况，从地区经济发展阶段、技术经济条件、资源环境形势和近期发展目标看，我国目前的循环经济发展出现了三种区域战略转型模式。

（1）自发性的区域循环经济战略转型模式。江苏苏南、上海、山东的部分地区是我国最发达的地区。从发展阶段看，循环经济发展与这些地区产业升级和经济转型是同步的，技术经济基础和制度条件都较好，即使没有循环经济理念，产业升级和效率提高的方向也会朝着循环经济某些方面的要求靠拢，但有了循环经济的理念，这种升级和提高会更快、更全面。所以，可以称这一类地区的循环经济发展是自发战略转型模式。对于这一类地区的循环经济发展，只要国家的立法和政策到位，体制安排到位，循环经济基本上依靠地方的资源就可以较顺利的发展。

（2）资源型的区域循环经济战略转型模式。辽宁省的循环经济实践是在振兴东北老工业基地的背景下，在具有一定的技术经济基础上的资源型地区的战略转型模式。东北老工业基地振兴战略为辽宁省发展循环经济带来了重大的发展机遇，循环经济发展也成为辽宁省振兴老工业基地的重要战略举措。辽宁发展循环经济不仅有自身发展过程中的特殊需要，而且对整个东北振兴老工业基地、乃至西部资源型地区的可持续发展有重要的示范意义。对于这一类型，国家需要给予外部资金、技术和政策支持，相关支持要融入国家对东北老工业基地振兴的一系列的倾斜政策之中。

（3）跨越型的区域循环经济战略转型模式。贵州省贵阳市的试点示范是西部地区发展循环经济的尝试，是一种典型的跨越式战略转型，即在产业升级和经济转型之前选择了先进的发展战略和道路。其面临的技术经济困难自然要比东部大得多，点上和局部推进相对容易，全面推进将面临诸多挑战。国家应给予较强的外部支持，在将资金、技术和特殊政策支持融入西部大开发优惠政策当中的同时，还需要一些专门针对当地循环经济发展需要的特殊扶持。

9.2.2　农业循环经济园区模式

循环经济园区是实现经济社会全面、协调、快速、健康发展的重要途径。循环经济园区建设在国内尚处于探索阶段，需借鉴发达国家在该领域建设方面的成功经验，结合我国国情，在循环经济和可持续发展理念的指导下，进行整个区域的循环经济规划与设计。我国生态工业园区的实践始于 2001 年广西贵港国家生态工业示范园区的建立，目前国内已建成或正在建立的生态工业园区有广西贵港、广东南海、新疆石河子、包头、长沙黄兴、山东鲁北等 11 个国家生态工业园。我国生态农业示范区的实践始于 1982 年北京市大兴区留民营村生态农业试点的建立，据不完全统计，到 1992 年全国各类生态农业试点已发展到 2000 多个。在生态工业园和农业示范园建设方面所积累的成功经验，为循环经济示范区的建设奠定了基础。

建设农业循环经济园区，必须在企业层面开展清洁生产和污染零排放运动；在园区层面应结合生态工业园和生态农业示范园的成功经验进行规划和建设；在农业生产和农村生活领域应以生态农业理论为指导进行建设和调整。通过循环经济示范区的建设，可使区域内不同企业间，企业、居民与自然生态系统之间的物质、能源的输入与输出优化，从而达到物质与能量的高效利用；废物产生量最小化；人们的生活质量不断提高；成为可持续发展的区域综合体。加强现有农副产品加工企业间的合作，促进相关产业连接，完善产业链条，形成一批区域内部层面循环经济示范园区。

1. 典型的农业循环经济园区介绍

目前，关于循环经济园区的实践经验很多，尽管这些实践在产业链的设计和具体组织形式上各不相同，但它们的设计原则和指导思想是基本一致的。我们可以在全面考察国内外实践的基础上总结规律，从而为建立我国循环经济园区提供参考。

（1）丹麦的卡伦堡生态工业园区。这是比较典型的企业间循环经济模式，也是目前国际上最成功的生态工业园区。该园区以发电厂、炼油厂、生物制药厂和石膏制板厂四个厂为核心企业，在这四个企业之间形成一个生产链，把一家企业的废弃物或副产品作为另一家企业的投入或原料，通过企业间的工业共生和代谢生态群落关系，建立"纸浆→造纸""肥料→水泥"和"炼钢→肥料→水泥"等工业联合体，从而形成生产发展和环境保护的良性循环——共生体系（如图 9-3 所示）。这样，不仅降低了治理污染的费用，而且企业也获得了可观的经济效益。据资料统计，在卡伦堡工业园区发展的 20 多年时间内，总的投资额估计为 7500 万美元，到 2001 年年初总共获得 16000 万美元效益，而且每年还在继续获得约 1000 万美元效益。

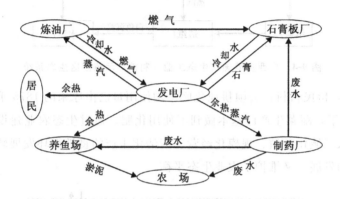

图 9-3　丹麦的卡伦堡生态工业园区共生体系

（2）广西贵港国家生态工业（制糖）园区。广西贵港国家生态工业（制糖）示范园区是我国第一个国家生态工业示范园区，该园区是以上市公司贵糖（集团）股份有限公司为核心，以蔗田系统、制糖系统、酒精系统、造纸系统、热电联产系统、环境综合处理系统为框架，根据生态工业园区的基本实施规则，通过盘活、优化、提升、扩张等步骤组合贵港市五家糖厂的资产而建设的生态工业（制糖）示范园区。其中的六个系统关系紧密，它们通过副产物、废弃物和能量的相互交换和衔接，做到了资源的最佳配置和废物的有效利用，物流中没有废物概念，只有资源概念，各环节实现了充分的资源共享，使环境污染减少到最低水平，变污染负效益为资源正效益，从而形成了一个比较完整的工业和种植业相结合的生态系统（如图 9-4 所示）。

（3）北京大兴区的留民营生态村。这是著名的"中国生态农业第一村"。留民营村把农作物秸秆和粮食加工产生的米糠、麸皮作为饲料送至饲养场，牲畜粪便和部分秸秆进入沼气池后产生的沼气供农民作为生活燃料。沼渣和沼液，一部分送至鱼塘养鱼，一部分送至农田和蔬菜大棚作为肥料，一部分沼渣经加工后又成为饲料。鱼塘的底泥又可作为农田、果园的肥料（如图 9-5 所

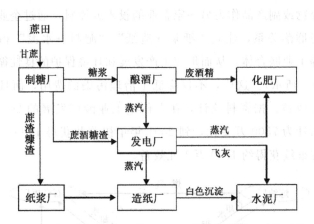

图 9-4 广西贵港国家生态工业（制糖）示范园区生态系统

示）。现在，留民营村每公顷耕地化肥平均使用量已由原来的 1875 千克下降到 450 千克以下，蔬菜生产已基本做到不使用化肥。通过生态农业建设，留民营村已经步入区域化种植、规模化经营、清洁化生产的良性循环发展轨道。既促进了经济的发展，又维护了农业生态平衡。

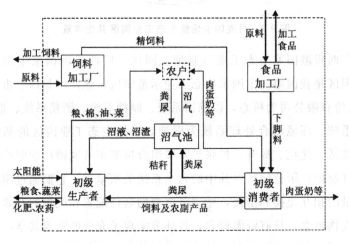

图 9-5 留民营村农副产品综合循环利用图

2. 建设农业循环经济园区的措施

（1）建立农业循环经济园区的管理体系。农业循环经济园区是生态农业发展的最佳组合模式，是发展循环经济的重要途径和载体。而管理模式的选择将直接影响园区的生态产业特性。对现有或规划建设的产业园区，按照生态学的原理进行建设和管理，这也是衡量生态产业园区的一个重要条件。建立生态产业园区的管理体系可以从以下三个层次着手：一是产品层次，要求园区企业尽可能根据产品生命周期分析、生态设计和环境标志产品要求，开发和生产低能耗、低消耗、低（或无）污染、经久耐用、可维修、可再循环和能够进行安全处置的产品；二是园区的企业层次，尽可能在企业内部实现清洁生产和污染零排放，同时建立 ISO 14000 环境管理体系；三是园区层次，建立园区水平上的 ISO 14000 环境管理体系和园区废物交换系统等。这样，通过园区、企业和产品不同层次的生态管理，为生态产业园区建设提供保障。

（2）加强农业循环经济园区的科学管理与制度建设。各级政府要结合本地实际情况，制定农业循环经济园区实施方案、总体规划、管理办法及相应的规章制度，使园区建设有章可循。通过加强园区的科学管理与制度建设，形成有利于园区体制创新和科技创新的机制与环境。园区建设应按照市场经济规律和农业科技开发的要求，建立健全运行机制，增强园区的生命力。应大胆借鉴现代企业的管理经验，进行运行公司制、投资业主制、科技承包制、联结农户合同制的试点。鼓励不同地区进行园区运行机制的创新和探索。应按照"谁投资、谁建设、谁受益"的原则，保护各类园区，尤其是民营科技园区的合法权益。同时，鼓励发展民间兴办和民办官助等类型的园区，以调动社会力量兴办农业园区的积极性。

3. 建立农业循环经济园区应注意的问题

（1）加强农业循环经济建设的技术指导，要大力重视现代循环农业技术创新。现代循环农业已不仅是建设几个沼气池、增施有机肥、提倡秸秆还田等简单的技术创新，还应充分考虑农业规模化、企业化、产业化发展趋势中出现的生态破坏和环境污染问题、经济效益的提高和农业精品名牌的创立问题。因此，必须大力重视现代循环农业技术创新。

（2）区域内应有特殊的资源优势与产业优势和多类别产业结构，这样才有可能形成核心的资源与核心的产业，成为农业循环产业链中的主导链，以此为基础将其他类别的产业与之链接，组成农业循环系统。

（3）不同产业具有产业关联度或潜在的关联度，即各产业间存在着物质流和能量流的传递流动关系，或者通过一定环节的补充，能够在各产业间建立起多通道的产业链接，形成互动关系。如果产业间没有关联和关联潜力，就不可能形成农业循环经济体系。

（4）作为农业循环链中的核心资源具有稳定性，核心产业应具有发展前景。如果循环链中的核心资源短缺，或者核心产业属于被淘汰产业，那么进行这样的农业循环经济组合就没有任何意义，即使建立起来也是不可持续的。因此，在选择园区建设时，必须充分考虑核心资源的稳定性和核心产业的发展前景这两大重要因素。

（5）政府发挥协调指导作用。农业循环经济园区的建设需要在多个产业间进行逐级链接，如单纯依靠一个产业部门进行这种涉及多方面的协调和组合，在目前条件下还有一定的困难。因此，地方政府必须在生态建设中发挥主导的协调和指导作用，保证生态农业示范区建设的顺利进行。

9.2.3　农业产业集群模式

我国许多地区已经产生和正在发展农业产业集群，他们以乡村农民企业家、城市科技实业家、外资、港台资本家和国有企业等为驱动主体，在不同的背景下，以不尽相同的方式组织农业生产，农业产业集群基本上可分为劳动密集型和技术密集型两种，其中以农业科技园和现代农业示范区存在的农业集群总数已达到440多个。从主要类型和相关问题角度来看，我国农业循环经济可以发展以下几种集群模式：

（1）根据地区区位优势，在农村或乡镇工业的基础上发展农业集群，并形成专业化小城镇。例如广东东安的农林牧渔产业群，已形成的优势农产品规模集聚区有淡海水产品、畜禽产品、林果蔬产品、特经产品和粮棉油产品五大板块，生产的优势农产品主要有18种，其中1/3的品类与国家对农业区划要求主攻产品目标相衔接，2/3的品类已融入国际产业链，集聚区内注册的品牌有45项。

（2）依靠科技、专业优势建立高科技农业集群。陕西杨凌示范区充分发挥杨凌的农科教整体优势，经过6年多的发展，从开始的17家企业发展到现在的680多家，初步形成了包含生物工程、环保农资和绿色食（药）品三大特色产业，新区技工贸收入从建区之初的几十万元达到2003年的28亿元，年均增长60%，GDP年均增长30%，杨凌已经成为陕西省经济发展最具潜力的增长点之一。新企业的衍生和中小企业的发展、企业家的成长和产业文化的变迁等现象十分明显。另外包括农业科技成果交易、信息咨询和技术培训、农产品和农资的物流配送等涉农服务业也是发展的重点。

（3）以市场为依托，发展特色农业集群，即通过贸易集群带动生产集群。如广东竹器编织产业集群基本形成。以信宜市怀乡、东镇、白石等镇为主体，以信宜市万事利实业有限公司和信昌林产工贸公司为龙头，已基本形成产、加、销、出口一条龙的竹器编织产业集群。2003 年，信宜全市共有竹器编织中小企业 1000 多家，其中有自营出口权的企业 103 家；2003 年实现产值近 18亿元，出口创汇 2.18 亿美元，产品出口到美、日、欧、澳等国家和地区。由于竹编产业是劳动密集型产业，仅 2003 年该产业就联结带动农户 10 万多户20 多万人就业，有效地解决 2 万农村部分剩余劳动力的就业问题。

（4）外来资金带动多个配套企业发展起来的农业集群。如台商在福建农业投资范围由原先的种植业、水产和畜禽养殖业、农产品加工业扩大到农业关联企业乃至观光休闲农业，特别是出现了整个农业产业上中下游一体配套投资的现象，除农业生产领域之外，还投资产后的加工、贸易、销售和产前的种苗业、化肥、农药、农用机械、农产品加工机械和食品加工包装设备、农产品运销设备等领域。这种农业集群化生产组织模式促进了产品质量和效率的提升，在带动投资地产业提升和整体经济发展的同时，竞争力不断加强，效益不断增长。

（5）在改制后的国有企业基础上经过企业繁衍和集聚形成的农业集群。例如广西贵糖（集团）股份有限公司，是由广西贵港甘蔗化工厂独家发起定向募集改组创立的。其前身是建成于 1956 年的广西贵县糖厂，1994 年完成股份制改造，组建成定向募集的广西贵糖（集团）股份有限公司。目前贵糖拥有日榨万吨的制糖厂、大型的造纸厂和酒精厂、轻质碳酸钙厂。这些企业为蔗糖和衍生产品的深加工及相关原料、技术的支持提供了一个良好的生产环境；同时，在贵糖周围又有一批为之服务的运输、仓储等企业，这些企业都促进了糖业集群的发展和运行。

9.2.4　区域农业循环经济的典型案例——贵州模式

1. 贵州织金模式

贵州省织金县是国家级贫困县，全县 93 万人，其中 88 万农民，农业人口占 97.8%，是典型的农业县。党的十六大以来，织金县委以科学发展观为指导，从农村的具体实际和农民的切身利益出发，带领农民走一条绿色循环、持续发展的致富之路，形成了一个具有科学性、循环性、增值性，围绕着有机种植、绿色养殖、沼气建设、循环利用等展开的循环经济模式。

（1）织金模式的基本内容。织金模式的原则、要求和原理。原则：变废为宝，循环利用，节约能源，优化环境。要求：种植规范化，养殖科学化，沼气普及化，环境优良化。原理：科学种植、绿色养殖、生物质能开发利用相互渗透，通过物质能量转换和资源循环利用，最大限度地节约资源和降低生产成本，最大限度地提高资源利用率和经济效益，实现人口、资源和环境的良性循环。以绿色有机、增收节支、节约资源、变废为宝、循环利用、持续发展共同支撑的、以"种植→养殖→沼气→沼肥→再种植"为经济循环的，是织金模式的基本内容。具体如下：

① 绿肥种植。紫花苕是一种枝叶既可做肥料又可做饲料、根可做优质有机肥且具有固氮作用的特殊绿肥。织金县土壤最适宜种植紫花苕这一特殊绿肥，只要种下，不需管理就有收成，而且产量很高。织金县大力推广这种绿肥种植。为了充分挖潜绿肥价值，织金县将绿肥枝叶烘干打磨成绿肥粉，长期保存作为饲料，从而极大提高了织金县饲料的生产能力，也为调整单一种粮的农业产业结构，大力发展绿色养殖业打下了坚实的物质基础。实践证明，就养猪而言，绿肥粉可以替代一半玉米。喂一头猪出栏原需 300 公斤玉米，现在只需 150 公斤玉米和 150 公斤绿肥粉就行了。而且，用绿肥粉做饲料，可改传统的"熟喂"为"生喂"，极大地提高了养殖劳动生产率，而且还可以提升猪肉的营养价值。更为重要的是，绿肥种植通常利用冬闲田地来进行，不影响玉米等大季作物耕种，提高了有限土地的利用率。

② 绿色养殖。贵州织金地处典型的喀斯特地貌，属高寒山区，"地无三里平"，绝大部分耕地在山上。全县 180 万亩耕地中有 80 万亩的坡度在 25 度以上。在这种地区只靠种粮，农民增收无望。织金县着力调整产业结构，以家庭为单位大力发展绿色养殖，即用自种的绿色饲料不加任何带有激素毒素、或某种不确定因素的工业合成饲料添加剂的纯绿色养殖，成为织金县最现实的选择。三年来的实践证明，养殖比种地效益好，收入高。而且基于千家万户人工养殖的绿色有机畜产品，市场发展前景广阔。为了积极推动绿色养殖业的发展，县里不但为农民提供了完善的品改、防疫、检测和养殖技能培训服务，还在积极探索设置牲畜保护价收购机制、培育畜产品市场体系和培育经纪人队伍。目前，织金县的绿色畜产品名气越来越大，已冲击乌蒙山脉，远销海外。以前农民只种地，闲忙由季节调节，农忙忙不过来，农闲时百无聊赖，等于失业半失业；而现在却以养殖为主兼种粮食，全年都有事做，农闲人不闲，农民的农业劳动生产力得到了最充分的发挥，保证了充分稳定就业，这对农民增收有极为重要的现实意义。

③ 沼气建设。织金农村的基本燃料是煤，年人均使用 1 吨。发展养殖业

会产生大量的粪便，处理不当会影响环境卫生甚至造成污染。而沼气建设，既可以将畜粪变废为宝，又可以沼气取代煤炭，余物沼液沼渣还可以作为优质肥料使用。4 口之家的农户，建一口沼气池，一年可以节约 8 个月的燃煤。沼气建设的主要内容是"一建三改"："一建"即建沼气池；"三改"为改圈、改厕、改灶。"改圈"，即将传统养畜的圈由"坑圈"改为"平圈"，增加圈的通光通气和清洁度，大大提高了牲畜增长速度。"改厕"，即将当地一直使用的传统坑厕改为水冲厕，既利于卫生又便于给沼气池送料。"改灶"，即将烧煤的煤灶改为烧气的气灶，以气代煤。而且，建一口沼气池并保证正常使用，农民最少得养 3 头猪，养 3 头猪必须种 4 亩绿肥，沼气建设对循环经济模式起到了固化的作用。

④ 农民增收。农民增收是贯穿织金模式全过程及所有环节的主线条。在织金循环经济模式中，所有过程和所有环节，都能促成农民增收。在绿肥种植环节，绿肥粉部分取代玉米养猪，可节约养猪成本；绿肥根作肥料既取代尿素又增加玉米产量，还能改良土壤。在养殖环节，农民可以整年不闲地喂猪养鸡，增加收入。在建沼气环节，畜粪产生的沼气可取代燃煤烧柴，节省了开支、节约了煤炭还保护了山林。沼渣沼液可以做优质肥栽培瓜果，节约肥料开支，并从根本上保证了瓜果的天然绿色，提升了产品价值。

⑤ 经济循环。整个织金模式设计面向农户，充斥着有机、绿色、节约、替代、循环，着力于最大限度地在每个环节把资源利用和提高经济效益的潜力充分挖掘出来，实现自然资源使用效益最大化和人力资源配置效率最优化的协调统一，做到人口、资源和环境的良性循环，努力实现生产发展、生活富裕、生态良好的可持续发展。农民利用承包地和劳动力，通过种植—养殖—沼气—沼肥再种植的产业链循环使用土地、节约使用资源，基本实现了居家就业、就地增收。整个循环经济过程可以说是"天尽其道、地尽其利、人尽其才、物尽其用"。这就是织金模式设计的出发点和归宿点。

(2) 织金模式的效益。

① 经济效益。从 13 个试点村的情况看，在不影响传统农业收入的前提下，从利用冬闲田地种绿肥开始的循环经济，每年能给每户农户新创造如下收入（包括节约的必要开支）：种 4 亩绿肥，每亩创收 500 元，共计 2000 元；养售 10 头出栏猪，每头创收 215 元，共计 2150 元；用沼渣沼液栽培瓜果蔬菜收入 1500 元；以牲畜粪便做肥料可节约化肥支出 300 元；1 口沼气池可节煤 2 吨，节支 700 元；沼气灯替代电灯可节电折价约 50 元，等等。这样算来，循

环经济每年可给每户农户新增收入 6700 元。以 1 个农户 4 口之家计算，人均年新增收入 1675 元。

② 社会效益。主要表现为：促进农村充分就业和普遍的农民增收，能为保持农村社会稳定打下坚实的物质基础；不断提高农村人口素质，为农村社会发展注入持续不断的活力；农民实现居家就业、就地致富，不仅可以有效缓解农村劳动力向城市转移对城市形成的越来越严重的压力，而且对解决"三农"问题起到良好的示范作用。

③ 生态效益。主要表现为：沼气池的使用改善了环境卫生，净化了环境，提高了农民的生活质量；沼气替代燃煤，节约了非再生极为宝贵的煤炭资源；沼气替代木柴，农民不再上山砍柴，保护了森林和植被；人畜粪便通过沼气池重复利用，提高了资源的使用效率。

2. 贵阳生态农业循环模式

贵阳市围绕发展农业循环经济，积极实施沼气生态家园工程，计划每年投资 8000 万元，建设猪沼果、猪沼菜、猪沼药生态农业示范村 110 个，发展沼气生态户 5 万户，5 年沼气生态户达到全市总户数的 50%。目前，全市已建沼气池 5 万座，年出栏生猪达到 100 万头，沼渣沼液用于果园、菜园、药园生产，使 1 万亩樱桃、1 万亩优质桃、2 万亩蔬菜成为无公害果蔬生产基地，促进了无公害果蔬批发市场建设，形成了生猪养殖（粪便）→沼气（沼渣、沼液）→果（菜、药）种植三级循环经济体系。通过实施沼气生态家园工程，不仅带动了养殖业和无公害果蔬产业的发展，促进了农民增收，而且改变了农村燃料结构，减少了作物秸秆、人畜粪便对环境的污染，保护了生态环境。

3. 贵阳中草药产业循环模式

贵阳市气候温和，降雨较多，适宜多种中草药种植，在政府的引导下兴建了一大批中草药加工企业。企业通过租赁土地和合同种植等方式带动农民发展中草药生产，并利用药材加工废渣，建立有机肥厂，形成了中草药种植→药材加工（废弃物）→有机肥生产三级循环经济体系。

4. 贵阳磷产业循环模式

开阳磷化工生态工业园区的贵州黔能天和磷业有限公司，充分利用当地黄磷产品资源和黄磷尾气能源，建立了年产 10 万吨饲料添加剂磷酸氢钙、2 万吨磷酸二氢钙、3.6 万吨副产品肥料级磷酸氢钙生产线,使磷业产业形成了磷矿开采→饲料级磷酸氢钙、磷酸二氢钙、副产品肥料级磷酸氢钙生产→畜禽养殖、作物种植三级循环经济体系,不仅解决了贵阳饲料添加剂不足的问题,同时将副产品加工成肥料,实现了高效益、低排放。

9.2.5 区域农业循环经济的典型案例——武汉模式

武汉市是全国起步较早的循环经济试点市,他们坚持生态工业发展理念,以科学发展观指导农业,以加工业联结农业,以生物技术发展生态农业,以标准化推进无污染农业,立足资源优势,把握生态规律,突出农副产品加工产业、无公害优势农产品产业和沼气生态农业,促进了农业循环经济快速发展。

1. 武汉市"面粉产业+油料产业→饲料产业→养殖业"的循环模式

武汉市东西湖区食品加工业示范区的武汉东方面粉、白牡丹面业有限公司,依托自己的优质面粉产品优势,与四川成都统一方便面集团公司合作,建立了武汉统一方便面厂。为确保方便面原料面粉的质量和数量,东方面粉和白牡丹面业公司通过订单形式,与农民签订了 10 万亩优质专用小麦产销协议,从而形成了优质专用小麦种植→优质专用面粉加工→方便面生产三级面业循环经济体系。

武汉市东西湖区食品加工示范区的武汉新元粮油有限公司,依托当地油菜籽产品的资源优势,与新加坡丰益粮油加工厂、美国 CDMA 公司合作兴建了年产 10 万吨调和油加工厂,油料加工厂为确保食用油质量和卫生安全,与农民签订了"双低"油菜生产合同,使油料产业形成了"双低"油菜种植→油料加工(菜籽粕)→饲料加工三级循环经济体系。

武汉市东西湖区食品加工业示范区的武汉海大、通威饲料公司,依托示范园区内面业公司、油脂公司的麸皮、油菜粕等副产品资源,与成都通威饲料集团公司合作,建立了年产 30 万吨饲料生产线,带动了 170 万亩养殖水面,水产品产量达到 40 多万吨,形成了面粉油料加工→饲料加工→畜禽、水产养殖三级循环经济体系。

2. 武汉市乳业循环模式

武汉市东西湖区食品加工业示范区的武汉友芝友保健乳品有限公司，为了确保牛奶原料供应的数量和质量，投资建设了 5 个年存栏 1000 头的规范化奶牛养殖小区，通过采取统一服务和利益保障机制，引导奶牛养殖农户入驻养殖小区，奶牛饲养规模达到 5000 头，年消耗农作物秸秆 7 万多吨。乳业公司为解决大量的牛粪和污水的出路问题，与武汉中化东方肥料有限公司合作，投资 780 万元兴建了生物有机肥料厂，将养殖小区产生的牛粪和尿液利用现代方法脱臭变成有机肥，年实现产值 400 多万元，创利税 40 多万元。有机肥业的发展，为发展无公害农业提供了有机肥料来源，促进了万亩无公害蔬菜和粮食基地的建立，从而形成了蔬菜和粮食作物秸秆→奶牛饲养→乳品加工→有机肥生产→蔬菜粮食种植多级循环体系。

3. 武汉市食用菌产业循环模式

武汉市新洲区为充分利用当地稻草资源，在武汉宏源农业科技有限公司的引领下，带动农民发展菇业生产。投资 2580 万元，建立了占地 280 万亩的食用菌产业园，建年产 100 万瓶的现代化菌种厂 1 个、标准化菇房 400 座、盐渍菇加工厂 1 个，年加工鲜菇 1 万吨。目前，该园已吸引入园农户 50 户，种植面积 12 万平方米，年产鲜菇 1200 吨，产值 360 万元，户均纯收入 1.5 万~4 万元。在宏源公司的辐射带动下，全区菌种厂已发展到 5 家，年生产菌种 1000 万瓶；蘑菇加工企业已发展到 14 家，年加工能力达 6 万吨；盐渍菇加工企业 25 家，生产能力达到 3 万吨；种植农户达 6000 余户，建菇房 5277 个，种植面积达 422 万平方米，年产鲜菇 5.2 万吨，实现销售收入 1.56 亿元，纯收入达到 4677 万元。农户年收入达 2 万~3 万元，在菇业种植区内形成了作物秸秆→食用菌生产→盐渍加工→废料养地四级循环经济体系。目前，新洲已成为全国十大食用菌生产基地，产品已远销日、韩、港、澳等国家和地区。

9.3　农业循环经济的社会发展模式

循环型企业、生态工业园向更大区域扩展就是循环型社会，发展循环经济的最终目的是在全社会范围内实现资源的循环利用。循环型社会是通过调整社会的产业结构，转变其生产、消费和管理模式，在一定的范围和一、二、三次产业各个领域构建各种产业生态链，把社会的生产、消费、废物处理和社会管理统一组织为生态网络系统。它以污染预防为出发点，以物质循环流动为特征，以社会、经济、环境可持续发展为最终目标，最大限度地高效利用资源和能源，减少污染物排放量。循环经济的社会发展模式重点强调社会的局部利益和整体利益的协调、眼前利益与长远利益的协调、人口适度增长与社会经济发展的协调、资源合理开发利用和保护生态环境之间的协调。日本于 2000 年率先提出了建立"循环型社会"的构想，并制定了《循环型社会形成推进基本法》。该法第二条指出，循环型社会应抑制产品转化为废弃物，运用适当的循环利用方法以促进产品本身转化为可循环利用的资源；对于不能转化为可循环利用资源的产品以适当的方法处理，以此来减少对自然资源的使用和对社会的环境负荷。从本质上讲，农业循环经济的社会模式是一种生态型的社会模式，它不同于传统工业社会的"资源—产品—污染物排放"单向物质流动的线性社会经济模式，是建立在一个"资源—产品—再生资源"的反馈式、网络状模式下的社会经济形态。农业循环经济的社会模式是一种以物质闭环流动为特征的社会经济模式，它最大的特点是系统内部不同行为主体之间的物质流动通量永远大于出入系统的物质流动通量，从而最大限度地降低人类的社会活动给地球环境带来的不良影响，从总体上看，社会层面的循环经济主要涉及生产、消费和循环三大领域。

9.3.1　社会层面循环经济的领域

（1）循环经济的生产和消费领域。循环经济的生产领域涉及生态工业和生态农业两大产业，要大力发展生态工业和生态农业。发展生态工业，要建立和完善行业内部及行业间的产业链，实施清洁生产和资源、废物的减量化，促进原料和能源的循环利用，实现经济增长与环境保护的双重效益；发展生态农业，要加大农业的产业调整力度，运用现代科学技术，充分发挥地方资源优势，遵循生态规律，大力发展无公害农产品、绿色食品、有机食品等。

循环经济的消费领域主要涉及的是生态服务业。要努力倡导和实施可持续消费，根据某一区域的实际情况，发展特色产业如生态旅游、绿色饭店等各种绿色服务业，实现消费领域的循环经济。

（2）循环经济的循环领域。在循环领域，要在企业实施清洁生产，提高生态效率，发展绿色消费的基础上，建立和发展资源回收产业，只有这样才能在整个社会范围内形成完整的"自然资源—产品—再生资源"的循环经济环路，促进循环经济的全面发展。

资源回收产业是通过市场机制发展起来的、以减量化和资源化为中心、以再生资源回收利用为主要目的新兴产业，体现了循环经济再循环（资源化）原则的基本要求，是解决城市垃圾及其他废弃物问题的根本出路。培育发展资源回收产业，应以减量化、资源化为中心，以无害化为目标，积极引进推广先进技术，加强废旧物资的回收和加工处理设施的建设。对废旧物资回收加工企业和交易市场，应给予扶持培育，加快垃圾和再生资源回收利用的产业化、市场化进程。

我国应建立废旧物资回收利用系统，实现废旧物资资源化的途径包括：直接回收后重复使用，转换为新的产品、转化为可利用的能源。对废旧物资首先进行回收和分类，然后把不可直接回收利用的送到相应的资源再利用厂家进行转换处理，新生成的固体燃料、燃油、燃料气体（可作为燃料）、蒸汽、温水（可发电、供暖及供热水等）、玻璃质废渣、铁、非铁金属、玻璃、废纸、塑料等（可作为建筑及工业材料）作为新的能源、物质进行循环利用；能直接回收使用的（如工业材料、包装物等）则以废物原样送返相应部门或厂家直接进行回收再利用；确实无利用价值的废弃物，则作无害化处理，最终做到废弃物的减量化、资源化、无害化，逐步建立起兼顾经济、社会、环境三大效益的新型循环利用体系。

目前我国的循环经济实践仅仅处于试验、示范的初级阶段，普及面较小，深度不够，质量不高，发展循环经济还存在观念、体制等方面的障碍问题，因而，国家和政府在循环经济的发展中，应采用多种手段和措施，为循环经济的发展提供有效的保障和支撑。

在社会保障系统方面，应从组织、管理、政策等方面，建立健全社会循环经济发展保障体系，其中包括循环经济法律的制定。在基础设施支撑系统中，应加强支持循环经济发展的各类基础设施的建设，包括给水、排水、供电、供气、通信、公共交通、消防等的建设。综上所述，社会层面循环经济建设模式大致如图 9-6 所示。

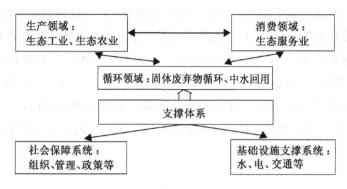

图 9-6　社会循环经济模式

9.3.2　农业循环经济的社会系统模式

农业循环经济的系统模式是循环型社会最主要的实践模式。这种模式主要是试图通过法律手段、政策手段来改变和约束人类的社会行为，在整个社会范畴内实现废弃物的减量化、再使用、资源化、无害化处理。比如日本以 3R 原则为核心，通过法律手段、经济手段、情报激励、非政府组织与生产者的协议、扩大生产者的责任、生态需求等六个方面的措施来构筑循环型的农业社会经济体系，其中前两项带有强制性，后四项则以协商自愿为原则。

从国家层次来看，发展循环经济比较成功的国家主要有德国和日本。德国分别于 1991 年和 1996 年颁布《包装废弃物处理法》和《循环经济和废物管理法》，规定对废物管理的首选手段是避免产生，然后才是循环使用和最终处置。德国法律明确规定，自 1995 年 7 月 1 日起，玻璃、马口铁、铝、纸板和塑料等包装材料的回收率全部达到 80％。在德国的影响下，欧盟和北美国家相继制定旨在鼓励二手副产品回收、绿色包装等法律，同时规定了包装废弃物的回收、复用或再生的具体目标。法国法令提出 2003 年应有 85％的包装废弃物得到循环使用。荷兰提出到 2000 年，废弃物循环使用率达到 60％。奥地利的法规要求对 80％回收包装材料必须进行再循环处理或再利用。丹麦要求到 2000 年，所有废弃物要有 50％必须进行再循环处理。为了推动包装废弃物的回收再生和重复使用，欧洲设计了一组包装回收象征性标记，供包装商将其标示在包装主要面。这些标志包括：可以重复周转再用的包装标记、可以回收再生（再循环）的包装标记、使用再生材料超过 50％的包装的标记以及绿点标记等。

日本是发达国家中循环经济立法最全面的国家，立法的目标是建立一个资源"循环型社会"。目前，日本已经颁布了《推进建立循环型社会基本法》《有效利用资源促进法》《家用电器再利用法》《食品再利用法》《环保食品购买法》《建设再利用法》《容器再利用法》等七项法律。从 2001 年 4 月开始，日本开始实施这七项法律，争取一边控制垃圾数量、实现资源再利用，一边为建立"循环型社会"奠定基础。日本将走出大量生产、大量消费和大量废弃的社会，逐步走向"循环型社会"。

9.3.3 发达国家循环经济社会发展模式

1. 德国的"社会责任＋法律约束"模式

德国堪称发展循环经济的楷模，不单其循环经济系统日臻成熟，循环经济也已成为德国企业和民众心目中义不容辞的社会责任，这其中，垃圾处理和再利用是德国循环经济的核心内容。在德国，"垃圾处理"指的是垃圾得到尽可能的重新利用。对于垃圾处理，德国政府的基本政策是：首先，尽量减少垃圾产生；其次，寻求对不可避免产生的垃圾最大限度的再利用。在确定无法再利用的时候才能考虑采取销毁等处理措施，而实施这些措施时必须最大程限度避免污染环境。在这些循环经济思路由理论落实到实践之初，立法是最有效也最实用的方法，德国政府就深谙此道。德国最早于 1972 年就制定了废弃物处理法，1996 年，又提出了新的《循环经济与废弃物管理法》，该法成为德国建设循环经济总的"纲领"，把资源闭路循环的循环经济思想推广到所有生产部门，其重点侧重于强调生产者的责任是对产品的整个生命周期负责，规定对废物问题的优先顺序是避免产生—循环使用—最终处置。

有法律当然要有监督机制。为了监督企业发展循环经济和处理垃圾的情况，德国还设立厂专门机构，生产企业必须要向监督机构证明其有足够的能力回收废旧产品，才会被允许进行生产和销售；产生垃圾的企业也必须向监督部门报告生产垃圾的种类、规模和处理措施等情况；每年排放 2000 吨以上具有较大危害性垃圾的生产企业有义务事先提交垃圾处理方案。在政府、企业和国民各方合力下，循环经济已发展成为德国的一个重要行业。官方统计数字表明，所有生产行业产生的垃圾被重新利用的比例平均为 50％，垃圾再利用行业每年创造价值 410 亿欧元。

2. 美国的"法律约束＋经济手段"模式

按人均美国是世界最大的垃圾生产国，每年仅生活垃圾就高达 2 亿吨。于是，垃圾的回收再利用自然成为美国施行循环经济的焦点。早在 1976 年，美国联邦政府就制定了专门的《固体垃圾处理法案》，80 年代起，加利福尼亚、新泽西、俄勒冈等超过半数的美国州政府也根据自身情况制定了形形色色的法规，使资源再生利用成为一种行为规范被"固定"下来。1990 年加州通过了《综合废弃物管理法令》，要求通过资源削减和再循环减少 50％废弃物，未达到要求的城市将被处以每天 1 万美元的行政罚款，加州还规定玻璃容器必须使用 15％～65％的再生材料，塑料垃圾袋必须使用 30％的再生材料；威斯康星州则规定塑料容器必须使用 10％～25％的再生原料；由 7 个州组成的州际联盟规定 40％～50％的新闻纸张必须采用再生纸等。

既然美国人均产生垃圾为世界之最，政府当然也不会放过"源头"。对于如何减少垃圾产生，它们的对策是倒垃圾收费。目前，这个计划正在美国 200 多个城市进行。一项研究表明，如果每袋 32 加仑的垃圾收费 1.5 美元，将使城市垃圾量减少 18％。此外一些州还对饮料瓶罐采用垃圾处理预交制，美国总审计局研究表明，此法可使废弃物在重量上减少 10％～20％，在体积上减少 40％～60％，预交金一部分用于废弃物回收处理，另一部分用于回收新技术研发。

税收则是美国政府调节资源循环的有效杠杆：一是新鲜材料税。征收该税种促使人们少用原生材料。二是填埋和焚烧税。新泽西和宾夕法尼亚州就征收此税，它主要针对将垃圾直接运往倾倒场的企业，而不是一般居民。填埋具有成本低的特点。收取填埋税使这条最便宜的垃圾处理途径的价格趋于上涨，因而可以使减量化和再生利用等显出吸引力。

3. 日本的"法律约束"模式

日本国土面积狭小，自然资源匮乏，绝大部分资源和许多工业原料依靠进口。为解决人口、资源和环境的矛盾，保持可持续的发展，建设资源→产品→再生资源的循环经济社会已成为日本的国策。自 20 世纪 90 年代开始，日本提出了"环境立国"的口号，并集中制定了废弃物处理、再生资源利用、包装容器和家用电器循环利用、化学物质管理等一系列、多层次、多方面的法律体系，对不同行业的废弃物处理和资源再利用等作了具体规定，并大力加以推行。

（1）法律体系。日本为循环经济所构建的法律体系大致可以分成三个层次：

第一层次也可称为基础层次，它由基本法《促进建立循环社会基本法》构成。该法在 2000 年 12 月公布实施。该法提出建立循环型经济社会的根本原则是："促进物质的循环，以减轻环境负荷，从而谋求实现经济的健全发展，构筑可持续发展的社会。"该法就处理"循环资源"规定了国家、地方政府、企业和一般国民所应承担的责任。这里的循环资源就是可处理的废弃物。该法规定，政府负责制定构筑循环型经济社会的基本计划，首先在中央环境委员会颁布的指导原则下，由环境部拟定规划草案，促进建立循环社会基本规划应作为政府制定其他规划的基础；地方政府具体实施限制废弃物排出并对其进行分类、保管、收集、运输、再生及处理等措施；企业负有减少"循环资源"产生并对其进行循环利用和处理的义务，即对产品从生产到最终处理的全过程负责；国民则尽可能延长消费品的使用时间，并对地方政府或企业的回收工作给予配合。该法明确了建立循环社会的政府措施：减少垃圾产生量；以法规形式规定"垃圾产生者责任"；在产品回收利用到评估的整个过程中增加"生产者责任"；鼓励使用再循环产品；如妨碍环境保护、产生污染的企业征收环境补偿费。

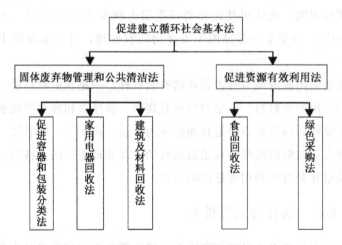

图 9-7　日本促进循环经济发展的法律法规体系

第二层次是综合性的 2 部法律，分别是《促进资源有效利用法》和《固体废弃物管理和公共清洁法》。《促进资源有效利用法》，2001 年 4 月开始实施。该法的主要内容是从过去主要促进废物再生利用扩大为通过清洁生产以促进减少废弃物和尽可能对废旧产品和零部件进行再利用：

① 废弃物的减少（Reduce）。对制品设计时要考虑小型、轻便、易于修理，达到省资源、长寿命；修理体制充实完善，使产品的寿命延长；通过升级使产品的寿命延长。

② 部件的再使用（Reuse）。在设计时使部件易于再使用；要再使用的部件应标准化；经修理或再生后再使用。

③ 循环（Recycle）的强化。生产者有回收废产品循环利用的义务：为了使不同材料的废弃物再回收时易于区别，生产者有义务添加材料标号；抑制副产物的产生，强化副产物的循环利用。总之，要在制品的设计、制造、加工、销售、修理、报废各阶段综合实施，以达到资源的有效利用。

《固体废弃物管理和公共清洁法》早在 1970 年就制定了，又在 2000 年进行了修订，修订后充实了有关促进废弃物减量化和再利用的内容，增加了垃圾产生最小化、垃圾分类及回收等条款；对有毒性的固体废弃物（如医疗垃圾）管理条款更加严格；建立垃圾处理中心系统；将选择性处理的责任分摊到公众身上；地方政府组建促进垃圾减量化委员会。其主要内容是：

① 整顿废弃物的处理体制和处理设施，防止不适当处理；

② 推行在废弃物处理中心处理；

③ 推行产业废弃物管理票单制度，记载废弃物从排出者、中间处理者到最终处置者的情况；

④ 禁止私自焚烧废弃物；

⑤ 产业废弃物的排出者要制定废弃物的减量和处理计划；

⑥ 发生不适当处理和非法丢弃时，排出者要受处罚，并负有恢复原状的义务等。

第三层次是根据各种产品的性质制定 5 部具体法律法规，分别是《促进容器与包装分类回收法》《家用电器回收法》《建筑及材料回收法》《食品回收法》及《绿色采购法》。

日本于 1995 年颁布了《促进容器与包装分类回收法》，1997 年 4 月起施行。该法明确"容器包装生产企业负有对用毕废物回收利用和处置的义务，费用加入售价"。要求建立容器与包装回收体系，涉及不同主体承担不同的责任，对玻璃瓶、PET 瓶、纸制品、塑料包装制品等回收制定了具体条款。

1998 年日本颁布了《家电回收法》，并于 2001 年 4 月开始实施，明确"废弃电视、冰箱、空调和洗衣机由厂家负责回收、再生和处置，用户向厂家交付少量再循环所需费用"。规定制造商和进口商对制造、进口的家用电器有回收义务，并需按照再商品化率标准对其实施再商品化。明确规定再生利用率为：电冰箱、洗衣机的再商品化率（资源回收）必须达到50％以上；电视机的再商品化率必须达到55％以上；空调器的再商品化率达到60％以上。

日本针对建筑废弃物数量大，且二战后修建的建筑物现处于报废高峰期的情况下，于2000年5月颁布了《建设及材料回收法》，2002年1月起实施。该法除要求建筑商做好分类解体和再生利用外，对新建筑的设计应努力提高使用寿命，为减少废物创造条件。规定要大力推进砼块、沥青块、废木材等废物的再生利用，要求到2010年上述3种废料的再生利用率目标为96％。

在日本，农业中化肥用得多，堆肥用得少，而在食品的生产、流通、消费过程产生的食品废弃物却在增加。针对这种情况，于2000年6月颁布了《食品废弃物再生法》，2001年5月起实施。该法所指的废弃物是指食品残渣和到期食品及食品生产过程产生的动植物残渣等。混有有害物质或异物的不能作为食品循环资源。要求对食品废弃物主要采取的方法是抑制产生、减量（如脱水、干燥等）、以供饲料、肥料和沼气发电的方式予以再生利用；对于食品废弃物的排出量在100吨以上的有关生产者，5年内要减少排出量的20％，要与饲料、肥料制造者建立稳定的关系。若食品废弃物的抑制产生、再生利用不充分，将进行处罚，地方公共团体有促进食品废弃物再利用的义务。

《绿色采购法》于2000年制定，2001年4月实施。该法规定政府等单位负有优先购入环保型产品的义务，2001年的对象为文具和汽车等14类共101种产品。为了促进国家机构和地方政府积极购买对环境友好的再循环产品，该法指定的环境友好产品的类型有再生打印纸、低污染办公车、节能型复印机等。

日本政府所实施的三个层次与"循环经济"已经构成了一个完整的、配套的法律体系，使日本成为发达国家中利用法制武器发展循环经济搞得最好的国家。它从法制上确定了21世纪经济和社会发展的方向，提出了建立循环型经济和社会的根本原则，这标志着在21世纪日本产业升级和经济发展将要迈入一个新的发展阶段。

（2）实施成效。日本发展循环经济的相关法规集中体现了循环经济的3R原则。运用这些法律可以规范政府、企业和国民的行动标准，在整个社会建起遏止废弃物的大量产生，推动资源的再利用和防止随意投弃废弃物的管理和约束机制。通过实施这几部法律，日本已取得了显著的成绩。

《促进容器与包装分类回收法》施行以来，日本PET瓶的再生利用率已由1996年的2.9％猛升到2003年的33.3％，钢、铝罐的再生利用率已超过

80%。废塑料的再生利用率亦上升到 50% 以上，2005 年的目标为 65%。据建设省调查统计，1995 年建设废弃物中各品种的循环利用率分别为：沥青混凝土块 85%，混凝土块 65%，建设污泥 14%，木材 40%，建设混合废弃物 11%。该法规定到 2010 年，建设工地的废弃水泥、沥青、污泥、木材等资源的再利用率要达到 95% 以上。

《家用电器回收法》实施以来，在政府扶持下，各家电企业在全国建成四大家电再生基地，年处理能力约 1200 万台。2002 年共回收 855 万台，比原预计超过约 40%。为了降低再生费用和为 2008 年再生利用率 80% 的目标做准备，各生产厂从源头上作了改进：①减少塑料的品种和螺栓的个数，以利回收；②用液晶显示器代显像管；③显像管玻璃、洗衣机塑料运用再生材料技术等。

《食品废弃物再生法》推动了食品废弃物再生设备制造业的发展，目前已达 520 户；部分食品加工业将快到期的食品廉价处理给职工，使食品废弃物减少 54%；有些餐饮业自制堆肥，售给菜农，并购入菜农用堆肥种出的清洁蔬菜，形成良性循环；食品废弃物用于汽车再生燃料；环境省在神户市将 6 个宾馆的食品废弃物集中发酵提氢后供 100KW 燃料电池发电试成功，正在推广。相对完善的法律体系使日本在发展循环经济上卓有成效，创造了一系列的循环经济增长点，为日本摆脱经济衰退起到了一定的作用。

除了全国统一的法律和制度，各个城市也不遗余力地推进循环经济，如大阪的回收奖励制度比较普遍：对在社区、学校等集体回收废纸、旧布等的回收者发给奖金，在全市设立 80 多处牛奶盒回收点，并发给牛奶纸盒卡，盖满回收图章后可凭卡免费购买图书，市民用 100 只铝罐或 600 个牛奶盒可换得 100 日元等。大阪有关部门还建立了一个废品回收情报网络，专门发行旧货信息报《大阪资源循环利用》，并组织旧货调剂交易会。又如，大阪市会发动市民开展公共垃圾收集活动，并向 100 万户家庭发放介绍垃圾处理知识和再生利用的宣传小册子，鼓励市民积极参与废旧资源回收和垃圾减量工作。日本人每天还在为垃圾分类，点滴的积累为的是达成政府制订的目标：据 1997 年日本通产省产业结构协会提出的《循环型经济构想》，到 2010 年，发展循环经济将为日本新的环境保护产业创造近 37 万亿日元产值，提供 1400 万个就业机会。

第10章 构建农业循环经济的发展机制及其政策建议

10.1 转变农业经济发展传统理念

新中国成立以来，特别是改革开放以来，我国农业获得了长足的发展，取得了举世公认的伟大成就，为我国在新世纪全面建设小康社会打下了坚实的物质基础。新世纪之初，在全面推进我国的农业发展时，我们面临着农业生态环境不断恶化和农业市场竞争日趋激烈等主要问题的困扰。随着我国由农业社会向工业社会的演变，农业的生产方式发生了显著变化：一方面，享受现代工业的成果，生产过程中大量运用农业机械，施用化肥、农药，农业劳动生产率大幅度提高，农产品产量大幅度增长。另一方面，过多施用化肥、农药，使用塑料薄膜，造成土壤质量下降，农产品农药残留量的增多使食用安全性受到影响。农机具及石油燃料的广泛应用增加了对大气的污染。虽然我国农业产值平均每年增长 1.088%，但这种增长是以消耗大量的能源和物质为代价的。从1990—2003 年，我国化肥施用量平均每年增长 1.042%，农业用电量平均每年增长 1.125%，农用塑料薄膜平均每年增长 1.0962%，农用柴油使用量平均每年增长 1.047%，农药使用量平均每年增长 1.047%，同国外相比，我国农业物质投入明显高于其他国家：以化肥投入为例，2002 年，在每公顷耕地化肥投入量上，美国是 0.11 吨，加拿大是 0.057 吨，德国是 0.22 吨，世界的平均投入量是 0.101 吨，我国是 0.278 吨，大大高于世界平均水平。此外，养殖业的迅猛发展造成了畜禽粪便无法全部用作农家肥，处理不当又造成了新的污染。家庭新型燃具的使用，影响了秸秆的充分利用，许多农民在田中一烧了事，造成大气污染。现有农业生产方式是一种资源→产品→废物的直线生产方式。当然，也有不少地方在开发利用农产品可食用部分以外的资源，积极探索循环利用的新途径，但并未能上升到建设循环农业的理念。这种高能源消耗的农业生产方式一方面表现出我们只重视对农业的投入，而忽视了对农业产业和废弃物的再利用，另一方面也表现出我国当前的能源紧缺情况下，这种增长方式难以继续适应我国经济发展的需求。因此，我国应努力发展农业生产，既要不断改善农业环境，又要保护和利用好农业资源环境，大力繁荣农业经济，促进农村社会全面发展。这就要求我们必须坚持生态环境系统和社会系统的协调共进，坚持农业持续发展的基本方针，走农业循环经济发展道路。

10.1.1　以科学发展观统领循环经济发展

农业经济发展传统理念偏重于数量的增长而忽视质量的提高，偏重于经济的发展而忽视生态效益。转变发展观念，就必须摒弃传统的发展思维，转变把增长简单等同于发展的观念，辩证地认识经济、生态与社会的和谐关系。树立新型的农业循环经济科学理念，大力发展循环经济，就要把发展观统一到以人为本，全面协调可持续的科学发展观上来，在发展过程中不仅要追求经济效益，还要追求生态效益，实现经济增长方式的根本转变。

1. 科学发展观的内涵

人类的一切经济活动都是以自然资源的供给和自然环境为基础的，一方面从自然中获取生存和发展所需要的各种自然资源，另一方面又把生产消费和生活消费所产生的各种废弃物投放于自然环境中。目前，我国环境污染与生态破坏十分严重，还处于环境库茨涅茨倒 U 型曲线的左侧，尚未达到其转折点，更未处于环境质量从整体上逐渐变优的右侧部分。改革开放以来，我国已实现了国内生产总值翻两番的战略目标，然而我国粗放型的经济增长方式却未能从根本上得到转变，仍然没有摆脱传统的高投入、高消耗、高污染、低效益的发展模式，在经济高速增长的同时，资源和能源的短缺、生态环境的恶化等问题日益突出。在经历了 20 多年的高速增长之后，中国经济正遭受资源、环境问题的严重制约。因此，中国政府开始大力寻求经济增长模式的全面转变，走节约型发展道路。

党的十六届三中全会从全局和战略的高度提出了"坚持以人为本，树立全面、协调、可持续的发展观，促进经济社会和人的全面发展"的科学发展观。发展是人类社会的一个永恒的主题。发展首先是要为人类自身的生存和发展创造更加优越的条件。世间任何事物都有内在的规律性，就像生物链中任何一个环节被毁坏都可能导致严重后果一样，违反了客观规律，就会受到客观规律的惩罚。科学的发展观，就是要我们学会尊重和掌握客观规律，促进经济和人口、资源、环境的协调发展，促进经济和科技、教育、卫生等社会事业的协调发展，促进城乡之间和区域之间的协调发展，促进物质文明、政治文明和精神文明的协调发展，促进社会全面进步和人的全面发展。科学发展观的提出是我们党对人类社会发展规律认识的升华，是对社会主义现代化建设指导思想的新发展，对于我国全面建设小康社会，确保现代化建设健康、快速、和谐地发展，进而实现现代化的宏伟目标，把建设中国特色社会主义伟大事业不断推向前进，具有重大而深远的意义。

科学发展观不仅是我国中长期经济社会发展的指导思想，而且也是解决当前诸多矛盾应当遵循的基本原则。科学发展观的实质是要实现经济社会更快更好的发展。所谓"更快更好"，就是要把经济较快发展建立在优化结构、提高质量和效益的基础上，建立在科技进步和提高劳动者素质的基础上，实现速度、结构、质量、效益的统一上。贯彻落实科学发展观，必须针对经济发展中投资增速过猛、部分行业和地区盲目投资和低水平扩张等问题进行宏观调控，以促进经济平稳运行，防止经济出现大起大落。

胡锦涛同志指出："要加快转变经济增长方式，将循环经济的发展理念贯穿到区域经济发展、城乡建设和产品生产中，使资源得到最有效的利用。最大限度地减少废弃物排放，逐步使生态步入良性循环。"这就是说树立和落实科学发展观，必须要坚持人与自然和谐发展。坚持可持续发展，必须加强对自然资源的合理开发利用，保护生态环境，确保经济增长与人口、资源、环境相协调。必须坚持计划生育、保护环境和保护资源的基本国策，坚持经济社会发展与环境保护、生态建设和资源节约相统一。为此，我们必须大力发展循环经济，提高资源利用率，减少环境污染，努力建设节约资源型和生态保护型社会。

2. 科学发展观在农业循环经济中的体现

循环经济是一种以资源的高效利用和循环利用为核心，以"减量化、再利用、再循环、再思考"为原则，以低消耗、低排放、高效率为基本特征的新型经济增长方式。它是党的十六大提出的全面建设小康社会，提高可持续发展能力的战略目标；是防治污染、保护环境的治本措施；是调整产业结构，扩大就业的有效途径；是应对入世挑战，增强国际竞争力的客观要求；是实现"五个统筹"，践行科学发展观的有力保障。因此，我们要站在贯彻落实十六大精神，全面建设小康社会的高度，把发展循环经济摆上重要日程，作为促进农业持续发展的重要途径，切实加强领导，通力协作，集中精力、人力、财力，推进农业循环经济快速发展。

发展循环经济意义重大，是经济增长方式的转变，也是科学发展观的具体体现。全国政协常委、中国工程院院士左铁镛系统地总结了认识循环经济的误区。左铁镛认为，不能把循环经济单纯的视为经济发展问题，而忽视了与整个社会的关联和互动。循环经济并非仅属于经济范畴，而是一个大的系统工程，涉及经济、社会、文化及环境等一系列可持续发展的基本问题。发展循环经济，就是要构建人与自然，人与人和谐发展的社会。发展循环经济不单纯是为了提高资源的利用率，而是为了生态文明的协调发展。循环经济的理论基础是建立在产业生态学基础上的更广泛的可持续发展理论与实践，它融资源综合利用、清洁生产、生态设计和可持续消费等为一体，强调资源系统与环境系统和谐共生，倡导建立生态恢复和环境保护的经济补偿机制，创建以保护地球和人类可持续发展为标志的环境伦理和生态文明。

科学发展观的内涵和基本要求之一就是坚持以经济建设为核心，统筹人与自然和谐发展，处理好经济建设、人口增长与资源利用、生态环境保护的关系，建设资源节约型和生态保护型社会。现阶段的主要任务是依靠科技进步和创新来发展生产力，更好地推进我国的农业现代化建设。特别要全面推行节能、环保、绿色、清洁生产等一系列农业高新技术，开发生态、环保和绿色产品，加强环境和生态保护，从源头上预防和从根本上解决污染问题，尽快走出一条科技含量高、资源消耗低、环境污染少、经济效益高的新型农业循环经济的路子，在全国不同类型区探索多种农业循环经济模式，为加快农业现代化奠定基础。

发展农业循环经济首先要在指导思想上确立以人为本和全面协调、可持续发展的观念，增强环境保护意识。具体工作上，以科学发展观为指导，改变传统的发展思维，寻求科学的发展模式，以最小的社会经济成本，保护资源和环境，走上一条科技先导型、资源节约型、生态保护型的经济发展之路。营造全社会支持参与资源节约、循环发展的良好氛围。

农业循环经济的发展，需要切实转变农业经济发展传统理念，在农业生产中注重社会效益、经济效益和生态环境效益的统一。现行的农业经济发展模式对自然生态环境破坏严重，直接危及生存空间，必然导致经济停滞、下降。各级政府必须转变发展理念，农业生产的指导思想要进一步强调社会效益、经济效益与生态环境效益的统一，走"优质、高产、高效、可持续"的道路。目前，全球性的生态危机，其实质并非单纯的技术问题，也是文化观念和市场价值取向问题。要解决面临的危机，人类必须进行深刻的反思和变革，不仅需要政府倡导和企业自律，更需要广大社会公众的责任意识和参与行为，发挥市场配置资源的基础性作用，应该建立起"政府主导、企业主体、公众参与、法律规范、市场推进、政策扶持、科技支撑"的运行机制。

以循环经济理论为指导、建立以生态学原理为基础的现代农业循环经济生产模式，要求我们重新评价传统农业经济学的理论及其价值，从更高的层次上去认识人类社会的经济发展与生态社会建设的相互协调关系，建立正确的生产和消费模式。从目前绿色环保型农业、食品安全性要求发展来看，当务之急是提高全民生态环境保护意识，重新审视大量（多）生产、大量（高）消费、大量废弃的消费观点，提倡节约资源、保护生态环境，创立生态园区，建立循环型社会经济发展模式。

发展循环经济目前正处于一个由理念倡导、理论研究向试验示范及至全面推进的重要转折时期。要完成这一重大转折，我们就必须要针对各方面对发展循环经济的重要性和紧迫性尚缺乏足够的认识，对当今世界绿色文明迅猛发展了解甚少的状况，大力开展形式多样的宣传、培训和教育活动，要把宣传其重要意义和相关知识结合起来，提高各级领导干部、企事业单位和公众对发展循环经济重要性的认识，包括辩证认识物质财富的增长和人的全面发展的关系、经济增长与经济发展的关系、人与自然的关系，以提高公众的资源意识、节约意识和环保意识，引导全社会树立和形成以人为本、全面协调可持续的科学发展观、消费观和自觉行为，逐步形成节约资源和保护环境的生活方式和消费模式。

10.1.2 强化农业循环经济理念

农业循环经济的发展需要农民的参与，需要领导决策者的重视和参与，需要全民的参与，因此，加强农业循环经济知识的宣传、培训、示范与推广，是农业循环经济建设必不可少的一项内容。

1. 加强农业循环经济的理论研究

必须建立一套新的循环经济理论体系，并使之深入人心，发展循环经济才能得到公众的理解和支持。目前，对循环经济的科学内涵和基本特征，尚有待于从理论层面进行深入研究的必要，以清除人们对循环经济概念理解的泛化、误解与片面。科学揭示循环经济的内涵以及与可持续发展的关系，为循环经济的发展提供坚实的理论支点以及操作性的基本路径，是当前我国发展循环经济必须解决的一个重大理论问题。

2. 提高全民的循环经济意识

循环经济涉及生产和生活的所有领域，与全社会所有人的利益都密切相关，因此，必须发动社会大众充分认识环境和资源对可持续发展的严重制约，使全社会充分认识循环经济模式对我国可持续发展的重要性。要加强循环经济的宣传与教育，树立和普及循环经济的理念，在全社会倡导并确定有利于构建循环经济发展模式价值观念的主流地位，增强政府、企业及社会公众的循环经济意识，积极推进公众参与，引导社会公众树立现代生态文明，倡导科学文明的生活方式与绿色消费理念，从而增强发展循环经济、保护生态环境的责任感、使命感和紧迫感，在全社会形成一个发展循环经济的良好氛围。

发展循环经济是一项涉及各行各业、千家万户的事业，每个单位、每个人都在循环经济发展和资源节约型社会建设中扮演着重要角色、承担着重要责任。要充分利用各种媒体和手段，大力开展循环经济的宣传教育，提高各级领导干部、企事业单位和公众对发展循环经济重要性的认识，使全社会都树立循环经济的新观念、新思维。要将循环经济理念和知识纳入基础教育内容，做到以教育影响学生、以学生影响家庭、以家庭影响社会，增强全社会的资源忧患意识和节约资源、保护环境的责任意识，把节约资源、回收利用废弃物等活动变成全体公民的自觉行为，逐步形成节约资源和保护环境的消费模式。要广泛开展生态城市和生态村镇创建活动，以及绿色学校、绿色医院、绿色饭店创建活动，积极探索各种生态型居住形式和生活方式，动员各方面为农业循环经济发展建功立业，从而在全社会树立生态文明的价值观。

3. 普及农业循环经济教育

发展农业循环经济的主战场在农村，只有让农民明白其科学道理和经济效益，才可能变为自觉行动，提高农民发展农业的自觉性。同时引导科技人员在农村搞试点，采用多种形式，推广普及生态农业。目前，相当多的农村基层领导和群众生态环境意识还很薄弱，他们往往只顾眼前利益而忽视了农业生态环境的保护。目前，从总体上讲，我国农民的生态环境意识还比较淡薄，一些地方领导对农业循环经济建设的重要性及与经济发展内在联系的紧迫性尚未引起足够重视，有的甚至还继续提出一些不利于农业循环经济建设的口号和动议。对农业循环经济发展的舆论宣传缺乏力度，宣传渠道和形式单一，缺乏应有的氛围和环境。

循环农业对传统农业来说是一个挑战，其中许多新的思想与观念需要通过统一的宣传教育形式传播。根据我国农村的特点，充分利用广播、电视、宣传标语、宣传车、黑板报等多种传播媒介，树立生态农业观念，强化生态农业意识。通过宣传活动或利用舆论传媒，传授有关循环经济相关知识，宣传废弃物的循环利用价值和回收方式等，以提高消费者的环保意识和绿色消费意识、提高消费者对实现零排放或低排放社会的意识，并自觉地走上绿色消费之路。

要全面普及农业循环经济理念与知识，提高领导干部和广大农民的科技、文化素质，比较可行的办法是实行"绿色证书"制度。即可进行分类、分级、分步培训，颁发《资格证书》，实行持证上岗。首先，对各级农业领导干部，要重点普及和培训生态农业的基本理论和基本管理经验，明确学习任务，培训结束进行结业考试，合格者颁发《资格证书》。其次，对农业科技推广人员，要求掌握生态农业的主要模式、关键技术，实行定期学习和培训，通过考试，合格的颁发《资格证书》，持证上岗。第三，对广大农民，要求掌握1～2门（或3～5门）生态农业实用技术，在普及生态农业基本知识和技术的基础上，要结合当地实际情况发展适用的循环经济模式。

提高农业企业对发展循环经济重要性的认识，确立生态企业的经营思想和理念。当前，循环经济作为一个新的理念，一些农业企业家对企业发展循环经济还不够重视，对循环经济的内涵缺乏科学的理解，有的把发展循环经济等同于保护环境，改善生态，认为是环保部门的工作。这种观点是错误的。循环经济是一种新型的、先进的经济形态，是对"大量生产、大量消费、大量废弃"的传统增长模式的根本变革。它把经济效益、社会效益和环境效益统一起来，要求经济发展不仅要考虑经济总量的提高，还要考虑生态承载能力，不仅要关心经济的发展，还要关心子孙后代的生存。在新世纪，发展循环经济已被提到一个前所未有的战略高度。农业企业要抓住这个大好趋势，正确理解循环经济的内涵，提高企业发展循环经济重要性的认识，走出传统观念的误区，大力发展循环经济：一方面，农业企业要将可持续发展观作为自己的经营指导思想。在推进发展中充分考虑资源和环境的承受力，努力实现速度和结构、质量、效益相统一，经济发展和人口、资源、环境相协调。另一方面，农业企业要将循环经济作为自己的经营理念。要把传统的依赖资源消费的"资源—产品—污染物"的简单流动的线性增长经济，转变为依靠生态型资源的"资源—产品—再生资源—再生产品"的反馈式或闭环流动来选择生产形式，走以生态农业为主导的可持续发展道路。

10.2　打造农业循环经济发展框架

循环经济的发展模式既不是以牺牲生态环境为代价的经济增长模式，也不是以牺牲经济增长为代价的生态平衡模式，而是强调生态系统与经济系统相互适应、相互促进和相互协调的生态型经济发展模式，是一种新型的、先进的经济形态，是兼顾经济和环境效益的双赢经济，它给全球带来全新的环境理念和经济效益，是集经济、技术和社会于一体的系统工程，是实现可持续发展的重要途径和方式。我国经过了 20 多年的农业产业化和生态农业经济探索，初步形成了符合中国国情的生态农业发展模式，为我国发展农业循环经济奠定了良好的实践基础。但现阶段我国的循环经济进程，还更多地停留在概念的层次上。要把理论转变为行为的实施，需要借鉴国外的成功经验，国外发展循环经济的措施主要体现在法律、经济、教育、技术及市场等方面。我们可以借鉴发达国家的成功经验，对循环经济的发展给予有力的推动。在政府、企业、学术界和社会各界的共同努力下，通过建立相应的法律、法规体系，推行国民经济绿色核算制度，推广绿色消费，引导企业开发绿色工艺和技术，进行生态设计和清洁生产，实行产品的双绿色认证。从教育层次、科研层次、经济管理层次、法律层次和技术层次等方面着手，通过宣传教育、加强管理、建立法规制度、实行经济激励机制、开发相关技术等措施来推动。根据国家发展和改革委员会的规划，到 2010 年，中国将建立起比较完善的循环经济法律法规体系、政策支持体系、技术创新体系和有效的约束激励机制。从理论和实践上来说，中国农业循环经济模式的整体发展框架为：构建循环经济法律法规体系，建立绿色 GDP 考评制度，健全循环经济意识的全民绿色教育体系，构建农业循环经济的政策支持体系，构建农业循环经济绿色技术支撑体系，构建农业循环经济社会服务体系。

10.2.1 构建循环经济法律法规体系

发展农业循环经济是一项系统工程，它需要各种新技术作为支持，更需要法律法规的保障。从发达国家的经验可以看出，系统出台循环经济法律，以法律的形式约束政府、企业和国民必须履行循环型社会的义务，对发展循环经济和建设循环型社会起到了极为关键的作用。自从 20 世纪 80 年代确立可持续发展战略以来，发达国家正在把发展循环经济、建立循环经济社会看作实施可持续发展的重要途径和实现方式。德国是最早建立有关循环经济法律法规体系的国家；日本则是这方面立法最全面的国家；美国、法国、奥地利等也都有相关的法律法规。从 2003 年 1 月 1 日起实行的《中华人民共和国清洁生产促进法》是我国循环经济立法的良好开端，但还远远不够，还应该有更多的法律法规出台。借鉴发达国家的先进经验，我国对于现行的循环经济相关法律如清洁生产促进法等，要认真贯彻执行并完善配套措施，同时要加快制定详细的循环经济法律体系。

现阶段，我国的循环经济进程，还更多地停留在概念层次上。要把理论转变为行动，需要通过建立相应的法律、法规体系，使我国的循环经济发展有法可依，有章可循。为了防治污染，保护环境，我国自 20 世纪 80 年代以后，制定了 4 部环境法律、8 部资源管理法律、20 多项环境资源管理行政法规、260 多项环境标准，初步形成了环境资源保护的法律体系框架。然而，现行环保法律的立法观念还局限于"污染治理"的思维模式上，对于废物的回收利用认识含糊，执行上居于从属次要位置，这和循环经济的理念是背道而驰的。循环经济将对废弃物进行被动的"末端处理"代之以在生产和消费的源头控制废物产生的"入端预防"为主，配合废物回收再利用和减量化的方法，从而形成一整套系统的以避免废物产生为特征的机制。所以，应该按照发展循环经济的要求，对现行有关部门法规进行清理和修订，取消不符合循环经济发展要求的规定，增加有利于循环经济发展的法规条文。以"减量化""再利用""再循环"原则为指导，建立起促进循环经济工作的法规制度。我国应修订现有的《环境保护法》《固体废物污染环境防治法》《水污染防治法》《矿产资源法》等环境法律，对资源的节约、回收、再利用、再生利用做出特殊的规定。在一些重点行业，如高资源消耗、高废弃物排放和可再生利用行业，制定专项法规，以加强可操作性。另外，要在其他法律中充实与循环经济配套或促进循环经济发展的规定。同时根据发达国家的经验，建立循环经济特别要注意使用经济激励和刺激手段，如价格、税收和财政政策。在这方面，可以借鉴日本的经验，制定《国家绿色消费法》和《资源循环再生利用法》，以科学发展观为指导构建完善的法律法规体系。发达国家的实践证明，以立法为先导把循环经济发展纳入法制化轨道进行全面推进是极为有效的举措。我们建议，与此同时也要一并考虑着手制定关于加强废物处理、资源循环再生利用以及家用电器、建筑材料、包装物品回收等专业、行业领域的体现循环经济要求的具体的法律法规，要根据国家《关于加快发展循环经济的指导意见》，借鉴国内外先进做法，抓紧制定推进循环经济发展的规范性文件。同时，也要结合地方和行业特点，有选择地开展行业性循环经济立法试点，逐步建立行业循环经济法规体系，从而使我国循环经济的法律、法规体系早日建立起来。

根据我国的国情需要，应逐步建立起具有中国特色的循环经济法律体系，这个体系应包括以下五个层次，如图 10-1 所示。

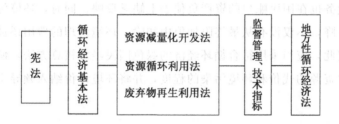

图 10-1　中国特色的循环经济法律体系

（1）《宪法》中有关实行循环经济的规范；

（2）归总性的循环经济基本法。可借鉴日本《推进建立循环型社会基本法》，制定一部全国性的基本法，确立循环型社会的基本原则。在这部基本法诞生之前，可先着手制定绿色消费、资源循环再生利用及家电、建筑材料、包装物品等行业在资源回收利用方面的法律法规及其配套的方法和标准。也可让经济发达的省市和资源、环境双重制约严重的省市先行出台地方法规，逐步示范、推广、协调；

（3）在资源减量化开发、生产过程中资源的循环利用、生产和生活废弃物的再生利用这三个方面的各种单项法律；

（4）实施循环经济的监督管理、技术指标等法规；

（5）地方性的实施循环经济法规。制定城市垃圾处理、水污染治理、大气污染治理的监督管理条例，明确各种处理应达到的标准要求，处理的技术规范、处理企业的责任、权利以及责任权利的监督保障机制、监督部门的权利责任、失职行为的处罚等，使城市垃圾处理、水污染治理、大气污染治理企业和监管部门的所有行为都置于法律的规范之下。

发展循环经济的法律法规体系要结合我国国情，借鉴发达国家经验，明确消费者、企业、各级政府在发展循环经济方面的责任和义务。同时，要加大执法监督检查力度，目前重点检查高耗能、高耗水地区和重点行业节能、节水情况以及环保达标情况，使企业和公众自觉的节约资源和保护环境，有利于尽快实现经济体系的最优化，从而实现我国经济发展与环境保护的双赢。

10.2.2 建立绿色 GDP 考评制度

在宏观层次上，现行的国民经济核算体系不适应循环经济的需要，人类生产和消费活动中使用环境和自然资源的真实成本得不到反映，而环境质量的退化等环境债务也在国民账户的资产负债表上缺乏反映。同时，环境污染导致环境质量的下降，不仅没有从最终附加值中扣除，环境治理的费用还被列入了国民收入。因此，应当采用符合循环经济的绿色国民经济核算方法，使其准确地反映发展中资源的代价和环境污染的程度，并将环境评价纳入领导干部的政绩考评范围。

1. 建立绿色 GDP 核算体系

传统的国民经济核算体系如国内生产总值（GDP），没有扣除资源消耗和环境污染的损失，是一种不真实、非绿色的统计核算，从而诱导人们单纯追求经济增长而忽视了对资源的合理利用和生态环境的有效保护，最终导致了全球性的资源环境问题。因此，国家要改变国民生产总值 GDP 统计的方法，建立绿色国内生产总值的核算，也就是通常所说的绿色 GDP。所谓绿色 GDP 是指一个国家（地区）经济领土范围内，扣除由生产活动及最终使用造成的环境损害（资源耗竭和环境污染），企业要改变生产成本核算办法，建立绿色企业评价指标。使产品的价格全面反映环境的价值，要求计入资源开发成本和获取成本、环境净化成本和环境损害成本以及用户成本（由于当代人使用的这部分资源而不可能成为后代人使用的效益损失）。

目前有些西方发达国家的国民经济核算体系已考虑到资源的利用和再循环，世界银行、联合国统计局、联合国环境署、经合组织、世界资源研究所，荷兰、挪威、日本、法国等国际组织和有些国家学术界在这方面都做了有益的探索，结果表明扣除资源消耗和环境污染，净国民生产总值增长均要低于GDP 的增长。例如，日本在 70 年代初开发出了"国民福利指标"，并计算出1965 年由于环境污染造成的国民福利减少达到国民总产值的 12%。美国世界资源研究所 1989 年对印度尼西亚"国内净产值"进行了计算，结果表明，虽然 1971 年到 1984 年印尼国内生产总值的年均增长率超过 7%，但扣除自然资源的减少和退化部分的价值，国内净产值的年均增长率仅为 4%。在德国的统计年鉴里，第一页就是用图表示本年度共用去多少资源，其中不可再生资源多少，可再生资源又是多少，循环利用的资源是多少。我国 1995 年因环境污染造成的经济损失占国民生产总值的 7.7%（世界银行，1997）。

为使循环经济能够得到顺利推广，我们必须树立科学的发展观，彻底改变过去经济核算体系中重经济指标、忽视环境效益的评价方法，要对现行的国民经济核算体系进行改造，从企业到国家建立一套绿色经济核算制度，包括企业绿色会计制度、政府和企业绿色审计制度、绿色国民经济核算体系等。国民核算体系改革的核心问题是用绿色 GDP 取代传统的 GDP。绿色 GDP 等于国内生产总值减去产品资本折旧、自然资源损耗、环境资源损耗（环境污染损失）之值。因而，绿色 GDP 是能够比较全面地反映环境与经济综合核算的框架。要从我国的实际出发，开展环境污染和生态损失及环境保护效益计量方法和技术的研究工作，进行绿色 GDP 的统计和核算试点，加快建立绿色国民经济核算制度，并纳入国家统计体系和干部考核体系，从而促进循环经济的发展，实现党的十六大提出的全面建设小康社会的宏伟目标。建立循环经济要求改革现行的经济核算体系，以达到结合环境因素和消耗量全面和客观地评价经济状况。目前应重点开展环境污染和生态损失及环境保护效益计量方法和技术的研究工作，并进行统计和核算试点。

2. 推行绿色会计

在全社会范围内大力推行绿色会计。绿色会计又称环境会计，是将会计学和生态经济学交叉渗透而形成的一门全新的应用学科，以围绕自然环境资源和社会环境资源耗费的补偿为中心，采用以价值形式为主的多元化的计量手段和属性，以生态环境和财经的法律、法规为依据，研究经济可持续发展与环境资源之间的关系，并运用会计方法，对企业给社会资源环境造成的外部性进行确认、计量、报告，以便为决策者提供环境价值信息的会计理论和方法。绿色会计的基本目标和循环经济的目标是一致的。绿色会计核算与报告将提供关于环境资源的利用、损失浪费、污染破坏和补偿恢复等方面的信息，从而促使企业以理性的观念，在注重经济效益的同时，高度重视生态环境和物质循环规律，合理开发和利用资源，努力提高社会效益和环境效益，从而达到把经济活动对生态环境的影响最小化。

3. 构建经济发展"真富"指数

加拿大著名的环境基金组织撰写了题为《一代人的持续发展力》报告，报告提出并希望政府尽快创立并全面实施"真富指数"。所谓"真富"，就是不仅仅从经济或财政的角度来看经济的发展，而是从更广泛的角度来看经济的发展。"真"即价值的真实，"富"则是生活富裕的状况。"真富"包含五个方面的财富：人文资本、自然资本、社会资本、生产资本和金融资本。因此，"真富"涵盖了保证生活质量的所有要素——繁荣的社团、有意义的工作、良好的住房、高质量的增长率和医疗卫生、良好的基础设施、优良的文体活动场所、清洁的空气和水、健康的人际关系和良好的经济发展前景等。报告还指出，可持续发展与创造"真富"是密不可分的。人们高质量生活的基本保证就是优良的环境、清洁的空气和水、正常稳定的气候和正常的生态演进（如植物的自然繁衍和土地的自然变化），而这正是经济和社会健康发展的基本前提。

"真富"的具体目标是：空气和水没有受到污染，人在饮用自来水或外出散步时没有任何担忧；食品没有农药、抗生素和激素的污染；空气、水和土地没有毒性物质污染；食用从任何河流和湖泊捕捞的鱼虾都感到安全；最大限度地使用太阳能、水能和地热等清洁和再生能源；濒危生态系统和动植物将基本得到恢复。经济增长，也就是 GDP 的增长，被广泛用来衡量社会是否健康、繁荣和正确地向前发展的主要标准，但却忽视了人们十分重视的社会和环境价值，如家务劳动、义务劳动、公众健康、业余时间、教育质量、财富的均衡分配、环境的保护等。本书作者认为"真富"应该是一个社会全方面发展指标，而不仅仅是经济指标，要能反映经济发展水平、家务劳动、义务劳动、公众健康、业余时间、教育质量、财富的均衡分配和环境的保护等各个方面，它比绿色 GDP 的含义要广，而且"真富"应该剔除仅仅靠不可再生资源而堆积出来的财富和仅仅靠建了又拆、拆了又建所谓创造出来的 GDP。我国应集中力量创造"真富"，而不是继续用当前的这种狭隘的、有严重缺陷的经济增长率来衡量国家的经济发展。

4. 改革考核体系

转变经济增长方式，在经济增长的同时注重经济效益的提高，这是中央在"九五"计划的建议中提出的两个转变之一。但截至目前我国走的依然是重化工业的老路子，增长方式并未得到根本扭转，问题之一就是由于有偏差的政绩观。

现行的国民经济核算体系以国民生产总值（GNP）或国内生产总值（GDP）为主要指标，它只重视经济产值及其增长速度的核算，而忽视国民经济核算赖以发展的资源基础和环境条件的核算，而且，在 GNP 或 GDP 的计算方法上，环境污染导致环境质量的下降，不仅没有从最终附加值中扣除，环境治理的费用还被列入了国民收入。因此，现行国民经济核算体系严重背离了实际的经济运行。在这种核算体制下，政府的各级领导就会片面追求经济增长，而无视资源枯竭和环境污染的存在，政府作为调整主体，财政收入、政绩考核决定政府必然要搞产值大、税收高的工业，不管其对环境影响如何，只要能为 GDP 增值，就能立项上马，而且建了又拆、拆了又建的现象普遍存在，如形象工程、政绩工程，默许甚至保护高污染的"利税大户"，都与当地政府主要领导的工作思路有关，这些都是与循环经济的理念相背离的。

因此，要彻底转变经济增长方式，发展循环经济，落实科学发展观，必须改变传统的 GDP 唯是的政绩考核标准，将环境成本纳入经济体系，采用绿色国民经济核算制度，在经济核算体系中，要改变过去重经济指标、忽视环境效益的评价方法，开展绿色经济核算，如以资源生产率、资源消耗降低率、资源回收率、资源循环利用率、废弃物最终处置降低率等为基本框架的核算评价和考核指标体系，将清洁生产、资源综合利用等循环经济发展目标一并纳入国家统计体系和干部考核体系，使各级干部都能树立可持续发展观念，树立保护环境就是保护生产力，改善环境就是发展生产力的思想，增强发展循环经济、保护生态环境的责任感和使命感。

10.2.3 健全循环经济意识的全民绿色教育体系

所有政策最终的执行效果都和公众的参与密切相关。为了提高循环经济政策的实施效果，需要加强对公众环境意识的培养，建立循环经济最终要落脚于公众环境意识的提高。

从 20 世纪 60 年代的环境运动到 90 年代的循环经济，世界上的环境与发展政策已经演变了三代。第一代是基于政府主导的命令与控制方法，通过行政手段实现污染控制；第二代是基于市场的经济刺激手段，强调企业在废弃物产生方面的源头作用；第三代是在进一步完善政府和企业作用的基础上要求实行信息公开，其实质是实现公众监督和倡导下的生态文明。因此，发展循环经济不仅需要政府的倡导和企业的自律，更需要提高广大社会公众的参与意识和参与能力。

发达国家非常重视运用各种手段和舆论传媒加强对循环经济的社会宣传，以提高市民对实现零排放或低排放社会的意识。以日本大阪为例，目前公众参与垃圾减量重点从三个方面进行：一是尽量减少废弃物的产生，其内容包括防止过量包装，尽可能减少包装垃圾，引导市民正确购物和环境友好或环境保全地消费；二是教育市民和单位尽可能减少排出垃圾，例如市民应该购买净菜，饭菜不要做得太多，把所有能吃的食物都吃完，不要浪费；三是增进反复利用意识，即要求市民和单位对购买的一次性易耗品，应加强反复使用和多次使用，对生活耐用品如衣服、旧家电、家具等自己不用了可以送给别人使用，不要随意丢弃。再以加拿大蒙特利尔为例，该市对公众循环经济意识的宣传体现了下列特点：一是注意基础性，将垃圾减量等理念纳入各级学校教育，做到以教育影响学生，以学生影响家长，以家庭影响社会；二是注意针对性，蒙特利尔是移民城市，为此他们制作了多种文字的宣传材料，同时注意了适应不同阶层的人员；三是注意趣味性，宣传品做到寓教于乐、老少皆宜；四是注意持久性，宣传品的载体形式多样，有广告衫、日历卡、笔记本、公交车等，使人们每天看得见、记得住。

参考发达国家的教育思路，我国政府应通过宣传教育机构，通过广泛的宣传教育活动来提高公众的循环经济意识。各级政府应做好以下三个方面的工作：一是要提倡绿色生活方式。引导公众改变传统的大量消耗资源、能源，不关注环境的生活习惯和生活方式，建立绿色消费观，提倡绿色生活方式，鼓励消费那些不污染环境、不损害人体健康的产品，使循环经济理念融入到每一个人的生活中去。二是主管部门要加强领导，不断推广发展循环经济的经验，大力淘汰生产工艺落后、资源浪费严重、污染严重的各类企业。行业设计单位要根据循环经济的指导思想设计本行业的绿色生产工艺及其组装模式，经试点后逐步推广，努力做到资源消耗少、生产污染少、产品质量高，使其废弃物料实现"减量化、无害化、资源化";新闻媒体要大力宣传在实践循环经济中的先进典型。三是建立和完善绿色教育政策,包括:逐步建立和完善环境保护工作制度,带动民众广泛参与环保实践;经常举办环境污染案例听证会,加强环境案件的社会影响;加强舆论宣传,强化环境意识。新闻媒体对绿色产品类的广告予以优惠,政府部门应该带头使用绿色产品;增加环保投入,加快信息自动化建设,并定期公布环境质量状况等。与此同时,学校教育是未来社会可持续发展的希望,利用校园创建绿色再生经济平台,创建绿色学校,宣传循环经济知识,激发未来社会建设者的爱国情怀,从我做起从现在做起从身边的小事做起,自觉遵守和维护绿色型循环经济的"4R"原则和规范,珍惜资源厉行节约,不使用一次性餐具等,形成绿色型的生活行为习惯。

总之,走绿色循环经济之路、实现可持续发展是一项巨大而复杂的系统工程,必须有整个社会各界人士的共同参与。只有社会公众树立起同环境共生存、共患难的和谐价值观和消费观,建立起一种新型的生态伦理道德观,能够自愿地选择有利于环境的生活方式和消费方式,才能为实现资源再生的绿色型循环经济创立一个良好的社会环境。

10.2.4　构建农业循环经济的政策支持体系

用经济手段促进循环经济的发展,是 OECD 国家采用激励机制保护环境的有机延伸。由于 OECD 国家实施了严格的"污染者付费"政策,废旧物资回收和综合利用企业可以得到废物产生者的资金补助。而我国的情况则完全不同:一是虽然我国的"谁污染谁治理"政策,类似于"污染者付费"政策,但实施的效果并不好;二是我国企业一旦使用其他企业的废弃物,如工业废渣、粉煤灰等,原来的废物产生者不仅不付费,而且还要向使用者收费,我国对资源综合利用企业的税收优惠有时落实不到企业头上,使综合利用企业无利可图,严重挫伤资源综合利用企业的积极性。从长远来讲,循环经济是人类生存和发展的唯一选择,然而,由于循环经济思想的前瞻性和长远性,并不是每个企业和消费者都具有能够理解并主动地实施它的理念。因此,国家和政府在建立循环经济战略的任务上负有不可推卸的责任。政府应该制定一系列有效的政策来引导和促进企业与消费者实施这项战略,需要进行认真调查研究,落实价格、税收、财政、奖惩和信贷制度等方面的激励政策,推动循环经济的发展。具体包括。

1. 土地承包政策

当前，农村土地产权制度致使农民对所承包经营的土地拥有不完全的产权，从而限制了农村对土地长期投资的积极性。姚洋（1998）的研究结果显示，地权的稳定性对农户的长期投资有显著的推动作用，由于地权的不稳定性所导致的长期投资的减少，必然导致土地质量的下降，影响中国农业的可持续发展。因而，在当今农村土地承包制度上赋予农民对土地永久性的承包经营权，这样可以消除农民对土地长期投资收益的不确定性，防止农民对土地的掠夺性经营行为，有利于实现农业循环经济模式的推行。因此要继续稳定土地承包政策，依法保障农村土地承包关系的长期稳定，保护农民对承包土地的使用权。

2. 农业投入政策

农业循环经济是农业生产的一场变革，要实现从传统的农业经济向农业循环经济的飞跃，必须进行大量的投入：

① 应加大各级财政的投入。农业是国民经济的基础，但目前大部分农村经济实力薄弱，发展农业循环经济，政府必须给予大力的扶持。政府投入的方式可以是直接投入、与其他资金配套或为农产贷款进行贴息。在增加财政对农业和农村发展的投入时，同时改革和创新农村金融体制，通过小额贷款、贴息补助、提供保险服务等形式，支持农民和企业进行农业循环经济体系建设。各级政府要依法安排并落实对农业和农村的预算支出，严格执行预算，建立健全财政支农资金的稳定增长机制。对农村公共产品的投资，应以农村道路、水电、通信等为重点，着力加强农村基础设施建设，切实改变农村基础设施严重落后的局面，促进和带动农村经济社会的全面发展。

② 引导农民或村集体进行投入。政府应积极运用税收、贴息、补助等多种经济杠杆，鼓励和引导各种社会资本投向农业和农村。多渠道筹集生态农业建设资金。农业循环经济建设要立足本地，实行个人、集体、国家三结合，多层次，多渠道筹集资金，增加投入。同时各级政府要适当安排农业循环经济建设专项资金，用于开展建设规划、技术培训、经验交流和小型试验示范活动的补助，对农业循环经济建设规划中选定的建设项目，国家和地方各级人民政府、各有关部门及银行应在资金上有选择地给予必要的支持。对生态效益较好、与千家万户农民生活相关的沼气和秸秆气化的设施建设或其他建设，要积

极引导农民或村集体进行投入，建设资金可以采取从农户或集体资产中出一部分，财政配套一部分的办法筹集。对积极采用新技术和新设备推进农业循环经济发展的农民，政府应在他们购买和使用新技术新设备的过程中给予一定的资金扶持。

③ 国家投入要体现政策引导。强化政策导向职能，通过产业政策、财税政策、投资政策以及政绩考核来引导循环经济的发展，形成激励机制与约束机制。应强调资源利用效率的提高和环境保护，在投资政策和项目选择上和对投资方向的鼓励和限制上，向产业结构调整和升级的方向倾斜。要对农业研发和结构调整、企业技术改造进行补贴，对从事资源收集和回用的中介机构和环保产业给予积极扶持，如投资于天然气工程建设以改变城市能源的供应结构，减少因燃煤产生的二氧化硫和烟尘排放，投资于公共交通设施的建设，减少小轿车的尾气排放。还可按照"污染者付费、利用者补偿、开发者保护、破坏者恢复"的原则，深入推进生态环境有偿使用制度。

④ 努力争取国际性银行扶持发展中国家农业发展的贷款。

3. 绿色消费政策

消费在经济中占有重要的地位，产品或服务只有在被最终消费之后才能真正实现其价值。因此，倡导绿色的消费政策是构建循环经济最重要的环节。绿色消费的概念是广义的，它有三层含义：一是倡导消费未被污染或者有助于公众健康的绿色产品；二是在消费过程中注重对垃圾的处置，不造成环境污染；三是引导消费者转变消费观念，注重环保，节约资源和能源，改变公众对环境不宜的消费方式。倡导绿色消费不仅可以创造新的消费热点，拉动消费，更重要的是处于买方市场的消费需求会更有效地引导绿色生产。

4. 农业产业政策

循环经济要求对现有的产业进行"绿化"，使之符合循环经济的要求。就微观层次而言，就是按照清洁生产的理念来组织工业生产，促进原料和能源的循环利用。就宏观层次而言，国家综合经济部门可以通过制定产业政策，鼓励发展资源消耗低、附加值高的高新技术产业、服务业和用高新技术改造的传统产业。利用国债等渠道进行投资引导，在各行各业促进循环型生产环节的形成。国家财政、税务部门应当研究制定对使用循环再生资源生产的企业和产品减免税收和给予优惠贷款的政策，鼓励企业使用循环再生资源，将发展循环经济逐步从投资引导转向税收优惠，将计划经济体制下的政府投资拉动变为市场经济体制下的市场选择。还可以通过征税促进循环经济，如征收自然资源税，促使少用原生材料，征收垃圾税，促使减量化和再利用具有吸引力。价格主管部门通过调整资源型产品与最终产品等手段，激励发展有循环经济意义的产业不断发展壮大。

5. 乡镇企业政策

政府对乡镇企业发展循环经济需要更多的政府支持。首先是资金方面的支持。乡镇企业对于发展循环经济的认识不足，再加上资金实力总体上相对较弱，因此，仅靠乡镇企业的自觉性和自有资金来发展循环经济是不现实的。政府应通过多种形式增加对乡镇企业发展循环经济的资金支持力度，可以考虑通过政府财政划拨或利用企业排污收费等途径设立循环经济发展基金，对乡镇企业清洁生产和绿色产品开发给以资金支持。其次要给予发展循环经济的乡镇企业政策上的扶持。采用循环经济模式组织生产有时可能带来成本的暂时提高，政府应通过实行减免税收或加速折旧等优惠政策帮助企业降低成本，或通过财政补贴以及政府绿色采购提高其产品的市场竞争力。另外还可以通过政府担保、贴息、延期还款等优惠政策帮助乡镇企业进行循环经济项目的融资。

6. 制定各种激励和奖惩政策

主要的激励和奖惩政策有：

① 提高城市污水处理费征收标准，使污水处理厂不负债运行，还要合理征收城市垃圾处理费。

② 政府减免税费，支持循环经济项目建设，对有关循环经济的重大项目进行直接投资或资金补助、贷款贴息，发挥政府投资对社会投资的引导作用。

③ 政府优先购买。通过干预各级政府的购买行为，促进有再生成分的产品被政府优先采购。各级政府应起到表率作用，通过绿色采购计划拉动循环经济的需求，如优先采购经过生态设计或通过环境标志认证的产品，优先采购经过清洁生产审计或通过 ISO 14000 认证企业的产品。

④ 政府奖励。通过颁发奖金或证书的形式重视和支持那些可以减少资源消耗和污染的新工艺新方法，鼓励市民回收有用物质的积极性。

⑤ 建议政府征收特别消费税，对一次性木筷、宾馆一次性洗漱用品、不可降解的塑料购物袋进行征收，等等。

10.2.5　构建农业循环经济绿色技术支撑

循环经济是通过对经济系统进行物流和能流分析，运用生命周期理论进行评估，旨在大幅度降低生产和消费过程的资源、能源消耗及污染物的产生和排放。因此，农业循环经济的绿色技术体系既包括用于消除污染物的环境工程技术，也包括用以进行废弃物再利用的资源化技术，还包括生产过程无废少废、生产绿色产品的清洁生产技术。农业循环经济是农业生产技术范式的革命，注重资源的多级循环利用和农业清洁生产，提倡在信息化的基础上组织农业生产。因此，研究开发环境友好、经济效益高、可操作性强的农业高新技术是实施循环型农业的基础，而这些技术成果的转化则极大的推动循环型农业的发展。

政府应从总体上加大对农业科学技术的扶持力度：

① 重点资金扶持对农业经济发展有重大影响的新技术。当前，循环型农业的关键技术主要包括："数字农业"技术、农业绿色能源开发利用技术、农业废弃物及相关产业废弃物的资源化技术、清洁生产技术、节水农业技术等。

② 组织有关政府部门和科研机构组成强有力的研究队伍，把"循环经济"如何与实践结合的问题作为一个课题进行研究，专门从事对农业资源节约科技的研究和开发工作，提出如何推动"循环经济"的具体措施，并结合实践情况总结经验，制定出相关的技术标准和规范，从而推动农业资源和环境保护技术进行革新和升级。

③ 建立一批高效运作的农业科研组织与管理机构，在农业科研运行机制与模式上进行探索与创新。通过各种渠道和方式，加快农业清洁生产技术的扩散和传播，积极采用无害或低害新工艺、新技术，大力降低原材料和能源的消耗，实现少投入、高产出、低污染，尽可能把污染物消除在生产过程之中。同时，要把清洁生产的着眼点从目前的单个企业延伸到工业园区，建立一批生态工业示范园区，依靠科技进步和技术创新，使循环经济技术与管理相结合，转化成现实的生产力。

④ 改革基层农技推广体系和运行机制。农业循环经济绿色技术的全面推广，要求探索建立以县农技推广机构为依托的区域性农技推广机构，构建富有活力服务高效的农技推广服务平台，以适应农业区域化布局的要求，同时满足市场主体多元化的要求。积极培育民营科研机构和科技服务组织，鼓励各类农

业经营主体、科研机构和农业技术人员等参与农技推广，建立"农业科研机构""农业龙头企业""农业基地"的科技创新推广模式，使各方面的积极性得到充分调动。同时，实施好农业科技和信息进村入户工程、农村劳动力素质培训工程，增强农民专业技能和吸纳现代科技的能力，加快农业科技成果普及转化。

⑤ 运用循环经济的思路，通过对经济系统的物流和能流分析，设计我国的农业发展过程，研究开发农业循环经济所必需的技术，降低生产和消费过程的资源耗费的农业循环体系。国外在发展循环经济和循环型社会方面已经取得了很多有益的成果，我国循环型农业的发展可以有选择地吸收其成功经验，尤其是先进的农业经营管理方法和农业生产技术，结合我国已有的生态农业理论与技术，形成一整套适合我国国情的发展模式和技术体系。同时，农业生产还要积极与国际标准化接轨，例如 ISO 14000 环境管理体系，国际绿色食品质量标准，国际有机食品 OCIA 质量标准等，这些标准的实施将有助于我国推动循环型农业向国际化方向发展。

10.2.6 构建农业循环经济社会服务体系

推广循环农业除了需要农民的积极参与之外，还要建立一套完备的循环农业社会化服务体系，其中最为关键的是要建立产前、产中、产后全方位的循环农业服务网络机构。目前，与农业生产配套的产品销售、技术指导、信息咨询与传播等农业服务机构仍不健全，而农民是以户为单位进行农业生产的，仅凭农户的力量无法解决这一问题。因此，政府应该加大工作力度，根据循环农业发展的需求，把循环农业的社会化服务体系发展到乡镇、村，形成县—乡—村—农户一体化的服务体系。

1. 产前服务体系

循环农业在发展过程中，产前应有功能齐备的规划、产业选择指导和产业效果分析预测服务，可减少投产的盲目性；应建立信息服务体系，加快互联网接入乡镇的步伐，为广大农民了解国内外农业循环经济的发展创造条件。要加强市场研究，全面把握市场趋势，合理细分市场，确定市场定位和主攻区域。以城市农业、加工农业和出口农业为导向，继续开发特色优势产品，适应不同消费市场和消费群体。在稳固本地市场的基础上，实施农产品"走出去"战略，扩大对外贸易。在稳固产地市场的基础上，开发销地市场，促进流通。在稳固现货市场的基础上，发展订单生产、期货市场，使市场范围和领域全面拓宽。

2. 产中服务体系

在生产过程中，各生产阶段、各生产环节都应有技术运用方面的、管理方面的和生物灾害防治等方面的指导服务，确保生产安全。建立技术服务体系，组织科技人员深入农村，向农民传授和推广农业循环经济技术，建立发展农业循环经济所需要的机械设备及其他物资供应和维修的社会化服务体系。

3. 产后服务体系

产出成品后，通过农业服务体系提供全方位的加工引导、销售引导和生态环保处理服务，建立畜禽粪便、农作物秸秆等副产品交易市场，为种植户与养殖户之间买卖农业生产副产品，为种植业与养殖业实现物质和能量交换搭建交易平台。全面推进农产品物流创新，提高农产品市场竞争力和市场占用率。通过发展现代市场营销业，加快农产品批发市场的升级改造，尽快建立以重点农产品批发市场为核心的农产品市场体系，发挥农业龙头企业、农民专业合作社、农产品行业协会和专业大户的市场营销作用，积极培育农产品流通、农村经纪人队伍和营销大户，构建集约化的农产品市场营销平台。加强农产品推广工作，借助各种机会参与举办展览、展销活动，大力发展农产品连锁经营、加工配送、电子结算等新型物流业态，培育现代物流体系。认真落实农产品运输"绿色通道"政策，减轻流通成本，提高流通效率。确保预期的经济效益和生态效益得以实现。

在构建社会服务体系中，非营利性的社会中介组织可以起到政府公共组织和营利性企业所起不到的作用：一方面，他们可以把政府、农业企业、社会公众以及各种科研机构、网络等有机联合起来，共同参与理论探讨、政策研究、法律制定。另一方面，可以建立专门的废物回收公司，负责回收农业生产及消费过程中产生的各种废弃物，并分类处理。

此外，在农业社会服务方面，还应重点做好农业咨询和市场调节两项服务。通过强化农民的终身教育，提供准确的市场信息，广大农民自身的人口、资源、环境意识和劳动力素质得以提高，并能及时掌握农业技术和市场动态，推动农业循环经济的实施。

10.3 培植农业循环经济载体

培植农业循环经济载体，一方面要搞好循环型农业工业园区建设。制定农副产品加工企业聚集的工业园区发展规划，以生产要素为纽带，将具有上下游共生关系的农副产品加工企业集中在一个相对封闭的园区内，实现有害污染物在园区内的闭路循环。另一方面要做好农副产品产业集群建设，推进出口农产品的清洁生产，使农副产品达到质量、环保等方面的国际标准。

10.3.1 推广农业循环经济试点

我国应进一步开展循环经济试点工作，使更多地区、更多行业的企业走上发展循环经济之路。要把发展农业循环经济同现代农业经济增长模式的根本性转变和农业产业结构战略性调整结合起来，抓好典型模式的培育，先从单向产业内部（如种植业、养殖业等）小循环开始，然后到多业组合的循环型生态示范园，再发展到整个农业产业群大循环上来，逐步建立农业循环产业经济体系。

加大与国际组织、外国政府、金融、科研机构等在循环经济领域的交流与合作，大力发展环境贸易。借鉴发达国家发展循环经济的成功经验，引进国外的先进技术、设备和资金，彼此联合。同时完善宣传体系，增强示范带动能力。农业循环经济涉及领域多、覆盖面广，要注重研究方式方法，不断总结和挖掘典型经验，通过新闻媒体加大宣传力度，提高广大农民、企业发展农业循环经济的思想意识。坚持点面结合、以点带面，抓好典型示范，充分调动各类农业经济主体的积极性和创造性，形成全社会关注、支持高效生态农业发展的良好氛围。

推广试点时，要特别注意因地制宜。农村生产经营活动与自然生态系统直接相关，对自然生态系统有很大的依赖性和影响力。而幅员广大的农村，各地的自然条件也各不相同。因此，发展农村循环经济不仅要强调产业之间的循环合作，更要强调经济与自然之间的循环合作，必须根据各地农村自然生态系统的特点选择适当的循环经济模式，不应一味地追求大规模和深层次的循环合作，而应循序渐进。

10.3.2　构建农业循环经济园区培植机制

园区建设是农业循环经济发展的有效载体。根据我国现有的区域及产业布局，制定农副产品加工企业聚集的农业经济园区发展规划，打破传统行业和部门割据，以生产要素为基本纽带，将具有上下游共生关系的农副产品加工企业集中在一个相对封闭的园区或几个集团内，实现有害污染物在园区或集团内的闭路循环，使资源在生产过程中得到高效循环利用，使企业相互依存实现低成本、高效益发展与扩张，形成集聚效益。同时应加强出口基地建设，大力发展循环经济，大力推进出口农产品的清洁生产，使农副产品达到质量、环保等方面的国际标准。为了促进农业园区的健康发展，各级地方政府应当制定出一套完整的、符合园区实际且操作性较强的培植机制。

1. 园区建设用地与土地使用政策

在尊重农民土地承包经营权的前提下，应加快土地经营权和使用权的流转，加速土地的规模经营，发展规模种养业，优先保证农产品加工业。根据"自愿、有偿、依法"的原则，合理引导土地经营权的流转，发展订单农业，扩大农户经营规模，促进土地、资本等要素集聚。实行土地"三权"即土地所有权、土地承包权、土地使用权分离，推动土地流转机制的形成，促进土地由分散经营向规模化经营转化。

2. 经营体制创新

要以组织化、规模化和产业化为方向，创新生产经营的体制。一是继续培育农业龙头企业，大力扶持农民专业合作社等合作经济组织，充分发挥其组织生产、推广技术、推销产品的带动和示范作用。二是以农民大户为骨干，加大对农民的科技文化知识培训，提高人员素质，塑造一大批现代农业法人主体。三是在现代生产经营主体的基础上，实现系统内整合，实行多种形式的利益连接。因地制宜地探索农业产业化组织形式，逐步建立企业、专业合作社（行业协会）联基地、联大户并辐射带动散户的产加销一体化的产业化经营机制，实现农企互动、优势互补、产销对接，整体提升产业化经营水平和农民组织化程度。

3. 园区税收与金融扶持

制定财政及金融支持政策和税务优惠政策，对涉及园区农业结构调整和产业化经营发展相关的农林特产税和农产品加工增值税，园区进口自用的农业生产资料、科研设备设施、种子种苗等，应按国家有关政策给予一定的减免税优惠。同时，银行、财政、金融等部门，应对园区内从事科技成果转化、发展农产品加工等产业的企业进行必要的扶植。

第一，要依赖于金融机构，加快农村金融制度的创新，以提高农村金融服务效率。加快农业金融制度创新，拓展融资渠道。一方面商业银行可以开设专门为园区融资的新业务，在有政府或其他部门担保的情况下减少审批程序，提高办事效率，降低融资成本。另一方面对技术含量较高、发展前景较好的科技项目提供专项贷款等。

第二，要依赖政府建立起完备、明确的政策辅助支撑体系，增强社会资金对农业的信心，彻底解决目前农业资金的窘境，确保农业园区投融资渠道的畅通。园区的一些基础设施项目，如园区污水处理、道路建设等需要较多的资金，应积极鼓励私人资本投资，并给予政策上的优惠，创造条件、降低风险，吸引私人资本投资园区基础设施项目。私人资本对基础设施项目的投资可以通过 BOT、管理合同、租赁、合资企业、特许经营等方式进行。在吸引私人资本投资园区基础设施项目方面，首要的是创造私人资本进入的条件，建立私人资本进入所需要的法律法规体系和管理体制，以提高私人资本投资基础设施的积极性，私人资本投资园区的基础设施，不仅能够缓解财政压力，而且能够在基础建设中引入竞争和激励机制，提高效率，降低提供基础设施服务的成本。

同时，应开拓新兴融资模式。借鉴国外建立农民合作金融制度的思路，按照我国的实际情况，可以由政府牵头成立地方性的投资协会，这种投资协会可由政府、银行、保险公司、大型企业等共同出资组成。协会的目的在于通过专家理财为社会上的富余资金寻找投资渠道。投资协会不仅可以为园区的项目提供资金，而且参与园区企业的经营管理，并为其投资的园区企业提供专业性的服务。通过建立投资协会，广开资金来源，以收到良好的经济效益及社会效益。

还可以根据地方实际情况设立政府专项担保基金，首先，政府应成立专门的机构，设立政府专项担保基金，从财政中拨出一定数量的款项，用于对园区的扶植。担保基金的主要功能在于排除园区向金融机构申请融资时担保品欠缺或不足的障碍。基金应以地方财政投入为主、企业互助为辅等多渠道的资金来源。基金本身应严格按照市场经济原则运作，并且要有足够的防范措施规避风险。建设基金应不断扩大保证范围，放宽保证对象，逐渐简化送保手续，并应保证担保基金稳定、持续的资金来源，增强其保证能力。

4. 完善管理服务体系

农业部门应增强服务意识，切实解决实际问题，加强业务指导和政策、市场信息、技术服务。加强技术研究，把生态农业技术和节本增效实用技术作为当前技术推广的重点。深入生产第一线，通过调查研究，及时掌握农业龙头企业、专业合作社和种养大户的实际困难，并力所能及地帮助解决，使发展高效生态农业成为带动农民增收致富的载体。

5. 科技人员

制定鼓励科技人员进入园区创业的政策。对农业科研院所和大专院校的科技人员，应制定相关政策鼓励其进入园区从事农业高新技术的研究和推广；同时，对科技人员报酬实行上不封顶政策，根据其贡献大小给予相应的劳动报酬。

10.3.3 构建农业循环经济产业集群发展机制

产业集群也是农业循环经济发展的有效载体，建设农业科技园区是推进农业产业化经营的重大举措，通过农业产业链的建立和壮大，农村金融环境、投资体制的改善，实现农业产业结构的优化及农业经济地位的提高，推动农业经济的发展，来保证经济的稳定增长。政府应通过政策、项目、财税等手段，加大对基础设施、有技能的劳动力群体和信息服务的投入，使本地企业间建立学习和交流机制，推动企业间建立联系以促进学习和交流，增强企业之间的"信任和承诺"，形成植根于本地的农业集群等形式，从互补的人力、信息和技术资源中获得协同效应，促进企业之间的知识流动，营造有利于产业集群形成发展的产业生态环境。

1. 加强学习和交流机制

要加强有利于实用技术的扩散和企业家精神的培养的各类教育培训机构、

行业协会等的建设，多组织商品博览会等交易会，这既能提高区域产品的知名度，又能促进供需双方进行产品技术交流，加强本地企业与外地企业进行联合开发，共建技术开发机构；从注重吸引生产型企业向注重吸引研发和技术服务机构转变，营造有利于产学研结合的创新氛围，吸引国内外大公司兼并本地企业。这些都是以区域内合作文化氛围及信任程度为基础的，企业间的"信任"和"承诺"是维持集群的必要条件。政府可设立中立的权威机构为本地中小企业提供信誉评估，可以帮助中小企业跨越寻找合作伙伴的障碍，同时降低外来公司甚至跨国公司在建立本地化供应体系过程中的搜索成本，鼓励外来公司生产本地化，促进农业集群的形成。

2. 加强物流和信息服务，建立健全中介服务体系

可建立农产品物流公司、信息中介公司及其他服务性公司，以有效地吸收农村剩余劳动力，并提高农业生产规模，也能提高农户工资性收入的比重，成为农业产业集群提高农民收入的有效途径。农业产业集群不是孤立发展的，必须有一个完善的服务体系，主要包括：各种规范的咨询和中介服务机构，如管理、技术、信息、人才、财务、金融、法律等方向的中介服务；完善的创业服务中心，依托大学、科研机构和有实力的企业集团，兴办能够为创业者提供共用技术开发平台的专业技术孵化器，为处于种子和创建阶段的高新技术企业的成长提供孵化器功能；教育培训体系，其职能是提供人才保障。同时根据不同企业的不同发展阶段和不同业务范围，提供相应的服务，为促进产业集群提供良好的发展基础；完善集群中间产品市场体系，强化相关融资网络系统和拓展外销网络。

3. 加强制度创新和科技创新

要强化体制创新和科技创新，致力于创造更为完善的吸引高新技术投资创业的环境。政府及科技管理部门要进一步支持高新区各类科技孵化器建设，特别要在孵化器与中介服务机构之间建立长期稳定的协作关系，制度创新和科技创新既可相互促进又相互制约。制度创新从根本上讲，就是要适应科技创新的内在要求，为科技创新提供制度基础和动力，对于有利于农业集群发展的制度，应该大胆尝试。通过制度创新，加强和落实对科技创新的扶持和引导；通过制度创新，建立起适应社会主义市场经济的发展要求，这有利于调动科技人员的积极性和创造性。鼓励科技人员创新创业的机制，建立健全收入分配的激

励机制和约束机制，把按劳分配与按生产要素分配结合起来。鼓励资本、技术等生产要素参与收益分配，对企业领导人和科技骨干实行年薪制和进行股权、期权试点。另外还要加大农业科技创新和技术推广的力度，在产业化经营的各个环节，进一步普及先进适用技术。鼓励有条件的企业组建自己的研究开发机构，加速科技成果的转化。要加大科技投入，加大科技培训力度，努力提高农民素质。

4. 根据区位优势选择特色产业

在农业集群的初建时期，各地区在统筹研究和制订地区发展规划，应以市场为基础，选择具有本地特色产业作为主导产业，因为只有内生的企业集群才具有优先发展的独特优势，才可能形成本地的竞争力。可以通过区位商（又叫区域专业化率）的测算来确定，还可以参考库兹涅茨的比较劳动生产率，相对投资效果系数，产业 GDP 增长率弹性系数，区域某产业就业增长率弹性系数等来确定优势特色产业。

5. 制定产业集群的政策措施

在构建产业群集总体思路下设计外资的目标吸引政策，有目标地吸引那些具备产业带动优势和有产业关联效应或配套协作功能的项目进入农业集群，把引进的外来技术和品种与集群的优势条件相融合，融入集群的文化建设之中，使引进的项目本土化，努力形成大中小企业密切配合、专业分区与协作完善的网络体系。可以用优惠的政策引导对农业群集发展有重要影响的公共物品或准公共物品的投资，加强基础设施建设，特别是与农业发展配套的基础设施和软环境的建设。

6. 建立农产品的质量控制体系

农业产业集群要考虑优质农产品生产的标准化和产业化，实现农产品加工高效化和市场化，实现设施农业的规模化和专业化，实现农业集群企业的集团化和国际化。应按照无公害农产品的标准化生产技术规程，制定农产品的生产过程，以及收获、加工、包装、储运等环节的质量控制体系，确保农产品的卫生安全，形成规模化和专业化的名牌产品生产，提升品牌效应。

参 考 文 献

[1] 曾琦,张天柱,石磊.农业是构筑循环经济的基础产业[J].环境科学动态,2005(3).

[2] 陈洁,倪晋仁,路明.蟹岛循环经济发展模式的能流及效益分析[J].农业现代化研究,2005(5).

[3] 陈良,江波.循环经济——我国农业可持续发展的必然选择[J].农村经济,2004(9).

[4] 陈卫明.南京市农业可持续发展中的肥料问题与对策[D].南京农业大学硕士学位论文,2004.

[5] 初丽霞.循环经济发展模式及其政策措施研究[J].山东师范大学硕士学位论文,2003.

[6] 崔如波.构建循环经济发展模式[J].探索,2004(5).

[7] 李书民,杨邦杰.论以畜牧业为核心的农业循环经济[J].中国发展,2005(2).

[8] 马江.循环型农业发展模式探讨[J].云南农业大学学报,2005(12).

[9] 牟子平.区域农业可持续发展的技术战略和政策研究[D].中国农业大学博士学位论文,2004.

[10] 齐建国.中国循环经济发展的若干理论与实践探索[J].学习与探索,2005(2).

[11] 秦大河,张坤民,牛文元.中国人口资源环境与可持续发展[M].北京:新华出版社,2002.

[12] 邱高会.论中国生态农业与农业可持续发展[D].成都理工大学 硕士学位论文,2005.

[13] 任玉岭.循环经济需重视微生物技术开发[J].中国科技产业,2005(5).

[14] 石武乙,李洁.规模化养殖场发展循环经济的实践和探索[J].青海环境,2004(8).

[15] 王富昕.关于我国发展循环经济的理论思考[D].吉林大学硕士学位论文,2005.

[16] 王文军.循环经济的中国发展模式研究及实证分析[D].重庆大学硕士学位论文,2005.

[17] 王奎旗,韩立民.从大农业视角创析中国水产业与循环经济[J].中国渔业经济,2005(1).

[18] 吴小莲.论绿色循环经济[D].武汉大学硕士学位论文,2003.

[19] 叶堂林.小城镇建设的规划与管理[M].北京:新华出版社,2004.

[20] 叶堂林.世界贸易组织规则下我国农业保护政策研究[D].中国农业科学研究院博士学位论文,2004.

[21] 叶堂林.开放经济条件下我国农业竞争环境的公平性分析[J].经济经纬,2004(9).

[22] 叶堂林.新时期我国农业保护问题研究[J].求索,2004(11).

[23] 叶堂林.新时期我国农业保护的战略分析及战略选择[J].经济问题,2004(12).

[24] 仲崇峰.区域农业循环经济发展模式研究[D].昆明理工大学硕士学位论文,2005.